DIFFUSIONEN

Markus J. Herschbach

DIFFUSIONEN
Künstlerische Bildung
im Kontext interkultureller Projekte

fabrico
verlag

www.fabrico-verlag.de ISBN: 978-3-946320-11-1
Layout: Markus J. Herschbach Bibliografische Information der Deutschen Nationalbibliothek: Die Deutsche Nationalbibliothek verzeichnet diese Publikation in der Deutschen Nationalbibliografie; detaillierte bibliografische Daten sind im Internet über http://dnb.d- nb.de abrufbar

Umschlaggestaltung: Markus J. Herschbach, Aabenraa | Dänemark | www.herschbach.dk Abbildung: Markus J. Herschbach, Flug der Kykladen, Carrara-Marmor, Stahl, 2012, Bunker-D, Kiel

Danksagung

Mein Dank gilt Prof. Dr. Manfred Blohm für die vertrauensvolle Begleitung meines Forschungsvorhabens und für die belebenden inhaltlichen Auseinandersetzungen und weiterführenden Diskussionen. Danke auch für seine Zuversicht und seine freilassende Art. Ich danke Prof. Dr. Søren Harnow Klausen für seine inhaltlichen Impulse aus philosophischen und erkenntnistheoretischen Perspektiven.

Dank gilt den Universitäten; Syd Dansk Universität-Odense und den Kolleg*innen aus dem Kulturwissenschaftlichen Institut und der Philosophischen Fakultät der SDU für die einzigartige Ausstattung und Ermöglichung meines Forschungsvorhabens. Dank gilt den Kolleg*innen der Abteilung Kunst und visuelle Medien an der Europa-Universität Flensburg für deren Bereitschaft, das Forschungsvorhaben zu unterstützen. In diesem Zusammenhang ergeht mein Dank auch an die Studierenden des Master-Studiengangs MA-SPACE sowie den Kolleg*innen Fiona Woods, Dr. Sean Taylor und Dr. Marilyn Lennon von der Kunsthochschule LSAD in Limerick/ Irland, welche mir während meines Studienaufenthalts wichtige Gesprächspartner*innen waren.

Ich danke Roland Oesker und Dr. habil. Wilhelm Walgenbach für die vielfältigen Gespräche im Vorfeld und deren vielzählige Impulse, kunstpädagogische Prozesse neuartig zu denken, zu befragen und kulturelle Bildungs- und Erkenntnisprozesse kritisch zu beleuchten.

Ein besonderer Dank ergeht an Siegfried Matlok für sein freundschaftliches Engagement.

Ich bedanke mich bei meinen Gesprächspartnern, meinen Freunden und vor allem meiner Familie für deren Geduld und deren vielfältige Unterstützung. Ein Dank gilt auch Nina Herschbach für ihr sehr hilfreiches Lektorat.

Markus J. Herschbach, Juni 2017

Inhaltsverzeichnis

Vorwort

Das Anliegen der vorliegenden Publikation von Markus J. Herschbach ist es, empirische Daten über die Einschätzungen, Wirksamkeiten und Bedeutungen ästhetischer Praxen im Rahmen interkultureller ästhetischer bzw. künstlerischer Projekte vergleichend herauszuarbeiten, Wahrnehmungen und Wirkungsweisen zu beschreiben und auf der Basis der auswertenden Analyse deren (behauptete) Relevanz datengestützt zu interpretieren. In Form eines Ausblicks sollen Wege für ‚better practices' aufgezeigt werden.

Im Rahmen der vorliegenden Publikation, die als Dissertation an der Europa-Universität Flensburg vorgelegt wurde, geht es gewissermaßen um ein Doppelproblemfeld. Einerseits entsteht die Frage nach den behaupteten und aufgrund der Untersuchung zu konstatierenden Qualitäten künstlerischer Bildung mit Kindern und Jugendlichen. Dabei steht die Frage nach dem, was solche Projekte behaupten, bewirken zu wollen und dem, was tatsächlich beobachtbar und von den Teilnehmer*innen wahrgenommen wird und deren Motivation leitet, im Vordergrund. Andererseits stellt der Autor die Frage nach künstlerischer bzw. ästhetischer Bildung im interkulturellen Kontext, hier also im Kontext grenzüberschreitender ästhetisch/künstlerischer Projekte mit Kindern und Jugendlichen im Grenz-gebiet. Letztere Frage baut auf der ersten auf. Interkulturelle Projekte ästhetisch/künstlerischer Praxis mit Kinder und Jugendlichen in der Grenzregion stellen gewissermaßen den Sonderfall ästhetisch/ künstlerischer Projektarbeit mit Kindern und Jugendlichen dar, der die Problematik solcher Formen von Projektarbeit allgemein in den Fokus rückt und der Reflexion zugänglich macht.

Eine zentrale Leistung Herschbachs liegt darin, differenziert den Fokus auf das zu lenken, was in solchen künstlerischen bzw. ästhetischen Projekten (mit einem interkulturellen Schwerpunkt) beobachtbar ist und von den Akteur*innen selbst wahrgenommen wird. Eine solche – in der Kunstpädagogik ungewohnte – Analyse kann dazu beitragen, die vielen (publizierten) Projektberichte kritisch zu befragen und zugleich Denkräume zu schaffen und zu fundieren, Projekte neu und anders als bisher zu planen, zu beantragen und zu reflektieren. Dazu bedarf es allerdings auch eines politischen Willens, Projekte zu fördern, deren Ergebnisse nicht vorgedacht werden, sondern deren Qualitäten darin bestehen, Projekte zu initiieren, die in ihren Wegen offen sind, die das Aushandeln von Wegenzum Gegenstand erheben und deren Erfolge (oder auch deren Misslingen) neu zu bewerten sind. Hierzu bietet diese Publikation eine wissenschaftlich fundierte Grundlage.

Manfred Blohm

Einleitung

Im Rahmen kultureller Bildung wird heute in einer Vielzahl von wissenschaftlichen Disziplinen geforscht, ebenso vielfältig ist das Verständnis, wie sich kulturelle Bildung definiert. Kulturelle Bildung, im Englischen Arts education[1] umspannt die Leistungen von Chören, Theateraktionen, Feuerwehrkapellen ebenso, wie solche von Musik- und Kunstunterricht an Schulen sowie außerschulischen Kinder- und Jugendkunstprojekten.
Die Globalisierungstendenzen und immer komplexer auftretende Verflechtungen von ökonomischen Optimierungswünschen mit Ansprüchen an eine Internationalisierung sind zunehmend folgenreich für Kultur- und Lebensentwürfe. Gleichzeitig sind, besonders in den nationalen Grenzgebieten, Gegenbewegungen von Regionalsierung und Rückbesinnungen auf angestammte kulturelle Identitäten und kulturelles Bewußtsein zu beobachten.
Währenddessen gibt es auf kulturpolitischer Ebene Bestrebungen, durch interkulturelle Projekte neuartige Annäherungsformen zu entwickeln. Unter Titeln wie „Kultur über die Grenzen hinweg"[2] werden bspw. aus dem EU-Fonds für regionale Entwicklung solche Kultur-Projekte mit hohen Summen gefördert. Der Rahmenplan aus dem Jahre 2015 (vgl. Schleswig-Holstein/Ministerium für Justiz, Kultur und Europa, 2015, S.14) festigt diese Bestrebungen und hat diesbezüglich im Rahmen des EU-Programms INTERREG-A sowie der deutsch-dänischen Kulturvereinbarung 2013-2016 der Region Sønderjylland-Schleswig, die am 10.04.2013 in Anwesenheit der dänischen und der schleswig-holsteinischen Kulturministerin unterzeichnet wurde, diese kulturpolitischen Ziele ausdrücklich betont. Ein Bestandteil der kulturellen Bildungsbestrebungen sind sogenannte Mikro-

---

[1] Der englische Begriff der *arts education* wird im Folgenden zeitweilig gebraucht, synonym zum Begriff der *künstlerischen Bildung*. *Arts education* findet sich in deutschen Publikationen jedoch auch in synonymer Verwendung mit dem Begriff *kultureller Bildung*. Die hier gemeinte *künstlerische Bildung* wird ausgehandelt mit den Medien der visuellen und virtuellen (bildenden) Künste und ist somit der ‚Spezialfall' des offeneren und weiteren Konzepts der *kulturellen Bildung* im Verständnis von BAMFORD (2010, vgl. S.35-38).

[2] vgl. URL: http://www.interreg4a.de/wm295615

oder Kleinprojekte, welche im Rahmen des INTERREG V A-Programms interkulturelle Begegnungen fördern sollen.

Die *ästhetisch-künstlerischen* Bildungsanstrengungen sind hierbei *ein* Baustein der Mikroprojekte, um Kinder- und Jugendliche durch kunstpädagogische Verfahren in den Projekten einem interkulturellen Dialog näher zu bringen. Solchermaßen verfasste Kinder- und Jugend Kunstprojekte können, in zunehmend visuell und virtuell geprägten Kulturen des 21. Jahrhunderts, einen Beitrag für ein interkulturelles Verstehen von Kindern und Jugendlichen im Rahmen kultureller Bildung leisten.

Die allgemeine *Interkulturelle Pädagogik* orientiert sich traditionell primär an problemorientierten Ausgangslagen (vgl. Kapitel 1.1). Hiermit einher gehen oftmals Annahmen statisch verfasster kulturtheoretischer Überlegungen und homogener Kulturräume. Somit sind Aspekte von Kultur- und Identitätsverlust durch Ent- oder Überfremdungen und Fragen der Identitätsbildung weitgehend Bestandteil des Diskurses.

Im kunstpädagogischen Diskurs entwicklen sich in jüngster Zeit interkulturelle kunstpädagogsiche Ansätze, wie etwa im „Nürnberg-Paper" dargelegt. (vgl. LUTZ-STERZENBACH, et al., 2013). Hier werden erste wesentliche Hinweise und Handlungsempfehlungen gegeben. Der Kunstpädagogik werden Funktionzusammenhänge zuerkannt, welche sich im hier untersuchten Feld der ausserschulischen interkulturellen Bildung abbilden könnten. Auf dem Weg zur Transkulturalität gehen die Vorstellungen dahin, dass die Rahmungen so angelegt sein sollten, dass Kultur von Jugendlichen gemeinsam verstanden und gestaltet werden kann. Der im „Nürnberg-Paper" während des Bundeskongresses für Kunstpädagogik skizzierten Empfehlung von Fundierung durch Forschung folgt diese Abhandlung.

Damit wird der Versuch unternommen, im Feld grenzüberschreitender interkultureller Projekte die Grenzen, aber auch die Möglichkeiten kunstpädagogischer Vermittlungspraxen auszuloten. Der Beitrag, den ästhetisch-künstlerisch fundierte Projekte hier leisten können, indem junge Menschen sich und ihre Umgebung als etwas zu Gestaltendes erfahren, kann innovative Zugänge zum interkulturellen Verstehen erzeugen. Somit sind solche Kinder- und Jugend-Kunstprojekte im Nukleus auch ein Beitrag zur politischen Kultur. Ästhetisch-künstlerische

Erfahrungen und Aushandlungsprozesse sind hier somit nicht Randphänomene, etwa als kompensatorisches Schulfach, sondern können zentrale Ausdrucks- und Dialogformen von Kindern und Jugendlichen in interkulturellen Projekten sein. In diesem Sinne eröffnen diese Projekte, als Erfahrungs- und Wahrnehmungsfelder zur Sensibilisierung für Unterschiede und Eigenheiten verschiedener (Grenzland-)Kulturen, neue Zugänge. „One justification for keeping the arts has now become almost a mantra for parents, arts teachers, and even politicians: arts make you smarter“ (HETLAND, 2013, S.9). Die Aussage „Arts make you smarter“ ist genauso wenig nachweisbar und differenziert wie die Aussage, dass die künstlerische Bildung à priori dem interkulturellen Dialog optimale Bedingungen bietet. (vgl. Rat für kulturelle Bildung, 11/2013)
Die hier vorliegende empirische Untersuchung schafft daher eine Annäherung an die Einschätzungen, Vorstellungen und Annahmen von Projektbeteiligten südlich und nödlich der deutsch-dänischen Grenze, hinsichtlich des Stellenwerts der interkulturellen Bildung im Spannungsfeld von Kinder- und Jugendkunstprojekten. Die explorativ angelegten Untersuchungen im Sinne einer Praxisforschung geben Auskunft über die subjektiven Perspektiven und Alltagstheorien, welche die jeweiligen Akteure diesem Themenfeld zuordnen. In diesem Sinn werden in dieser Abhandlung neue Thesen und Empfehlungen vorgestellt, welche einen Beitrag zur empirischen Forschung leisten sollen und zu einer Verbesserung der Praxen herangezogen werden können. Diese Empfehlungen können als Grundlage für die weitere Entwicklung von Inhalten und Methoden einer allgemein verfassten interkulturellen Kunstpädagogik dienen.

Die Abhandlung gliedert sich wie folgt:
Nach einer Diskussion des Forschungstandes, der Forschungsziele, des Forschungsdesigns und der Forschungsfragen setzt sich der erste Teil der Abhandlung (Kapitel 2 und 3) mit den zentralen Begriffen von *Kulturen* und *Identitäten* auseinander. Anhand des Forschungstandes und unterschiedlicher Theorien werden diese skizziert und Begriffsdefinitionen vorgenommen. Hierbei werden Differenzen und Kritiken der Theorien ausgeführt. Die Interdependenzen von Identitäten und Kulturen und deren Spannungsfelder für Untersuchungsfeld werden thematisiert.

Im zweiten Teil der Arbeit (Kapitel 4) folgen eine Beschreibung des Untersuchungsgegenstandes der Kinder- und Jugendkunstprojekte und deren Genese innerhalb des Grenzgebietes in strukturellen Kontexten. Hieraus werden dann methodologische Überlegungen und das Forschungsdesign abgeleitet. Der dritte, qualitativ-empirische Teil (Kapitel 6) entwickelt diese methodologischen Fragestellungen weiter.

Der Hauptteil der Untersuchung gliedert sich wiederum in vier unterschiedliche Analyseteile, eine Fragebogenerhebung (Kapitel 7), eine Dokumentenanalyse (Kapitel 8), Experteninterviews (Kapitel 9) und schließt mit einem ethnografischen Beobachtungsteil (Kapitel 10) ab. Den jeweiligen Teilanalysen sind jeweils Zwischenfazite zugeordnet.

Im abschließenden Teil (Kapitel 11) werden didaktische Überlegungen und Empfehlungen, sowie ein neues Modell für zu redigierende Praxen entwickelt.

Im Appendix-Band II, finden sich neben den Summary-Grid Tabellen, Fragebögen und Projektbeschreibungen, auch die Transkriptionen der Experteninterviews in dänischer, englischer und deutscher Sprache, welche für ein erweitertes Verständnis des Untersuchungsfeldes von Bedeutung sein können.

1. Forschungsstand

1.1 Forschungsstand interkultureller Kunstpädagogik im Kontext ausserschulischer kultureller Bildungs- und Vermittlungspraxen

Der Forschungsstand innerhalb der Erziehungswissenschaften zeigt, dass interkulturelle pädagogische Konzepte und Theorien in hohem Maße problemorientiert sind (vgl. AUERNHEIMER, 2010/YILDIZ, 2009). Darüber hinaus beziehen sich diese vornehmlich auf schulische Kontexte mit inklusiven Zielrichtungen. (vgl. HUMMRICH, 2013)
In Deutschland finden sie ihren Ausgangspunkt in der „Ausländerpädagogik" der 70er Jahre, mit dem Fokus auf Migrations- und Integrationsproblematiken, welche für den hier konkreten Untersuchungsbereich zu einer eingeschränkten Perspektive der Forschung führt. Gleichzeitig finden sich, insbesondere im Forschungsgebiet der Wirtschaftswissenschaften, den Globalisierungsrealitäten angepasste Forschungsansätze mit einer stark funktionalisierten Perspektive; Interkulturelles Management, Diversity-Ansätze in Unternehmen, Interkulturelle Kompetenzen für Führungskräfte, sind hier die Keywords (vgl. BLOM, 2004/OPITZ, 1997). Die umfangreichen empirischen Metastudien und Forschungen von HOFSTEDE (2011) belegen den außergewöhnlichen Aufwand (60 Länder und ca. 125.000 Informanten), der hier auch im Rahmen einer interkulturellen Anwendbarkeit und Nutzbarkeit geleistet wird.
Für den Bereich der Forschung zur kulturellen Bildung kann konstatiert werden, dass diesem in den letzten Jahren eine stetig wachsende Aufmerksamkeit zuteilwird. Googelt man die Begriffe „Datenbank kulturelle Bildung" erhält man 62.800 Treffer (Zugriff März 2015) von zugänglichen Datenbanken und Plattformen zur kulturellen Bildung.
Zu den weitreichendsten Metastudien können die von der UNSECO in Auftrag gegebene Studie „The Wow factor" (BAMFORD, 2010) und die OECD Studie „Art for Art´s Sake?" (WINNER, 2013) gezählt werden. In der von WINNER et al. erstellten Untersuchung werden insbesondere Aspekte des ‚Impact' von ‚Arts education' untersucht, als korrelierende Größen dienen hier die möglichen kognitiven ‚outcomes' einer ‚academic perfor-

mance' (ebd., S.135-153). Die Untersuchungen sind quasi-experimental angelegt. In der Studie von BAMFORD wird die künstlerische Bildung als Mittel zum Zweck vorangenommen. Die Annahme gesellschaftlich-funktionaler Motive, im Hinblick auf Schlüsselkompetenzen, ist hier grundlegend. In der Metastudie werden Projekte aus 35 Ländern erfasst, hierbei werden sowohl quantitative Daten als auch qualitative Fallstudien in die Analysen einbezogen.

Für den deutschen Sprachraum entwickelt die Projektgruppe 'Forschung zur Kulturellen Bildung in Deutschland' (vgl. LIEBAU, 2014, S.177-220) eine umfassende Übersicht über den Forschungstand. Kulturelle Bildung kann in Abgrenzung zu anderen Bildungsbereichen „als Bildung, in der der Zusammenhang von Wahrnehmung, Ausdruck, Darstellung und Gestaltung von Welt" (ebd., S.215) unter ästhetischen Aspekten, in rezeptiven und produktiven Prozessen verstanden werden. Dabei richten sich die Forschungen auf die informellen, die non-formalen und formalen Bereiche der Bildung. Die Ergebnisse der vom Bundesministerium für Bildung und Forschung in Auftrag gegebene Studie „Forschung zur Kulturellen Bildung in Deutschland", welche seit 1990 durchgeführt wird, weist explizit hierauf hin. Innerhalb der oben genannten Forschungsbereiche stellt die Projektgruppe erhebliche Defizite im Bereich der empirischen Forschung zur kulturellen Bildung fest. Daneben existieren einige evidenzbasierte Forschungsbeiträge zur Transferforschung (vgl. RITTELMEYER, 2010/WINNER, 2000/HAMER, 2014), sowie auch akteurszentrierte Forschungsbeiträge, dargestellt im Standardwerk ,Handbuch Kulturelle Bildung' (vgl. BOCKHORST, 2012). Hierbei sind die Forschungsziele und Erkenntnisinteressen nahezu so vielfältig wie die Anzahl der Publikationen. Für den Bereich der ,bildenden Künste' kann dies ebenfalls bestätigt werden. Zum einen werden unter den Künsten vielerlei Kunstgattungen subsumiert, wie Architektur, Design, Games, Film, Fotografie, Literatur und eben bildende Kunst, zum anderen sind die perspektivischen Zugänge unterschiedlich. So sind einige Beiträge aus kunst-, medientheoretischen Blickwinkeln verfasst, wieder andere nutzen eine pädagogische Perspektive. Die Projektgruppe 'Forschung zur Kulturellen Bildung in Deutschland' nennt hier alleine 13 kultur*pädagogische* Zugänge in den Kategorien: allgemeine-, Architektur-, Kultur-, Literatur-, Medien-, Museums-, Musik-, Sozial-, Spiel-, Tanz-, Theater-, Zirkus- und Kunstpädagogik. Diese Kategorien und ihre darüber hinaus existierenden Querbezüge eröffnen ebenso vielschichtige Forschungsziele und Perspektiven. Aus den divergierenden Forschungsinhalten resultieren auch die Zielperspektiven, welche sich in den Dimensionen der künstlerischen, pädagogischen, sozialen, organisatorischen oder ökonomischen Bereichen bewegen. Dies betrifft angenommene Kategorien ebenso wie die angenommenen Qualitätsmaßstäbe für die jeweiligen Gebiete.

Die oben genannte Projektgruppe hat in ihren Studien 15.000 Titel im Erfassungszeitraum 2012-2013 gesichtet und 2000 Publikationen in eine Datenbank gestellt. Da die Datenbank zurzeit noch nicht öffentlich zugängig ist, sind die für diese Abhandlung relevanten Ergebnisse aus LIEBAU et al. (2014) hier zusammengefasst.

Die Inhalte der Forschungsfelder zeigen, kaum überraschend, dominierend als ‚in vivo code', den Begriff *ästhetische Bildung*. Eine weitere starke Ausprägung weisen schulische- und Unterrichtskontexte auf. Im Vergleich hierzu wird der Bereich non-formaler und informeller Bildungsorte wenig beforscht. Aus Sicht der Fachpädagogiken zeigt sich, dass das Feld aus kunstpädagogischer Perspektive mit ca. 12% beforscht[3] wurde. Bei den untersuchten Bildungsorten zeigt sich eine starke Forschungsausprägung im formalen Bereich, in der Regel werden Kunstunterricht oder die Kopplungen mit der Bildungslandschaft von Ganztagsschule untersucht, wobei hier eine eindeutige kategoriale Zuordnung als schwierig erachtet wird.

Die Ergebnisse aus den Datenanalysen für die Bildungsbereiche (formal, non-formal, informell) zeigen sich für den in dieser Abhandlung untersuchten Bereich, der sich vor allem zwischen non-formalen und informellen Bildungszusammenhängen bewegt, bei nur 4%. Obwohl die bildenden Künste im prozentualen Verhältnis zu anderen Künsten zu den am häufigsten untersuchten gehören, wird die informelle und non-formale Bildung im Kontext der bildenden Künste selten zum Forschungsgegenstand operationalisiert. Für die Methodologien gibt die Datenbankanalyse an, dass 42% theoretische (systemische & programmatische) sowie 6% historische Methodologien als vorherrschend angesehen werden können. Für die

[3] Die Verfasser geben für die Recherchephase 1267 untersuchte Titel an (vgl. ebd., S.192).

quantitativen und qualitativen Untersuchungen werden 24%, resp. 20% angegeben.
In der Betrachtung anzunehmender Forschungslücken wird insbesondere auf die Bedeutung interdisziplinärer Auseinandersetzungen verwiesen. Insbesondere die sozialwissenschaftlichen Disziplinen können hier genannt werden, welche in 11% der erhobenen Forschungstitel berücksichtigt werden. Hierauf fielen gerade einmal 2,9 % auf den, in der vorliegenden Arbeit fokussierten Themenbereich, Multi-/Inter-/Transkulturalität. Für das Feld einer interkulturellen Kunstpädagogik, im Bezugsfeld der außerschulischen kulturellen Bildung im bi-kulturellen Grenzland, liegen nach dem Kenntnisstand des Autors bislang keine empirischen Forschungsergebnisse vor.[4]
Der vorliegende – in *mixed-methods* generierte – empirische Teil der Untersuchung, fokussiert auf Annahmen interkultureller kunstpädagogischer Zielsetzungen im Feld von Mikro-Projekten im deutsch-dänischen Grenzland. Das Forschungsdesign dezidiert die (kunst)-pädagogischen Orientierungen der am Feld Beteiligten und hinterfragt verstärkt mögliche Mythen funktionalisierter ästhetisch-künstlerischer Handlungen, welche aus Annahmen der Akteure, deren Lehr- und Lernziele, respektive deren Kompetenzorientierungen entstehen. Damit werden durch eine explorative Vorgehensweise differenzierte, interessante und relevante Einblicke in das Forschungsfeld gegeben. Somit versteht sich die vorliegende Untersuchung als ein erster unerlässlicher Schritt hin zu weiteren Untersuchungen von interkulturellen kunstpädagogischen Praxen.

---

[4] Die Kunstpädagogische Tagung in Nürnberg 2012 und die Kunstakademie Düsseldorf 2013 haben hier erste wichtige Fragen und Impulse aufgeworfen. Die Überlegungen zur inter- und transkulturellen Kunstpädagogik mündeten im erwähnten „Nürnberg Paper" und werden aktuell von insbesondere SCHNURR und WAGNER beforscht.

1.2 Die Forschungsziele und Forschungsfrage im Feld interkultureller ästhetischer Vermittlungspraxen

Im Rahmen der Forschungsfrage werden Impulse für eine didaktisch fundierte und methodisch umsetzbare, interkulturelle ästhetische Vermittlungspraxis erarbeitet. Eine solche Theorie einer interkulturellen Kunstpädagogik soll aber nur aus einer Praxis rekonstruiert werden, im Verständnis einer ‚common sense Untersuchung' und durch einen Perspektivwechsel, einem Bruch (vgl. BOHNSACK, 2005, S.1). Die Analysefrage wird als ‚Bruch' folglich modifiziert; vom *Was* der Wirklichkeit zu einem *Wie* der Konstruktion von ‚Wirklichkeiten'. Hierauf wird im Forschungsdesign der Abhandlung reagiert, indem das Augenmerk in den Teil-Analysen auf den Einschätzungen und Auffassungen der einzelnen Informanten und deren verschiedenartigen Bezugsebenen liegt und die Grundannahmen der Informanten als deren ‚Wirklichkeiten' anerkannt werden. Eine *kulturelle Diversität der Teilnehmenden* in den deutsch-dänischen Kinder- und Jugendkunst- und Kulturprojekten wird hier a priori angenommen.

Nach LIEBAU (2014, S.29) ist zu erwarten, dass solchen Differenzen „anthropologische Basisannahmen" zugrunde liegen. Oft sind dies implizite Menschenbilder, welche aus empirischen und normativen Elementen als Matrix für individuelle Lebensentwürfe dienen. Diese Menschenbilder enthalten, so LIEBAU, auch immer implizite Pädagogiken. Soziales Verhalten, welches als angemessen betrachtet wird, (kulturelles) Wissen, ethische Wertehaltungen, usw. sind somit auch gleichzeitig kulturelle Bildungsinhalte.

Der Bildungsbegriff ist allerdings nur im Ungefähren zu fassen, eine standardisierte Definition existiert nicht, zum anderen ist auch hier ein divergierender nationaler Umgang mit der Begrifflichkeit und seinen Konnotationen zu erwarten. In der ‚interkulturellen Bildungspraxis' werden aber solche stabilen impliziten Menschenbilder (welche in der Regel auch implizit bleiben) durch neuartige Kulturkontakte, ästhetisch-künstlerische Erfahrungen aufgebrochen. Die unbewussten habituellen Praktiken werden in Frage gestellt oder doch zumindest einer reflexiven Wahrnehmung zugeführt. (vgl. ebd. S.29-31)

Ein Teil des Wollens, das einer implizit verfassten Kunstpädagogik, wird in der Untersuchung anhand der ‚unbewussten' Lehr- und Lernzielorientierungen analysiert und so explizit verfügbar. Die multi-perspektivisch erhobenen, empirischen Daten aus dem Feld der *Art(s) education* sollen herangezogen und kritisch in ihrer Übertragbarkeit für diese spezifische kulturelle Grenzlandsituation als *inter-kulturelles Bildungs*modell[5] überprüft und in einer verbesserten interkulturellen (deutsch-dänischen) Version umgesetzt werden können. Darüber hinaus zeigen sich in den Feldobservationen die Performanzen (nur diese sind beobachtbar) der Kultur- und Kunstpädagogiken. Diese Beobachtungen im pädagogischen Spannungsfeld ergänzen als Indikatoren von impliziten kulturpädagogischen Wünschen, kunstpädagogischem Wollen und realisierten Praxen die Forschungsperspektiven. Hierzu sind Aspekte einer „negativen pädagogischen Anthropologie" (LIEBAU, 2014, S.31) zielführend. Zwar ist der Mensch universal immer schon Mensch. „Das Kind wird nicht erst ein Mensch, es ist schon einer." (KORCZAK zit. n. LIEBAU, 2014, S.31) Allerdings stellt sich im Sinne einer negativen Anthropologie eine exkludierende Frage: „Man fragt nicht danach, was die menschliche Natur ist, sondern danach, was ihr nicht fehlen darf, was also mindestens zu ihr gehört" (BILSTEIN et al zit. n. LIEBAU, in: BOCKHORST et al., 2012, S.31). Also, was ist als kultur- und kunstpädagogische Orientierung bedeutungsvoll oder gar unentbehrlich?

Diese Frage ist für die hier untersuchten Möglichkeiten des kunstpädagogischen Handelns und ihrer Wirklichkeiten wesentlich, insbesondere weil innerhalb von interkulturellen Kontexten und den unterschiedlichen Individualitäten und Sozialitäten, gewisse alternative und neuartige Kunst- und Kulturpädagogische Implikationen erwartet werden könnten.

[5] Im weiteren Verlauf der Abhandlung wird vom Autor verschiedentlich die Schreibweise *inter-kultur* eingeführt. Dies geschieht immer dann, wenn zum Einen um eine Abgrenzung vom ursprünglich in den 1970er Jahren eingeführten und mit der Ausländerpädagogik geprägten und hiermit in vielerlei Hinsicht negativ konnotierten Sinngebung deutlich gemacht werden soll. Zum anderen deutet die Schreibweise *inter-kultur* so explizit auf das Dazwischen, den Zwischenraum hin. Der Idee dieses *Zwischenraums* wird im Verlauf der Abhandlung sukzessive nachgegangen.

Obliegt man allerdings Spekulationen einer schon vollzogenen „transkulturellen Gesellschaft" im deutsch-dänischen Grenzgebiet[6], dann wären hiermit, im Sinne von WELSCH, die Kulturen kaum mehr als homogene Kulturen denk- und erfahrbar. Ob diese deutschen und dänischen Kulturen im Grenzland tatsächlich, aus historischer Perspektive betrachtet, jemals homogen waren, kann zumindest in Frage gestellt werden.
Dennoch formuliert WELSCH: „(...) sie [die Kulturen, d.A.] sind weithin durch Mischungen gekennzeichnet. Diese neue Struktur suche ich durch den Terminus ‚Transkulturalität' zu fassen." (ebd., 2004, S.322). Ein interkultureller Dialog stellte sich, in Anerkennung dieser These, damit als entbehrlich dar, da die jeweils dänische und deutsche Kultur lediglich als 'Mischformen' anzutreffen wären. Existierten diese Durchmischungen bereits und wären somit wiederum homogene Mischungen, wäre auch anzunehmen, dass weder von kulturpolitischer Seite, den Organisator*innen der Kulturverwaltungen sowie von Seiten der teilnehmenden Kinder- und Jugendlichen eine hinreichende Motivation für solche interkulturellen Dialoge bestünde.
Die *kulturpolitische* Förderpraxis und deren formulierte Zielsetzungen zeigen Gegensätzliches – genau dieses Interesse am *Anderen.* Insofern stellen die hier untersuchten Projekte Möglichkeitsräume ins Zentrum, die als gestaltbare deutsch-dänische Interaktions-Räume geschaffen werden – Räume die ein Anderssein am Anderen ausreichend wahrnehmbar, erkennbar und im Sinne einer kulturellen *‚Weiter-Bildung'* sensibel zulassen.
Maßgeblich sind für solche Projekte, deren (kunst)pädagogische Zielsetzungen, ihre strukturelle Ausgestaltung, sowie die methodisch-didaktischen Umsetzungen in den ästhetisch-künstlerischen Bildungspraxen. Auf Basis des Interesses am ‚Anderen' werden somit nachhaltige Initiativen für *toleranzbasierte* Austausch- und Dialogprozesse erwartet

[6] Des Öfteren wird von den Informanten, aber auch in den offiziellen Dokumenten und in der Presse, der Begriff *Grenzland*, statt dem des *Grenzgebiets* gebraucht. Es ist anzunehmen, dass hier eine konstruktivistische Tendenz in Richtung eines psychogeographischen Raumes vorliegt, welche das ‚Gebiet' als homogenes ‚Kultur-Land' *verstanden sehen will.* Inwieweit hier ein kultur-politischer ‚Top-Down'-Wille zugrunde liegt, soll hier nicht diskutiert werden.

und können somit weiter entwickelt werden. Dann könnte auch die These von WELSCH hinsichtlich einer transkulturellen[7] Gesellschaft, zumindest in einer transkulturellen toleranzbasierten Annäherungspraxis münden. In Projekten der künstlerischen Bildung in Grenzregionen können daher relevante Impulse und Implikationen für neuartig verfasste interkulturelle kunstpädagogische Verfahren entwickelt werden, die solche Praxen befördern.

1.3 Forschungsziele

Ziele der vorliegenden Untersuchung sind:

- anhand empirischer Daten die beobachtbaren Rahmungen und Situationen der verschiedenen Akteurs-Gruppen in KuK-Projekten (also Künstler*innen, Lehrpersonen, Schüler*innen, Organisator*innen...) zu beschreiben und auszuwerten, sowie die jeweiligen (möglw. unterschiedlichen) Statements, Einstellungen und Handlungsstrukturen zu erfassen, zu beschreiben und zu analysieren.
- Grundannahmen aus der Literaturrecherche bezogen auf die Einschätzungen, Bedeutungen und Wirkungen der ästhetischen Prozesse in KuK-Projekten und vergleichbaren Praxisformen herauszuarbeiten und diese anhand der erhobenen Stichproben, im Zusammenspiel mit interkulturellen pädagogischen Aspekten, für die Praxen zu erfassen, zu beschreiben, zu analysieren und in Teilfaziten und einer abschließenden Konklusion, im Kontext kunstpädagogischer Überlegungen, in ihrer Praxisrelevanz zu interpretierten und mögliche Wege für ein *better practice* aufzuzeigen.

---

[7] Der Terminus *Transkultur* geht auf den Philosophen WELSCH (1995) zurück und meint, dass kulturelle Differenzen zunehmend auch innerhalb von Gesellschaften bestehen und somit Fremd- und Eigenkultur nicht mehr trennscharf sind. Die daraus resultierenden Verflechtungsprozesse führen dann zu einer „Vielheit unter-schiedlicher Lebensformen transkulturellen Zuschnitts" (ebd., S.43).

1.4 Forschungsfragen

- Welche bewussten oder unbewussten Lernziele und Lerntheorien liegen den Projekten in beiden Ländern/Kulturen zugrunde?
- Inwieweit sind diese sichtbar und werden wirksam umgesetzt?
- Wie wird ein Zusammenhang zwischen ästhetischen Vermittlungspraxen und Theorieansätzen sichtbar?
- Wo liegen die besonderen Wirkungspotentiale ästhetischen Lernens im Hinblick auf eine interkulturelle Verständigung?
- Wie kann ästhetisches Lernen zur kulturellen Verständigung beitragen?
- Inwieweit werden diese Faktoren in der ästhetischen Praxis sichtbar und wirksam?
- Lassen sich Thesen auf Basis der Untersuchung formulieren und begründen, die Aussagen über die Qualität der ästhetischen Lernerfahrungen und über die (strukturellen) Rahmenbindungen machen und als essentiell betrachtet werden können?

1.5 Forschungsdesign

Entsprechend der oben genannten Überlegungen ist das Forschungsdesign dieser Studie verfasst. Aufgrund des vielschichtigen Forschungsgegenstandes (Kinder- und Jugendkunstprojekte im deutsch-dänischen Grenzland) wurden komplexitätsreduzierende, konsistente Kriterien, Erhebungs- sowie Analysemethoden entwickelt und forschungspragmatisch kombiniert. Die hiermit verbundenen vier unterschiedlichen Datenquellen und Datengenerierungen: Daten aus Fragebogenerhebung, Daten aus Projektbeschreibungen, Daten aus durchgeführten Experten-Interviews und die Daten aus Projektobservationen prägen durch die daraus gewonnenen divergenten Datentypen das Forschungsdesign.
Die Untersuchungs- und Abhandlungsstruktur, die sich in vier Teilanalysen und Teilfaziten auf die hieraus resultierenden unterschiedlichen Datentypen und Datenarten beziehen, entspricht strukturell dieser Mehrschich-

tigkeit. Eine ausführliche Darstellung zu methodologischen und methodischen Fragen des Forschungsdesign findet sich im Kapitel 6.

2. Kinder- und Jugendkunstprojekte im kulturellen Spannungsfeld des deutsch-dänischen Grenzlandes

Inter-kulturelle Kommunikation mit dem *Fremden*[8], mit Hilfe inter-kulturell angelegter Projekte scheint als angestrebter Prozess dann sinnvoll, wenn, wie im vorliegenden Kontext, ein solcher kultureller Unterschied erlebt oder doch zumindest konstatiert wird. Ob ein solcher (ausreichender) kultureller Unterschied existiert, soll hier nicht verhandelt werden. Vielmehr soll dies a priori als konstruktivistisches Konstitut angenommen werden. Zum einen werden solche Kinder- und Jugendkunstprojekte[9] genau aufgrund dieser konstituierten Kulturdifferenzen zahlreich durchgeführt, mit öffentlichen Mitteln gefördert und kultur-politisch gerechtfertigt, zum Anderen belegen die in dieser Untersuchung erhobenen empirischen Daten auch solche 'kulturellen Andersartigkeiten'.

An dieser Stelle sei präventiv bemerkt, dass damit keine „Kulturfixiertheit pädagogischen Denkens" (GRIESE, 2005, S.15) angestrebt wird, indem jegliche Ungleichheiten in Kulturprobleme umdefiniert werden sollen (vgl. ebd., S.15ff.) oder gar ethnozentristische Thesen vertreten werden. Entscheidend für den Untersuchungszusammenhang ist aber, dass sowohl die „hybriden Identitäten" (ebd., S.21), sowie die kulturellen Diversitäten als eine anscheinend 'objektive' Beschreibung von den Teilnehmern im Untersuchungsfeld als „gesellschaftliche Konstruktion der Wirklichkeit" (vgl. BERGER, 2013, S.186) wahrgenommen werden. Genau diese, teilweise divergierenden Konstruktionen, werden durch die erhobenen Daten sichtbar und verifizierbar.

In diesem Zusammenhang kann auf GRIESEs Hinweis zum 'Objektivitätsbegriff' von MEAD aufmerksam gemacht werden (vgl. GRIESE, 2004, S.60). Hiernach ergibt sich erst durch die *Mehrfach-Perspektive* aller Akteur*innen eine (tendenzielle) Objektivität. „Eine ‚objektive' Beschreibung

[8] vgl. REUTER (2002b): Wenn Fremde Fremden begegnen. Zur Darstellung von Indifferenz im modernen Alltag.

[9] Im Folgenden wird, wenn nicht anders vermerkt, die Bezeichnung *KuK-Projekte* benutzt und steht für die Kategorie von Kinder- und Jugend-Kunst- und Kulturprojekten im deutsch-dänischen Grenzland.

(...) bedarf demnach der Berücksichtigung *aller* Perspektiven." (ebd., S.60) In der Logik dieser Anschauung ‚objektivierter' Wirklichkeiten müsste so durch die Betrachtung durch multiperspektivische Sichtweisen der Akteure im Feld eine ‚objektivere' Beschreibung ermöglicht werden. Es sind diese individuellen psychologischen Matrizes, auf denen die *subjektiven* Wirklichkeiten entstehen. Solche Wirklichkeiten werden in einer dialektischen Beziehungsarbeit von Identitäten und Kulturen jeweils ausgehandelt. (vgl. BERGER, 2013, S.188-191) Diesem grundlegenden Gedankengang folgt diese Abhandlung, indem sie einen multiperspektivischen Zugang ins Feld anbietet. Die durch die inter- und intrasubjektiven Aushandlungsprozesse, im Spannungsfeld von Kultur und Identität entwickelten Anschauungen, der Akteure im Feld der KuK-Projekte, werden so systematisch beschrieben und analysiert.
Wie sich später anhand der erhobenen empirischen Daten und der individuellen Aussagen aus dem Untersuchungsfeld der Akteur*innen in den qualitativ-empirischen Teil-Analysen zeigen wird, werden insbesondere den Begriffsfeldern *Identität, Kultur, Interkultur und Lernen*[10] und deren vielzähligen Konnotationen eine hohe Bedeutung zugemessen. Aufgrund dessen wird im Folgenden der Versuch unternommen, eine Annäherung an diese kontinuierlich und wiederholt auftauchenden Schlüsselbegriffe im untersuchten deutsch-dänischen KuK-Projekt-Feld zu vollziehen und diese Begriffe näher einzugrenzen.

2.1 Begriffsbestimmungen

2.1.1 Kultur Bedeutungen

Der Begriff *Kultur* scheint ein allgegenwertiger zu sein, der in vielerlei Kontexten benutzt wird. Zu dieser Vielzahl gesellen sich noch zahlreiche Begriffskombinationen (von den Sub-kulturen, Jugend-kulturen, Grenz-

10 Die Begriffsfelder der *ästhetischen Erfahrungen* und die des *Lernens* kommen in den erhobenen Daten überwiegend implizit vor. Da sie für das kunstpädagogische Handeln eine zentrale Bedeutung besitzen, werden diese Begriffe im Kapitel 2.3.3 erörtert.

land-kulturen bis zu Leitkulturen, usw.). Diesem Quantum entspricht auch die Vielfalt der Diskurse und Theorien. Schließlich sind auch noch Unterschiede im sprachlichen Gebrauch in den verschiedenen Ländern und Regionen festzustellen. Der englische Literaturwissenschaftler und Kulturtheoretiker Terry EAGLETON macht schon in seinen einführenden Worten in seiner kulturtheoretischen Schrift „Was ist Kultur“ darauf aufmerksam, dass der Kulturbegriff zu den komplexesten der (englischen) Sprache gehört. Der dänische Philosoph und Kulturtheoretiker Hans FINK spricht in seinen Studien zur Historie des Kulturbegriffes (1993) sogar von einem *hyperkomplexen* Begriff: „der heutige hyperkomplexe Kulturbegriff enthält Schichten über Schichten, welche auf kulturellen Gütern lagern."[11] (S.1f., Übersetzung: MJH). Damit spricht FINK auch einen möglichen 'Grabungsprozess' nach den vielschichtigen konnotierten Bedeutungen an, dem sich das vorliegende Kapitel widmet. Der Gebrauch des Begriffes Kultur bezieht offensichtlich eine Vielzahl von *Bedeutungs*-Schichten mit ein. EAGLETON nennt hier als Sachverhalte: „Kultur ist nämlich entschieden das, wofür wir leben: Liebe, Beziehungen, Erinnerung, Verwandtschaft, Heimat, Gemeinschaft, emotionale Erfüllung, geistiges Vergnügen, das Gefühl einer inneren Sinnhaftigkeit.“ (2009, S.182).

EAGLETON, der sich wohl auf die klassische und wahrscheinlich am häufigsten zitierte Definition[12] von TYLOR bezieht, führt den Begriff als einen *existenziell* bedeutsamen ein. Emotionalität, soziale Bindungen, archivarisches Gedenken, familiäre Bindungen, emotionales Ganzsein, intellektueller Hedonismus, der Lebens-Sinn als solcher werden als bestimmend für den Begriffskomplex Kultur angeführt. Gleichzeitig illustriert EAGLETON mit dieser, nahezu alle Lebensbereiche umfassenden Beschreibung, die Vielschichtigkeit des Kulturbegriffs. Dies wird auch anhand der aktuellen Definition der UNESCO deutlich.

---

[11] *„Nutidens hyperkomplekse kulturbegreb rummer lag på lag af kulturgods."* (FINK, 1993)

[12] „Culture, or civilisation, taken in its wide ethnographic sense is that complex whole which inkludes knowledge, belief, art, morals, law, custom and any other capabilities and habits acquired by a man as a memeber of society“ (1920, S.18).

2.1.2 Kulturdefinition der UNESCO als kultureller Bildungsauftrag

„Die Kultur kann in ihrem weitesten Sinne als die Gesamtheit der einzigartigen geistigen, materiellen, intellektuellen und emotionalen Aspekte angesehen werden, die eine Gesellschaft oder eine soziale Gruppe kennzeichnen. Dies schließt nicht nur Kunst und Literatur ein, sondern auch Lebensformen, die Grundrechte des Menschen, Wertsysteme, Traditionen und Glaubensrichtungen."[13] Damit veröffentlichte die UNESCO schon in den beginnenden 1980er Jahre einen umfassend Zielkatalog für kulturelle Bildung.
Im Übereinkommen über den „Schutz und die Förderung der Vielfalt kultureller Ausdrucksformen"[14] der UNESCO vom Oktober 2005 lässt sich schon anhand der Überschrift erahnen – welche den Kultur*schutz* und die *Förderung deren vielfältigen Beschaffenheit- und Ausdrucksformen* in den Focus nimmt – wie weitreichend dieseses komplexe oder besser hyperkomplexe System und Begriffsfeld, nämlich das der Kultur und den hiermit verbundenen Bildungskontexten, gedacht werden kann. In der 2006 von der UNSECO verfassten Road Map for Arts Education, welche im gleichen Jahr in Dänemark durch die Untersuchungen von Anne BAMFORD (The Ilsjæl in the classroom[15]) im Schulkontext der ‚Folkeskole'[16] durchgeführt wurden, zeigen einen immensen Erwartungsdruck dem die kulturelle Bildung in den unterschiedlichen Kontexten ausgesetzt ist. Im Folgenden wird der Begriff Kultur zu skizzieren sein, sowie der des Interkulturellen, welche die UNESCO zu den geforderten Aufgabengebieten kultureller

---

13 Deutsche UNESCO-Kommission (Hrsg.): Weltkonferenz über Kulturpolitik. Schlussbericht der von der UNESCO vom 26. Juli bis 6. August 1982 in Mexiko-Stadt veranstalteten internationalen Konferenz. München: K. G. Saur 1983. UNESCO-Konferenzberichte, Nr. 5, S.121

14 URL: http://www.unesco.de/_kulturellekonvention_vielfalt.htm [Stand: 28.11.2012]

15 Der Untersuchungsbericht in englischer Sprache: (BAMFORD, A Review of Danish Arts Education in the Folkeskole, 2006)

16 Die Folkeskole ist eine öffentliche dänische Schulform, die sich von einer Vorschulklasse (0.Klasse) bis zur 9. Klasse weitgehend ohne Selektion der SuS auskommt. Die Beschulung endet mit einer zentralen staatlichen Prüfung nach der 9. Klasse.

Bildungsanstrengungen zählt. In der hier dargelegten Untersuchung wird diesen Bezugsfeldern im Rahmen der KuK-Projekte eine entscheidende Position zugeschrieben.

2.1.3 Herkünfte des Kulturbegriffes

In der westlich geprägten Hemisphäre wird der lateinische Wortstamm auf das Verb *colere* zurückgeführt, welches sich im Bedeutungsraum von *hegen, pflegen* und *bewohnen* bewegt. Andererseits kann auch eine Verbindung zum lateinischen Begriff *cultus* gefunden werden und dadurch ein Bezug zur *Gewohnheit* hergestellt werden. (vgl. EAGLETON, 2009, S.8-23) Der differenziertere Begriff *cultura agri* steht für hegen, pflegen und bewahren und bezieht sich in der Antike auf die Agrikultur. Der Begriff *cultura animi* verbindet hingegen den cultura Begriff mit der Pflege des Philosophisch-Geistigen. (vgl. FUCHS, 2008, S.11ff.) Diese *sprachliche* Herleitung macht schon auf einen ersten, für diese Abhandlung bedeutsamen, Aspekt aufmerksam. Das zweifache Bedeutungsmuster changiert im Wechsel zwischen dem zu Pflegenden und dem zu Erhaltenden, dem *Sein* und dem der *autonomen geistigen Aktionen* oder wie EAGLETON es ausdrückt: „(...) Kultur birgt in sich eine Spannung zwischen dem Machen und dem Gemachtwerden (...)“ (2009, S.12).

Der Begriff *Kultur* ist innerhalb der verschiedenen europäischen Regionen und Nationen in seinen Auffassungen voneinander abweichend. Einige der variantenreichen Entwicklungen in der Historie der Begriffsbildungen werden im Folgenden skizziert.

2.1.4 Konnotationen zu Kulturbegriffen

Im Kulturverständnis der jeweiligen Zeit wird darüber hinaus der Zusammenhang deutlich, in welcher Art neue Sinnzusammenhänge geknüpft werden und so neue Deutungs-Konstellationen für den Begriff der

Kultur entstehen. (vgl. EAGLETON, 2009, S.7-73)[17] Ein zeitgenössischer, im skandinavisch-dänischen Kulturraum vorhandener, weiterer Sinnzusammenhang wird von Iben JENSEN (vgl. 2013, S.79ff.) in ihrem 'Grundbog i Kulturforståelse' (Grundbuch des Kulturverständnisses, MJH) angeführt, in welchem sie das interkulturelle Verständnis als bedeutend für den Kulturbegriff definiert. Hier ist zum einem die Kultur-Kenntnis (das Sein) als auch das ‚Verstehende' (das Gemacht-Werden) (vgl. EAGLETON, 2009, S.12) im Sinne einer Toleranzkultur dennotiert.

2.1.5 Historische Bezüge

Bereits im Jahre 1784 schrieb der deutsche Philosoph der Aufklärung Moses MENDELSOHN: „Die Worte Aufklärung, Cultur, Bildung sind in unserer Sprache noch neue Ankömmlinge." (1784, S.193) MENDELSOHN zeigt (im deutschen Sprachraum) implizit an dieser Stelle, sozusagen am Beginn des Wiederaufgreifens des antiken („cultura animi") Kulturbegriffs, welche *Sinnbezüge* mit „Cultur" möglich sind. Hier wird der Begriff der „Cultur" sinnhaft mit Bildung und Aufklärung verknüpft, immer jedoch als Antagonistin des *Natürlichen*. In MENDELSOHN`s nachfolgenden Ausführungen erweitert er die Möglichkeiten dieser Sinn-Zusammenhänge von 'Cultur' und Bildung durch ihre Bedeutung für „die Bestimmung des Menschen als Maß und Ziel aller unserer Bestrebungen" (ebd., S.194). Schon diese frühen aufklärerischen Gedanken beinhalten einen pädagogischen Impetus, nämlich den der Idee von Kultur als eine bestimmende Lebensform, die es zu fokussieren gilt (vgl. ebd., S.195). Die moderne Kulturanthropologie, beeinflusst von einem „Exotizismus" (EAGLETON, 2009, S.22) des frühen 20. Jahrhunderts, hat diese Idee der *bestimmten Lebensformen* quasi romantisiert, indem die expressiven, 'primitiven' Kulturen als 'reine', spontane und nachahmenswerte Kulturen verstanden wurden. (vgl. ebd., S.22ff.) Weitere Sinnzusammenhänge sind solche Begriffe wie der der

[17] Im Kapitel 'Versionen der Kultur' wird diese Entwicklung, sowie die der historischen Genese des Begriffes, ausführlich dargestellt. Diese erschöpfende Darstellung EAGLETONs wird jedoch an dieser Stelle nur überblicksartig erörtert werden.

Zivilisation[18], sowie die oft anzutreffende Konnotation, dem Begriff von *Ganzheit*: Je ursprünglicher die Kultur, desto mehr wird diese mit Ganzheit verbunden und die Zivilisationen als Bedrohungspotential erlebt.
Kulturen, die unter diesem *Ganzheits*begriff verortet werden, sind laut EAGLETON solche, die vom Romantiker als kostbare Kulturformen und ursprüngliche Lebensform angenommen werden. Gemeinsam sind solchen ‚romantischen' Verständnissen *der Kultur*, dass sie die Tendenz besitzen, sowohl normativ *als auch* deskriptiv, universale *ideale Gesellschaften* beschreiben zu wollen. EAGLEATON spricht hier kritisch von der grundlegenden Idee der „humanistischen Selbstvervollkommnung" (S.25) im Zusammenspiel mit dem Begriff der Kultur. Kultur so gedacht, ist also das Vollkommenere, das Anzustrebende, ganz im Sinne eines impliziten evolutionistischen Gedankenganges: von der primitiveren Urform (Natur) zur komplexeren und damit höheren Entwicklungsstufe (Kultur).

2.2 Kulturdimensionen im Kontext interkultureller Praxen

Die grundlegenden Überlegungen zum Begriff der Kulturdimensionen beschränken sich im weiteren Verlauf auf die Bedeutungen im Kontext für die interkulturellen Praxen. Der Begriff der *Kulturdimensionen* wird üblicherweise im kulturwissenschaftlichen Kontext durch zwei grundlegend zu unterscheidende, modellhafte Reduktionen kategorisiert. Kultur manifestiert sich, wie oben schon angedeutet, zum einen im Materiellen (Kleidung, Nahrung, Technik, Kunstformen, etc.) und zum anderen im Immateriellen (Normen, Werte, Riten) als mentale Kultur. Diesen beiden Katego-

---

[18] Der Begriff der *Zivilisation* im Sinne eines vorindustriellen Bürgertums. „Zivilisation ist daher persönlich und gesellschaftlich zugleich: Kultiviertheit ist eine Sache der harmonischen Gesamtentwicklung der Persönlichkeit" (EAGLETON, 2009, S.18f.) Der Begriff hat hier einen imperialistischen und normativen Beigeschmack.

rien (exoterisch/esoterisch) folgen entsprechend auch die meisten Kulturmodelle in unterschiedlichen Variationen.
Das Zwiebelmodell (siehe Abb. 1) von BLOM und MEIER (2004, S.4) verdeutlicht Schichtungen, von den äußeren *sichtbaren* Kulturaspekten (äußere Schicht) bis hin zu den eher verborgenen Schichten, die der Werte, Rituale, Helden (Vorbilder) und anthropologischer Grundannahmen im inneren Kern.
Der Fokus eines solchen Modells liegt auf den Aspekten des Sichtbaren, Augenscheinlichen, der (Zwiebel-)Haut und denen des unsichtbaren, dahinterliegenden, noch zu entdeckenden Kulturkerns. Dabei sind mit diesem Modell auch Abstufungen der Wertigkeit und damit auch Bedeutungshierarchien gemeint. BLOM/MEIER beschreiben diese folgendermaßen:

Abbildung 1: Zwiebelmodell

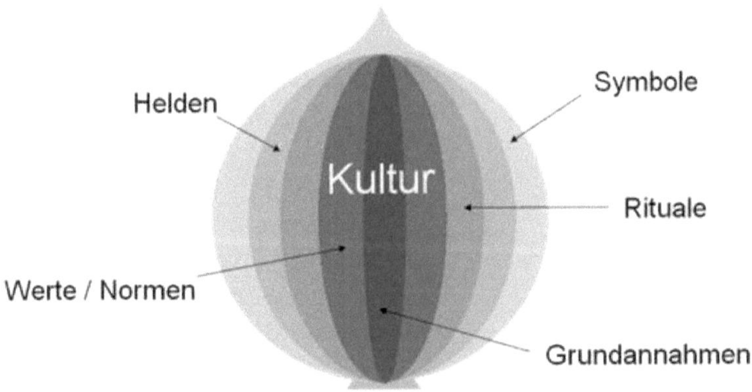

Quelle: URL: https://www.openpm.info/display/openPM/Interkulturelle+Kommunikation

Das Äußere, Sichtbare, das unverstellt Wahrnehmbare sind Sprachen, (Be)Kleidungen, Architekturen, Kunstformen. Die Schicht der *Helden* meint personifizierte Eigenschaften von Menschen in der jeweiligen Kultur, welche als zu achtend anerkannt werden. *Rituale* sind sich wiederholende und wiederholbare „Tätigkeiten“[19]. Ihre Funktionen sind u.a. mit der Konstituierung und Verstärkung von Werten und daraus resultierenden Normen zu beschreiben. Die *Werte* bilden dann den eigentlichen Kern dieses Kulturmodells. Dieser Kern generiert sich aus unbewussten Annahmen, die als die Grund-Matrix der jeweiligen Kultur fungiert. (vgl. BLOM/MEIER, 2004, S.41ff.)

Ein modifiziertes Modell hat der Sozialpsychologe Geert HOFSTEDE (2001) entworfen (Culture's Consequences. Comparing Values, Behaviors, Institutions and Organisations across Nations), aus welchem sich im Besonderen die kulturellen *Unterschiede im Handeln* erklären lassen. HOFSTEDE entwirft auf Basis einer umfassenden empirischen Langzeitstudie[20] ein Modell, welches die (national-)kulturellen Unterschiede im Verhalten und im Umgang mit gleichlautenden Problemstellungen illustrieren und erklären kann. HOFSTEDE spricht von einem Fünf-Dimensionen-Modell, wobei mit den Dimensionen fünf grundlegende Problemfelder beschrieben werden. Diese Problemfelder eignen sich als gut vergleichbare Kategorien menschlichen Verhaltens. Er vergleicht dabei die nachfolgend aufgeführten unterschiedlichen Kategorien im Verhältnis ihrer nationalen Ausprägungen:

- Machtdistanz (Umgang mit Ungleichheiten in Systemen)
- Individualismus vs. Kollektivismus (Verhältnis von Wertigkeiten von individuellem und gruppenorientiertem Verhalten)
- Maskulinität vs. Feminität (Verteilung von Wertvorstellungen zwischen den Geschlechtern)
- Unsicherheitsvermeidung (Unterschiede im Sicherheitsgefühl in strukturierten oder eher unstrukturierten Situationen/Systemen)
- Langzeit- vs. Kurzzeitorientierung (Orientierung an langfristigen zukünftigen Veränderungen vs. kurzfristige Erfolge)

Kritisch zu sehen ist diese Studie insofern, da es sich bei der untersuchten Gruppe um eine „seltene Population“ (SCHNELL et. al., 2005, S.296) (Angestellte eines multinationalen Konzerns) im Bezug zur Grundgesamtheit

---

[19] Zum Begriff der Tätigkeit vgl. auch KLAUSEN, 2014, Am Anfang war die Tat, Authentizität und Aktivismus ...

[20] Von 1967-1973 analysierte HOFSTEDE Wertevorstellungen von ca. 117.000 Menschen in 74 Ländern. Die Informanten waren Mitarbeiter des IBM Konzerns.

aller möglichen Gruppen und Gesellschaftsschichten in den verschiedenen Kulturräumen handelt. Dem Umstand, dass die Studie als veraltet gesehen werden könnte, kann entgegnet werden, dass kulturelle Veränderungen in nationalen Kontexten eher in längerfristigen Zeiträumen zu erwarten sind. (vgl. GENKOVA, 2013, S.42ff.)

Vielmehr soll das Ergebnis der Studie von HOFSTEDE, nämlich die empirisch nachweisbaren *unterschiedlichen* Denk-, Fühl- und Handlungsmuster und seine Thesen zu den Verhaltensweisen als mögliche Grundannahme im interkulturellen Dialog in grenzüberschreitenden KuK-Projekten als Arbeitsthese fungieren. Die untenstehende Grafik verdeutlicht die Unterschiede im erweiterten Sechs-Kategorien-Diagramm (siehe Abb. 2)

Die Dimension der Machtdistanzen (Power Distance) zeigt, dass die Individuen in Gesellschaften nicht gleichgestellt sind. Die Ungleicheiten, die zum Ausdruck gebracht werden, lassen Rückschlüsse auf das Ausmaß der Machtdistanzen in Institutionen und Organisationen im jeweiligen Land zu. So können nach HOFSTEDE die Möglichkeiten von Partizipation und Mitwirkung in dänischen Institutionen als vergleichsweise höher eingestuft werden als in Deutschland. Solche abweichenden Organisationskulturen können berücksichtigt werden.

Abbildung 2: Deutschland und Dänemark im Vergleich

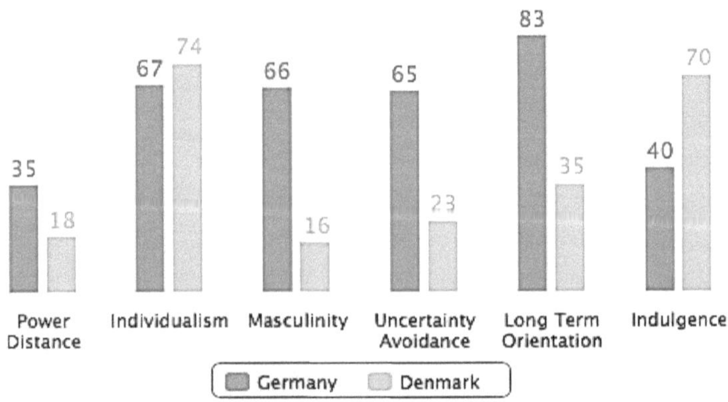

Quelle: URL: http://geert-hofstede.com/germany.html

Die Dimensionen des Individualismus (Individualism) sind ähnlich stark ausgeprägt. Beide Gesellschaften können als Gesellschaften mit hoher Tendenz zur Selbstverwirklichung betrachtet werden. HOFSTEDE interpretiert diese Tendenz durch vergleichbare Klein-Familienstrukturen, mit Schwerpunkt auf Eltern-Kind-Beziehungen.

Eine markante Differenz zeigt sich jedoch in der Bewertung der Maskulinität (Masculinity) der beiden Gesellschaften. Hohe Werte in dieser Dimension weisen auf eine gesellschaftliche Ausrichtung von Wettbewerb, Leistung und Erfolg hin. Als ein Beleg könnte u.a. das eher leistungsbezogene dreigliedrige deutsche Schulsystem dienen, im Gegensatz zum stark inklusiv angelegten dänischen Schulsystem. Das kulturelle Wertesystem mit niedriger Bewertung (DK/16) deutet auf dominante Werte von Fürsorge und Lebensqualität. HOFSTEDE befragt diese Dimension, ohne sie zu beantworten, folgendermaßen: "The fundamental issue here is what motivates people, wanting to be the best (masculine) or liking what you do (feminine)." (2015, S.2) *Lebensqualität* ist demnach das Zeichen für eher schwach ausgeprägte Maskulinität. Selbstwertgefühl generiert sich in ‚maskulinen' Gesellschaften nach HOFSTEDE durch Aufgaben und effektive Arbeit, die Qualität des eigenen Status macht sich an Besitz fest.

Die Art und Weise, wie sich Gesellschaften mit der Unsicherheit von Zukünftigem beschäftigen, kann in der Dimension der Unsicherheitsvermeidung (Uncertainty Avoidance) dargestellt werden. Soll Zukunft kontrollierbar sein oder einfach fatalistisch geschehen? Diese kulturelle Dimension kann auch auf kulturelles Lernen der jeweiligen Kulturkreise und deren (kultur-)historischen Kollektiverfahrungen zurückgeführt werden. So zeigen die Daten für Deutschland eine, auch im internationalen Vergleich, sehr hohe Präferenz für Unsicherheitsvermeidungen. Deduktive Ansätze, Planungswollen und Systematik sind hier zu nennende kulturelle Muster.

Die Kategorie der langfristigen Orientierung (Long Term Orientation) macht die Bedeutung traditioneller Normen und Handelns versus progressiverer, evtl. pragmatischerer Ansätze bezüglich gesellschaftlichen Wandels deutlich. Auf Basis der Daten zeigt sich für Dänemark eine unverkennbare Ausrichtung zum Normativen und zur Tradition. Dies kann auch als ein Hinweis für ein relativ homogenes Kulturverständnis gesehen werden. Der High-Score der Ergebnisse für Deutschland deuten dagegen auf eher pragmatische Ausrichtungen für Anpassungsleistungen, abhängig von Situationen, Zeiten und Kontexten, hin.

Die letzte Datensäule verdeutlicht Aspekte von Sozialisationen. Die Datenlage gibt Auskunft über den Umfang menschlicher Versuche, Wünsche und Impulse aufgrund mglw. differenter Sozialisationen zu kontrollieren. Relativ schwache Kontrolle wird als Genuss (indulgence), relative starke Kontrolle als Zurückhaltung gewertet. Die geringe Punktzahl (40) der deutschen Vergleichsgruppen deutet auf diese Zurückhaltungstendenzen. Nach HOFSTEDE neigen solche Gesellschaften eher zu Pessimismus und legen weniger Wert auf Freizeit. Diese Annahme korreliert mit einem Wunsch, die Befriedigung von Wünschen planerisch zu steuern (vgl. Uncertainity Avoidance). In so verfassten Kulturen sieht HOFSTEDE ein höheres Maß sozialer Kontrollen und Sozialisationen, welche Ausprägungen von ‚genussvollem Handeln' als problematisch ansehen. Die hohe Punktzahl (70) für die dänische Gesellschaft lässt dagegen auf eine Kultur schließen, welche eine hohe Bereitschaft zeigt, ihre Wünsche in Bezug auf Leben und Spaß zu realisieren. Nach den Ausführungen von HOFSTEDE neigen solche Gesellschaften zu Optimismus und legen ein hohes Maß auf den Wert von Freizeit.

Die oben dargestellten Grundannahmen und Implikationen dieser Forschung HOFSTEDEs sind vielfältig und können für Konzeptionen interkultureller künstlerischer Bildungsprojekte berücksichtigt werden.

Weiter weist HOFSTEDE auf die Entwicklungsaspekte von Kulturen hin und vergleicht diese bildlich mit der Programmierung eines Computers. Sämtliche Verhaltensmuster (kognitive, emotionale, operative) werden als „mentale Software" gedacht. Dabei ist diese *Programmierung des Individuums* nach HOFSTEDE teils *genetisch* bedingt, teils erlernt. *Kultur* als ausgehandelte *Lebensform* dagegen ist ein *erlerntes* (programmiertes) Phänomen. Dieser Sachverhalt wird in der „Pyramide der Kultur" (Abb. 3) verdeutlicht:

Abbildung 3: Pyramide der Kultur

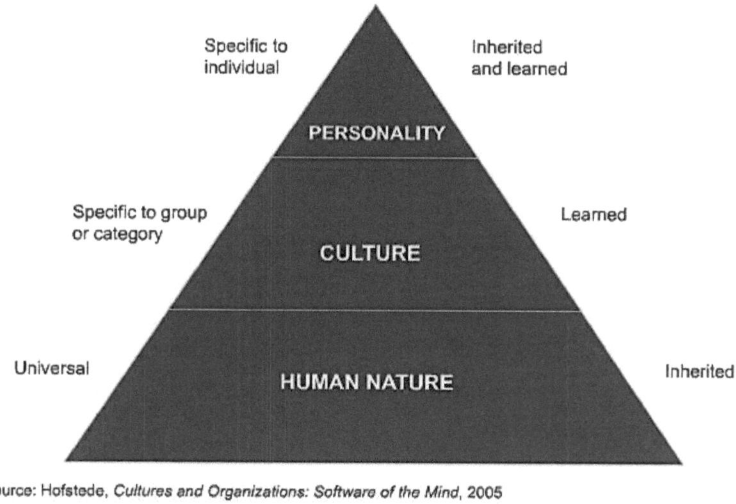

Quelle: HOFSTEDE, 2011, S.5

Der mittlere Kulturbereich wird durch die archetypischen menschlichen Faktoren (human nature) und von der Spitze des Dreiecks, den individualisierten Persönlichkeitsmerkmalen (personality) umfasst. Die universale Basis (universal) ist all das, was menschliche Natur ausmacht, sie ist die genetische Basis der „Software of mind". Gegenüberstehend, an der Spitze der Pyramide, steht die eigentliche unverwechselbare Persönlichkeit. Sie umschreibt das einzigartige Individuum. Diese individuelle Software (mentale Programmierung) entwickelt sich nach HOFSTEDE im *Zusammenspiel* dieser drei Ebenen:

- ererbte Grundeigenschaften (inherited),
- gewonnenen Erfahrungen in sozialen Kontexten (learned) und
- rein individuellen Erlebnis- und Lernerfahrungen (inherited and learned).

Damit wird Kultur zu einem *erlernbaren* dynamischen Phänomen, also zu einem *gestaltbaren* menschlichen Erfahrungsbereich. Dieser Teilbereich einer *nicht statischen* Kulturauffassung (inheritated and learned) kann

insbesondere für den hier diskutierten Bereich der künstlerischen Bildung von Bedeutung sein, da sie die Grundannahme ästhetischer Erkundungen und ästhetischen Handelns als Aneignungsprozesse von (Alltags)Kultur dar-stellt. (vgl. KÄMPF-JANSEN, 2012, S.23ff.)
Die Ergebnisse der neueren Forschung aus dem Bereich der Neurowissenschaften bestätigen diese Thesen HOFSTEDEs, einerseits den Aspekt der 'Hardware', andererseits den Aspekt der Erziehung und des Lernens in ihrer gegenseitigen Bedingtheit. (vgl. SINGER, 2003, S.97-119) In seinem Kulturkonzept als Schichtenmodell unterscheidet sich HOFSTEDE nicht grundsätzlich vom oben dargestellten Zwiebelmodell nach BLOM/MEIER.
Ebenso wie BLOM/MEIER betrachtet HOFSTEDE die drei äußeren Schichten als die Anteile der sichtbaren, offensichtlich wahrnehmbaren Kultur. Kulturelle Praxen, die sich symbolisch darstellen (*Symbole*), als 'Verehrung' wichtiger kultureller Eigenschaften (*Helden*) oder eben in sich wiederholenden Praktiken wie Ritualisierungen und ästhetischen Aushandlungsprozessen äußern (*Rituale*). Sie werden so zu sichtbaren Aspekten. Gleichzeitig beeinflussen sie den Werte-Kern, indem die Praktiken diese Werte beständig neu verhandeln.
Der innere Kern der eigentlichen Grundwerte ist erst einmal nicht wahrnehmbar. Dieser vollzieht sich in Kategorien von richtig/falsch, hässlich/schön, gut/böse usw. und basiert auf basalen emotionalen Neigungen. Hierbei ist in der *Sphäre der Werte* die Diskrepanz von Erwünschtem und Erreichtem ein a priori anthropologisches Spannungsfeld. Dieses Spannungsverhältnis entsteht zwischen der tiefgehenden Werte-Orientierung des Individuums und u.U. differenten Normen und Werten einer Gesellschaft und der verfassten 'äußeren' Kulturlandschaft.

Abbildung 4: Zwiebeldiagramm, Manifestationen von Kultur in verschiedenen Tiefenebenen

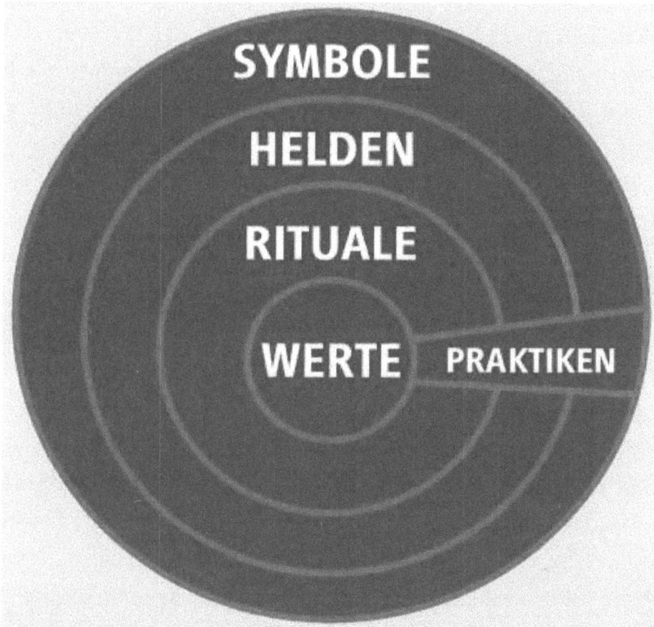

Quelle: HOFSTEDE, 2011, S.8

Hier wird ein Konflikt denkbar, der im interkulturellen Kontext relevant sein dürfte. Dies betrifft exakt die Aspekte der drei äußeren Schalen im Schichtenmodell. So ist auch durch eine globalisierte Handelswelt die Kleidung, die Symbole bspw. von ‚Coolness-Codes' (vgl. GEIGER, 2010, S.7-9), die Verehrung der (Pop)Helden und das Erleben von Ritualen gewissen Ähnlichkeitsmustern ausgesetzt. Jenes wird in medial vernetzten Jugendkulturen augenscheinlich. (vgl. ZAREMBA, 2011) Andererseits ändern diese äußeren Angleichungen kaum und jedenfalls nicht zwangsläufig die individuellen *Kern-Werte.* Infolgedessen kann sich hier ein intrapersonelles Spannungsfeld entwickeln. Wie weit sich diese inneren Konflikte dann problematisch entwickeln und in sozialen Kontexten ausgetragen werden, ist keine Fragestellung dieser Abhandlung. Gleichwohl scheinen die mit diesem Spannungsfeld verknüpften Aspekte der Identitätsbildungen und die der Entwicklung von Selbstkompetenzen eine nachvollziehbare Relevanz zu haben, was sich in der Analyse der durchgeführten Interviews für diese Untersuchung bestätigt.[21]

Für einen angestrebten interkulturellen Dialog mit den Mitteln der künstlerischen Bildung ist dieser Sachverhalt von Bedeutung, denn genau aus diesem Spannungsfeld von Prozessen der Identitätsbildung und mögl. Ähnlichkeitsmustern bei Kindern und Jugendlichen sind diese in den KuK-Projekten mit ständigen dynamischen Aushandlungsprozessen konfrontiert. Werden diese Prozesse als (für die Kinder und Jugendlichen) essentiell und lebensweltlich bedeutsam wahrgenommen, um sie dann thematisch in den KuK-Projekten in künstlerische Bildungsprozesse zu transformieren, können erste wertvolle, für den interkulturellen Dialog bedeutsame, Rahmungen geschaffen werden. Ausgehend vom *Kulturbegriff* und der Anwendbarkeit inter-(kultureller) Theorien zeigen auch AHRENKILDE HANSEN und NORUP PANILD die Aufspaltungen des Kulturbegriffes (1990, S.197ff.). Hier dargestellt als zwei sehr unterschiedliche dynamische Systeme, welche in Bezug gesetzt werden können anhand der inneren und äußeren Kulturniveaus der vorher dargestellten Schichtmodelle. (vgl. Abb. 5)

Ergänzend illustrieren AHRENKILDE HANSEN et al. in ihrem Kulturanalysemodell den *Tätigkeits*aspekt als eine grundlegende Annahme für 'Kulturaneignung'. Durch diese Annahme wird deutlich, inwiefern das Spannungsfeld zwischen *Haben* und *Sein* im Feld von Kultur bedeutsam sein kann, insbesondere für den Untersuchungsgegenstand der kulturellen Bildung mittels kunstpädagogischer Methoden, die *fortan als künstlerische Bildung* bezeichnet werden soll. Folgt man dem Gedankengang von AHRENKILDE HANSEN, so schaffen die „kulturellen Manifestationen im jeweiligen Ausland solche Einsichten, die als Brücken zwischen Menschen fungieren können" (AHRENKILDE HANSEN et. al., S.198, Übersetzung MJH)[22]. Diese

[21] vgl. Abbildung 23, Allgemeine Zielsetzungen für die Zielgruppen, im Kapitel 8.5.

[22] „at kulturelle manifestationer i udlandet, (...) kann skabe indsigt og bygge brower mellem menesker."

Manifestationen entsprechen den drei äußeren sichtbaren und wahrnehmbaren Kulturschichten HOFSTEDEs. Damit wird den *Objekten* eine kulturelle und interkulturelle Funktion zugesprochen, ein Gesichtspunkt der auch für die kunstpädagogischen Projekte von Belang sein kann – dies insofern, dass neben einer Prozessorientierung *auch* eine Ziel-und Objektorientierung bedeutsam sein kann.

Abbildung 5: Die Spaltung des Kulturbegriffes

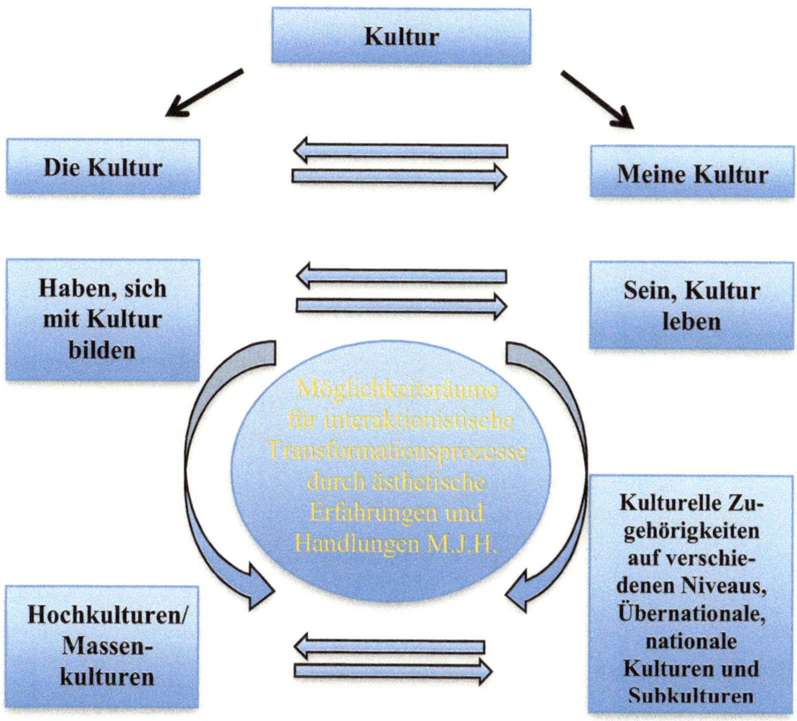

Quelle: Eigene erweiterte und übersetzte Darstellung nach AHRENKILDE HANSEN et. al., 1990, S.199f.

Hinsichtlich der kontextuellen Betrachtungen der Kulturbegriffe unterscheidet sich HOFSTEDE von AHRENKILDE HANSEN et. al., insofern, dass diese insbesondere das *Spannungsverhältnis* als einen dynamischen Aushandlungsprozess zwischen sich gegenseitig bedingenden Subjekt- (Sein, Kultur leben) und Objektorientierungen (Haben, sich mit Kultur bilden) ins Zentrum rücken. AHRENKILDE HANSEN et. al. führen hier den Begriff „skisma" (Schisma, MJH) ein. Damit ist die widersprüchliche Trennung, sowie die sich gegenseitige Bedingtheit der vorgefunden und der individuell hergestellten Kulturen einmal mehr verdeutlicht. Dieser Begriff des „skisma" wird als ein zentraler Gedanke in seiner Pragmatik verständlicher, wenn die Überlegungen in Bezug zu einem kulturvermittelnden Ansatz gebracht werden.Es sind die erst durch diese Widersprüche entstehenden Möglichkeitsräume, welche die Kinder und Jugendlichen in dynamischen Transmissions- und Transformationsprozessen als Gestaltungsräume wahrnehmen. Diese *Gestaltungs*räume können eben im Besonderen in den Tätigkeiten des ästhetischen Erforschens und der künstlerisch handelnden Bildungsprozesse erfahrbar gemacht werden. (vgl. KÄMPF-JANSEN, 2012, S.161ff.)

In den Betrachtungen des „Zwischenmenschlichen" Martin BUBERs (vgl. 2014, S.272-276) finden sich weitere mögliche Aspekte kultureller Annäherungsleistungen. Diese sind eng verknüpft mit den weiter oben erwähnten, aus den 'Spannungen' entstehenden, *Motivationen* für eine Annäherung unterschiedlich erlebter kultureller Lebenswelten (Kultur versus Meine Kultur versus Deine Kultur) der Kinder und Jugendlichen. Kultur als Aneignungsprozess verstanden, bedarf der Bereitstellung von Möglichkeitsräumen der Selbst- und Fremdwahrnehmungen in KuK-Projekten. Wesentliche Ähnlichkeiten zeigen diese dialogisch-kulturellen Prozesse mit dem von BUBER beschriebenen *Dialogischen Prinzip*. Der *Dialog* ist nach BUBER keinesfalls nur auf die sprachliche Kommunikation beschränkt. Er beleuchtet in seiner Anthropologie die Bedeutung der individuellen Begegnung. Erst wenn es zu einer Begegnung von zwei Ichs kommt (Ich-Du im Wechsel) und gleichzeitig die Möglichkeit der Distanzierung (Ich-Es) besteht, entsteht ein *Dialog*. Diese interaktionalen Prozesse beinhalten sowohl die 'Beziehungsarbeit' zwischen Individuen als auch die der Ich-Es Wahrnehmungen des gesellschaftlich-kulturellen Umfeldes als verborgene Voraussetzung des Dialogischen. Sie sind somit mehr als nur Kommunikation, insofern diese Aushandlungsprozesse als Arbeit am Ich und *Du*, als Individuationsprozesse verstanden werden.

Zusammenfassend kann man festhalten, dass es sich bei den oben erörterten Kulturverständnissen um einen aus den Elementen individueller Grund-Werte und sozialer, kultur- und kunstpädagogischer Praxen (Rituale, Helden, Symbole) *konstruierten* ‚Kulturbegriff' handelt. Die grundlegende Unterscheidung der modellhaften Vorstellungen verweist auf eine jeweils statische oder eine dynamische Kulturauffassung hin. Kritisch betrachtet beinhalten die tendenziell statischen Modelle von BLOM/MEIER in Teilaspekten, sowie auch jenes von HOFSTEDE, die Frage nach den *verdeckten Kernen*, resp. der *universalen Natur* als unlösbares Problem interkultureller Begegnung. Beide, Kern und Basis der Pyramide, scheinen nahezu als unveränderlich.
Im vorliegenden Untersuchungsfeld erscheint Kultur als das, was erlernt *ist* und habitualisiert *wird*. Für die hier thematisierten ästhetisch-künstlerischen Bildungsaufträge wird daher auf einen eher dynamischen und fluiden Kulturbegriff fokussiert. Hier wird Kultur als ein in sozial-interaktiven Aushandlungsprozessen konstituierendes Konstrukt verstanden. Von diesem Standpunkt aus betrachtet, bestehen Möglichkeiten, die kulturellen und die ästhetischen Erfahrungspraxen derart in einen Sinnzusammenhang mit dem Aneignungsprozess der Kinder- und Jugendlichen zu bringen, dass aus dem Konzept der Differenzen und Dissensen, der Bedarf für interkulturelle Interaktionen (KuK-Projekte) begründet werden kann. (vgl. BACHMANN-MEDICK, 2008, S.96-98)
Es liegt nahe anzunehmen, dass sich *die Ausgangsmotivation der Initiatoren* von KuK-Projekten durch das hier erörterte Kultur-Verständnis, nämlich *Kultur als konfliktreiche Aneignungs-Prozesse des Aushandelns* begründet. Nur, wo Differenzen sichtbar werden oder sichtbar gemacht werden, wird Fremdverstehen, durch interkulturelle Dialoge in KuK-Projekten, überhaupt erst auf Interesse stoßen und somit plausibel vertretbar sein. Man wird also im Vorfeld schon in kulturpolitischen Grundsatzentscheidungen von a priori differenten Kulturen ausgehen *müssen*, um die Sinnhaftigkeit der Förderung von KuK-Projekten zu begründen.

Inwiefern diese Differenzen auch als Konflikte zu verstehen sind, bleibt dagegen offen. Darüber hinaus lassen sich so Grenz-Zonen, Grenz-Räume, Brüche und *das ‚Missverstehen als Grundmotiv'* für interkulturelles Handeln als Ausgangspunkt begründen.[23] Dieser Sachverhalt allerdings stellt neue Herausforderungen an die Akteure des Aushandlungsprozesses und birgt auch Schwierigkeiten; Das Fokussieren ausschließlich auf die Probleme der Differenzen, des „Fremden" (vgl. REUTER, 2002a, S.109-125) läuft auch immer Gefahr zu exkludieren und des Verfestigens von Stereotypen. Eine solche exklusive Wahrnehmung könnte in Verbindung mit Stereotypen zur Ausgrenzung ganzer Zielgruppen führen. Die Vielfalt der Unterschiede kann nur durch die jeweiligen Abgrenzungen wahrgenommen werden, ohne Diversität existiert schließlich Interkultur nicht. Eine zentrale Frage für den interkulturellen pädagogischen Ansatz in der kunstpädagogischen Praxis wird jedoch sein, inwieweit solche „Abgrenzungsideen" zu einem *für sich sein des Individuums* führen oder aber, ob diese als „flexible Grenze" zum anderen *erlebbar* gestaltet werden. (vgl. FINKE, 2008, S.263ff.) Unter Einbeziehung der Argumentationen BUBERs, der *Motivations*grundlage für kulturelle Aneignungsprozesse durch das *Schisma* nach AHRENKILDE HANSEN und in Verbindung der empirischen Belege HOFSTEDEs lassen sich die folgenden Grundannahmen ableiten:

KuK-Projekte mit *dem Ziel eines interkulturellen Dialogs* könnten vorzugsweise auf die von HOFSTEDE als *individuelle Software* der Kinder- und Jugendlichen in den KuK Projekten fokussieren. Diese 'Software' umschreibt die gestaltbaren (programmierbaren) Ichs. Eine solche Vorgehensweise, welche die Aufmerksamkeit auf die 'Ichs' richtet, kann Möglichkeitsräume eröffnen, in denen sich nicht nur 'Der Deutsche' und 'Der Däne' stereotypisch kennenlernen. Darüber hinaus erscheinen zunächst eben die indivi-

---

[23] Gleichzeitig kann aus einer sozial-konstruktivistischer Perspektive diese Annahme auch als Konstruktion von Wirklichkeit angenommen werden. Gegenteilig wäre eine Annahme/Konstruktion weitgehend homogenisierter deutsch-dänischer Kulturen denkbar. Hieraus müsste geschlussfolgert werden, dass dann solche KuK-Projekte kein inter-kulturelles Ziel verfolgen und sich hauptsächlich in einer 'nur' kunstpädagogischen Rahmung als *Begegnungen* verorten ließen.

duellen und unterschiedlichen Kerne, sprich die dort verorteten Wert-(Konstruktionen), die ja – wie weiter oben dargestellt – die *eigentliche* Grundmotivationen der interkulturellen Begegnungen evozieren. In einer solchen „Kontaktzone" (FINKE, 2008, S.264), die eine offene und noch zu gestaltende Kultur-Zone darstellt, werden dann innovative[24] Begegnungsformen ermöglicht und durch die Kinder und Jugendlichen erprobt, eben auch ästhetisch. Im Bereich der hier untersuchten ästhetischen Praxen können dann neue sinnhafte Fragen der Kinder und Jugendlichen entstehen, welche sich nicht aus einer *verordneten* kulturellen Begegnung ergeben, sondern aus einer *individuellen (kulturellen) Fragestellung*. Das lustvolle Befragen von Differenzen und Fremdheiten der jeweils anderen Kultur eröffnet Chancen der Selbst- und Fremdwahrnehmung. Das Eigene durch ästhetische Lernprozesse zu erfahren und zu erforschen, um dies in ästhetischen Praxen für 'die Anderen' sichtbar zu machen, wird somit bedeutungsvoll. Die Bezugsfelder, in denen sich dann diese ästhetischen Praxen manifestieren und ausdrücken, sind solche, welche mit dem Begriff der Selbstkompetenz gefasst werden können und welche die nachfolgenden Subkategorien (vgl. BREUNING, 2002, S.55ff.) beinhaltet:

- Lebensalter-/ Entwicklungsbezüge
- Auseinandersetzung mit der eigenen Identität
- Selbstwahrnehmungen und Reflexion
- Selbststeuerungsfähigkeiten
- Selbst-Identifikationsprozesse
- Kulturelle Identität(en) und Integration

Die oben dargestellte Sichtweise kultureller Bildungsprozesse macht die *grundlegende Bedeutung der Auseinandersetzung mit der eigenen Identität und der des Anderen* im Kontext von different erlebten Kulturen nachvollziehbar.

[24] Zur Bedeutung des Begriffes des *„innovativen"*, sei auf die Ausführungen im Artikel von Harnow KLAUSEN, Interdisciplinarity and Scientific Creativity, 2014, verwiesen.

2.3 Konstruktionen kollektiver Heterogenisierungen im Kontext von bi-nationalen KuK-Projekten

Interkulturelle Kommunikation mit dem *Fremden* ,unter Zuhilfenahme interkulturell angelegter Projekte, scheint als angestrebter Prozess dann sinnvoll, wenn – wie im vorliegenden Kontext – als Ausgangsbasis ein solcher kultureller Unterschied erlebt oder doch zumindest konstatiert wird.[25] So widmet sich der vorliegende Abschnitt neben den Kulturbegriffen auch den Begriffen der Inter- und Transkulturalität und der Hybriden-Kultur.

Neben der Macht des Faktischen (der schlichten Existenz geförderter, grenzüberschreitender Projekte) lassen sich aber auch weitere Aussagen herleiten, die diese Betrachtung im gegebenen Zusammenhang begründen. Hierzu wird der Versuch unternommen, eine Annäherung an die Schlüsselbegriffe im hiesigen Feld des (inter-)kulturellen, deutsch-dänischen Verständnisses zu erlangen. Weiter werden diese Begriffe in ihrer spezifischen Betrachtung für die KuK-Projekte im deutsch-dänischen Grenzland erörtert und diskutiert. Betrachtet man die Äußerungen im Untersuchungsfeld, dann sollten, neben dem schon dargelegten Schlüssel-Begriff der Kultur, auch folgende Begriffe im genannten Kontext diskutiert werden:

- Konzeptionen von Kultur, Interkultur und Transkultur, hybriden Kulturen
- Interkulturelles Verstehen in KuK-Projekten
- Konzeptionen von Identitäten

[25] Ob ein solcher (ausreichender) kultureller Unterschied existiert, soll hier nicht verhandelt werden. Vielmehr soll dies a priori angenommen werden, da solche KuK-Projekte genau aufgrund dieser konstituierten Kultur-Differenzen zahlreich durchgeführt und mit öffentlichen Mitteln gefördert werden, so dass diese faktischen Konstruktionen von Kulturbegegnungen hinreichend als Begründung gelten kann.

2.3.1 Intermediäre[26] Kulturen – Transkulturen

In postmodernen Anschauungen und den zunehmenden Erkenntnissen über immer vielfältigere Kulturformen im Zeitalter der Globalisierung entwickelt sich die Anschauung von 'der Kultur' in pluralistisch verstandene Kulturbegriffe. Man spricht nun bevorzugt von '*den* Kulturen' als „ein Beispiel für den bunt gewirkten Teppich menschlicher Erfahrungen" (EAGLETON, 2009, S.26). Inwieweit aus dem 'bunt gewirkten Teppich' dann eine, wie der Philosoph Wolfgang WELSCH es benennt, *Transkultur* abgeleitet werden kann, scheint zweifelhaft, dies insbesondere bei näherer Betrachtung der hier untersuchten empirischen Daten im Zusammenhang der kulturellen Basisarbeiten im KuK-Projekt. Die Annahme WELSCHs:

> „Meine Kritik am traditionellen Konzept der Einzelkulturen sowie an den neueren Konzepten der Multi- und Interkulturalität lässt sich wie folgt resümieren: Wenn die heutigen Kulturen tatsächlich noch immer, wie diese Auffassungen unterstellen, inselartig und kugelhaft verfasst wären, dann könnte man die Schwierigkeiten ihrer Koexistenz und Kooperation weder loswerden noch lösen." (2004, S.322)

WELSCH macht darauf aufmerksam, dass als Grundvoraussetzung einer denkfähigen Kulturbetrachtung die Unterscheidung in ihre Dimensionen notwendig ist. Er unterscheidet zwei Kultur-Dimensionen. Die inhaltliche und die extensionale Bedeutung von Kultur. (vgl. ebd., 2010, S.39) Die *inhaltliche* Bedeutung bezieht sich auf die Alltagsroutinen, Überzeugungen und Umgangs- sowie Sozialformen und die *extensionale* beschreibt die „Ausdehnung derjenigen Gruppe (oder Gesellschaft oder Zivilisation), für welche die betreffenden kulturellen Inhalte bzw. Praktiken charakteris-

[26] Der Begriff *intermediäre Kulturen* macht im Sinne BHABHAs sowohl auf das *Dazwischen (Third room)*, als auch auf die hybriden Mischformen von Kulturen aufmerksam. Analog wird der Begriff intermediär im Kontext von *„subjektiv-intermediärem Feld" von* WITTE benutzt (2009, S.62). Im deutsch-dänischen Grenzland scheinen, insbesondere mit den jeweiligen Minderheiten, weder ‚rein' hybride, noch transkulturelle Kulturerscheinungen begrifflich hinreichend beschreibbar zu sein. Hierzu ausführlicher im Kapitel 8.5.

tisch sind" (WELSCH, 2010, S.39).[27] Er führt hierzu zwei Hauptargumentationslinien an; Zum einen die Durchdringung der Konsumkulturen auf globaler Ebene, die von den Alltags- bis zu den Hochkulturen reichen, zum anderen die Hybridisierung individueller Lebensformen, die sich in Anderen (vorgeblich national determinierte Kulturen) ausdifferenzieren. Die grundlegende Annahme zur Begründung des Konzeptes ist, „dass ‚Eigenes' und ‚Fremdes' sich nicht mehr im Sinne ‚inselhafter Kulturen' trennen lässt, so dass Transkulturalität die ‚Relativierung kultureller Bindungen und Muster' betont" (NELL zit. n. BOLSCHO, 2005, S.29) und hierdurch auf neuartige Formen von Aushandlungen zielt. Durch solche mögl. Aushandlungsprozesse, welche plurale Differenzen zulässt, anerkannt und erfordert, wird ein dynamisches Kulturverständnis bestätigt.
In dem hier vorliegenden Untersuchungszusammenhang kann man der Vermutung WELSCHs insofern zustimmen, als dass die der ‚HERDERschen Auffassung' der Kulturen (vgl. FUCHS, 2012, S.63-67) als isolierte in sich geschlossene Systeme, sicherlich im Zeitalter globaler Kommunikation und Interaktion einen Anachronismus darstellen. Andererseits ist der von WELSCH vorgebrachten Begründung zu widersprechen, dass, wenn solche 'inselartigen' Kulturen solcher Art verfasst wären, das gemeinsame Existieren und Aktionen (cooperattio)[28] der Kulturen untereinander mit unüberwindbaren Schwierigkeiten verbunden seien (vgl. FUCHS, 2012, S.63-67), dass dann diese ‚Schwierigkeiten' und ihre ‚unmöglichen Überwindungen' keinen hinreichenden Grund für ihre *Nicht*-Existenz sind.
Erst einmal wird man anmerken müssen, dass eine solche Verallgemeinerung, wie WELSCH sie aus philosophischer Sicht vornimmt, aus einer globalen Perspektive betrachtet, durchaus einleuchtend ist. In einer globalisierten Welt gibt es ausreichend Belege für eine zunehmende Homogenisierung, etwa die Art des internationalen Warenaustausches, dem Versuch der Vereinheitlichung durch internationale Standards von Waren, Qualitätsstandards und bisweilen auch kultureller Produkte und Werte.

[27] vgl. hierzu auch Kapitel 2.2.
[28] cooperatio: für Zusammenwirkung/Mitwirkung

In den Bezugsfeldern der KuK-Projekte in der Mesoebene (bspw. die Kulturverwaltung) und der Mikroebene kann im hier zu verhandelnden Kontext des deutsch-dänischen Kulturraumes jedoch sehr wohl von abgegrenzten Strukturen, die „inselartig und kugelhaft" (WELSCH, 2004, S.314-341) erscheinen, gesprochen werden. Der Kulturwissenschaftler OPITZ macht auf eine Vielzahl von interkulturellen Problematiken in unterschiedlichen deutsch-dänischen (skandinavischen) Praxen aufmerksam. Allein aus der Betrachtung der von OPITZ et al. (1997) dargestellten Praxen werden Kulturunterschiede deutlich. Exemplarisch erörtert er etwa den deutsch-skandinavischen Kulturunterschied im Umgang mit Hierarchien und den daraus resultierenden divergenten Gesellschaftsstrukturen und damit verbundenen unterschiedlichen Identitäts-Konstruktionen. Dies bildet sich im nationalen Kontext durch erhebliche Unterschiede, etwa in den Verwaltungsstrukturen ab: eher dezentralisierend in Dänemark, trotz eher homogener nationaler Identitätsvorstellungen mit dem zentralen Staat – und eher zentralistisch organsierter Verwaltungsstrukturen in einem föderalistischen System (Deutschland). Wenn WELSCH also anmerkt „(...) unsere Kulturen haben de facto längst nicht mehr die Form der Homogenität und Separiertheit, sondern sie durchdringen einander, sie sind weithin durch Mischungen gekennzeichnet" (2004, S.341), so kann diese Mischung auch nicht tendenziell für die hier behandelten Kontexte im deutsch-dänisch Grenzland beobachtet werden.

Nach YILDIZ existieren diese Homogenitäten sehr wohl und sind durch die historische Genese nationalstaatlicher Einflüsse grundlegend und machtvoll. Die Kultursoziologin konstatiert: „Nationen hätten spezifische und homogene Kulturen, die auf der Idee der gemeinsamen geteilten künstlerischen, geistigen und moralischen Werte (...)" (2009, S.75) gründen und seien somit „Teil der historischen Vereinheitlichungsprozesse" (ebd., S.90). Für den deutsch-dänischen Grenzraum kann dieser Anschauung teilweise widersprochen werden. Anerkannt werden können kulturhistorische Vereinheitlichungsprozesse, diese sind aber durch den Begriff des Nationalen nicht zu erklären. Für das hiesige Untersuchungsfeld im deutsch-dänischen Grenzland ist zu bemerken, dass die Nationalstaaten eine recht kurze Geschichte besitzen. Der dänische ‚*Helstat*' war, ebenso wie das Habsburgerreich, deutlich multi-ethnisch verfasst. Eine national generierte Homogenität kann hier also eher nicht angenommen werden. Außerdem kann folgendermaßen argumentiert werden: Auch wenn dem Genese-Gedanken (Kulturelle Identität durch Vereinheitlichungsprozesse) von YILDIZ zugestimmt werden kann, so weisen doch die empirischen Befunde dieser Abhandlung auf die zentrale Bedeutung unterschiedlicher Lebenswelten der Akteure im Feld hin. Die Kulturkonstruktionen sind soziale Repräsentationen, also das, was man mit Kultur assoziiert, Auffassungen, Bilder und Normen. Sie sind *somit konstitutiv bedeutsam* und dies gerade, weil sie *konstruierte* Wirklichkeiten sind. Die konstruierten Kulturwirklichkeiten scheinen eher divergent als homogen zu sein.

Wolfgang KOCH und Klaus ROSSENBECK sprechen gar von *Kulturschock*-Erlebnissen in deutsch-skandinavischen Begegnungen (1997, S.59ff.). Kulturelle Einebnungstendenzen oder wie WELSCH es ausdrückt, „(...) dass die heutigen kulturellen Determinanten über den herkömmlichen Kulturbegriff hinaus und die alten Kulturabgrenzungen wie selbstverständlich hindurchgehen" (2004, S.322), können trotz zunehmender Internationalisierung und Globalisierung nicht für das Untersuchungsfeld konstatiert werden. Dies belegen hier zwei kurze Transskripte, beispielhaft aus 'Nebenbei-Gesprächen' im Forschungsfeld dargestellt, welche verdeutlichen, inwiefern die Wahrnehmung der Unterschiedlichkeit und eben nicht die *Mischung* für die Menschen im Untersuchungsfeld eine Rolle spielen:

Ein langjähriger Mitarbeiter einer Kulturbehörde südlich der deutsch-dänischen Grenze trifft folgende Aussage in einem informellen Gespräch:

> „Die Erfahrungen, die wir haben, die Unterschiede sind da auf allen Niveaus, auf allen Ebenen (...) äh, äh, aber wir haben auch eine Kulturgrenze, die muss man auch akzeptieren, auch wenn in Sonntagsreden der Politiker oft anderes gesagt wird. Wir haben eine Kulturgrenze, die ist auch massiv, muss man einfach sagen. Äh, meine Erfahrung in der Rückschau in 20 Jahren (...) es hat sich unheimlich viel entwickelt in der Zusammenarbeit. Als ich anfing, gab es noch überhaupt keine Zusammenarbeit über die Grenze hinweg, von

Ausnahmen abgesehen, da hat sich viel entwickelt."[29]

Während einer Veranstaltung mit deutschen und dänischen Kunst- und Kulturvermittlern in Dänemark konnte folgender Gesprächsverlauf mit einer Kunst-Vermittlerin aufgezeichnet werden:

> „Für mich war das hier (...) von den Erkenntnissen nochmal 'ne Erweiterung, weil (...) ich das Dänische einfach noch mal anders verstanden habe. Also auch Unterschiede (...) von der Kultur, von der Erziehung, miteinander umzugehen, miteinander zu arbeiten (...), auch anders eingebettet zu sein. (...) Ich finde so, man merkt, dass die Dänen mehr gewohnt sind, in sozialen Formen zu denken und zu handeln und miteinander sich auch gegenseitig zu unter-stützen und in Deutschland empfinde ich das oft als schwierig (...)"[30]

An dieser Stelle ist darauf hinzuweisen, dass diese oben angedeuteten *Heterogenesierungs*strategien, die sich in den Informantenaussagen exemplarisch zeigen, über den allgemeinen Begriff der *Heterogenität* hinausgehen, denn der Begriff der Heterogenität beschreibt lediglich soziale Strukturen in ihrer Vielfalt.

YILDIZ unterscheidet die Heterogenität von der *Heterogenisierung* und spricht von *Heterogenisierungs*-Praxen als *intentionale* „Prozesse der *Herstellung* differenter Lebensumstände, die zu differenten Lebensweisen führen" (2009, S.70f.) Nach YILDIZ wird mit der Fokussierung auf die Differenzen erst das Milieu geschaffen, durch welche eben diese Differenzen konstruiert werden und die dann in der Folge Lebens- und Kultur*wirklichkeiten* konstituieren.[31]Dies kann ein weiterer Beleg für die konstruktivistische Verfasstheit der Grundannahmen der jeweiligen *Kultur* sein.

Entscheidend ist daher, dass die Grundannahme – dass die Divergenzen in den hier verhandelten beiden 'Kulturräumen' (deutsch-dänisches Grenzland) als *lebenskulturelle Wirklichkeit* – von den Beteiligten so gesehen und erlebt werden. Es ist dieser implizit heterogene Kulturbegriff, welcher

[29] Der gesamte Passus als Audiofile, im Anhang/DVD unter: SYMPOSIUM NEXUS F. WMA.

[30] Der gesamte Passus als Audiofile, im Anhang/DVD unter: KB.BM.WMA.

[31] Eine ausführliche Diskussion zu den *Unterscheidungspraxen* im Hinblick auf kulturelle Differenzen findet sich bei YILDIZ, 2009, S.171-189.

den Kulturpolitiker*innen, Verwaltungsfachleuten und Vermittler*innen im Bereich dieser KuK-Projekte die Motivation und Argumente für ihren professionellen Einsatz liefert. Der Argumentation von YILDIZ folgend, handelt es sich offensichtlich bei den *Heterogenisierungs*praxen um *Konstruktionen* von Unterschieden, welche kulturelle Unterschiede erst konstituieren. Die konstitutiven Mechanismen der Differenz-Praxen, im Spannungsfeld von zwei differenten Kulturen, werden ausführlich von ihr beschrieben. (vgl. 2009, S.185ff.). Der Diskurs der Kulturwissenschaften hierzu umfasst eine nahezu unüberschaubare Vielfalt an Ansätzen, Disziplinen und Erklärungskonzepten zu den Begrifflichkeiten, deren Genese und deren kulturtheoretischen Kategorisierung (vgl. NÜNNING, 2008, Vorwort). Für den Untersuchungszusammenhang sind es die *Auffassungen von Kulturpraxen und deren Kulturdimensionen*[32], welche von besonderem Interesse sind. Diese Auffassungen zeigen sich exemplarisch in den Prozessen der ästhetischen Erfahrungen und ihren Aneignungsprozessen im kunstpädagogischen Feld. Die konkreten kulturellen Praxen repräsentieren so eine symbolische Struktur.

Ein weiterführender Gedanke der Politikwissenschaftlerin Chantal MOUFFE sieht dagegen gerade im Dissens kultureller Gesellschaftsmodelle eine Chance für Pluralismus und diesen als Ort lebendiger Streitkultur. Eine solche toleranzbasierte Streitkultur, nämlich das Aushalten von Widersprüchen statt Homogenisierungsbestrebungen, wird von ihr gar als Grundvoraussetzung demokratischer Gesellschaften verstanden (vgl. 2007, S.48). Für die künstlerischen Bildungsstrategien in interkulturellen Projekten wird dieses Erfahrbarmachen, Aushalten und künstlerische Aushandeln der Diversitäten als ein *entscheidender* Attraktor und Motivator angenommen.

---

[32] Zum Begriff der Kulturdimension; siehe Kapitel 2.2.

2.3.2 Hybride- und Inter-Kulturen

„Wir sehen sie nicht, weil sie genau unter unserem Bierbauch sind und wir gewohnt sind, die Welt ohne sie zu betrachten. Wenn wir sie überhaupt wahrnehmen, sehen wir sie als Teil der Welt. Die Kultur der anderen indes ist, wie die Füße unter ihren Bierbäuchen, offenkundig und bietet sich für unvoreingenommene und langwierige Forschungen und Vergleiche an."

Nigel BARLEY

Die oben einleitenden Gedanken des Ethnologen Nigel BARLEY machen bildhaft auf den Umstand aufmerksam, dass Kultur und Kulturauffassung von der (eigenen) Wahrnehmung abhängig ist und daher ein Konstrukt von Individuen. Die individuellen ‚Kulturannahmen' sind zunächst Annahmen, welche einen subjektivistischen Kulturbegriff hervorbringen. Erst in der Aushandlung mit dem Anderen, durch die Außen(an)sichten der Anderen, erschließen sich neue, ungewohnte Identifikationsangebote mit kulturellen Rahmungen. Sowohl für das Individuum als auch für Gruppenzusammenhänge übernimmt *‚diese Kultur'* Funktionen der Orientierung. Diesen Gedankengang beschreibt auch HOFFMAN ähnlich, wenn er behauptet: „Kultur ist so zugleich ein Modell von der Wirklichkeit wie ein Modell für Wirklichkeit". (2010, S.130).

Die gegenseitigen Bedingtheiten von Identitäten, Identitäts-Bildungsprozessen und Kultur- und Kommunikationsformen sind nicht nur ein zentraler Bestandteil des Systems KuK-Projekte, sie sind auch konstitutiv für Wirklichkeitsauffassungen der Akteure verantwortlich. Die anschließende Annäherung an die Begrifflichkeiten wird demnach so verstanden, dass ihre zugrundeliegenden, unterschiedlichen Modelle verschiedenartige Zugänge zum Feld schaffen und infolgedessen unterschiedliche Interpretationen von Wirklichkeiten konstituieren.

Im Folgenden sollen die Begriffe von Inter- und Hybrider Kultur skizziert werden. Neben den statischen vs. dynamischen Verfasstheiten des Kulturverständnisses, welche im Kapitel 2.2 (Kulturdimensionen im Kontext allgemeiner interkultureller Praxen) bereits erörtert wurden, können *diese oppositiven* Denk-Modelle auch in deren Verständnissen der Inter-, Trans- und hybriden Kultur beobachtet werden.

2.3.2.1 Hybride Kulturen durch hybride Identitäten

Die hybride Kulturvorstellung sieht diesen Aushandlungsprozess als vorwiegend individuellen und emanzipatorischen Akt. Homi BHABHA und Salman RUSDHIE haben diesen Begriff im Kultur-Diskurs entscheidend geprägt. (vgl. EICKELPASCH, 2004, S.106) Der Grundgedanke der Hybridität von Kultur wird im *Identitätsbildungsprozess*, der in einer fragmentarisch und mit Brüchen versehen Kulturumgebung des Individuums stattfindet. Die Identitäten werden als entgrenzte, solche die sich nicht in homogenen Kulturen verorten, betrachtet. Das Individuum ist permanent in sozialen Aushandlungsprozessen in kulturell heterogenen Umgebungen tätig. Damit rückt das Konzept der hybriden Kultur den individuellen Aushandlungsprozess in das Zentrum der Betrachtung. Diese entgrenzten Identitäten nehmen ihr ‚Anderssein', ihre Fremdheit in einer „Perspektivenverkehrung von Mehrheit und Minderheiten" (ebd., S.111) als Identifikationsmerkmal, als Bereicherung für ‚ihre' Kultur, wahr.

EICKELPASCH und RADEMACHER sprechen vom „Hybrid Chic" (2004, S.110) und kritisieren in diesem Zusammenhang „eine unkritische Feier (sub-) kultureller Differenzen und Mischungen" (ebd., S.112). Die sozialen und ökonomischen Transformationsprozesse, die WELSCH als Durchmischung beschreibt, sind als ursächlich für diese hybriden Identitäten und ‚ihre' Kulturanschauungen zu verstehen. Einerseits sind somit alle Akteure in einer solchermaßen beschriebenen Kultur „‚teilweise displaced' – am falschen Ort oder fehl am Platz" (ebd., S.113), andererseits entwickeln sich so neue Räume der kulturellen Gestaltung. BHABHA spricht von einem Da-Zwischen-Raum („in-between-space"). Dieser Raum des Dazwischen schafft durch die beständigen Prozesse der Neuorientierung und Positionierung Möglichkeitsräume für neuartige, kreative Selbstfindungsprozesse. Hier bietet sich die Möglichkeit, ohne idealistische Überhöhung kultureller

Differenzen an den Identitätsbildungsprozessen in ästhetischen Vermittlungspraxen anzuschließen.[33]Die Benennung *Interkultur* wird in diesem Zusammenhang von WELSCH als anachronistisch angesehen, da er in seinem ursprünglichen Konzept die Tendenz starker Schematisierungen und Homogenisierungen von abgeschotteten Kulturräumen sieht.

2.3.2.2 Interkultur – Inter-Kultur

Das Konzept der Interkultur gründet sich auf der Annahme von Kulturen, die tendenziell kollektive Identitäten aufweisen. Die ‚traditionelle' Terminologie der Interkultur wird insbesondere von GRIESE (2004) kritisch gesehen. GRIESE behauptet – dies auch im Sinne der Grundannahmen dieser Abhandlung – dass die ‚kollektiven Identitäten' eine Form von ‚sozialen Konstrukten' seien. Genau diese Konstruktionen werden hier im späteren Verlauf dargestellt und empirisch belegt. Des Weiteren argumentiert GRIESE, dass die interkulturelle Pädagogik der politischen Instrumentalisierung zur „Erziehung zu Toleranz und Respekt" unterliegt und sieht darin eine Fortführung eines Denkens von Polaritäten der Ignoranz zur Toleranz, als System von Exklusion und Inklusion des ‚Fremden'. (vgl. ebd. 2005, S.17ff.) Dem kann unter der Annahme eines statischen Interkulturbegriffes zugestimmt werden. Wird aber Interkultur wie etwa bei LEENEN et al. (2010, S.103-127) als dynamisches System verstanden, in welchem Identitäten ausgehandelt werden, in denen also Selbstreflexion *ein zentrales* pädagogisches Ziel ist, so ist dieser Kritik zu widersprechen. Eine *dynamisch* verstandene Interkultur beinhaltet kaum Tendenzen zur Homogensierung und wird daher nicht dazu neigen, kulturelle Differenzen zu verwischen. LEENEN et al. stellen hierzu fest:

---

[33] Es sei an dieser Stelle bemerkt, dass der Hybrid Begriff, wie auch der hiernach zu erörternde Begriff der *Interkultur,* historisch betrachtet, belastete sind. Der Begriff des *Hybriden* reicht bis in die Zeit des Sklaven-handels und europäischer Kolonialgeschichte (Bastardisierung), wie auch der Begriff der *interkulturellen Konzepte* einer kulturalistischen Gastarbeiterforschung und Ausländer-Pädagogik der 1970'er Jahre in Deutschland. (vgl. GRIESE, Was kommt nach der der interkulturellen Pädagogik?, 2005, S.12ff.)

a) Kulturen sind nicht homogene und widerspruchsfreie Bedeutungssysteme.
b) Durch Kommunikation und interaktive Aushandlungsprozesse wird Kultur interpretiert und *produziert!*
c) Individuen partizipieren an verschiedenen Kulturen, diese sind *nicht* zwangsläufig ethnisch definiert. Die Individuen ‚switchen' in verschieden Kommunikationsgemeinschaften. (vgl. LEENEN et al., 2010, S.105)

Dieses Modell weist explizit auf das hier untersuchte Feld der KuK-Projekte hin. Die Aushandlungs- und Interaktionsprozesse, welche in den ästhetischen Vermittlungsprozessen stattfinden, sind *potentielle* Perspektiven zum *inter-kulturellen* Dialog. Die Schreibweise *Inter-Kultur,* versehen mit einem Bindestrich, wird vom Autor in dieser Abhandlung benutzt und folgt den Ausführungen von BHABA insofern, als dass das Dazwischen, der Zwischenraum als Nukleus der ästhetischen und interaktionistischen Prozesse in KuK-Projekten als zu *gestaltender* Raum betrachtet wird. Es ist daher anzunehmen, dass somit insbesondere der künstlerische Bildungs-Raum in KuK-Projekten als Anschlussmöglichkeiten für interkulturelles Verstehen prädestiniert ist.

2.3.3 Inter-kultureller Dialog durch ästhetische Erfahrungen

‚In-between-space', bedeutet, solche Räume gemeinsam für den inter-kulturellen Dialog nicht *nur zu nutzen* – in diesem Fall wäre jede Form der interkulturellen Jugendbegegnung völlig ausreichend – sondern wirksamere Kontaktzonen für Jugendliche und ‚die Anderen' zu entwickeln. Diese Möglichkeitsräume sind

a) physisch zu gestalten,
b) in ihren künstlerischen/ästhetischen Vermittlungspraxen (situativ) angemessen zu entwickeln und
c) immanent auf inter-kulturelle Kommunikation zu beziehen.

In den KuK-Projekten bestehen Entwicklungsmöglichkeiten für Aushandlungsprozesse, welche dazu beitragen, dass ‚Modelle für eigene Wirklichkeiten' (welche im Sozialen wieder aushandelt werden) angelegt werden.

Einerseits auf der Ebene der jugendlichen Teilnehmer *innen, andererseits auf der Ebene der Vermittler*innen.
Für die Vermittler*innen bedeutet dies, dass mindestens grundlegende Kenntnisse der 'anderen' Kultur im Vorfeld erarbeitet werden müssten. So formuliert HOFFMAN (vgl. 2010, S.144), dass eine soziale Arbeit ohne Klärung des zugrunde liegenden Kulturverständnisses nicht möglich und sinnvoll ist. Es ist erstrebenswert, dass die Vermittler*innen die jeweiligen Kontaktsituationen in künstlerischen Vermittlungsprojekten so modellieren, dass diese in Relation zu den jeweiligen impliziten ‚Kulturtheorien' der Handelnden stehen. Für die Jugendlichen *entwickeln* und verändern sich die ‚Modelle' vom Anderen, von der ‚anderen Kultur' erst in den aktiven Aushandlungsprozessen und Reflexionen von ‚Ich und Du'. Sie sind in ihrem Ausgang offen angelegt! Gleichzeitig konstituieren die Praxen auch den Kontext derselben.[34]
Des Weiteren werden diese mglw. unterschiedlichen (Alltags-)Kulturtheorien und Annahmen weitreichende Auswirkungen in der Praxis für die Formulierung von Kompetenzorientierungen, Lehrzielen und die Gestaltung der Vermittlungssituationen haben. LEENEN et al. (vgl. 2010, S.144f.) benennen für einen gelingenden interkulturellen Kommunikations- und Interaktionsprozess einige Besonderheiten, an welchen sich die folgenden Ausführungen anschließen. Diese Einschätzungen werden für das Feld der ästhetischen Erfahrung, einem Schlüsselbereich der künstlerischen Bildung im KuK-Projekt, modifiziert, um die Anwendbarkeit in KuK-Projekt zu verdeutlichen.

Die eigene Grundannahme: Die Prozesse in ästhetischen Erfahrungen können

1. *als intrasubjektive, im individuellen System von Reaktion, Realisieren und Generieren („Responding, Realizing and Generating")[35]im ästhetischen Tätigsein*

[34] Zur Konstitution von Kontexten durch Praktiken und Identitäten vgl. HEIL, 2007, S.44-46.

[35] vgl. THE NATIONAL COUNCIL FOR CURRICULUM AND ASSESSMENT (Hrsg.), 2010, S.8.

als auch

2. *als interaktionistische, im Aushandlungsprozess mit anderen Teilnehmern, in der gemeinsamen Reaktion auf ästhetische Impulse, deren Reflexion und Herstellung neuartiger ‚Gestaltungen'*

angenommen werden.

Diese Grundannahmen bedingen besondere Merkmalsausprägungen, welche in der inter-kulturellen Kommunikation durch künstlerische Bildung möglich und realisierbar sind:

a) *Die Interaktionsprozesse in ästhetischen Prozessen stehen immer auch im Bezug zu den beteiligten 'anderen' Personen und deren unterschiedlichen kulturellen (Be)Deutungssystemen.*
b) *Die inter-kulturelle Begegnung im KuK-Projekt wird im hohen Maße durch experimentelle, nicht regelgeleitete[36]Improvisationen, sinnhafte und an eigenen Fragen orientierten Verhaltensweisen und ästhetische Erfahrungen bestimmt.*
c) *In kulturellen Begegnungen entstehen durch ästhetische Erfahrungsprozesse auch visualisierte, gestaltete Werke sowie Effekte und Dynamiken, die aus den kulturellen Regelsystemen der Ausgangskulturen nicht ableitbar sind.*
d) *Aufgrund von mögl. „Andersartigkeitserwartungen", welche in und durch ästhetische Prozesse neu befragt, ausgehandelt und formuliert werden, entstehen Interaktionspraxen in "in-between-spaces", welche in monokulturellen KuK-Projekten unwahrscheinlich sind.*

---

[36] Hier besteht eine maximal Differenz zu regelgeleiten Formen des Spiels, welche etwa in sozialpädagogischen Zusammenhängen zur Förderung des inter-kulturellen Dialoges unterstützend eingesetzt werden.

3. Vom interkulturellen Dialog zu den interkulturellen Kompetenzen im Kontext von KuK-Projekten

Aus den oben dargestellten dynamischen und offenen Merkmalsausprägungen der künstlerischen-ästhetischen Bildungsprozesse soll in diesem Zusammenhang eine ‚nicht-normative' Perspektive entwickelt werden. Diese also eher deskriptive Betrachtung soll aufzeigen, unter welchen Bedingungen sich aus den Momenten der Begegnung interkulturelle Kompetenzen entwickeln können.

3.1 Progressionsphasen interkultureller Kompetenzaneignung

WITTE (2009, S.55-63) hat aus sprachwissenschaftlicher Perspektive eine Stufung einer inter-kulturellen Progression für die Entwicklung interkultureller Kompetenzen entworfen. In einer sehr weit gefassten Anlehnung an diese neun Stufen wird im Folgenden gezeigt, wie sich eine solche Progression interkultureller Kompetenzaneignungen im künstlerischen Feld der KuK-Projekte entwickeln kann. Die aufgezeigten Stufen, die vom Autor auf acht *Phasen* reduziert und für den hier thematisierten Forschungsgegenstand transformiert wurden, entsprechen nicht zwangsläufig den Ergebnissen der empirischen ‚Wirklichkeiten' und Datenanalysen dieser Abhandlung. Sie beschreiben vielmehr einige substanzielle, ideale Aspekte und Reflexionen von Progressionen in inter-kulturell angelegten Projekten, auch im Sinne eines ‚better-practice'. Der Begriff der *Phasen* wird dem der Stufen vorgezogen. Es soll damit auf die Möglichkeiten der Überschneidungen, die Schnittstellen und die dynamischen Prozesse innerhalb dieser Progression aufmerksam gemacht werden.

1. Phase – Kenntnislosigkeit - Ignoranz

Ausgangslage in den hier untersuchten Projekten ist, dass die jeweiligen Teilnehmer*innen beiderseits der deutsch-dänischen Grenze keine oder kaum Kenntnisse von Sprache, Normen, Regeln (bspw. unterschiedliche

Umgangsformen) in den Schulsystemen[37] besitzen. Die eigenkulturellen Deutungs- und Handlungsmuster werden als universalgültig betrachtet. Diese werden auch durch kurzeitige Besuche (Einkäufe, Urlaub im benachbarten Land) nicht in Frage gestellt. Im Feld der jugendlichen Akteure existiert diesbezüglich kaum eine intentionale Motivation für einen Dialog. Dies kann als ein gegenseitiges Desinteresse gedeutet werden![38]

2. Phase – Organisierter, intensiver Erstkontakt durch künstlerische Vermittlungspraxen

Es scheint entscheidend, dass der erste Kontakt der Teilnehmer*innen ein organisierter ist. Die Intention zur Teilnahme basiert also a priori auf Entscheidungen von Bezugspersonen (Pädagogen, Lehrer, Organisatoren). Es sind diese Bezugspersonen, die eine positive Einstellung zu den künstlerisch-kulturellen Aktivitäten besitzen und diese befürworten und initiieren.

Die ersten Begegnungen sind von diesen Intentionen geprägt. Neben den allgemeinen emotionalen Verunsicherungen (loosing face) beim Begegnen von ‚fremden' Menschen, haben die Kinder und Jugendlichen es darüber hinaus noch mit einer explizit anderen Sprache und Kultur zu tun. Zusätzlich kommen dann noch eher ungewohnte künstlerisch-ästhetische Szenarien hinzu, welche einen weiteren Faktor für Verunsicherungen darstellen können. Dieser Erstkontakt besitzt demnach eine hohe emotionale Bedeutung für die weitere Investitionsbereitschaft, sich auf weitere ästhetisch-künstlerische ‚Erforschungen und Experimente' einzulassen.

3. Phase – Lebenswelten

Wie weiter oben schon dargestellt, können sowohl die Konstrukte von Kulturen als auch die von Identitäten, als dynamische und interaktionis-

[37] Die hier zu nennenden fünf Haupt-Kulturdimensionen von HOFSTEDE wurden weiter oben bereits erörtert.

[38] Dies belegen auch die hier erhobenen empirischen Daten. Keines der untersuchten KuK-Projekte ist auf direkte Initiative der Jugendlichen entwickelt worden. Alle untersuchten Projekte sind ‚top-down'-Initiativen.

tische Systeme verstanden werden. Es scheint daher in KuK-Projekten wenig sinnvoll, dass kulturelle Wissen alleinig über die jeweils andere differente Kultur zu vermitteln (Heterogenisierungsstrategien). *Erst einmal* sollte auf *gemeinsame* lebensweltliche Aspekte der kulturellen Kontexte fokussiert werden, um so im Wechsel von Gemeinsamkeiten und Abgrenzungen das Interesse und die Motivationen zu entwickeln und um *kollaborativ und lustvoll, unter Einbeziehung der* 'Anderen' und deren fremdkulturellen (Alltags)-Konzepten, an einem ästhetisch-künstlerisch orientierten Projekt zu partizipieren.

4. Phase – Stereotypen

Auto- und Heterostereotypen können nach WITTE als reduzierende Konstruktionen komplexerer Kultur-Konstruktionen verstanden werden. Sie dienen einer vereinfachenden Überschaubarkeit von Kulturkonstruktionen. (vgl., ebd., S.58) Möglicherweise besitzen sie aber auch in ihrer zeitweisen konfrontativen Verfasstheit ein intentionales Motiv für eine Auseinandersetzung mit dem ‚Anderen'. Das ästhetische Erforschen und die gestalterischen Visualisierungen im künstlerischen Projekt können ein auf Achtsamkeit gerichtetes Forum bieten, um diese angenommenen Stereotypen, neben einer rein kritisch kognitiven Bearbeitung auch ästhetischen Prozessen von Dekonstruktion und kooperativen Neu-Konstruktionen zukommen zu lassen.

5. Phase – Ästhetische- und interkulturelle Grenzerfahrungen

Diese möglicherweise entscheidende Phase beinhaltet zwei grundlegend verschiedene Ebenen. Zum einen interkulturelle Grenzerfahrungen, indem innovative Formen neuer Perspektiven und Rollen erprobt werden, um sich eigenkulturellen und fremdkulturellen Maßstäben und Konstruktionen zu nähern. Eigene und fremde Deutungsmuster könnten in ästhetischen Praxen visualisiert werden, indem eben die *eigenen* Fragestellungen in ästhetisch-künstlerische Produktionen einmünden. Je stärker hier die stereotypischen Deutungsmuster sind – und dies wäre die zweite Ebene der Grenzerfahrungen – desto intensiver könnten die

emotionalen und kognitiven Leistungen an ‚ästhetisch-künstlerischen Prozessen und Produkten' erlebt werden.
Eine solche sensibel kunstpädagogisch begleitete, personale Grenzerfahrung im tätigen Nachvollziehen kognitiver, affektiver und emotionaler Deutungsmuster in noch unbekannten Kulturräumen beschreibt hier eine pädagogische Zielsetzung. Diese hierdurch entstehenden Kreationen finden erste Entsprechungen in den weiter oben verhandelten „in-between-spaces"! (vgl. Kapitel 2.3.3)

6. Phase – Bewusstmachungen – interdisziplinäre Konzeptionen der KuK-Projekte

Diese reflexive Phase zielt, auch im Sinne des rekursiven ästhetischen Prozesses in den ästhetisch-künstlerischen Aushandlungspraxen, auf Reflexions-Formen, die neue Einsichten thematisieren. Die Relativität der ästhetischen visualisierten Produkte hinsichtlich der in ihr ausgedrückten Emotionen, Werte, Haltungen und Überzeugungen durch die jeweiligen prägenden kulturellen Kontexte kann auf verschiedenen kognitiven sowie affirmativen Ebenen vollzogen werden. Die erfahrungsorientierten Aktivitäten in KuK-Projekten bieten Möglichkeiten für Veränderungen von Identitätskonstruktionen der Teilnehmer*innen insbesondere dann, wenn im KuK-Projekt gemachte ästhetische Erfahrungen in andere Bereiche kreativ transferiert werden können, wie etwa dem kreativen Schreiben. (vgl. KÄMPF-JANSEN, 2012, S.150f.) Auch neuere empirische Forschungen, wie etwa das Verbundforschungsprojekt der Staedler Stiftung in Zusammenarbeit mit der FAU Erlangen, bestätigen diese Thesen. (vgl. ENGELHARDT, 2014, S.26-29)

7. Phase – Subjektive Inter-Kulturen als ‚in-between-space'

In den beständigen Aushandlungen eigenkultureller Interpretationen und Deutungen in ästhetisch-künstlerischen Tätigkeiten im Spannungsfeld mit fremdkulturellen Wahrnehmungs-, Verstehens- und Handlungsdeutungen entstehen implizit vertiefende Auseinandersetzungen mit den kulturellen Mustern der eigenen Identitätskonstruktionen.

Eine Relativierung eigener Muster führt, insbesondere für die genannte Gruppe der Teilnehmer*innen in sensiblen Phasen des Übergangsalters, zu Einsichten, welche in ästhetisch-forschenden Lernsituationen erprobt werden können, ohne sich in normativen Strukturen von ‚richtig' oder ‚falscher' Kulturgebundenheit zu bewegen. Vielmehr besteht die Chance, eine eigene Kultur zu 'erschaffen', indem einerseits die möglichen kulturellen Divergenzen in ästhetischen Äußerungen visualisiert, wahrgenommen und in Frage gestellt werden können und andererseits bereichernd in „eigensinnige Erprobungen" (BLOHM, 1992, S.11) modifizierter Identitäts- und Kulturkonstruktionen transferiert werden. Einer These von WITTE folgend, deutet diese neu verfasste Inter-Kulturalität im ‚Da-Zwischen-Raum', nicht nur auf den interaktionistischen Autausch des jeweils kulturell Eigenen, „(...) sondern sie zielt auf ein subjektiv-intermediäres Feld, das sich im Austausch der Kulturen als Gebiet eines neuen Wissens herausbildet (...)." (2009, S.62).

8. Phase – Integration von „in-between-spaces" in Alltagskulturen

Die letzte Phase soll ausserhalb der KuK-Projekte gedacht werden. Wenn inter-kulturelle Kompetenzen angestrebt werden, dann um die neuen Deutungs- und Verhaltensmuster nicht nur im zeitlich und örtlich begrenzten Projektraum zu belassen. Vielmehr ist im Sinne des immanent *funktionalistischen* Ansatzes (vgl. Kapitel 4. Der Untersuchungsgegenstand im strukturellen Kontext) der inter-kulturellen KuK-Projekte im deutsch-dänsichen Grenzland zu erwarten, dass diese neu erworbenen Kompentenzen nachhaltige Einsichten- und Verhaltensangebote für ihr eigenes Alltagsdenken und -handeln liefern sollen. Inwieweit die Kinder und Jugendlichen tatsächlich solche nachhaltig in ihren Alltag integrieren, muss offen bleiben. Eine Folgeforschung als evaluative Langzeitstudie könnte hier Einblicke gewähren.

Abschließend lässt sich feststellen, dass inter-kulturelle Lernprozesse durch unterschiedliche Phasen der Erkundungen auf langfristige Einsichten konzipiert sein sollten. Die, wie oben erörterten, neuartigen sozio- und inter-kulturellen Konstrukte, welche die Grundlagen interkultureller Kom-

petenzen bilden, sind essentiell für die erwünschten inter-kulturellen Kernkompetenzen. Diese sollen durch die KuK-Projekte inauguriert und durch Erfahrungs-lernen in ästhetischen Szenarien gefestigt werden.
Grundlegend hierfür sind hier Theorieauffassungen dynamischer Kultur- und Identitätsverfasstheiten sowie offene Verfahren des ästhetischen Erforschens und Erkundens. Offensichtlich ist auch, dass eine Fokussierung auf die Unterschiedlichkeiten der Kulturen eine zielführende Vorgehensweise zu sein scheint, da hierdurch demokratische Aushandlungsprozesse begünstigt werden. (vgl. MOUFFE, 2010, S.50ff.). Diese erste vorläufige Fokussierung bildet die maßgebliche Motivationsmatrix, auf der sich das Interesse am Anderen offenbaren kann.
So zeigen die empirischen Befunde, dass die eigenkulturellen Konstrukte in der Grenzland-Kultur-Landschaft nicht als homogene wahrgenommen werden. DIETMAR und BOLSCHO (2005) stützen diese Argumentation, indem sie das transkulturelle Leitbild erweitern; Sie sprechen von neuen Leitbildern in Bildungsprozessen, welche von einem sich Durchdringen der Kulturen ausgehen, ergänzen aber: „Die grundlegende Annahme zur Begründung von Transkulturalität ist demgegenüber, dass kulturelle Differenzen nicht nur *zwischen* Gesellschaften, sondern gleichermaßen und zunehmend innerhalb Gesellschaften bestehen." (WIEVIORKA 2003 zitiert in: BOLSCHO, 2005, S.29) Daraus kann geschlossen werden, dass die Heterogenitäten auch in die Gesellschaften verlagert werden. Diese *zusätzlichen* Heterogenitäten lassen einen inter-kulturellen Dialog für die hier behandelte Zielgruppe der Kinder- und Jugendlichen umso wichtiger erscheinen.
Dies wird auch durch die Ausführungen von WELSCH bestätigt: „Unsere Kulturen haben de facto längst nicht mehr die Form der Homogenität und Separiertheit, sondern sie durchdringen einander, sie sind weithin durch Mischungen gekennzeichnet." (2004, S.322). Die Durchmischungen führen so zu neuen kulturellen und Identitäts-Konstrukten, welche nicht separiert verfasst sind, sondern deren Durchdringungen umso mehr nach intermediären Aushandlungen auf der Mikroebene verlangen, da sonst zu erwarten wäre, dass (vorschnell) transkulturelle[39] Einebnungen stattfänden und

[39] vgl. hierzu weiterführend SCHULTE, 2005, S.158, zit. n. WELSCH, 1994, S.39.

damit wertvolle und schützenswerte kulturelle Denk- und Agitationsräume verhindert und/oder kreatives Potential in Diversitäten und den Differenzen durch Minimalkonsens ausgeglichen würden. Die Chance, die Ambiguitäten von subjektiven Konstrukten in Prozessen der künstlerischen Bildung auszuhandeln, wäre damit obsolet.
Für diese Studie hilfreich sind die von der Sozialwissenschaft verwendeten Begriffe zur Beschreibung sozialer Systeme: Die der Makro-Ebene für gesellschaftliche Systeme, den Begriff der Meso-Ebene für Systeme der Organisation(en) und den Begriff der Mikro-Ebene für die Interaktionen von Individuen. Was unter Umständen aus einer makroskopischen Perspektive durchaus im WELSCH´en Verständnis erscheinen kann, wird durch die hier gewonnenen empirischen Daten für die Mikroebene nicht bestätigt. Auch im Bereich der Meso-Ebene kann eine solche Mischung und Durchdringung nicht als gegeben bestätigt wer-den. Dies zeigt beispielsweise das unten angeführte Interviewtransskript vom 07.10.2013 in einer Verwaltungsabteilung in Deutschland:

> Person 1: „Wir haben auch Projekte, die, wo es manchmal schwierig ist, dass die grenzüberschreitend nicht so funktionieren, weil vielleicht der Projektpartner auf der einen Seite gar nicht so richtig weiß, was der Projektpartner auf der anderen Seite macht.“ [40]

Eine gegensätzliche Verhaltensvariante – aus sozialpsychologischer Perspektive betrachtet – wäre, das als fremd kategorisierte und wahrgenommene ‚Feindbild' zu etablieren und entweder im Sinne einer zu Tage tretenden Fremdenfeindlichkeit Konflikte zu provozieren oder eben den Kontakt und Kulturaustausch, etwa durch Grenze und Abgrenzung zu vermeiden oder doch zumindest zu begrenzen und zu kontrollieren. Die rechtspopulistische Dansk Folkeparti (Dänische Volkspartei, Übersetzung MJH) hatte im Rahmen der Schengen-diskussion den Slogan geprägt „Der skal være en Grænse" (Da muss eine Grenze sein, Übersetzung MJH) und konnotiert damit auch, dass Sich-Abgrenzen als Kulturgrenze zwischen

[40] Transkript; siehe Interview mit Mitarbeitern einer Kulturverwaltung/ Ort: grenznaher Ort in Deutschland/
Datum: 07.10.2013

Dänemark und Deutschland, wünschenswert ist. Interkulturelle Bildung ist hier nur in der Rahmung eines eigenen, hierdurch bedingten statischen Identitätsbegriffs erwünscht. Auch die jeweiligen deutschen und dänischen Minderheiten setzen programmatisch auf Identität statt Assimilation und folgen tendenziell daher statischeren Auffassungen von Kulturen und Identitäten, womit aber ihr interkulturelles Potential als „Grenz-Existenzen" (borderline existences) keineswegs ausgeschöpft ist. (vgl. Kapitel 3.2.2.2 Sozial konstituierte kulturelle Identitäten und EICKELPASCH, 2004, S.92 ff.).

Die subjektiv verfassten statischen Kulturkonstrukte zeigen einen Widerspruch zum dynamisch interkulturellen ‚Wollen'. Die inter-kulturellen Potentiale, und dies ist eine weitere pädagogische Herausforderung, werden sich vor allem in einem *offenen* ästhetisch-forschenden Feld, in dem das ästhetische Handeln sich im Unsicheren, nicht Vorhersehbaren bewegt, entfalten können.[41] In den ästhetisch-künstlerischen Vermittlungsprozessen werden ständig neue Erfahrungsräume eröffnet, gewonnene Erfahrungen miteinander neu in Beziehung gesetzt und so Grundlagen geschaffen, um neuartige Kontaktzonen sozio-kulturell zu *gestalten.* Solche Räume können als Da-Zwischen-Räume angenommen werden, in welchen Erfahrungsräum erschaffen und Erfahrungen gemacht werden können, die eine Relevanz für Alltagsbewältigungen in trans- und interkulturellen geprägten Grenzgebieten besitzen.

Analog zu den dynamischen Kulturbegriffen ist auch, die Konstruktion des Identitätsbegriffs nicht als abgeschlossenes, statisches System zu verstehen. Identität ist kein ‚Ding an sich' (Entität). Dieser Sachverhalt soll nun im nachfolgenden Kapitel verdeutlicht werden.

---

[41] vgl. hierzu das ‚Konzept der Leerstellen' in: BLOHM, Leerstellen, Unvollständige Gedanken über das, was war, ist und sein könnte, 2000, S.20ff.

3.2 Zum Begriff der Identität(en)

„Identity is understood to be a project. It is not fixed. The autobiographical thinking that characterises modern identity creates a coherent sense of a past identity, but that identity has to be sustained in the present and remade in the future. The constant remaking of identity reveals that the sense of self is to some extent an illusion, because the making of the self requires a constant interaction with the not-self or non-identity: the external world."

(BALDWIN, 2004, S.224)

3.2.1 Begriffsdefinition

Für den Begriff der Identitäten gilt Vergleichbares wie für den Begriff der Kultur. Der Gebrauch des Begriffes bezieht offensichtlich eine Vielzahl von Bedeutungsschichten mit ein und wird je nach Bezugswissenschaft unterschiedlich mit Bedeutungen versehen. Diese zahlreichen Annäherungen an Definitionen sind abhängig von den jeweiligen Fachdiskursen.[42]

Das Wort Identität leitet sich ab aus dem lateinischen: „identitas" und bedeutet Wesenseinheit. Die Frage nach der Identität lässt, neben unterschiedlichsten Theorieansätzen, auch verschiedenste *Erklärungsebenen* zu, welche Identität(en) beschreiben; Zum Einen Erklärungen für eine intrapersonelle Identität, solche, die *besondere* Erfahrungen, Eigenschaften, Überzeugungen eines bestimmten, von allen anderen unterschiedenen Individuums betreffen. Zum Anderen die Ebene, die die soziale Identität betrifft, also solche Aspekte der Persönlichkeit, die aus der Zugehörigkeit zu (kulturellen) Bezugsgruppen resultieren. Eine andere Ebene stellt die Einordnung in soziale Kategorien dar. Beispielhaft kann hier die berufliche Identität, die Geschlechtsidentität sowie eine kulturelle Identität genannt werden. Identität ist somit *die Summe der Merkmale,* anhand derer ein Individuum von anderen unterschieden werden kann.

[42] Einen Überblick aktueller Theorien zur Identitätsforschung bietet JÖRISSEN, Schlüsselwerke der Identitäts-forschung, 2010.

Gesamtgesellschaftlich – dies trifft im Untersuchungszusammenhang insbesondere auf die oben erwähnten Minderheiten zu – wird jedoch unter Identität oft ein einheitliches, eher statisches lebenslang gültiges Selbstbild, ein ‚innerer Besitzstand' oder unveränderbarer Kern verstanden. Hier bestehen Analogien zu den weiter oben erörterten statischen Kern-Kulturauffassungen. Neuere Forschungen, die auf den lebenslangen fluiden Charakter von Identitäts-Bildungsprozessen hinweisen, stehen hierzu im Gegensatz.

Im soziologischen Diskurs sind diese Grundzüge schon durch Herbert MEAD (1863-1931) angelegt. Die Identitäts-Bildungsprozesse werden insbesondere als bedeutend in den Phasen der Pubertät und Adoleszenz angenommen. Sie betreffen also immanent das hier verhandelte Forschungsfeld in KuK-Projekten. Diese Bildungsprozesse sind jedoch nicht durch abgeschlossene Phasen der Persönlichkeitsentwicklung gekennzeichnet, sondern sind ständigen Aushandlungsprozessen auch im Erwachsenenalter unterworfen. SCHÄFERS spricht auch von der alltäglichen ‚Identitäts-Bildungs-Arbeit'. (vgl. 2005, S.91ff. und JOAS, 2003, S.177).

Neuere Identitätsbildungsansätze, wie beispielsweise das Modell der ‚Patchwork-Identität' von Heiner KEUPP oder das Modell der ‚Balancierenden Identität' nach Lothar KRAPPMANN (vgl. EICKELPASCH, 2004, S.21ff.) werden im aktuellen Diskurs verhandelt. Auch der von GRIESE und BHABHA weiter oben erwähnte Begriff der „hybriden Identitäten" (‚Ich denke deutsch und fühle dänisch') beschreibt Aspekte dieser Individualisierungstendenzen in den Theoriebildungen zu Identitäts-Bildungsprozessen.

Im Kapitel 2.3 wurde schon auf die gegenseitige Bedingtheit von Kultur und Identitäts-Bildungen verwiesen und die Idee einer „humanistischen Selbstvervollkommnung" (EAGLEATON, 2009, S.25) problematisiert. Auch WITTE macht auf diesen Umstand gegenseitiger Bedingtheit aufmerksam, indem er Identität als Konstruktionen definiert, welche sich prozesshaft in komplexen Aushandlungen von Sprache, sozio-kulturellen, kognitiven, emotionalen und handlungsbezogenen Interaktionen vollziehen. Gleichzeitig strebt das Individuum unbewusst und permanent eine solche Einheit mit sich selbst an. WITTE bezeichnet dies als das ‚Paradox von Identität' (vgl. 2009, S.50).

Aus dem weiter oben Dargestellten geht hervor, dass Identitäten immer wieder neu, je nach sozialem- und kulturellem Kontext, ausgehandelt werden. Insofern auch die Kultur nicht mehr als statisches Ganzes, sondern als fluides Gebilde gedacht werden muss, schlägt der Autor den Plural vor; Identität*en*. Ein Individuum besitzt unterschiedliche – und handelt im Kontext seiner – (unterschiedlichen) Identitäten.

3.2.2 Herkunft und Genese des Identitätsbegriffs

3.2.2.1 Endogene und rekonstruierte Identitäten

Die Idee des einzigartigen, autonomen Individuums ist seit der Aufklärungsphilosophie und -pädagogik, ein Schlüsselbegriff der Moderne. Der Gedanke der Selbstvervollkommnung lässt sich im deutschen Sprachraum, in Form einer ‚Bildungsoffensive', bis auf Wilhelm HUMBOLDT zurückverfolgen. HUMBOLDT versteht den Prozess der Bildung des Individuums als Auseinandersetzungsprozess mit dem Fremden (vgl. 1994, S.144-165). Eine Kultur des Umgangs mit dem Fremden und des Durchgangs durch das Fremde ist für ihn überhaupt erst eine humane Kultur. Die Sprache sei nach HUMBOLDT „das Mittel, durch welches der Mensch zugleich sich selbst und die Welt bildet oder vielmehr seiner dadurch bewusst wird, dass er eine Welt von sich selbst abschneide" (ebd., S.144). Dass HUMBOLDT als Sprachforscher die Sprache als *zentrales* Medium dieser individuellen Aushandlungen beschreibt, überrascht nicht weiter. Viel interessanter für den hier dargestellten Forschungszusammengang scheint jedoch der Hinweis, dass „der Mensch zugleich sich selbst und die Welt bildet"[43].

Die HUMBOLDTsche These kann aber im Kontext der jüngeren sozialwissenschaftlichen Diskurse auch als Hinweis auf den konstruktiven Charakter von Identität verweisen. (vgl. HAFENEGER, 2003, S.43ff). Dieser Identitätsbildungs-Prozess, der sich zwischen Identitäts-*Bildung* und Welt- oder

[43] 1800 schreibt HUMBOLDT in einem Brief an SCHILLER, die Sprache sei „das Mittel, durch welches der Mensch zugleich sich selbst und die Welt bildet" zitiert in: LOHMANN (1994). Dialog zwischen den Kulturen. Waxmann Verlag, S.5.

Kultur-Aneignung bewegt, scheint der relevante Aspekt für die hier zu diskutierenden Forschungsfragen kunstpädagogischer Konzepte in KuK-Projekten. Zum einen findet hier diese Identitätsbildung in Begleitung ästhetischer Wahrnehmungen und handelnder Erfahrungen statt, zum anderen vollziehen sich diese Prozesse in einem andauernden Vorgang intersubjektiver Reflexivität. (vgl. Kapitel 5.1 Wege und Umwege ästhetische Erfahrungen der Beobachtung zuzuführen)
Dieser intersubjektiven Reflexivität können die KuK-Projekte den Raum bieten, um ‚ästhetische Erprobungen' im Kontext der eigenen Kulturkonstruktionen stattfinden zu lassen. Im Austausch mit ‚den Fremden' und deren kulturellen Matrizes werden diese ‚Identitäts-Konstruktionen' durch ästhetische Prozesse erprobt, in Frage gestellt und in einen Dialog gebracht. „Diese Interaktion bedeutet immer neu eine Rekonstrukturierung des Selbstkonzeptes." (KIRCHNER, 2006, S.19) und ‚immer neu eine Rekonstruktion des *Fremd*konzeptes'.
Im Gegensatz hierzu stehen Auffassungen einer endogenen Identität als einem Konstrukt, welches einem inneren Bauplan folgend, den Kern einer Persönlichkeit ausmacht (vgl. JÖRISSEN, 2010, S.37-54) und somit nach einem *abgeschlossenen* Identitäts-Bildungsprozessm‚*sich selbst*' entspricht. Demnach würde in einem bestimmten Stadium des Erwachsenseins, die *eigentliche* Identitäts- und Persönlichkeitsentwicklung abgeschlossen sein (vgl. ‚Selbstvervollkommnungs-Problematik' in Kapitel 2.1.5). Von manchen Autoren innerhalb der Jugendforschung wird das Idealbild des autonomen, mit sich selbst identischen Individuums als anzustrebendes Ziel der Identitätsbildung dargestellt. Seit ERIKSON wird Identität dann als ‚vollkommen' angesehen, wenn vielfältige lebensgeschichtliche und aktuelle Erfahrungen zu einem in sich stimmigen Verständnis der eigenen Person zusammengefügt werden. (vgl. SCHÄFERS, 2005, S.92). Ein Gedankengang, der sich u.a. in der analytische Psychologie von Carl G. JUNG (1980) wiederfinden lässt. Im Sinne einer ‚Vervollkommnung' durch *Integration* vom dem sich selbst-bewussten ICH und den weitreichenderen unbewussten Anteilen der Persönlichkeit zu einem ‚ganzen' Selbst spricht JUNG hier vom Prozess der Individuation.

Selbstreflexives ästhetisches *Tätigsein*[44] kann diesen Prozess intensivieren und unbewusste Anteile integrieren. (vgl. HERSCHBACH, 1996, S.7-10) Die Orientierungen auf die individuellen Prozesse des ästhetischen Handelns im offenen Feld ästhetischer Erfahrungen – also ästhetische Auseinandersetzungen, welche zielgerichtet *und* prozessorientiert sein können – stellen mglw. für *diesen Aspekt* der Identitätsbildung im Feld der KuK-Projekte eine Besonderheit dar, dies vor allem im Vergleich mit nicht-ästhetisch-künstlerisch verfassten ‚kulturellen' Gruppenaktivitäten, welche ebenfalls Bestandteile an den KuK-Projekten sind.

3.2.2.2 Sozial konstituierte kulturelle Identitäten

Andere relevante Aspekte der Identitäts-Bildung werden durch die Thesen von George Herbert MEAD (1863-1931) schon zu Beginn des 20. Jahrhunderts veranschaulicht.

MEAD gilt als einer der bedeutenden Autoren im Gebiet der Identitätstheorien. Seine Annahmen zur Entstehung der Identität eines Individuums über den symbolischen Interaktionismus sollen hier kurz skizziert werden. Es werden fragmentarisch nur solche Überlegungen in Betracht gezogen, die für Identitätsbildungsprozesse im Kontext der KuK-Projekte aufschlussreich erscheinen.

In seiner grundlegenden Identitätstheorie versteht auch er Identität als Ergebnis eines Prozesses. Dieser individuelle Vorgang wird begleitet durch soziale Eigenschaftszuschreibungen, Erwartungen von Bezugsgruppen und die Fähigkeit, sozial zugemutete und ermöglichte Erfahrungen reflektiv zu verarbeiten. (vgl. SCHÄFERS, 2005, S.93) Hierdurch wird deutlich, dass Identität nicht als *statisches Sein,* sondern als ein andauernder Prozess von Aushandlungen zu beschreibender Vorgang ist.

Die Fragen: Wer bin ich (für die Anderen)? Wer möchte ich sein (für die Anderen)? Mit wem stimme ich überein? Von wem unterscheide ich mich,

---

[44] Zur (ideen)geschichtlichen Verortung von Selbstverwirklichung und Tätigkeitsbegriff sei verwiesen auf „Am Anfang war die Tat" (KLAUSEN, 2014). In der abschließenden Konklusion dieser Abhandlung wird dieser zentrale Aspekt nochmals aufzugreifen sein.

wie? Was betrachte ich als meine kulturellen Wurzeln? Welche Bedeutung haben diese für mich? sind solche, mit denen sich insbesondere Kinder und Jugendliche auseinandersetzen, um sich in ihren Peergroups und ihren (Jugend)Kulturen zu deren Werten zu positionieren. (vgl. JOAS 2003, S.177) Die Persönlichkeits- bzw. Identitätsbildungen werden in diesen Entwicklungsphasen grundlegend durch eine Vielzahl unterschiedlicher psychischer Krisen als auch bedeutsamer biologischer Veränderungen beeinflusst. Darüber hinaus ist die Teilhabe an *sozialen Beziehungen* aber *ein* entscheidendes Kriterium der Identitätsbildung in MEADs Theorie. Die entwicklungspsychologisch bedingten Probleme, die im Jugendalter hier auftreten können, sind nicht Teil dieser Abhandlung, dennoch sei bemerkt, dass *der Suche* nach einer ‚neuen' Identität, etwa durch diverse Ablösungsprozesse im Jugendalter, eine besondere Bedeutung beigemessen werden muss. Dies weist auf eine weitere mögliche Fragestellung der KuK-Projekte hin, nämlich, wie durch didaktische Überlegungen, im Hinblick auch auf die strukturelle Gestaltung solcher sozialen Beziehungen, reagiert werden kann und welche kunstpädagogische Methoden sinnvoll solche sozialen Beziehungen unterstützen könnten.

MEAD postuliert, dass Identitätsbildung eng mit der gesellschaftlichen Struktur und Dynamik verwoben ist (vgl. SCHÄFERS, 2005, S.93). Weitergehend, neben der Bedeutung gesellschaftlicher Erwartungen für die Identitätsbildung, verfasst er seinen Identitäts-Bildungs-Begriff über den Kommunikations- und Gesellschaftsbegriff. In kommunikativen Akten sieht er einen Mechanismus, der individuelles Verhalten ausdifferenziert.

Neuere Identitätstheorien nehmen eine etwas erweiterte Akzentuierung vor. Es werden, wie vom Autor weiter oben schon angedeutet, mehrere Identitäten angenommen, die jeder Mensch zusammen mit seiner ‚allgemeinen' Identität bildet. Dazu gehören die soziale Identität, die sexuelle Identität, die Geschlechtsidentität, die berufliche Identität und die (inter) kulturelle Identität. Die Ich-Identität bildet sich durch ein ständiges Sich-Einlassen auf die soziale und kulturelle sowie die sachliche und räumliche Umwelt, aber auch durch Möglichkeiten und Fähigkeiten, sich auf sich selbst zu besinnen. Je nachdem, wie der individuelle Sozialisationsprozess verläuft, wird der Mensch aus den vielen Welt-, Umwelt- und Kultur-

Einflüssen Aspekte auswählen, die seine Identitäts*konstruktionen* bestätigen, andere Einflüsse zurückstellen und sich noch unbekannte aneignen. (vgl. SCHÄFERS, 2005, S.110)
Es herrscht weitgehend Einigkeit in der Forschung, dass die Identitätsfindungsprozesse als unabschließbar und keinesfalls als mit der Beendigung der Lebensphase Jugend abgeschlossen gesehen werden können, sondern diese Prozesse müssen sich abhängig von den gesellschaftlich-kulturellen Einflüssen immer wieder neu konstituieren. Identität ist demzufolge „Identitätsarbeit" (BENDER-SZYMANSKI, 2010, S.205-220), ein ‚Bildungs-Prozess', der geleistet wird und der (kunst-)pädagogisch sensibel begleitet und gefördert werden kann.
Damit ist eine Hypothese der Identitäts-Bildung benannt, welche für die hier untersuchten KuK-Projekte eine grundlegende Bedeutung hat. Die in dieser Untersuchung fokussierten KuK-Projekte im deutsch-dänischen Grenzland sind vorrangig auf die Förderung *inter*kultureller Bildung der Kinder und Jugendlichen ausgelegt.[45] In Bezug auf das (kunst-)pädagogische ‚Versprechen', der Unterstützung identitätsbildender Konzepte und Verfahren sind, analog zu den vorher verhandelten Kulturbegriffen, zwei unterschiedliche Konstituenten von Identitäten wesentlich:

1. Ein Konstitut, welches auf die Einzigartigkeit des Individuums gerichtet, einer „intersubjektiven Bildungsarbeit" (GRIESE, 2005, S.24) verpflichtet ist.
2. Die Annahme der *„Inter-Subjektivität"* (ebd., S.25) *als Grundlage* des Verständigungs*prozesses* zwischen differenten Sichtweisen, Auffassungen und (Welt)Interpretationen zwischen Subjekten.

Transferiert man die Thesen GRIESEs, der die Einzigartigkeit des Subjekts mit seinen individualisierten Sozialisationserfahrungen und Lernprozessen als *einen* Identitäts-Bildungsprozess versteht, in den Kulturkontext, so entwickelt sich daraus „eine ganz spezifische individuelle 'Kultur', verstanden als Lebensweise, Lebensstil, Arbeitsverhalten, Denkweise, Gewohn-

[45] Diese Zielsetzung ergibt sich schon durch die kultur-politischen Absichtserklärungen der politischen Akteure und den hieraus hervorgehenden (Förder) Strukturen. Siehe hierzu: Kapitel 4.1 Genese und Struktur der KuK-Projekte im deutsch-dänischen Grenzland.

heiten (...). ‚Kultur' wird hier zu einem *individuellen* (!) Merkmal und unterscheidet Menschen voneinander." (GRIESE, 2005, S.24). Kunstpädagogisches Anliegen in KuK-Projekt Kontexten wäre es dann, solche *intersubjektiven* Aushandlungsprozesse, in sinnhaft ästhetische Handlungs- und Erkenntnisformen mittels Bereitstellung geeigneter ästhetischer Erfahrungsräume zu transformieren. GRIESE weist darauf hin, dass ein solch individualistisch geprägter Kulturbegriff die Einzigartig eines jeden Menschen betont und gleichzeitig die „Fremdheit" (ebd., S.24) universalisiert.

Insofern dann *nur noch* individualisierte Subjekte existieren, konvertiert dann *das Fremde* zum *Normalen*. Den individualisierten Subjekten eröffnen ästhetische Erfahrungsfelder dann Möglichkeitsräume, welche die individuellen Denk-, Lebens- und Handlungsweisen „individueller Identitäten" (ebd., S.25f.) für Andere *sichtbar* machen. In der Begegnung mit der ‚Peer-Group' können so diese Identitäts-Konstruktionen kommuniziert werden.

Diese kulturelle Grundvorstellung von Bildung erkennt die Universalität und Egalität des Menschen als Grundkonzept an und sieht dennoch die Differenzen der intrinsisch konstruierten Kultur-Wirklichkeiten. Genau an jenen Kontaktflächen dieser differenten Welt-Konstruktionen können sich ästhetisch-kommunikative Aushandlungsprozesse einer *inter*kulturellen Pädagogik entwickeln. Im Wechselspiel von unterschiedlichen menschlichen Identitäts-Bildungsprozessen, gefühlten und gelebten Zugehörigkeiten zu der einen oder anderen nationalen-ethno-kulturellen Gruppe oder gar „Container"-Kultur, wie etwa die der autochthonen Minderheiten (D/DK) der Grenzregion, liegt das eigentliche Motivationspotential und der Möglichkeitsraum für eine „toleranzbasierte Streitkultur". (TRUNK, 2011, S.12). Es wird also weniger eine Homogenisierung von differenten Identitäts- und Kulturkonstruktionen in einem allgemeinen *common sense* angestrebt noch – etwa im Rückgriff auf postkoloniale Identitäts-Begriffe einer verlorenen Heimat (national oder minderheitenspezifisch) (vgl. EICKELPASCH, 2004, S.92ff.) – abgezielt, sondern es handelt sich um Identitätsaushandlungen von „Grenz-Existenzen" (borderline existences), die befreiendes und kritisches Potential in sich bergen. (vgl. BHABHA, 2004, S.218) „Das *Leben im Zwischenreich* kann den Blick schärfen und Quelle

kreativer Selbstfindung und subversiver Kraft sein". (EICKELPASCH, 2004, S.106) Hier kann MEADs These der Verwobenheit von Identitätsbildung mit gesellschaftlicher Struktur und Dynamik angeschlossen werden.
Wenn Gesellschaftsstruktur und dynamische Prozesse in den Entsprechungen als Mikrogesellschaft (Projektgruppen) und als dynamische *soziale* Prozesse verstanden werden, besteht die Möglichkeit, Lernkulturen im Kontext kultureller Identität neu zu denken. Dies wird möglich mittels ästhetisch fundierter Reflexionen in belastbar *strukturierten* KuK-Projekten und der *dynamischen* kommunikativen Aushandlungen innerhalb von sozialen Prozessen. Entsprechend wird sich nur dann ein nachhaltiger Zugewinn mittels kommunikativer Dynamiken in interkulturellen KuK-Projekten ergeben, wenn innerhalb dieser die Vielfalt und Verschiedenheiten wahrgenommen, benannt und diese ästhetisch erfahrbar gemacht werden. Somit sind methodisch-didaktische Konzepte der Vermittler*innen erforderlich, die das ‚In-Bezug-setzen', im Sinne einer ästhetischen ‚Aushandlungs-Praxis' mit den Teilnehmenden erproben. Bestätigt wird diese Annahme in der Studie *Voneinander lernen – Kunstvermittlung im Kontext kultureller Diversität*, die im Rahmen des Instituts für Auslandbeziehungen e.V. entstanden ist. Dieser zentrale Aspekt der kulturellen Andersartigkeit *und* kulturellen Vielfalt (cultural diversity) wird durch Dorothea KOLLAND so formuliert: „Es bedeutet Mannigfaltigkeit, Vielfalt, aber auch Diversität und Verschiedenheit (...) Dieser Zugewinn kann aber nur dann fruchtbar werden, wenn die differierenden Werte, Traditionen, Erfahrungen, Lebenspraxen erkannt, zueinander in Bezug gesetzt, in der gesellschaftlichen Interaktion erprobt werden." (ebd., 2007, zit. n. TRUNK, 2011, S.141)

3.2.3 Die Bedeutung des ‚Schisma' in Funktion eines dynamischen, interaktionistischen Identitätsbildungsmodells

Wenn auch die von AHRENKILDE HANSEN et al. beschriebene Untersuchung im Bereich internationaler Geschäftsbeziehungen verortet ist, so macht sie gleichwohl auf den relevanten Bereich der Werte aufmerksam, der hier für den inter-kulturellen Bildungsbereich Bedeutungen erfährt. „Im Alltag ist man eher auf Resultate fixiert und vergisst, den Wertebereich zu beachten“[46] (1990, S.160) Es sind aber eben genau diese unterschiedlichen Wertehaltungen, die die Matrix bilden, auf denen sich interkulturelles implizites pädagogisches Handeln abspielt. (vgl. Abb. 5, S.41) Für dieses Verstehen von Kultur oder Verstehen eines Kultur*bildes* („Kulturbillede”) (ebd., S.195) ist es sinnvoll, einige Kategorien solcher *Kultur-Konstruktions-Faktoren* zu benennen und deren gegenseitige Beeinflussung und systemische Zusammenhänge aufzudecken. Im Analyse-Teil innerhalb der Untersuchung wird sich zeigen, inwieweit ein solches Modell hinreichend ist und welche weiteren, möglicherweise nuancierteren Betrachtungsweisen, notwendig werden.

Hans GULLESTRUP (1989) macht einerseits auf die fließenden Grenzen verschiedener Kulturebenen und die Schwierigkeit ihrer Fassbarkeit aufmerksam, andererseits bietet sich so ein Kategorisierungssystem an, welche aus einer theoretischen Anschauung deduktiv eine folgerichtige methodologische Frage generieren kann. Hieraus kann eine Kulturdefinition entwickelt werden, die insbesondere solche Faktoren berücksichtigt, welche zentrale Bereiche für die hier gestellten Forschungsfragen berücksichtigt:

a) Die Frage nach Werten und damit auch implizit die Frage nach der Vermittlung dieser Werte.
b) Den Bereich von „Verdensopfattelse” (ebd., S.38) (Weltauffassung, Übersetzung, M.J.H.). (Hiermit werden auch Fragen berührt von Welt*konstruktionen* im kunst- und kulturpädagogischen Handeln.)
c) Den Bereich des „faktisk adfærd” (ebd., S.39) (konkreten Verhaltens; Übersetzung, M.J.H.) als ein zentrales pädagogisches Feld.

---

[46] „I hverdagen, er man meget resultatfikseret og glemmer at tænke på `værdisieden´.” (Übersetzung d.A.)

4. Der Untersuchungsgegenstand im strukturellen Kontext

4.1 Genese und Struktur der KuK-Projekte im deutsch-dänischen Grenzland

In der Vereinbarung zur deutsch-dänischen Zusammenarbeit[47] in der Region Sønderjylland-Schleswig, die in der mehrmals überarbeiteten von Fassung 1997 vorlag, wurde schon in der Zielsetzung für die Zusammenarbeit formuliert: „Die Partner bilden eine europäische Region, welche die Grundlage für eine intensive und langfristige Zusammenarbeit (...) bildet, (...)."[48] (Hrsg. REGIONSKONTOR SØNDERJYLLAND-SCHLESWIG, 2009, S.1). Die Dokumente sind sowohl im Papier- als auch im Internetformat identisch, so dass der Internettauftritt als solcher nicht weiter von Bedeutung für die Untersuchung ist. Unter §2 Ziele findet sich folgende Formulierung:

> „Übergeordnet nimmt die Region die grenzüberschreitende Zusammenarbeit zur Verbesserung der Wachstumsbedingungen und des kulturellen Zusammenhangs in der Region wahr, die von sprachlicher und kultureller Vielfältigkeit zwischen Mehrheits- und Minderheitsbevölkerung geprägt ist. Ziel der Zusammenarbeit ist es, (...) nähere Kontakte zwischen der Bevölkerung (...) herzustellen."

Als Mittel zur Erfüllung dieser Zielsetzungen werden als „besondere Kompetenz" (ebd., §3, S.3,) für die Region der unmittelbare „Begegnungsbereich der Menschen beiderseits der Landgrenze" (ebd., S.3) hervorgehoben. Der Fokus, so wird es formuliert, liege auf: Kultur, Sprache, Schule, Jugend und Arbeitsmarkt. Und weiter wird geschlussfolgert:

> „Vor diesem Hintergrund setzt die Region Sønderjylland-Schleswig zur Zielerreichung folgende Prioritäten: a) Förderung der Zusammenarbeit auf dem Gebiet der Kultur, unter anderem Schaf-fung

[47] Übereinkunft zwischen der Stadt Flensburg, dem Kreis Nordfriesland, dem Kreis Schleswig-Flensburg – auf der deutschen Seite – sowie dem Amt Sønderjylland – auf dänischer Seite – und der Stadt Flensburg, dem Kreis Nordfriesland, dem Kreis Schleswig-Flensburg – auf der deutschen Seite – und der Region Syddanmark, der Kommune Aabenraa, der Kommune Haderslev, der Kommune Sønderborg und der Kommune Tønder.

[48] Vereinbarung zur deutsch-dänischen Zusammenarbeit in der Region Sønderjylland-Schleswig.

> einer gemeinsamen Kulturregion. Gemeinsame Unterstützung von Kulturprojekten für die Region Sønderjylland-Schleswig, darunter auch Interreg-Projekte." (ebd., S.3)

In dieser politisch formulierten Absichtserklärung entstehen so u.a. neue Projekt-Förderformate und es werden finanzielle Mittel mit Unterstützung der regionalen Partner, des dänischen Kulturministeriums, des Ministeriums für Bildung und Kultur des Landes Schleswig-Holstein und des INTERREG 4A-Programms Syddanmark-Schleswig-K.E.R.N., sowie der Europäischen Union zur Verfügung gestellt. Im Förderbereich von Kultur, Jugend/Kinder, Sport und Sprache entstehen die Mikro-Projekt-Förderprogramme, mit der Bezeichnung *People to People,* abgelöst von *Kulturbrücke* und später dem Titel *Kulturdialog* (seit 2011). Ein Auszug aus dem Evaluationsbericht der Region Sønderjylland-Schleswig beschreibt ausführlicher die Rahmenbedingungen unter den unterschiedlichen Gesichtspunkten, auf die im Analyseteil nochmals Bezug genommen wird:

> „4.6. Mikroprojekte unter People-to-People und Kulturbrücke
> Über den gesamten Zeitraum hat die Region Sønderjylland-Schleswig einen Pool mit Interreg-Mitteln verwaltet, die zur Finanzierung von kleineren, grenzüberschreitenden Projekten angewendet werden sollten. Im Zusammenhang mit der neuen Strukturfondperiode änderte sich der Name von „People-to-People" zu „Kulturbrücke".
> Im Untersuchungszeitraum sind diesen Pools insgesamt 413.000 Euro für Projekte zugeteilt worden. Seit 2008 wurde das Sekretariat im Regionskontor verstärkt, um zu gewährleisten, dass die Akteure besser über bestehende Möglichkeiten informiert werden und dass die Sichtbarkeit der Projekte gefördert wird. Das Regionskontor hat in großem Umfang auf Veranstaltungen und in Seminaren Vorträge über die Möglichkeiten der Initiierung von Mikroprojekten gehalten. Die Region übernimmt auch eine proaktive Aufgabe, bei der man sich an Projektakteure wendet, Kontakte vermittelt und zur Zusammenarbeit motiviert. Oft ist eine ganz umfassende Beratung der Projektakteure vor und während der Durchführung der Projekte notwendig.
> Im Zeitraum 2005-2009 sind mit diesen Interreg-Mitteln mehr als 100 Projekte in Themenbereichen wie Sport, Kultur, Kinderaktivitä-

ten u.a. durchgeführt worden. Es handelt sich dabei um ganz unterschiedliche Projekte, darunter sowohl einige, die professionelle Künstler und Akteure unterstützen als auch andere Projekte, die Amateure, Schulen u.a. aktivieren. Viele der Aktivitäten sind in ihrer Form und in ihrem Ausdruck innovativ. Die Durchsicht der Liste der bewilligten Projekte zeigt, dass der Pool einige Traditionen geschaffen hat, bei denen Kooperationsbeziehungen bestehen und Veranstaltungen Jahr für Jahr wiederholt werden. Die Kulturaktivitäten werden durchschnittlich gesehen mit sehr bescheidenen Mitteln in Gang gehalten. Beinahe alle Bewilligungen liegen unter 10.000 Euro, und mehr als die Hälfte bekommen weniger als 5.000 Euro aus dem Pool. Es ist auch üblich, dass ein geringerer Betrag bewilligt wird, als der, der beantragt wird. Die Teilnahme an einem Projekt im Rahmen von Kulturbrücke erfordert deshalb ein großes Engagement von Ehrenamtlichen.“ (HJALAGER, 2009, S.21)

Abbildung 6: Regionale Partner

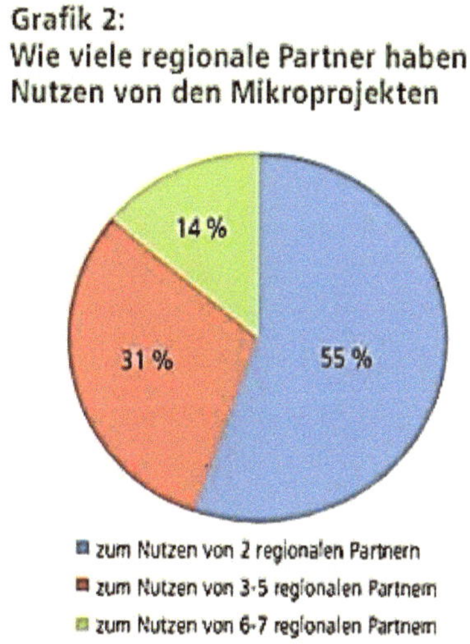

Abbildung 7: Verteilung Minderheit/Mehrheit

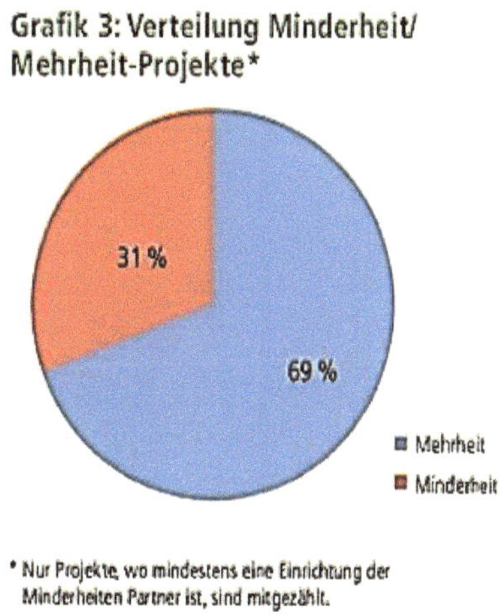

Quelle: KulturDialog Publikation 2013 (Hrsg. REGIONSKONTOR SØNDERJYLLAND-SCHLESWIG, 2013, S.36f.)

An den gezeigten Diagrammen, einer Eigenpublikation von *KulturDialog*, die sich auf die KuK-Projekte aus dem Jahre 2013 beziehen, werden Partner, geographische Einzugsgebiete und vor allem auch die Verteilung der Projekte nach Typen deutlich.

Abbildung 8: Längerfristige Projekte

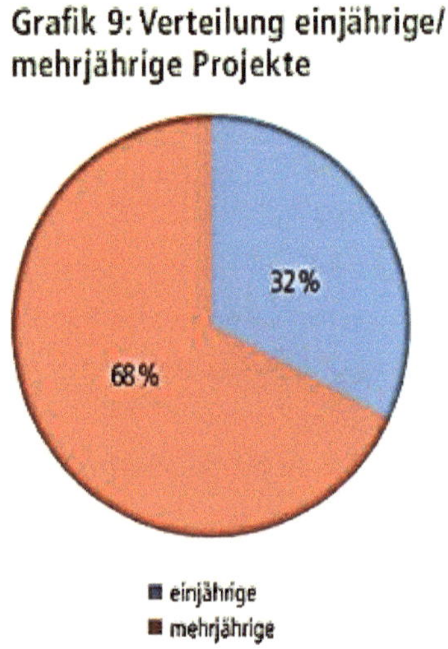

Groß- und Kleinprojekte

Das kleinste Projekt erhielt eine Förderung von ca. 400 Euro, das größte 41.880 Euro verteilt über zwei Jahre. In der Regel erhält ein Projekt zwischen 2.000 und 6.700 Euro [Grafik 8]. Bei einem Vergleich zum früheren Interreg-Projekt Kulturbro-Kulturbrücke wird deutlich, dass den einzelnen Projekten etwas mehr Mittel bewilligt werden als früher. Das ist u. a. darauf zurückzuführen, dass es im Vergleich zu früher ebenfalls mehr Projekte gibt, die auf zwei oder drei Jahre angelegt sind [Grafik 9].

Für alle Projekte gilt jedoch, dass sie zu einem vielfältigeren grenzüberschreitenden Kulturleben beigetragen haben – dem übergeordneten Ziel des Kulturpools.

Quelle: KulturDialog Publikation 2013 (Hrsg. REGIONSKONTOR SØNDERJYLLAND-SCHLESWIG, 2013, S.39)

Eine zentrale (Be)-Deutungshoheit hat hier die Fachgruppe Kultur. Eine ihrer Aufgabe ist der Kontakt zu den Akteuren und die Beurteilung von Projekten mit entsprechender Aussprache von Empfehlungen zur Förderung solcher Projekte:

> „Fachgruppe Kultur
> Diese Fachgruppe hat die wichtige Funktion, die Anträge an den Förderpool der Kulturbro-Kulturbrücke zu beurteilen und Empfehlungen an die zuständigen Ausschüsse auszusprechen. Die Fachgruppe ist mit Fachleuten aus dem Bereich Kultur besetzt. Sie verfügen über entsprechendes Wissen und über Kontakte zu den potentiellen Antragstellern. Dies trägt dazu bei, die Qualität der Anträge an den Förderpool zu gewährleisten. Außerdem bildet die Fachgruppe ein wichtiges, grenzüberschreitendes Netzwerk, in dem Ideen und Erfahrungen ausgetauscht werden. Anne-Mette Olsen vom Regionskontor & Infocenter unterstützt die Fachgruppe.
> 2009 beschäftigte sich die Fachgruppe Kultur u.a. mit der Auswahl unterschiedlicher grenzüber-schreitender Kulturprojekte zur Bezuschussung aus dem Förderpool, Vorschlägen und Prioritätenentwicklung für den Kulturpreis 2009. Visionen für die nächsten zwei Jahre wurden in einer separaten Sitzung am 31.3.2009 besprochen. Überlegungen zur Weiterführung von Kulturbro-Kulturbrücke wurden vorgestellt und diskutiert." (Hrsg. REGIONSKONTOR SØNDERJYLLAND-SCHLESWIG, 2009, S.18)

Zu bemerken ist, dass eine weitere Fachgruppe mit dem Titel *Sprache und interkulturelle Verständigung* existiert, zumindest organisatorisch wird hier interkulturelle Verständigung mit Sprache verknüpft und von der Fachgruppe Kultur organisatorisch getrennt behandelt.

> „Fachgruppe Sprache und interkulturelle Verständigung
> (...) Die Fachgruppe besteht aus Vertretern verschiedener Ausbildungsinstitutionen, Schulen und Universitäten und beschäftigt sich mit der Verbreitung der Sprachen Deutsch und Dänisch in der Region Sønderjylland-Schleswig. Die Fachgruppe ist ein wichtiges Netzwerk, in dem Ideen zu grenzüberschreitenden Projekten entwickelt und Erfahrungen ausgetauscht werden." (ebd., S.17)

Auf dieses mögliche Spannungsfeld, der sprachlichen versus die non-verbalen inter-kulturellen Kommunikationsformen, wird im Analyseteil noch eingegangen.

Die oben skizzierten Kunst- und Kulturprojekte bezeichnen das Gegenstandsfeld dieser Untersuchung und sollen hinsichtlich der angewandten

Methoden und methodologischer Aspekte im nachfolgenden präzisiert werden. Hierbei stellen sich einige methodologische Herausforderungen: Es muss mit einer relativ engen Definition der kulturellen Bildung in künstlerischen Bildungspraxen gearbeitet werden. Nur solche Lehr- und Lernprozesse in kreativen und künstlerischen Prozessen, welche mit ‚visuellen Medien' verbunden sind, können berücksichtigt werden. Dies ist erforderlich, um in summa vergleichbare Daten zu generieren. Das Untersuchungsfeld der kulturellen Bildung wird also hier auf die Aspekte der *künstlerischen Bildung*[49] begrenzt. Im Analyseteil soll auf die Ausgestaltungen, die Mischungen und Kongruenzen des kulturellen Handelns fokussiert werden. Ebenso sind auch mögliche Differenzen und Diversitäten im Hinblick auf unterschiedliche Auffassungen kultureller Bildung *und* kunstpädagogischer Zielsetzungen in ihrer Performanz im Fokus. Anne BAMFORD macht auf die Bedeutung dieser Kenntnisse aufmerksam: „Um in der Lage zu sein, die Praktiken künstlerischer Bildung zu verstehen, ist es nötig, sich der Ziele und Absichten zu vergewissern, die die Praktiken lenken". (2010, S.67). Allgemein wird angenommen, dass kulturell-künstlerische Bildungsprojekte sozial konstruierte sind. Es handelt sich demzufolge um ein soziales Ordnungssystem, das sich quasi selbstreferentiell konstruiert. Dies geschieht u.a., indem sich die KuK-Projekte von der Beschreibung der Zielsetzungen und den Rahmungen in den Projektbeschreibungen über die Durchführung bis hin zur abschließenden Selbstevaluierung verorten. (vgl. WILSON in: BAMFORD, 2010, S.67). Daher ist anzunehmen, dass sich solche Werte, Auffassungen, kunstpädagogische Ziele, die sich aus dänischen und deutschen Kontexten generieren, auch in den unterschiedlichen Datentypen widerspiegeln.

Die Tatsache zweier unterschiedlicher *Kultur-Systeme,* im geografischen Untersuchungsfeld des deutsch-dänischen Grenzgebietes, wurde durch die methodische Vorgehensweise berücksichtigt. So sind bei den Datenerhebungen, soweit möglich, jeweils paritätisch Daten aus Deutschland und

[49] Der Terminus der *künstlerischen Bildung* wird im Folgenden, im Sinne von BAMFORD verwendet. Die *künstlerische Bildung* wird ausgehandelt mit den Medien der visuellen (bildenden) Künste und ist somit der ‚Spezialfall' des offeneren und weiteren Konzepts der *kulturellen Bildung* (vgl. ebd., 2010, S.11)

Dänemark einbezogen worden. Hierbei wurden bei der Datenerhebung besonders solche Datentypen angestrebt, die die Aussagen über *Selbstverständnisse, Werte, Auffassungen und kultur- und kunstpädagogische Zielsetzungen* innerhalb der Kultursysteme auf der Meso-Ebene (Verwaltungen/Organisation) wie auch solche insbesondere auf der Mikro-Ebene (KuK-Projekte) in Betracht ziehen.
Durch die Fokussierung auf die Meso- und Makro-Ebenen ergibt sich die Leitfrage: Mit welchen kultur- und kunstpädagogischen Thesen sind die Akteure ausgerüstet und wie handeln sie im Feld der deutsch-dänischen Kinder- und Jugend-Kunstprojekte? Dies ist erforderlich, um eine angemessene Vergleichbarkeit der generierten Daten sicherzustellen. Das Untersuchungsfeld der kulturellen Bildung wird also hier auf die Aspekte der *künstlerischen Bildung* (vgl. BAMFORD, 2010, S.35-39) begrenzt. Daten der Makroebenen, wie etwa nationale unterschiedliche Strukturbedingungen oder Bildungstraditionen, wurden nicht erhoben.
Ein solcher Vergleich nationaler Bildungssysteme und Bildungstraditionen und deren potenziellen Auswirkungen auf den Bereich der kulturellen- und künstlerischen Bildung ist einer Folgeforschung vorbehalten. An dieser Stelle sei auf die Studie von Harry HAUE (2008) verwiesen, welche den deutschen *AllgemeinBildungs*-Begriff am Bespiel der dänischen Schulentwicklung eindrucksvoll entwickelt und auch im historischen Kontext darstellt. Diese Schrift liefert für eine mögliche Folgeforschung im Bereich der kulturellen Bildung erste relevante Anknüpfungspunkte.
Aus den oben angeführten Gesichtspunkten zur Erfassung des Feldes ergeben sich diverse methodische und methodologische Überlegungen, welche im nachfolgenden Kapitel ausführlicher diskutiert werden.

4.2 Methodische und methodologische Überlegungen – Die Grundannahmen der Studie im Verhältnis von Theorie und Realitätsauffassungen

Die im folgenden Methodenteil erörterten Überlegungen beziehen sich, neben der Darstellung des strukturellen Aufbaus der Untersuchung innerhalb der jeweiligen Teil-Erhebungen, auch immer wieder auf Kernprobleme und Fragestellungen der Kunstpädagogik im Kontext der KuK-Projekte. Dabei kreisen die Thematiken um die bereits eruierten Bezugsfelder von Kulturen, Inter- und Transkulturen, Identitätsbildungen bis hin zu Auffassungen der ästhetischen Erfahrungen und der künstlerischen Bildung. In den entsprechenden Teilfaziten und dem Schlussfazit werden diese Aspekte konkludiert.

4.2.1 Vorüberlegungen 1 – Über das Verstehen

An dieser Stelle soll darauf hingewiesen werden, dass der hermeneutische Verstehensprozess in dieser Abhandlung nicht von *der einen Form* der Annäherung ausgeht. Eher wird versucht, sich aus unterschiedlichen Perspektiven dem Untersuchungsgegenstand zu nähern. Eine einfache Forschungsmetapher (MJH) kann dies verdeutlichen:

> Es soll der Schmetterling erforscht werden. Man kann beispielsweise den Flug beobachten und analysieren, seine Fressgewohnheiten, seine Fressfeinde, sein Hochzeitsverhalten, sein Verhalten im Zusammenspiel mit anderen Schmetterlingen. Es ist möglich, ihn auf die Substanzen, aus denen er sich chemisch zusammensetzt, in einem Spektroskop zu untersuchen, usw. Für jedes dieser unterschiedlichen Untersuchungsgegenstände, wie z.B. das Verhalten oder die Substanzen, müssen unterschiedliche Untersuchungswerkzeuge für die Datengenerierung gefunden werden. In diesem Fall könnten das ein Fernglas zur Beobachtung und eine Chromatographie zur Analyse der Stofflichkeit des Schmetterlings sein. Das Untersuchungsobjekt und die nun gewonnenen Daten (Notizen auf der einen Seite und Zahlen/Frequenzanalysen auf der anderen) verlangen folglich auch eine angemessene Methodik der Aufarbeitung dieser Daten *um des konstruierenden Verstehens willen.*
>
> Dennoch wird der Schmetterlingsforscher sich damit bescheiden müssen, dass alle seine unterschiedlichen perspektivischen Zugänge nur Teile des Schmetterlings beschreiben und er nur einzelne Bestandteile versteht. Dennoch in der Ganzheit, des komplexen Systems *Schmetterling*, vom Fliegen bis über die Bestandteile des-

selben, konnte noch keine Aussage über die ästhetische Erfahrung beim Anblick des Schmetterlings gemacht werden. Dies wäre ein gänzlich anderer Untersuchungsgegenstand, das System: *Schmetterlingsforscher*.

Demzufolge wird in dieser Abhandlung versucht, aus der jeweiligen *Eigenart* des *jeweiligen* Gegenstandes (Fragebogen, Dokument, Interviewgespräch, Beobachtung) methodisch angemessene Verfahren zu entwickeln und anzuwenden. Eine vergleichbare Position hierzu bezieht auch BOHNSACK (2005, S.19), indem er AMANN (1997) zitiert: „(...), dass der Methodenzwang primär vom Gegenstand und nicht von der Disziplin ausgehen muss."

Aus unterschiedlichen Datengenerierungs-Methoden (s.o.) sind dann unterschiedliche Datentypen zu erwarten, welche wiederum differenzierte Formen der Verstehensprozesse in ihrem jeweiligen Kontext erfordern. „Es gibt also nicht nur *eine* Form von Hermeneutik, sondern deren *viele;* nicht nur *eine* Form qualitativer Sozialforschung sondern verschiedene." (SCHÜLEIN/REITZE, 2005, S.205) So ist neben der beobachtbaren *Handlungs*ebene die Ebene der *Motive und Absichten* solcher Handlungen *entscheidend* für diese Untersuchung und dies nur, insoweit sich diese in den Antworten von Fragebogenerhebungen, Projektbeschreibungen und Leitfaden gestützten Interviews und den Feldbeobachtungen manifestieren. Das Feld wird somit multi-perspektivisch betrachtet.

4.2.2 Vorüberlegungen 2 - Welche Realitäten werden verhandelt?

Die vorliegende Abhandlung arbeitet ausgehend von einem Realitätsbegriff, der als eine *autopoietische Realität* bezeichnet werden kann (vgl. SCHÜLEIN/REITZE, 2005, S.199ff.). Autopoietisch meint im konstruktivistischen Sinn einen Realitätstypus, der sich „verändert und immer verschieden ist, der sich selbst entwickelt und steuert und dabei mit seiner Umwelt interagiert und der einen offenen Entwicklungshorizont besitzt" (SCHÜLEN/REITZE, 2005, S.201f.).

Weiter führen SCHÜLEIN und REITZE aus, dass Autopoiesis in humanen Realitäten reflexiv ist. Diese Annahme beruht darauf, dass solche Realitäten von Menschen erzeugte und von menschlichem Handeln gestaltete Systeme sind. Unterstützt wird diese auch von Wolfgang SINGER (2003), er spricht vom „Verifizieren von vorausgeträumten Hypothesen“ (S.67) als Leistung menschlicher Abbildungsleistung des Gehirns (vgl. ebd. S.68ff.). Der Neurowissen- schaftler führt aus: „(...) auf der Basis dieser (...) eingeschränkten Wahrnehmungsleistungen entstehen *Modelle von der Welt*, die keineswegs identisch sind, die aber erweitert werden können durch (...) experimentelles Vorgehen. (...), aber wir sind letztlich auf die Kenntnisnahme dessen angewiesen, was durch unsere Sinnesorgane vermittelt wird.“ (ebd., S.72)

Damit schließt jene Betrachtung sich einem subjektiven Konstruktivismus an, einer philosophischen Anschauung, die den Individuen unterstellt, dass sie gar nicht anders können „als Wirklichkeiten zu modellieren, zurechtzulegen, zu interpretieren, kurzum: zu konstruieren“ (HÖRSCH, 2010, S.178). Im Sinne eines „Common-sense-Konstruktivismus“ (ebd., S.180) folgt die Abhandlung neben den Subjektivitätsleistungen auch den Wirklichkeitskonstruktionen im Sozialen (Intersubjektivitätsstrukturen). Wirklichkeiten werden hier als soziale Aushandlungsprozesse verstanden, welche zwischen den individuellen Entwürfen und den Entwürfen der ‘Anderen‘ intersubjektiv verhandelt werden. (vgl. BERGER, 2013, S.21-31)

Verallgemeinernd lässt sich diese Präsumtion ebenso für die gestalteten Systeme der KuK-Projekte annehmen. Die in den KuK-Projekten erzeugten Realitäten sind genau solche, vom Planungsentwurf bis hin zur praktischen Umsetzung, von den Akteuren *gestaltete, resp. konstruierte* Realitäten. Neben den geplanten und gestalteten Realitäten der Untersuchungsgruppe soll aber auch, insbesondere in den Feldobservationen, die Wahrnehmung für Unvorhergesehenes und mglw. Überraschendes geöffnet werden, für ‚Konstruktionen’, dorthin, wo sich offene Entwicklungshorizonte abzeichnen.

SCHÜLEIN und REITZE sprechen in ihrer konstruktivistischen Auffassung von einer konnotativen Theorie. Autopoietische Realität wird als ein komplexes Zusammenspiel von Faktoren, die immer wieder durch neu entstehende Konnotationen neue Variationen hervorbringen, definiert. Diese Realität ist immer *eine Besondere* und kann somit nicht die Gesamtheit aller Wirklichkeitsfaktoren methodologisch fixieren. Kurz: „(...) was für alle

Fälle gilt, kann nicht für die Besonderheiten abgeleitet werden – jeder Fall ist ein Fall für sich.“ (2005, S.20)

In dieser Abhandlung werden die oben genannten Grundannahmen für den Bereich der *gestaltenden ‚KuK-Projekt-Systeme'* als eine Arbeitshypothese von Wirklichkeitsauffassung verfolgt. Zieht man in Betracht, dass die hier untersuchten 'Realitäten' mit einer Fülle von Einflussfaktoren und diese Zusammenhangs-Konstruktionen hochkomplex sind, dann muss in dieser Untersuchung, schon aus forschungspraktischen Erwägungen, die Menge der Daten auf die hantierbaren und *relevanten Faktoren* reduziert werden.

Einige dieser vielfältigen Faktoren und Bezugsfelder sind im Folgenden angeführt:

- Die unterschiedlichen Altersstrukturen der (jugendlichen) Teilnehmer*innen
- Die unterschiedlichen Sprachkompetenzen derselben (von einsprachig bis bilingual)
- Bildungsferne oder eher bildungsnahe Elternhäuser
- Die Vorerfahrungen mit solchen KuK-Projekten
- Die Gender-Einflüsse
- Die unterschiedlichen Ausbildungsformen der Vermittler*innen im Feld der künstlerischen Bildung
- Unterschiedliche kunstpädagogische Konzepte (implizite/explizite)
- Die unterschiedlichen Sprachkompetenzen derselben
- Die Budgets der einzelnen Projekte
- Die Anzahl der Teilnehmer*innen im Verhältnis zur Anzahl der Vermittler*innen
- Die kulturpolitischen Rahmungen
- Regionale/nationale Interessen wie etwa Stärkung des Tourismus, ökonomische Interessen, etc.

Es wird schon bei den *nur auszugsweise* oben genannten Einflussgrößen ersichtlich, wie vielfältig die Wirkungsfaktoren sind, welche auf das Untersuchungsfeld einwirken und dieses verändern. In diesem Kontext eignet sich die Untersuchung der künstlerischen Bildung somit nicht für einfache und eindeutige Kausalitäten und voreilige finale Schlüsse. Eine Reduktion dieser Wirklichkeitskomplexität ist somit eine unabdingbare Voraussetzung (conditio sine qua non). Damit muss konstatiert werden, dass jeder Fall auch ein Fall für sich bleibt.

4.2.3 Vorüberlegungen 3 – Objektivität, Validität und Reliabilität

Das oben beschriebene *neu erzählte* Feld könnte nach SEALE auch als „subtil realistisch" bezeichnet werden. Udo KUCKARTZ macht hier auf die von SEALE entwickelte Position des „subtilen Realismus" (KUCKARTZ, 2012, S.21) aufmerksam. Nach KUCKARTZ ist die zugrundliegende Auffassung von SEALE eine pragmatische, insofern, dass er (SEALE) eine Verständigung zwischen den klassischen Kriterien und Standards für Forschung (Objektivität, Reliabilität und Validität) sucht und sich gleichzeitig gegen eine Standardisierung ausspricht.
Die in dieser Arbeit verhandelten Fälle sind aufgrund der rekonstruktiven Verfahren also nicht verallgemeinerbar und damit auch nur bedingt rekonstruktiv wiederholbar. Insofern sich die Datengenerierungsmethoden, wie oben dargestellt, auch beträchtlich unterscheiden, ist dennoch eine Standardisierung keineswegs angestrebt. Vielmehr wird nach den klassischen Kriterien für die Güte qualitativer Forschung eine nachvollziehbare valide Neukonstruktion des Feldes erreicht. Hierzu werden präzise Beschreibungen und Dokumentationen analytischer Verfahrensweisen herangezogen. Anhand objektiv überprüfbarer Kriterien in konsistenten Kategoriensystemen sind diese Qualitätskriterien angemessen nachvollziehbar.

4.2.4 Vorüberlegungen 4 – Kultur-Politische Konsequenzen

Innerhalb des kulturpolitischen Kontextes sei auf eine weitere Dimension dieser Untersuchung hingewiesen. Wie SCHÜLEIN und REITZE es formulieren, ist die Konsequenz solch einer „konnotativen Theorie" (2005, S.209) immer auch eine politische. Dies bedeutet in dem hier zu verhandelnden Kontext, dass kulturpolitische Konsequenzen und Fragestellungen aus ihnen hervorgehen werden können, etwa: Was wird unter welchen strukturellen Rahmenbedingungen wie gefördert? Dies in dem Sinne, dass durch das Aufzeigen alternativer Formen von Projekten kulturelle Bil-

dungsentscheidungen getroffen werden müssten; „welches Ziel wie erreicht werden soll – Das ist Politik" (ebd., S.209).
Hinsichtlich einer autopoietischen – konstruktivistisch orientierten Wirklichkeitsauffassung soll also eher nicht eine traditionelle ethisch-kulturelle Verankerung des Feldes vollzogen werden, als vielmehr *das Feld neu erzählt werden*. Diesen Gesichtspunkt berücksichtigt die Arbeit, indem in den Ergebnissen und den Teil-Fazits der Studie Anwendbarkeiten im Sinne von *'better practice'*[50] dargestellt werden sollen, als ‚Applied Research Result'. Das bedeutet auch, den Versuch zu wagen, wissenschaftstheoretisch betrachtet, sich zwischen dem Allgemeinen und dem Besonderen, Regelhaften und Abweichenden, zwischen möglicherweise Typischem und individuellen Ausformungen des Untersuchungsfeldes gedanklich zu bewegen.

[50] Der Begriff *better practice* wird hier vom Autor *neu* eingeführt und möchte sich damit vom Begriff *best practice* distanzieren. Zum Einen erscheint die Nutzung des Begriffes *best practice* immer mit einer gewissen Hybris über den vermeintlich richtigen Weg, *die richtige Kunstpädagogik*, verbunden zu sein, zum Andern ist damit auch jede dynamische Angleichung an sich ständig in Veränderung befindliche Projekt-Realtitäten, a priori unterbunden.

5. Ästhetische Prozesse

5.1 Wege und Umwege, ästhetische Erfahrungen der Beobachtung zuzuführen

Erfahrungsmomente, wie auch die allermeisten Phasen von Prozessen des ästhetischen Handelns, sind zunächst einmal der intentional-analysierenden Wahrnehmung verborgen. Ästhetische Wahrnehmungs- und Erfahrungsprozesse können zwar von den Ergebnissen her oder möglicherweise aus intrasubjektiver Betrachter*innen-Sicht konstatiert bzw. interpretiert werden, aber was jeweils subjektiv stattgefunden hat, wie sich Erlebtes gestaltet und welche Erfahrungen hierbei gemacht wurden, entzieht sich zunächst einmal objektiver Betrachtungen. Diese Herausforderung stellt sich auch für das Beobachten und Beschreiben in den Feldern künstlerischer Bildungsprozesse. Betroffen sind hiervon sowohl die rezeptiven ästhetischen Erfahrungen als auch die Teilbereiche des gestaltenden Produzierens.

5.2 Ästhetische Erfahrungen

Innerhalb der Fach-Theorien (u.a. den fachdidaktischen und sozialwissenschaftlichen) gibt es eine Vielzahl von Annahmen über das, was ästhetische Erfahrungen ausmacht, welche strukturellen Merkmale diese aufweisen und welche Wirksamkeiten hieraus erwachsen könnten. Der Begriff der ästhetischen Erfahrung wird daher hier als eine Arbeitsdefinition skizziert. PEEZ formuliert, auf den Erfahrungsbegriff bezogen, „ästhetische Erfahrungen lassen sich sowohl rezeptiv als auch produktiv machen, d.h. sowohl in der Wahrnehmung von Objekten und Phänomenen als auch im eigenen Gestalten." und weiter „Bildung ist ohne authentische ästhetische Erfahrungen nicht denkbar und möglich." (2005, S.15). Hiermit wird jedoch nicht der Begriff der ästhetischen Erfahrung an sich *definiert*, sondern PEEZ macht aufmerksam auf die beiden unterschiedlichen Kategorien, die des Handelns und die des Wahrnehmens. Des Weiteren führt er den Begriff der *authentischen* ästhetischen Erfahrung ein.

Exkurs zum Begriff des *Authentischen*:

> Es sei darauf hingewiesen, dass eine Unterscheidung zwischen dem *Authentischen* und dem *Nicht-Authentischen* schwerlich möglich ist. Die Unterscheidung zwischen normativ 'falschen' (nicht-authentischen) und den ‚richtigen' (*authentischen*) Erfahrungen ist für den Gebrauch dieses Begriffes, in dem hier zu verhandelnden Zusammenhang, weder zu operationalisieren noch zielführend. Die Schwierigkeit besteht nicht nur in der normativen Festlegung zwischen falscher und richtiger Erfahrung, sondern es scheint auch problematisch, den Beginn (bspw. die unbewusste Motivationsphasen) und das Ende eines Wahrnehmungsprozesses innerhalb ästhetischer Erfahrungen wahrzunehmen, zu überprüfen und damit verifizierbar zu machen. (vgl. WINNER, 1982, S.35ff.)

KIRCHNER et al. sprechen von der ästhetischen Erfahrung auch als von der „Unabschließbarkeit ästhetischer Sinnbildung" (2006, S.13) und beschreiben den gesamten Prozess von der ersten Neugierde über die rezeptiven Wahrnehmungsleistungen, der apperzeptiven Bildung neuer Kontexte bis hin zu den Produktionsprozessen und der anschließenden reflektiven Phase als ästhetische Erfahrungen.

Die Arbeitsdefinition zum Begriffskomplex *Ästhetische Erfahrung* im Rahmen dieser Abhandlung schließt sich dieser Auffassung an, erweitert sie aber um den Aspekt ihrer (möglichen) Nicht-Linearität und betont den dynamischen Aspekt dieser Prozesse. Prozesse ästhetischer Erfahrungen werden also nicht im Sinne einer schrittweisen linearen Taxonomie verstanden, sondern als ein sich gegenseitig durchdringendes und sich konstituierendes System. Die eigene Arbeitsdefinition für diese Abhandlung lautet demnach:

> *Ästhetische Erfahrungen und Prozesse werden verstanden als nichtlineare, offene – teils rekursive – Prozesse, die sich in ‚wilden' Suchbewegungen und temporären Finde-Momenten abspielen können. Ästhetische Erfahrungen sind einerseits gekennzeichnet durch*

‚Wow'[51]-Momente, andererseits als mäandernte Fließ-Bewegungen zwischen unbewussten Motivationsphasen, Rezeptionsprozessen, produktiven Verläufen, bis hin zu den reflexiv-kognitiven Urteilsbildungen. Sie sind somit 'wechselseitig rekursiv'[52].

Im „Draft shape of the Australian Curriculum, The Arts“ werden diese drei Hauptstränge „Responding, Realizing and Generating“ (THE NATIONAL COUNCIL FOR CURRICULUM AND ASSESSMEN (Hrsg.), 2010, S.8) modellhaft als ein ineinander verbundendes System ohne Anfang und Ende dargestellt. (vgl. Abb. 9) Denkbar sind diese sogar gleichzeitig auf-tauchenden unterschiedlichen ästhetischen Teil-Prozesse: „The three strands may occur simultaneously“. (ebd., S.8)

Abbildung 9: Modell des rekursiven ästhetischen Prozesses

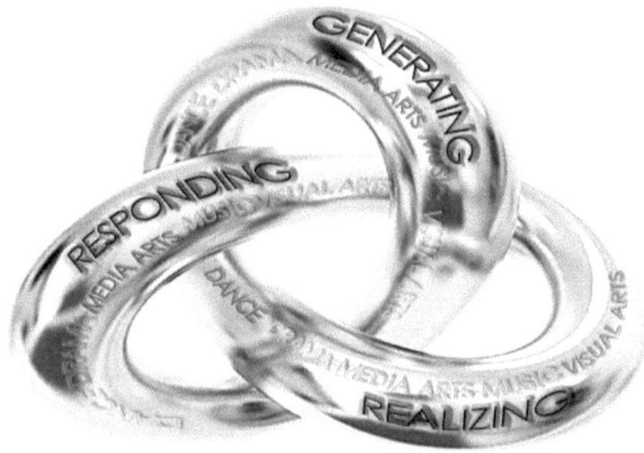

Quelle:
http://www.acara.edu.au/verve/_resources/draft+shape+of+the+australian+curriculum+the+arts-final.pdf

[51]Der Begriff Wow-Faktor wird erstmals von Anne BAMFORD verwendet. „Er wurde für die Aufregung und die unerwarteten Ergebnisse verwendet, die sich schwerlich beschreiben lassen, aber große Wirkung auf Lehrer, Künstler, Kinder (...) haben , in denen es gute kunstorientierte Bildung gibt.“ (2010, S.30)

[52]Wechselseitig rekursiv als fluider – nicht linearer – Prozess, im Sinne der unterschiedlichen Prozesse und Funktionen, die sich gegenseitig bedingen und zu Neuordnungen und immer wieder neuartigen Definitionen führen.

Es ist zu berücksichtigen, dass sich der *gesamte* rezeptive Prozess von der ersten Neugierde (unbewusste Impulse/Motivation) über den optisch-physikalischen Vorgang des Sehens (Perzeption) bis hin zur kreativen und aktiven Wahrnehmungsleistung unseres Gehirns (Apperzeption) vollzieht. Diese Prozesse verschließen sich alle ausnahmslos der sinnlichen Beobachtung. Angesichts dessen wird deutlich, dass diese Untersuchung solche Prozesse nur unvollständig erfassen kann. Sie liegen hinsichtlich der methodischen Möglichkeiten (eines *nicht-experimentellen* Forschungsdesigns) außerhalb der Evidenz.

Die *rezeptiven* Erfahrungsmomente oder Prozesse im ästhetischen Handeln sind erst einmal verborgen. Dies gilt demnach auch für angenommene *Bildungs*prozesse, die sich anhand der Erfahrungsprozesse entwickeln können. Solche, den Subjekten innewohnenden Erfahrungs- und Bildungsprozesse, können daher nicht aus der Anschauung beschrieben werden. Darstellbar sind jedoch die *strukturellen Kontextualisierungen* und die *beobachtbaren sozialen Handlungen*, welche sich der Wahrnehmung erschließen und Möglichkeiten *eröffnen, Erklärungsmodelle* zu entwickeln. Neben dem Interesse an den Prozessen der sozialen Interaktionen bewegt sich der Fokus der Untersuchung auch auf die (impliziten und expliziten) Orientierungen in den Planungsüberlegungen im Vorlauf der Projekte. Die *strukturellen Kontexte* werden durch die Projektbeschreibungen und Zielformulierungen in den schriftlichen Projektanträgen nachvollziehbar und – indem sie in der Analyse kategorisiert werden – vergleichbar. Außerdem werden geäußerte Vorstellungen, Ansichten und Einstellungen von Vermittler*innen, Organisator*innen und Teilnehmer*innen mittels einer Fragenbogenerhebung und der durchgeführten Interviews (als reflexive Betrachtungen *nach* Ablauf solcher KuK-Projekte) im Hinblick auf die Bedeutungen ästhetischer Erfahrungsprozesse thematisiert. Abschließend wird die Untersuchung durch teilnehmende Beobachtungen (dokumentiert durch Feldprotokolle) und Analysen *sichtbarer* (interaktiver) *Handlungen* in den ästhetischen Praxen ergänzt. Strukturmomente und Muster, die sich in diesen Erfahrungsprozessen anhand der erhobenen Daten abbilden, werden als mögliche Indikatoren für die Auswertung ästhetischer Erfahrungen und damit möglicher *Bildungs*prozesse angenommen.

6. Forschungsdesign

Anhand der schon unter 1.3 genannten Ziele der vorliegenden Untersuchung ergeben sich die im Folgenden detailliert erörterten, methodischen Schritte – ausgehend von den Teilzielen über die Datenerhebungsverfahren, die Operationalisierungen bis zum Analyseverfahren.

6.1 Methodiken der Datenerhebungen

Entsprechend der oben genannten Überlegungen und des dargestellten Realitäts-Verständnisses ist das Forschungsdesign dieser Studie entwickelt worden. Es mussten anhand des vielschichtigen Forschungsgegenstandes (Kinder- und Jugend-Kunstprojekte im deutsch-dänischen Grenzland) konsistente Kriterien und Erhebungs- sowie Analyse-Methoden entwickelt und forschungspraktisch kombiniert werden. Neben einer Fülle des Daten-Materials sind damit, die unterschiedlichen Daten*quellen* verbunden:

- Daten aus Fragebogenerhebung
- Daten aus Projektbeschreibungen
- Daten aus Projektobservationen
- Daten aus durchgeführten Interviews

Allgemeine Leitfragen im Feld unterschiedlicher Datensorten lauten:

- Inwiefern kann aktuelle (kunstpädagogische) Forschung die Reflexion der KuK- Projekte fundieren und welche Impulse können hieraus für eine innovative kunstpädagogische Vermittlungspraxis entwickelt werden?
- Wie wird ein Zusammenhang zwischen ästhetischen Vermittlungspraxen und Theorieansätzen sichtbar?
- Welche (bewussten oder unbewussten) Lernziele und Lerntheorien liegen den Projekten in beiden Ländern/Kulturen zugrunde?
- Inwieweit werden diese wirksam, sichtbar und damit beobachtbar?
- Wie lassen sich spezifische Differenzen und Qualitäten in grenzüberschreitenden Projekten spezifizieren?
- Wo liegen die spezifischen Wirkungspotentiale ästhetischen Ler-

nens im Hinblick auf eine interkulturelle Verständigung?
- Wie kann ästhetisches Lernen zur kulturellen Verständigung beitragen?
- Inwieweit werden diese Faktoren in der ästhetischen Praxis sichtbar und wirksam?
- Lassen sich Thesen auf Basis der Untersuchung formulieren und begründen, die Aussagen über die
  a) Qualität der Lernerfahrungen und
  b) über die (strukturellen) Rahmenbindungen machen und als essentiell betrachtet werden können?

6.2 Grundannahme

Der interkulturelle Dialog zwischen Kindern und Jugendlichen, als organisiertes KuK-Projekt im deutsch-dänischen Grenzgebiet, entsteht nicht von allein, wird also (professionell) initiiert und unterliegt somit nachvollziehbaren intentionalen Annahmen, Konzepten und Handlungen. Daraus kann geschlossen werden, dass diese Projekte strukturellen und konzeptionellen Zielsetzungen unterliegen. Demnach sollte auch eine Rekonstruktion derselben möglich sein.

6.3 Ausdifferenzierung der Grundannahme und Herausforderungen durch Komplexitätsreduktionen

Aspekte primärer, sekundärer und tertiärer Sozialisationen der unterschiedlichen Akteurs-gruppen und deren damit verbunden Kulturerfahrung müssen in dieser Untersuchung unberücksichtigt bleiben. Ebenso konnten weder unterschiedliche Lebenssituationen, der Sprachstand, vorkommende Bildungsabschlüsse der Teilnehmer*innen oder derer deren Eltern, noch deren Einkommen und Beschäftigungsstatus sowie religiöse Zugehörigkeiten in die Untersuchung einbezogen werden. Auch sind Aspekte des Gender nicht in diese erste Untersuchung eingegangen.

Auf die im BOURDIEUschen Sinne zu stellende Frage, wie und welches „symbolische Kapital"[53] hier eigentlich hergestellt wird, soll hier nicht vertiefend eingegangen werden. In Anbetracht einer allgemeinen Annahme der Existenz kultureller Ungleichheiten und vorhandenen Diskriminierungen in Bildungsprozessen sowie der wünschenswerten Entwicklung von Chancengleichheit, wäre eine solche Untersuchung allerdings, auch im Vergleich deutscher und dänischer Bildungs-Systemunterschiede, in einer Folgestudie von Interesse; Wo liegen die „feinen Unterschiede"[54] zu Gruppen, die hier nicht partizipieren (können)? Inwiefern sind solche KuK-Projekte bei Kindern und Jugendlichen und deren Eltern 'angesagt' und welcher mögl. 'Gewinn' wird hiermit verbunden? Die Voraussetzungen und Kriterien der Zugehörigkeiten von Gruppen, die mit *künstlerischer Bildung* in Kontakt kommen und den Vorteilen, die durch diesen Distinktionsgewinn erzielt werden, könnten eine maßgebliche Fragestellung für eine Folgeforschung darstellen. Diese Abhandlung einer explorativen Erkundung und Rekonstruktion des Feldes der KuK-Projekte würde damit allerdings ihren eigentlichen Fokus verlassen.

Die zentralen Grundannahmen und damit auch der Nukleus der Untersuchung sowie der damit verbundenen Methodik stellen sich, vom oben genannten abweichend, wie folgt dar:

Das hier untersuchte Feld gestaltet sich durch eine große Anzahl höchst unterschiedlicher möglicher Ordnungskonstellationen, erzeugt aus den unterschiedlichen Erfahrungsebenen der Beteiligten (Teilnehmer*innen, Kunstpädagogischen Vermittler*innen, Organisator*innen, Verwaltungsfachleuten, usw.) Diese finden ihren Ausdruck in Ahnungen, Wünschen, Einstellungen, Haltungen, Meinungen, Einschätzungen, Praxisbeobachtungen und Kenntnissen, welche die Informanten, den Bedeutungen und den *Funktionen der ästhetischen Prozesse in den Projekten* zuschreiben. Hieraus werden dann in Folge unterschiedliche Praxen konstruiert. HET-

[53] Das „Symbolische Kapital" meint hier die Eigenschaften und Werte, welche von einigen Akteursgruppen mit der *kulturellen Bildung* verknüpft werden um damit u.a. einen sozialen 'Vorteil' zu erzielen. (vgl. BOURDIEU, 1998, S.108)

[54] Der Begriff „der feinen Unterschiede" bezieht sich auf die gleichnamige Veröffentlichung BOURDIUEs, in welcher er, u.a auf die „Illusion der Chancengleichheiten" in Bildungs- und Kultursystemen aufmerksam macht.

LAND/WINNER et al. sprechen in diesem Zusammenhang auch vom „hidden curriculum" (2013, S.4ff.). ‚Versteckte', unausgesprochene, mglw. auch unbewusste Motive der Beteiligten konstruieren so einen mentalen ‚Lehrplan' für die künstlerische Bildung, im untersuchten Feld mit dem Ziel, den interkulturellen Dialog der Beteiligten einzuleiten oder zu verbessern. Der Komplexität des Feldes und seiner strukturellen Bedingungen wird versucht zu entsprechen, indem unterschiedliche Datentypen für die Untersuchung herangezogen werden. Darüber hinaus soll, trotz der sehr verschiedenen perspektivischen Zugänge der Beteiligten, eine Vergleichbarkeit durch korrespondierende und verwandte Kategoriensysteme hergestellt werden. Nur ein *einheitliches* Gesamt-Kategoriensystem ermöglicht so plausible Vergleiche und Analysen.

Als Grundannahme wird erwartet, dass u.a. aufgrund nationaler, (fach)kultureller und struktureller Unterschiede solche Diversitäten auch in den verschiedenen Auswahleinheiten (Sampling Units) zu erfassen sind und damit die unterschiedlichen Analyseeinheiten (Recording Units) über eine einheitliche Kategorienbildung/Kodierung (Content Units) und Analyse zu einer konsistenten Ergebnissicherung beitragen. (vgl. KUCKARTZ, 2012, S.46 ff.) Diesbezüglich verfolgt die vorliegende Studie einen vorzugsweise explorativen Untersuchungsansatz. (vgl. DIEKMANN 2006, S.30) Nach Kenntnis des Autors ist diese Studie die erste wissenschaftlich fundierte Untersuchung für das Untersuchungsfeld der Kinder- und Jugendkunstprojekte im deutsch-dänischen Grenzland. Vervollständigt wird die Studie durch qualitative Analysen quantitativer Daten mit Hilfe von deskriptiven Statistiken und ethnografischen Feldbeobachtungen. Hierbei wird insbesondere auf die Qualität der Datentypen und die Formen der Datenerhebung Wert gelegt. Die Qualitätsgesichtspunkte der Datenlage des hier untersuchten Feldes definieren sich durch sehr unterschiedliche Zugangsmöglichkeiten für eine Datengewinnung (s.o.). Die hierzu entsprechend entwickelten, differenzierten methodischen Verfahren können wie in Tabelle 1 veranschaulicht werden.

Die unten gezeigte Übersicht stellt die vier unterschiedlichen Datenzugänge zum Untersuchungsgegenstand als Säulen der Datenerhebung dar und zeigt darüber hinaus die nahezu kongruenten Analysemethoden und Cluster der verschieden Datentypen. Durch eine einfache Quantifizierung der

Datenmengen (durch Wortzählungen der jeweiligen Dokumente und Transskripte sowie die Codierung und Datenübertragung der Variablen und deren Umformungen in der Fragebogenauswertung mithilfe SPSS) werden die Gesichtspunkte der jeweiligen Gewichtungen *im Quantitativen* berücksichtigt. Kritisch ist festzuhalten, dass dies keine hinreichende Aussage über Gültigkeit in Bezug auf die Validität der qualitativen Analyse zulässt. Vielmehr sollen bewusst die Grundannahmen in ersten Analyseschritten gestützt oder in Frage gestellt werden.

Die Angaben divergierender Zielgruppen-Typen bezeichnen die (in den unterschiedlichen Säulen) verschiedenen, primären *Haupt*-Typenkategorien bzw. Variablen. Es scheint plausibel, dass sich durch die Kombination mehrdimensional angelegter Kreuztabellen, eine Vielzahl neuer und sinnhafter Aussagen treffen lassen. Sämtliche Daten wurden im Zeitraum von November 2012 bis medio 2014 erhoben.

Tabelle 1: Übersicht über Datensorten, Datentypen und Erhebungsmethoden

Datenerhebungsverfahren und Datensorten	Fragebogen Erhebung Screening	Projektbeschreibungen/ Projektanträge	Feld-Observationen/ Ethnografische Feldprotokolle	Semistrukturierte Interviews	Interaktive Teilnahmen/ Videomaterial
Analyse Verfahren	„Mixed Methods Approaches „Qualitative Analyse quantifizierter Daten/ Transskriptiv Statistiken	Dokumentenanalyse; Qualitative Approaches/ Mixed Methods Approaches Qualitative Inhaltsanalyse	Qualitative Inhaltsanalyse plus Kategorienbildung am Material - in vivo codes	Qualitative Approaches/ Mixed Methods Approaches Qualitative Inhaltsanalyse	Interaktionistische Teilnahme/Rekonstruktionen mittels Foto-/ Videohervorlockung als Interviewеinstieg

Fokus auf:	Explorative Erkundung von impliziten und expliziten Hoffnungen, Wünschen, Vorstellungen, Einstellungen, Zielsetzungen, etc. im Hinblick auf Kompetenzvermittlungen im dt.-dä. Interkulturellen Dialog	Explorative Erkundung von impliziten und expliziten Vorstellungen, Einstellungen und formulierten Zielsetzungen, etc. im Hinblick auf Kompetenzvermittlungen und Funktionszuordnungen die der Kunst, resp. dem ästhetischen Handeln (im dt.-dä. Vergleich) in Projektanträgen zugeschrieben werden.	Ethnografische Erkundungen inwieweit sich Vorstellungen, Einstellungen und Zielsetzungen auch im Hinblick auf Kompetenzvermittlungen und Funktionszuordnungen von künstlerischem Handeln resp. dem ästhetischen Handeln im Handeln der Akteure (im dt.-dä. Vergleich) beobachten lassen.	Explorative Erkundung von impliziten und expliziten Vorstellungen, Einstellungen und formulierten Zielsetzungen, etc. im Hinblick auf Kompetenzvermittlungen und Funktionszuordnungen die der Kunst resp. dem ästhetischen Handeln (im dt.-dä. Vergleich) in Interviews zugeschrieben werden, plus Kategorienbildung am Material - in vivo codes	Immersion/ Rapport interaktive Recherche – Teilnehmende Beobachtung an sechs weiteren Projekten 2002-2009
Anzahl divergenter Zielgruppen-Typen Kategorien	2	2	4	12	12
Anzahl der untersuchten Objekte	64	28	3	17	6
Datenmengen: Anzahl Wörter/ Variablen	2368	45000	8200	71035	Keine Datenaufbereitung

Quelle: Eigene Darstellung

Abbildung 10: Herkunft und quantitative Verteilung unterschiedlicher Datensorten

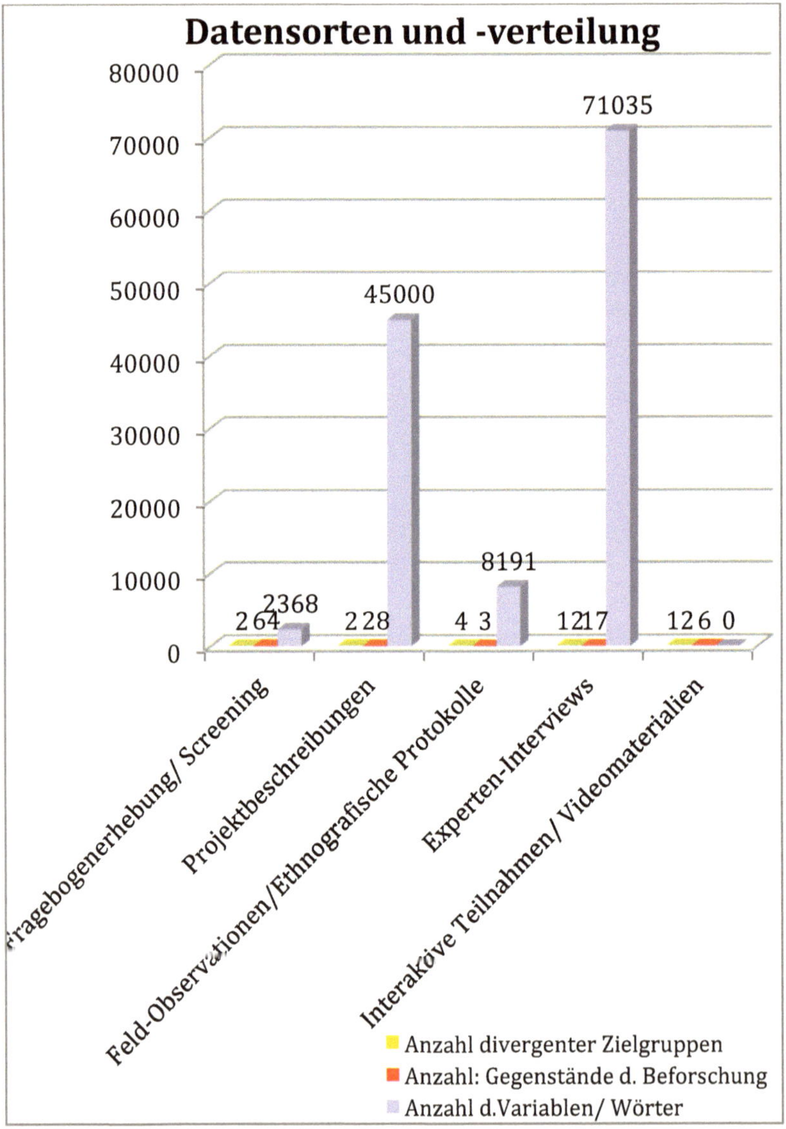

Quelle: Eigene Darstellung

Legende:

Fragebogenerhebung/Screening

- Die Ziffer (2) beschreibt die Hauptkategorien *Deutsch-Dänisch* in Analyse der Fragebögen.
- Die Ziffer (64) beschreibt die Anzahl der analysierten Fragebögen.
- Die Ziffer (2368) beschreibt die theoretische Menge verknüpfbarer Kontingenzen durch die Variablen.

Projektbeschreibungen/Projektanträge

- Die Ziffer (2) beschreibt die Hauptkategorien *Deutsch-Dänisch* in der Dokumenten-Analyse.
- Die Ziffer (28) beschreibt die Anzahl der analysierten Projektbeschreibungen
- Die Ziffer (45000) beschreibt die ca. Wortanzahl ohne Leerstellen.

Feldobservationen/Ethnografische Feldprotokolle

- Die Ziffer (3) beschreibt die Anzahl observierter und protokollierter Projekte plus die zwei Hauptkategorien *Deutsch Dänisch*.
- Die Ziffer (4) beschreibt die beobachtenden zwei Zielgruppen *Vermittler*innen* und *jugendliche Teilnehmer*innen* in den jeweiligen zwei Hauptkategorien *Deutsch-Dänisch*.
- Die Ziffer (8200) beschreibt die ca. Wortanzahl ohne Leerstellen der Feldprotokolle

Semi-strukturierte Interviews

- Die Ziffer (12*)* beschreibt die sechs analysierten Kategorien in den jeweiligen zwei Hauptkategorien *Deutsch-Dänisch*
  - Teilnehmer*innen
  - Vermittler*innen (Künstler*innen, Kunstpädagog*innen)
  - Kultur-Verwaltungsangestellte
  - Begleitende Lehrer*innen
  - Organisator*innen
  - Expert*innen
  - jugendliche Teilnehmer*innen
- Die Ziffer (17) beschreibt die Anzahl der durchgeführten Interviews in den oben angegebenen sechs Zielgruppen in den jeweiligen zwei Hauptkategorien *Deutsch-Dänisch*
- Die Ziffer (71035) beschreibt die ca. Wortanzahl der Transkriptionen der Interviews ohne Leerstellen

Ausgehend von der Forschungsfrage wird im Kapitel 8.3.1, die Kategorienbildung in den Begriffen der *Kompetenzorientierung, den Skills* und der Frage nach der *Funktionszuordnung von künstlerischem, resp. ästhetischem Handeln* und Erfahren ausführlich erörtert. Diese somit vergleichbar entwickelten Kategoriensysteme und Kategorien, deren Variablen und deren Merkmalsausprägungen (Codes) sind die Grundmatrix der Gesamtuntersuchung. In diesem definierten Rahmen sollte über eine Deskription des Feldes hinaus auch eine Theorie mittlerer Reichweite entwickelt werden können. Der Ablauf, ausgehend von der Forschungsfrage über die Analyse bis zur Ergebnis-Darstellung, kann so angelehnt an dem Modell von KUCKARTZ plausibel dargestellt werden (vgl., 2012, S.78f.).

Abbildung 11: Forschungsverlauf

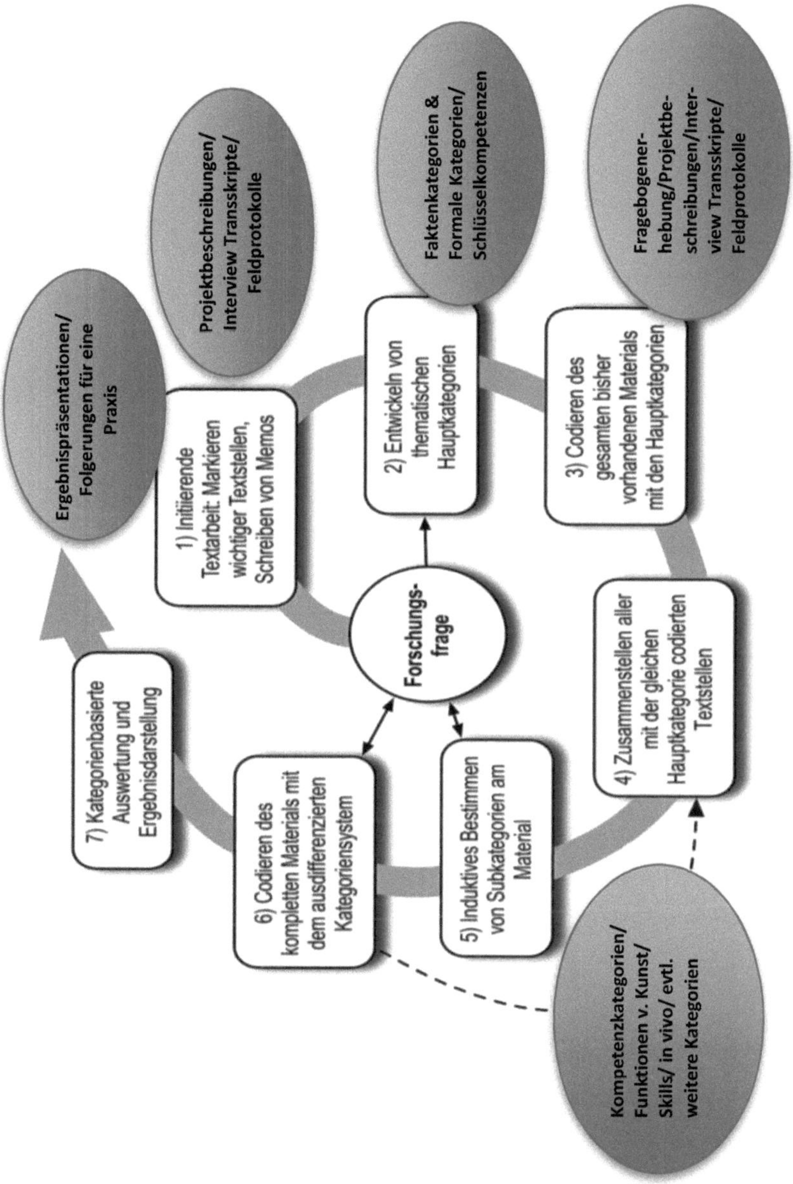

Quelle: Eigene, erweiterte Darstellung n. KUCKARTZ

6.4 Diskussion der Gesamt-Datengenerierung, der Datentypen und Datenkategorien

Im Modell sind die Schritte der Datenerhebung im Aufbau der Studie konsensuell – unter Einbeziehung der unterschiedlichen Datentypen – dies auch im oben erwähnten Sinne, dass die verschiedenen Gegenstandsbezüge verschiedene Erhebungsmethoden notwendig machen, also der Forschungsgegenstand die Methoden generiert.

Wie in der Tabelle 1 (S.98) bereits dargestellt, erfolgte die Datengenerierung des Forschungsfeldes in vier unterschiedlichen Verfahren:

- explorative Fragebogenerhebung einer „seltenen Population" (SCHNELL, et al., 2005, S.294)
- Dokumentenanalyse von Projektbeschreibungen der Organisatoren/ Vermittler
- ethnografische, teils interaktiv-ethnografische Feldprotokollierung
- leitfadengestützte Interviews mit den Akteur*innen des Feldes und Experteninterviews[55].

Zur Methodik ist anzuführen, dass sämtliche Datentypen verschriftlicht vorgefunden wurden und somit als *textorientiert generiert* bezeichnet werden können (Fragebogenerhebung, Dokumente von Projektbeschreibungen, Transkriptionen der Interviews). Eine gewisse Ausnahme stellen die teilnehmenden Beobachtungen mittels Feldobservationen dar. Teilweise wurden diese auch durch photo- und videografisches Material einer weiteren überprüfenden Beobachtung unterzogen (Retrieval). Diese Observationen wurden dann allerdings als Feldprotokolle verschriftlicht.

Gemein ist allen vier unterschiedlichen Datengenerierungsverfahren die Betrachtung folgen-der übergeordneter Kategorien:

- Faktenkategorien und formale Kategorien (Objektive Gegebenheiten der Projekte, Rahmenbedingungen, Daten und zusätzliche Informationen)

[55]Diese wurden mit unterschiedlichen Akteuren in unterschiedlichen Funktionen im Bezug zum Feld durchge-führt.

- Inhaltliche Kategorien (Themen, Bezüge)
- Analytische Kategorien (Auseinandersetzungsformen, Methoden, Praxis, Kombinatorik)
- In-Vivo-Kategorien (Terminologien der Handelnden in den Feldobservationen)
- Evaluative Kategorien (Ausprägungen von bestimmten Kategorien, quantitativ und Erfassung qualitativer Zusammenhänge).

6.4.1 Untersuchungsgegenstände der Analyse – Entwicklung der unterschiedlichen Datenerhebungsverfahren und deren Rahmenbedingungen

Im Folgenden sollen zunächst die unterschiedlichen Datenerhebungsverfahren in ihren Kontexten und im Anschluss ihre spezifischen methodischen Möglichkeiten und Begrenzungen erläutert werden. Schließlich wird die Matrix der Kategorien diskutiert und eine möglichst genaue Beschreibung und Definition der Analyse-Kategorien als zentrales ‚Messinstrument' unternommen, so dass sie nachvollziehbar wird. Im folgenden Abschnitt *Analyse-Design* wird das Verfahren der Content Analysis (KUCKARTZ/ CRESSWELL, 2009) als verbindendes Konzept abschließend kurz zusammenfassend dargestellt.

6.4.2 Abschließende Bemerkungen zum Analyse-Design der Abhandlung

Content Analysis – Qualitative Procedures and Mixed Methods: „Content analysis stands or falls by its categories (...) since the categories contain the substance oft he investigation, a content analysis can be no better than ist system of categories" (BERELSON, 1952, S.147 zitiert in: KUCKARTZ, 2012, S.40) Die genannte englische Bezeichnung stammt von dem Sozialwissenschaftler John CRESSWELL (2009) und wird hier bewusst anstelle der deutschen Bezeichnung der qualitativen Inhaltsanalyse benutzt. Im deutschen Sprachraum ist diese Analyseform eher mit der klassischen Inhaltsanalyse nach MAYRING (1995) konnotiert. Diese Unterschiede zur „klassischen Inhaltsanalyse" werden in den nachfolgenden sechs Punkten deutlich;

1. Zu Beginn gibt es keine zwingende Hypothesenbildung, es wird eher von Grundannahmen ausgegangen.
2. Die Phasen der Datenerhebung und die der analytischen Auswertungen werden nicht streng voneinander getrennt, sondern im Gegenteil, sie werden in „Rückkopplungs-schleifen“ (KUCKARTZ, 2012, S.51) miteinander verknüpft.
3. Die Codierung des Ausgangsmaterials wird stark als hermeneutisch und als interpretativ gesehen, d.h. schon die Generierung der Daten wird als Erkenntnis*akt* verstanden.
4. Das codierte Material bleibt im gesamten Analyseverlauf von Bedeutung – es wird im Sinne der „Rückkopplungsschleifen“ darauf zurückgegriffen.
5. Die Kategorienbildung hat primär eine Struktur- und Systembedeutung.
6. Die Analyse der Daten ist nicht zwangsläufig statistisch auszuwerten, sie kann vielmehr auch als qualitative Analyse quantifizierter Daten verstanden werden. (vgl. ebd., S.49ff.)

KUCKARTZ hebt insbesondere den *fluiden* Charakter des Analyseprozesses und den damit verbundenen Erkenntnisprozess hervor, der sich zwischen dem Kategorisieren und dem immer wiederkehrenden Rückgriff auf das Ausgangsmaterial vollzieht, indem er bemerkt, dass „die Kategorien üblicherweise während des Analyseprozesses *verfeinert* und *ausdifferenziert* (...) werden.“ (ebd., S.52) Dieses methodische Vorgehen entspricht durch seinen inter-subjektiven Ansatz einem eher konstruktivistisch zugewandten Realitätsbegriff, wie im Kapitel 4.2 diskutiert wird. Die Intersubjektivität gehört aber schon bei der klassischen Inhaltsanalyse vom MAYRING (1995) zu den zentralen Punkten der Qualitativen Inhaltsanalyse neben den allgemeinen Gütekriterien wissenschaftlichen Arbeitens wie;

1. Umfassende Sachverhalts-Erkundung (exakte Datengenerierung)
2. Daten-Analyse und –Interpretation
3. Orientierung an Forschungsfrage und Grundannahmen
4. Verallgemeinerung der Ergebnisse.

Folgende Gesichtspunkte wurden hierbei methodisch berücksichtigt:

- Leitung durch eine Forschungsfrage und durch Grundannahmen

- eine systematische, das gesamte Material umfassende und regelgeleitete Untersuchung
- eine schrittweise (fluide) Bearbeitung des Materials nach gleichem Ablaufschema
- klar definierte Auswertungskriterien/Kategorien/Codes (siehe Codierleitfaden)

und damit

- einer Nachvollziehbarkeit und Überprüfbarkeit der Gütekriterien (Retrieval und Inter-Coding ist anhand der Daten DVD möglich)

Zusammenfassend, unter Berücksichtigung des oben beschriebenen, sind die vier unterschiedlichen Analyseeinheiten entlang der Forschungsfrage(n) entwickelt worden:

Welche theoretischen und alltagstheoretischen Konzepte werden von den Akteuren im Feld der KuK-Projekte zur (Re)konstruktion ihrer Wirklichkeiten in diesem kulturellen Bildungsfeld verwandt? Inwiefern prägen diese Inhalte und Methoden in den Projekten?

Hierbei werden die Kontexte der kunstpädagogischen Projekte betrachtet. Die Frage, wie repräsentieren und rekonstruieren sich kontextuelle Realitäten, durch die jugendlichen Teilnehmer*innen, die Kunstpädagog*innen, Kulturverwaltungsfachleute und begleitende Lehrer*innen, wird mittels der jeweiligen Datenerhebungsmethoden untersuchbar.

Unter Berücksichtigung der oben genannten allgemeinen Gütekriterien für Forschung, den methodologischen Überlegungen und den ausführlich diskutierten methodischen Gesichts-punkten sollte die Struktur der Abhandlung hinreichend beschrieben sein. Die jeweils *spezifischen* methodologischen Überlegungen und die methodische Vorgehensweise sind den Teilanalysen jeweils vorangestellt.

7. Fragebogenerhebung - methodologische und methodische Überlegungen

7.1 Ziele

Dieser erste Teil der Gesamtuntersuchung ist eine explorative Fragebogenerhebung. Diese untersucht insbesondere Einstellungen, Haltungen, Meinungen und Einschätzungen von Fachleuten aus dem Bereich kultureller Bildung im deutsch-dänischen Grenzland.

Ziel der Teiluntersuchung mittels der Fragebogenerhebung ist es, anhand empirischer Daten die faktische Situation der Einschätzungen der verschiedensten Akteursgruppen in KuK-Projekten und deren Statements und Einstellungen zu erfassen. Bereits erörterte Grundannahmen aus der Literaturrecherche sollen für die vorhandene Stichprobe überprüft und in einer abschließenden Konklusion vor dem Hintergrund eines Zusammenhangs von geäußerten Einstellungen interpretiert werden.

Im Hinblick auf die Reliabilität der Aussagen können die Ergebnisse für einen signifikanten Teil der Kunst- und Kulturakteure in der Domäne deutsch-dänischer KuK-Projekte im Grenzland dargestellt und überprüft werden. (siehe nachfolgendes Kapitel 7.2) Abzielend ist die Datenerhebung darauf, anhand eines Fragebogens – neben der Erhebung von Strukturdaten – auch Überzeugungen sowie subjektive Aussagen über die eigenen kunstpädagogischen und/oder kulturpädagogischen Praxen oder auch ‚geplanter' Praxen bei den Befragten zu sichern und mögliche Korrelationen zu registrieren, um hieraus „Zusammenhangshypothesen" (DIEKMANN, 2006, S.329) zu entwickeln.

7.2 Rahmung

Ausgewählt wurde eine Gruppe Expert*innen („network-sampling"[56]), die durch jeweils eine offene Ausschreibung an zwei unterschiedlichen Symposien bzw. Tagungen, einmal in Deutschland (Universität Flensburg, Institut für Ästhetisch-Kulturelle Bildung, Abteilung Kunst und visuelle Medien,

[56] SCHNELL et. al., 2005, S.6.

2012) und in Dänemark (UC Syddanmark Center for Undervisnings-midlers kulturkontor i Aabenraa, 2013) teilgenommen haben.
Grundgesamtheit ist die Anzahl der Teilnehmer*innen (68 Personen in Flensburg, 36 Personen in Aabenraa) aus dem Tätigkeitsbereich Kultur- und Kunstpädagogik im deutsch-dänischen Grenzland, also N=104. Damit ist auch die Reichweite angesprochen. Da alle erhoben Daten *in allen vier Säulen der Untersuchung* mit der gleichen Kategorien/ Codierungs-Matrix verknüpft sind, entsteht eine große Datenmenge. Insofern kann angenommen werden, dass für den untersuchten Bereich im deutsch-dänischen Grenzraum insgesamt von einer Verallgemeinerung der Ergebnisse ausgegangen werden kann. Dies erklärt sich wie folgt:
Fachterminologisch kann bei der Fragebogenerhebung von einem *Screening* (vgl. SCHNELL, et al., 2005, S.294) einer Gruppe von Expert*innen gesprochen werden, die durch jeweils eine offene Ausschreibung an zwei unterschiedlichen Symposien bzw. Tagungen teilgenommen haben. Berücksichtigt man als Grundgesamtheit jedoch die Gesamtanzahl der Teilnehmer *innen beider Veranstaltungen, so soll diese Befragung zunächst als Stichprobe, mit einem Repräsentanzwert, relational zu der oben beschriebenen Grundgesamtheit, verstanden werden. Durch die Ausgangsformulierung der offenen Ausschreibungen und Einladungen kann behauptet werden, dass alle Teilnehmer*innen sich selbst im Bereich der kulturellen, resp. dem der künstlerischen Bildung verorten. Wie SCHNELL et al. ausführen, kann bei einer solchen Teilmenge der Bevölkerung mit speziellen Merkmalen, in diesem Fall Expert*innen im deutsch-dänischen kulturellen Bildungskontext, von „seltenen Populationen" (ebd., S.294) gesprochen werden. Insbesondere dann, wenn der Anteil der Zielpopulation weniger als ein bis fünf Prozent an der Gesamtheit der Bewohner eines bestimmten Gebietes beträgt! (vgl., ebd., S.294) Nimmt man hier die mit der Region Schleswig/Südjütland[57] bezeichneten Grenzgebiete entlang der

[57] Die Region Sønderjylland-Schleswig ist eine so genannte "Euroregion", eine Kooperationsorganisation mit mindestens zwei europäischen Grenzregionen. Es gibt in Europa weit über 100 solcher Regionen.

gesamten deutsch-dänischen Grenze, sprechen wir von einer Grundgesamtheit von ca. 750.000 dort lebenden Menschen.[58]
Das Auswahlverfahren für das Screening dieser 'Spezialpopulation' erfolgte demzufolge nicht als Zufallsauswahl. Vielmehr hatte das Institut der Universität Flensburg insgesamt 850 Institutionen und Einzelpersonen der kulturellen-, kunstpädagogischen und allgemeinen Bildung im genannten geographischen Gebiet angeschrieben und zu einem Symposium mit dem Thema Kunst- und Kulturprojekte im deutsch-dänischen Grenzraum in Flensburg, eingeladen. Hinzu kam die Bitte um Weiterleitung der Einladung an Interessierte, welche sich selbst in diesem Bildungsbereich als Tätige verorten. Circa 70 aktive Teilnehmer*innen konnten so im November 2012 zum Symposium *NEXUSPro2017* rekrutiert werden.[59] Im Februar 2014 wurden unter vergleichbaren Bedingungen Kunst- und Kulturvermittler der Grenzregion von Seiten des Undervisnings Centers Aabenraa[60] unter dem Titel *Kulturboost* eingeladen. Circa 45 Personen haben hieran teilgenommen. Um Doppeleinträge zu vermeiden wurden bei beiden Veranstaltungen die Fragebögen jeweils durch Hilfskräfte an die Zielgruppen verteilt mit dem strikten Hinweis, nur *ein einziges Mal* einen Fragebogen auszufüllen, falls es schon eine vorherige Teilnahme am Symposium in Flensburg gab. *Alle* Teilnehmer*innen der Fragebogenerhebung wurden mündlich sowie im Fragebogenkopf schriftlich über die Freiwilligkeit der Teilnahme an der Erhebung, die Anonymität und den ausreichenden Zeitrahmen des Ausfüllens (im Laufe des Tages) informiert.

7.2.1 Genese und Struktur des Fragebogens

Ausgehend von den Forschungsfragen und den damit verbundenen Grundannahmen (s.o.), mussten diese operationalisiert werden, d.h. es wurden den einzelnen Teilfragen mögliche und relevante Variablen und Merkmale zugeordnet und diese in die Fragestellungen integriert. In diesem Zusammenhang entstand nachfolgende Mind-Map (Abb. 12), die zur

[58] Rund 700.000 Menschen leben hier, 450.000 auf der deutschen Seite und 250.000 auf der dänischen Seite.
[59] vgl. URL: https://www. http://nexuspro2017.eu
[60] vgl. URL: http://www.ucsyd.dk/cfu-haderslev

Ausformulierung der Fragestellungen hilfreich war, indem unterschiedlichste Bezugsfelder visualisiert wurden.
Im Vorfeld fanden zahlreiche Begegnungen, teilnehmende Beobachtungen, Gespräche und explorative Interviews im Feld statt, um später möglichst viele Aspekte aus der Praxis der Betroffenen einzubeziehen. Diese sind durch umfängliche Audioaufzeichnungen belegt (nicht transkribiert)[61]. Die betreffenden Interview- und Gesprächspartner waren selbstverständlich nicht mit der späteren Befragtengruppe identisch, um auch hier im Nachhinein möglichst Effekten, wie etwa denen der „sozialen Erwünschtheiten" (Social Desirability) (RAAB-STEINER, 2010, S.60f.), in der Beantwortung der Fragen vorzubeugen. Einer weiteren Tendenz der „Ja-Sager-Bereitschaft" (Akquieszenz) (ebd., S.61) also mit „ja – wichtig" oder „stimmt – wichtig" zu antworten, wurde durch den Einsatz von variierten Kontrollfragen versucht entgegenzuwirken (Abb. 13);

[61] Sämtliche Audioaufzeichnungen aus dem Feld wie Interviews, Vorträge, Statements, etc. sind in der, im Appendix-Band, beigefügten Daten -CD/DVD abrufbar.

Abbildung 12: Mind-Map zur Fragebogenerhebung

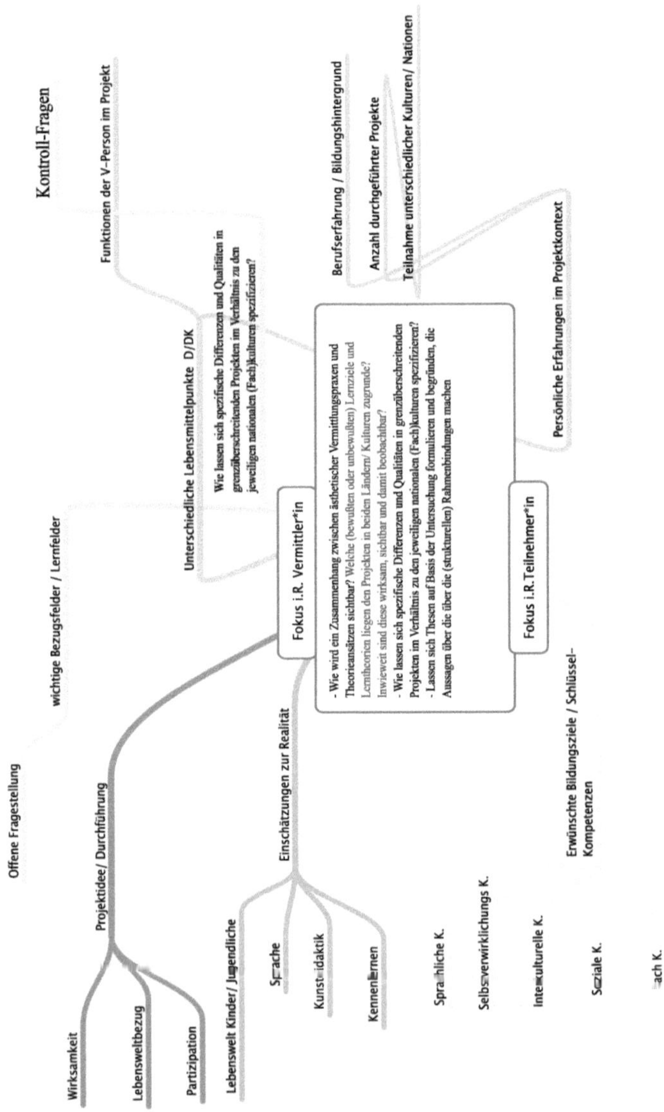

Quelle: Eigene Darstellung

Abbildung 13: Ankerbeispiele des Fragebogens

Wie wichtig ist mir die Vermittlung der genannten Kompetenzen in meinen Projekten?

Markieren sie auf einer Skala 1-5 (1 unwichtig - 5 sehr wichtig)

Soziale Kompetenzen/ Sociale kompetencer

☐ ☐ ☐ ☐ ☐

1 2 3 4 5

Das Einüben sozialer Umgangsformen in solch en Projekten ist:

Implementering af social adfærd i sådanne projekter er:

sehr wichtig wichtig egal eher unwichtig vollkommen unwichtig

meget vigtig vigtig uvæsentligt temmelig uvæsentligt helt uvæsentligt

Folgende Lernfelder sollten in grenzüberschreitenden Projekten unbedingt vorhanden sein:

Følgende kompetencer og læringsområder skal gerne findes i grænseoverskridende projekter:

1.______________________________

2.______________________________

3.______________________________

Quelle: Fragebogen, S.4-7, (siehe Appendix)

Eine weitere, als offene Formulierung gestaltete Frage, konnte darüber hinaus als Korrektiv oder Spezifizierung genutzt werden. Dieses, für nahezu alle Fragen durchgängige Prinzip des Fragebogens, mit Ausnahme der Strukturdaten und Faktenabfrage, lässt sogenannte „Lügenitems" (ASCHEMANN-PILSHOFER, 2001, S.10) überflüssig erscheinen. Ein Pre-Test wurde darüber hinaus mit Hilfe einiger Testpersonen durchgeführt.

7.2.2 Konstruktion des Fragebogens

Unter Zusicherung der Anonymität folgt im Fragebogen nach einer kurzen, dem Verständnis dienenden, Einleitung, eine Quasi-Erläuterung des Untersuchungszwecks. Dies geschieht anhand einer Formulierung, die deutlich macht, dass es um Einstellungen und Überzeugungen der Befragten geht und es in diesem Sinne daher keine richtigen oder falschen Antworten gibt. Neben der Abfrage einiger ‚harter' Daten (Faktenkategorien und formale Kategorien: Objektive Gegebenheiten der befragten Person und der Projekte, Rahmenbedingungen, Daten und zusätzliche Informationen) wurden Einstellungen (Statements) mit Hilfe der „5-Punkte-Likert-Skala" (DIEKMANN, 2006, S.209ff. und S.404ff.) abgefragt. Der Fragebogen wurde dort, wo inhaltliche Kategorien zum Tragen kamen (Themen-Nennungen, Bezüge), um offene Fragentypen ergänzt. Mit diesem methodischen Mittel sollen auch individuellere Aussagen in die explorative Erhebung einzubeziehen sein. Tendenziell evaluative Kategorien konnten in einigen Fragestellungen ebenso berücksichtigt werden.
Im Übrigen wird darauf verwiesen, dass sich der Fragebogen an den Grundregeln der Frageformulierung und Fragebogengestaltung an DIEKMANN orientiert. (S.410-418)[62]

7.3 Operationalisierung

Als Methode wird die Inhalts- bzw. Aktenanalyse gewählt und eine quantitative Auswertung qualitativer Daten mit Hilfe des Statistikprogramms SPSS[63] vorgenommen. In der Analyse werden aus forschungspragmatischen Gründen thematische Schwerpunkte gesetzt.
Gegenstand der Analyse sind die registrierten und ausgewerteten 64 Fragebögen im Rücklauf. Nach der Datenerfassung mit Microsoft Excel und nach vorheriger Codierung der Variablenwerte (es wurden insgesamt 36 Variablen erhoben), wurde diese in das Statistik Programm SPSS eingele-

[62] Fragebogen im Appendix-Band.

[63] *SPSS* bezeichnet eine Statistik- und Analyse-Software/siehe Abkürzungsverzeichnis.

sen und konvertiert. Nach eingehender Fehlerkontrolle, teilweiser Umcodierung (nominale und ordinale Zuordnungen) stellen sich diese Variablen in SPSS nach der Konvertierung folgendermaßen dar[64]:

- Lebensmittelpunkt (der Eigene D oder DK)
- Geschlecht (m/w)
- KP aktive Teilnahme (eigene Aktive Teilnahme an KuK-Projekten)
- Projekt in Planung (KuK-Projekte)
- Teilnahme grenzüberschreitend (eigene Teilnahme an grenzüberschreitenden Projekten)
- Beteiligung anderer Kulturen (Teilnahme anderer Kulturgruppen an solchen KuK-Projekten)
- Nation1, Nation2, Nation3, Nation4, Nation5 (Platzhalter)
- Anzahl aktive Begleitung (an KuK- Projekten)
- Berufserfahrung 1 (eigene Berufserfahrung, Ausbildung)
- Berufserfahrung 2 (eigene Berufserfahrung, Ausbildung)
- Berufserfahrung 3 (eigene Berufserfahrung, Ausbildung)
- Kompetenzen (Einschätzung der folgenden K. in ihrer Bedeutung in einer 5er-Lickert-Skala)
- Soziale Kompetenzen (1-5)
- Fachliche künstlerische Kompetenzen (1-5)
- Selbst-Verwirklichungs-Kompetenzen (1-5)
- Interkulturelle Kompetenzen (1-5)
- Sprachliche Kompetenzen (1-5)
- Lernfeld 1 (offene Nennung von wichtigen Lernfeldern/ Lerngegenständen/ Intentionen)
- Lernfeld 2 (offene Nennung von wichtigen Lernfeldern/ Lerngegenständen/ Intentionen)
- Lernfeld 3 (offene Nennung von wichtigen Lernfeldern/ Lerngegenständen/ Intentionen)
- Künstlerische Technik (Einschätzung der Bedeutung in KuK-Projekten in einer 5er-Lickert-Skala)
- Subjektives Erleben (Einschätzung der Bedeutung in KuK-Projekten in

[64] Zur besseren Auffindbarkeit wurde die Kürzel-Schreibweise der Variablen aus SPSS verwendet – Erläuterungen zu den Variablen in Klammern.

einer 5er-Lickert-Skala)
- Soziale Umgangsformen (Einschätzung der Bedeutung in KuK-Projekten in einer 5er-Lickert-Skala)
- Individualität (Einschätzung der Bedeutung in KuK-Projekten in einer 5er-Lickert-Skala)
- Kunstdidaktische Überlegungen (Einschätzung der Bedeutung in KuK-Projekten in einer 5er-Lickert-Skala)
- Kennenlernen anderer Kulturen (Einschätzung der Bedeutung in KuK-Projekten in einer 5er-Lickert-Skala)
- Sprachverständnis (Einschätzung der Bedeutung in KuK-Projekten in einer 5er-Lickert-Skala)
- Projektideen durch Kinder (Überzeugungen v. Wie sieht d. Realität der KuK-Projekte aus?)
- Projektideen durch Leitung (Überzeugungen v. Wie sieht d. Realität der KuK-Projekte aus?)
- Projektideen durch Künstler-Pädagogen (Überzeugungen v. Wie sieht d. Realität der KuK-Projekte aus?)
- Lebensweltnahe Planung (Überzeugungen v. Wie sieht d. Realität der KuK-Projekte aus?)
- Wirksamkeit (Einschätzung nach Sinn und Wirkung der KuK-Projekte)

7.4 Teilanalyse I der Fragebogenerhebung

Die Daten mit nominalem Skalenniveau erlauben sowohl Häufigkeitsauszählungen als auch einfache Kreuztabellen, außerdem die Angabe des Signifikanzniveaus und der Stärke des Zusammenhangs durch entsprechende Maßzahlen. In den deskriptiven Analysen wird mittels Häufigkeitsauszählungen ein erster Datenüberblick gegeben.
Wie bereits ausführlich beschrieben, sind die durch die Fragebogenerhebung erfassten Expert*innen aus den beiden Grenzregionen der Länder Dänemark und Deutschland vertreten. Von ihnen haben etwa 20% mehr ihren Lebensmittelpunkt in Deutschland. Dies lässt sich u.a. durch die Teilnahme von Studierenden der Europa-Universität Flensburg am Sympo-

sium erklären, an welcher die Befragung stattfand. Damit ist eine hinreichende bi-nationale Verteilung der Informanten gegeben.

Tabelle 2: Nationale Lebensmittelpunkte der befragten Expert*innen

Lebensmittelpunkt der befragten Expert*innen		
	Häufigkeit	**Prozent**
Dänemark	25	39,1%
Deutschland	38	59,4%
k.A.	1	1,6%
Gesamt	**64**	**100%, N = 64**

Quelle: Eigene Darstellung

Die Befragung der Expert*innen soll darüber hinaus, auch im Hinblick einer Relevanz für die Entwicklung von Praxis-Perspektiven, deren berufliche Erfahrungen erheben, um nachzuvollziehen, auf welcher kulturellen ‚Erfahrungsgrundlage' ein Interesse an solchen bi-nationalen KuK-Projekten basiert und auf welcher ‚Folie' dann die Einschätzungen der Befragten erfolgt.

In den nachfolgenden Tabellen und Diagrammen sind die Befragungen immer im bi-nationalen (interkulturellen) Kontext der deutsch-dänischen KuK-Projekte zu lesen. Der Begriff der *Künstlerischen Bildung* bezieht sich ebenso auf den hier verhandelten bi-nationalen und bi-kulturellen deutsch-dänischen Kontext.

Tabelle 3: Unterschiedliche berufliche Erfahrungshorizonte der Befragten

Berufliche Hintergründe der befragten Expert*innen (Mehrfachnennungen waren möglich)		
	Häufigkeit	**Prozent**
Kindergarten/Vorschule	5	4,0%
Kuratierung/Leitung/Verwaltung	11	8,9%
Projektmanagement/Beratung	8	6,5%
k.A.	3	2,4%
Grund-, Haupt, Realschule	10	8,1%
Gymnasium	7	5,6%
Studierende/Ausbildung	8	6,5%
Hochschule	7	5,6%
Außerschulische Kunst-/Kulturschule	17	13,7%
Freie künstlerische Praxis	13	10,5%
Projektbezogene praktische Arbeit im Kunst und Kulturbereich	21	16,9%
Museumspädagogik	5	4,0%
Tourismus	1	0,8%
Andere	8	6,5%
Gesamt	**125**	**100%, N=125**

Quelle: Eigene Darstellung

Auf Basis der oben dargestellten Daten kann festgehalten werden, dass 41,1% der Befragten, welche an den beiden deutsch-dänischen *Netzwerk-*Symposien teilgenommen haben, *außerschulische, bzw. nicht-institutionell gebundene* berufliche Hintergründe aufweisen. Immer-hin entstammen 15,4% aus dem Bereich Organisation, 17,7% aus dem institutionellen Bildungsbereich von Kindergärten bis zu Gymnasien. Darüber hinaus geben 4% ihre Berufsfelder in der Museumspädagogik an.

Es ist möglich, diese Daten auf unterschiedliche Weise zu interpretieren. Erstens wird ersichtlich, dass ein hoher Anteil der teilnehmenden Befragten sich aus weniger abgesicherten Arbeitsfeldern rekrutiert, wie dies die Angabe freie *künstlerische Praxen* oder *projektorientierte Praxen* vermuten lässt. Dies gilt auch eingeschränkt für Nennung der *Jugendkunstschulen*, die im grenznahen Schleswig-Holstein und Sønderjylland keine Vollzeitanstellungen im Arbeitsfeld ‚Bildende Kunst' anbieten. Zweitens ist die Anzahl der Befragten aus den dezidiert pädagogischen Arbeitsfeldern mit insgesamt 35,4% relativ gering, was die These bestätigen könnte, dass insbesondere die Berufsgruppen aus den nicht-pädagogischen Bereichen, den KuK-Projekten ein größeres Interesse entgegenbringen. Ein allgemein hohes Engagement an diesen bi-nationalen KuK-Projekten wird auch durch die nachfolgende Tabelle deutlich;

Hypothese

*Die Teilnehmer*innen der Nexus-Umfrage haben überwiegend an KuK-Projekten teilge-nommen oder wollen in Zukunft an solchen teilnehmen.*

Tabelle 4: Prozentuale Angaben, der aktiven Partizipation der Befragten an interkulturellen KuK-Projekten

	Aktive Projektteilnahme			**Gesamt**
	Ja	**Nein**	**k.A.**	
Teilnehmer*innen	75%	21,9%	3,1%	**100%**
Gesamt	48	14	2	**N=64**

(Sig.: 0,23; Cramer V: 0,209)

Quelle: Eigene Darstellung

Tabelle 5: Wunsch zukünftiger Planung von KuK-Projekten

	Projekt in Planung				**Gesamt**
	Ja, aber nicht grenzüber-schreitend	**Ja, grenzüber-schreitend**	**Nein**	**k.A.**	
Teilnehmer *innen	4,7%	73,4%	12,5%	9,4%	**100%**
Gesamt	3	47	8	6	**N=64**

(Sig.: 0,074; Cramer V: 0,074)

Quelle: Eigene Darstellung

Von den 64 Teilnehmer*innen der Umfrage haben 75% bereits mindestens einmal an einem KuK-Projekt aktiv teilgenommen. 78,1% planen eine erstmalige oder weitere Teilnahme an einem solchen Projekt. Davon würden 73,4% ein grenzüberschreitendes deutsch-dänisches Projekt gegenüber einem ‚rein nationalen' bevorzugen. Die Hypothese kann unter Berücksichtigung nicht-signifikanter Zusammenhänge nicht abgelehnt werden.

Die Tabellen zeigen eine hohe Anzahl von positiv motivierten Befragten im Hinblick auf eine weitere zukünftige Durchführung bi-nationaler KuK-Projekte. In Korrelation zu den Befragten, die schon aktiv an Projekten teilgenommen haben, ergibt sich ein nahezu stabiles Level von durchschnittlich ca. 74% von ‚Wiederholern'. Es ist also davon aus zugehen, dass eine (vorherige) Teilnahme an solchen Projekten sich nicht negativ auf die Planung zukünftiger Projekte auswirkt.

Für den Untersuchungszusammenhang, dem Bereich der *künstlerischen Bildung* und der erwarteten Wirksamkeiten innerhalb solcher KuK-Projekte ist dies ein zentrales Ergebnis. Es kann angenommen werden, dass sich die gemachten positiven Erfahrungen in den Projekten auf die Einschätzung der Wirksamkeit *künstlerischer Bildungsanstrengungen* überträgt. Es lässt sich nachfolgende Hypothese ableiten:

Hypothese

*Die Teilnehmer*innen der Nexus-Umfrage sehen eine hohe Wirksamkeit der künstlerischen Bildung für die Verbesserung des interkulturellen Dialogs.*

Tabelle 6: Bewertung von Wirksamkeiten „künstlerischer Bildung" in interkulturellen Projekten

Lebens-mittel-punkt Teil-nehmer *innen	**Wirksamkeit künstlerischer Bildung**						
	Deut-liche Wirk-ungen	**Be-merk-bare Wirk-ungen**	**Gerin-gere Wir-kungen**	**Sehr schwa-che Wirk-ungen**	**Keiner-lei Wirk-ungen**	**k.A**	**Gesa mt**
Däne-mark	7,8%	21,9%	6,3%	0,0%	0,0%	3,1%	**39,1%**
Deutsch-land	20,3%	29,7%	7,8%	1,6%	0,0%	0,0%	**59,4%**
k.A.	0,0%	1,6%	0,0%	0,0%	0,0%	0,0%	**1,6%**
Gesamt	**28,1%**	**53,1%**	**14,1%**	**1,6%**	**0,0%**	**3,1%**	**100% N = 64**

(Sig.: 0,656; Cramer V: 0,215)

Quelle: Eigene Darstellung

Die Tabelle zeigt, dass ein hoher Anteil der Befragten (81,2%) der künstlerischen Bildung eine *erkennbare* bis *deutliche* Wirksamkeit für den binationalen Dialog in den KuK-Projekten zuordnet. Es ist davon auszugehen, dass diese geäußerten Annahmen der Befragten die ‚Folie' bildet, auf welcher dann die bevorzugten Lernfelder (siehe Tabelle 7) für die Projekte abgeleitet werden. Möglicherweise beruhen diese Annahmen auf Alltagsmythen und Wünschen im Sinne von „Alles immer gut – Mythen kultureller Bildung" (vgl. LIEBAU et al., 2013) oder aber auf die tatsächlich gemachte Erfahrungen in den Projekten. Dass solche ‚Wirklichkeitskonstruktionen' (vgl. BERGER, 2013, S.21-31) aus den *beiden* subjektiven Quellen generiert werden, wird als wahrscheinlich angenommen.

Berücksichtigt man diese Annahme, dann sollten sich solche Wirklichkeitskonstruktionen auch in ausgewählten und erwünschten Bezugsfeldern (siehe unten) in den KuK-Projekten abbilden. Anders formuliert: Die von den Informanten benannten *Lern-* und Bezugsfelder künstlerischer Bildung, im Kontext des interkulturellen Dialogs, geben einen differenzierteren Überblick über deren Anregungen. Der Wortlaut im Fragebogen heißt: (...) „sollten unbedingt in grenzüberschreitenden Projekten vorhanden sein". Die Bezugsfelder werden durch die nachfolgende Tabelle verdeutlicht.

Tabelle 7: Lern- und Bezugsfelder welche als essentiell in grenzüberschreitenden Projekten angesehen werden

Lernfelder	**Prozente**
Kreativität	3,3%
Soziale Kompetenzen	6,6%
Sprachliche Kompetenzen	13,3%
Interkulturelle/r Austausch/Kompetenzen	27,5%
Fachliche Kompetenzen – Kunst	12,5%
Begegnung	4,1%
Forschung	1,6%
Identität/Selbstreflexion	9,2%
Interdisziplinäre Kompetenzen	2,5%
Sonstiges	19,2%

Quelle: Eigene Darstellung

So wurden im Fragebogen nach erwünschten Lernfeldern innerhalb der KuK-Projekte drei mögliche Antwortoptionen gegeben. Die Ergebnisse wurden nachfolgend in zehn Kategorien zusammengefasst (N=120).
Am wichtigsten war den Befragten der interkulturelle Austausch bzw. das Erlangen inter-kultureller Kompetenzen. Sprachliche sowie fachliche Kompetenzen im künstlerischen Feld waren ebenfalls häufig gewünschte Ziele. In der Zeile *Sonstiges* werden unterschiedlichste Aspekte von Lernfeldbezügen subsumiert, welche im folgenden Teilfazit Erwähnung finden.

Bemerkenswert ist, dass der Aspekt der Kreativität[65] innerhalb des künstlerischen Bildungsfeldes im KuK-Projekt bei den Nennungen eine deutlich schwache Ausprägung erfährt. Kreativität scheint keine bedeutsamen Konnotationen im Bereich künstlerischer Bildung zu erfahren. Vergleicht man neben den *erwünschten Lernfeldern*, auch solche, welchen *weniger zugestimmt* wurde, so ergeben sich die folgenden Ausdifferenzierungen von Erwartungen an Lehrziele. Diese können als die *Grundannahmen der Expert*innen* gedacht werden.

Hypothese

*Die Teilnehmer*innen der Nexus-Umfrage schätzen die Vermittlung fachlicher und künstlerischer Kompetenzen als bedeutend ein.*

Tabelle 8: Einschätzung der Bedeutung für künstlerisch-fachliche Kompetenzen in interkulturellen KuK-Projekten

Lebensmittelpunkt Teilnehmer *innen	**Künstlerisch-fachliche Kompetenzen**					
	Vollkommen unwichtig	**eher unwichtig**	**egal**	**wichtig**	**sehr wichtig**	**Gesamt**
Dänemark	0,0%	0,0%	6,2%	18,8%	14,1%	**39,1%**
Deutschland	0,0%	7,8%	17,2%	15,6%	18,7%	**59,3%**
k.A.	0,0%	0,0%	0,0%	1,6%	0,0%	**1,6%**
Gesamt	**0,0%**	**7,8%**	**23,4%**	**36,0%**	**32,8%**	**100% N = 64**

(Sig.: 0,217; Cramer V: 0,255)

Quelle: Eigene Darstellung

[65] Zu den Definitionen von Kreativität (und Innovation) sowie weiterführende Literatur zu engeren und weiteren Kreativitätsauffassungen (KLAUSEN 2010, 2012, in press).

68,8% der Teilnehmer*innen der Nexus-Umfrage schätzen die Bedeutung fachlicher und künstlerischer Kompetenzen in den KuK-Projekten als wichtig bis sehr wichtig ein. Andererseits beurteilen immerhin 31,2% der Befragten die Entwicklung von künstlerischen und fachlichen Kompetenzen als eher unwichtig bis irrelevant. Betrachtet man die Daten in Tabelle 7, dann lässt sich eine mögl. Korrelation zwischen der niedrigen Bewertung des *Lernfeldes* Kreativität (3%) und der erstaunlich marginalen (für Kunst- & Kulturprojekte) Einstufung der *künstlerisch-fachlichen Kompetenzaneignungen* feststellen.
Verallgemeinernd lässt sich sagen, dass damit immerhin ca. ein Drittel der Befragten den Feldern der kreativen und künstlerischen Lehr- und Lernbereiche *keine* entscheidende Bedeutung beimisst. Angesichts dieses Mittelwertes von 31,2%, welche die künstlerischen Lernbereiche als *eher egal* bis *eher unwichtig* einstufen, kann die Frage gestellt werden, mit welchen alternativen bzw. supplierten ‚Kompetenz-Aneignungs-Zielen' hiernach der inter-kulturelle Aspekt in solchen Projekten alternativ angestrebt werden soll.

Hypothese

*Die Teilnehmer*innen der Nexus-Umfrage schätzen die Vermittlung sozialer Kompetenzen in solchen KuK-Projekten als sehr wichtig ein.*

Tabelle 9: Einschätzung bzgl. der Vermittlung sozialer Kompetenzen, in interkulturellen KuK-Projekten.

Lebensmittelpunkt Teilnehmer*innen	**Soziale Kompetenzen**					
	Vollkommen unwichtig	**eher unwichtig**	**egal**	**Wichtig**	**sehr wichtig**	**Gesamt**
Dänemark	0,0%	1,6%	6,4%	11,2%	19,3%	**38,5%**
Deutschland	1,6%	0,0%	4,8%	14,4%	39,1%	**59,9%**
k.A.	0,0%	0,0%	0,0%	1,6%	0,0%	**1,6%**
Gesamt	**1,6%**	**1,6%**	**11,2%**	**27,2%**	**58,4%**	**100,0% N = 64**

(Sig.: 0,590; Cramer V: 0,226)

Quelle: Eigene Darstellung

Die geringen prozentualen Unterschiede in der Beurteilung der befragten Teilnehmer*innen (siehe Tabelle 1) sind, bezogen auf die unterschiedliche Anzahl der jeweiligen Länderzuordnungen, zu vernachlässigen. Von den 64 Teilnehmer*innen der Nexus-Umfrage beurteilen summarisch 85,6% die Vermittlung der sozialen Kompetenzen als wichtig und sehr wichtig. Somit kann die Hypothese unter der Berücksichtigung nicht signifikanter Zusammenhänge nicht abgelehnt werden.
Der hohe Stellenwert der Zuschreibung sozialer Handlungs-Kompetenzaneignungen in den KuK-Projekten wird durch diese Datenlage deutlich. Insbesondere im Zusammenhang mit den *inhaltlich* eng verknüpften *interkulturellen Kompetenzen* (vgl. WITTE, 2009, S.62 und SIEBERT, 2005, S.39-48) erfahren diese beiden Kompetenzkategorien zentrale Bedeutungszuschreibungen durch die Befragten. Aus dieser Korrelation wird die nachfolgende Hypothese abgeleitet.
Wie weiter oben schon angedeutet und bei BYRAM (2009, S.218f.) näher dargelegt, sind die sozialen Kompetenzen („display of respect“, „interaction positive“, „Empathy“, „role beha-viour“, „interaction management“, „Tolerance for ambiguity“) eng mit den interkulturellen Kompetenzen verknüpft.
Inwieweit soziale Interaktionen und Kompetenzen, (inter)kulturelle Aktionen und Kompetenzen sowie Selbstverwirklichungs- und identitätsbildende Lernfelder sich *gegenseitig* bedingen, wurde schon durch die Darlegungen in den Kapiteln zu den Identitätsbegriffen deutlich.

Hypothese

*Die Teilnehmer*innen der Nexus-Umfrage schätzen die interkulturellen Kompetenzen als sehr bedeutend ein.*

Tabelle 10: Einschätzung zur Bedeutung der Vermittlung interkultureller Kompetenzen in KuK-Projekten

Lebensmittelpunkt Teilnehmer*innen	Interkulturelle Kompetenzen					
	vollkommen unwichtig	eher unwichtig	egal	wichtig	sehr wichtig	Gesamt
Dänemark	0,0%	0,0%	6,4%	7,9%	25,6%	**39,9%**
Deutschland	0,0%	1,6%	9,6%	17,6%	29,7%	**58,5%**
k.A.	0,0%	0,0%	0,0%	0,0%	1,6%	**1,6%**
Gesamt	**0,0%**	**1,6%**	**16,0%**	**25,5%**	**56,9%**	**100% N = 64**

(Sig.: 0,840; Cramer V: 0,146)

Quelle: Eigene Darstellung

Das Einüben von interkulturellen Kompetenzen wird insgesamt von 82,4% der Teilnehmer*innen der Nexus-Umfrage als wichtig bis sehr wichtig eingestuft. Immerhin 17,6% beurteilen interkulturelle Kompetenz-Aneignungen in den Projekten als eher unwichtig bis irrelevant.

In der Kontrollfrage zur Einschätzung der Bedeutung des Kennenlernens anderer Kulturen als einen Lernbereich von KuK-Projekten, als Teilbereich interkultureller Kompetenzaneignung, bewerten summarisch 90,6% diesen als wichtig bis sehr wichtig (siehe Tabelle 11).

Aufgrund der in den einleitenden Kapiteln zu Kulturen und Identitäten dargestellten Einflussfaktoren und der systemischen Zusammenhänge von Kulturaneignungen und Identitätsbildungsprozessen werden den *Einschätzungen* dieses nachfolgenden, dritten Hauptaspekts, dem von *Identitäts-Bildungs-Kompetenzen,* besondere Bedeutung beigemessen.

Tabelle 11: Einschätzungen zur Bedeutung des Kennenlernens anderer Kulturen

Lebensmittelpunkt Teilnehmer*innen	Kennenlernen anderer Kulturen						
	k.A.	vollkommen unwichtig	eher unwichtig	egal	wichtig	sehr wichtig	Gesamt
Dänemark	3,1%	1,6%	0,0%	0,0%	15,6%	18,8%	**39,1%**
Deutschland	0,0%	0,0%	1,6%	3,1%	25,0%	29,6%	**59,3%**
k.A.	0,0%	0,0%	0,0%	0,0%	1,6%	0,0%	**1,6%**
Gesamt	**3,1%**	**1,6%**	**1,6%**	**3,1%**	**42,2%**	**48,4%**	**100%** **N = 64**

(Sig.: 0,781; Cramer V: 0,251)

Quelle: Eigene Darstellung

Hypothese

*Die Teilnehmer*innen der Nexus-Umfrage bewerten die Aspekte der Selbstverwirklichungs-Kompetenzen als wenig bedeutend.*

Tabelle 12: Einschätzungen zur Bedeutung der Selbstverwirklichungs-Kompetenzen

Lebensmittelpunkt Teilnehmer*innen	Selbstverwirklichungs Kompetenzen					
	vollkommen unwichtig	eher unwichtig	egal	wichtig	sehr wichtig	Gesamt
Dänemark	0,0%	3,1%	10,9%	15,6%	9,4%	**39,0%**
Deutschland	0,0%	1,6%	10,9%	21,9%	25,0%	**59,4%**
k.A.	0,0%	0,0%	0,0%	0,0%	1,6%	**1,6%**
Gesamt	**0,0%**	**4,7%**	**21,8%**	**37,5%**	**36,0%**	**100%** **N = 64**

(Sig.: 0,572; Cramer V: 0,193)

Quelle: Eigene Darstellung

Die befragten Expert*innen beurteilen mit 73,5% solche identitätsbildenden Kompetenzen als *wichtige bis sehr wichtige* Lernfelder. Ungeachtet dessen halten 26,5% der befragten Expert*innen solche Kompetenzaneignungen in den Projekten als marginal. Die Hypothese kann unter Berücksichtigung nicht-signifikanter Zusammenhänge daher nicht angenommen werden. Es lässt sich festhalten, dass Selbstverwirklichungs-Aspekten eine hohe Bedeutung in solchen KuK-Projekten zugemessen wird.
Ein weiterer, immer wieder auftauchender Aspekt in interkulturellen Bildungszusammenhängen, ist die Bedeutung der Sprachaneignung. Dieses komplexe Beziehungsfeld von „Fremd“-Sprachen-Aneignungen, Identitätskonstruktionen und interkultureller Kompetenzaneignung soll hier nicht vertieft werden. In diesem Zusammenhang sei aber auf den Artikel von Arnd WITTE (2009, S.49-65) verwiesen sowie auf die schon im Kapitel 4 aufgezeigte Bedeutung sprachlicher Verständigung und die Förderbemühungen innerhalb der Interreg-Projektstrukturen. Aus diesen allgemeinen Überlegungen leitet sich die nachfolgende Annahme ab.

Hypothese

*Die Teilnehmer*innen der Nexus-Umfrage ermessen dem Erwerb von Sprachlichen Kompetenzen eine hohe Bedeutung zu.*

Tabelle 13: Einschätzungen zur Bedeutung Der Sprachlichen Kompetenzen

Lebensmittelpunkt Teilnehmer*innen	**Sprachliche Kompetenzen**					
	vollkommen unwichtig	**eher unwichtig**	**egal**	**wichtig**	**sehr wichtig**	**Gesamt**
Dänemark	0,0%	10,9%	18,8%	1,6%	7,8%	**39,1%**
Deutschland	1,6%	9,4%	23,4%	12,5%	12,5%	**59,4%**
k.A.	0,0%	0,0%	0,0%	1,6%	0,0%	**1,6%**
Gesamt	**1,6%**	**20,3%**	**42,2%**	**15,7%**	**20,3%**	**100% N = 64**

(Sig.: 0,596; Cramer V: 0,225)

Quelle: Eigene Darstellung

Die Tabelle zeigt, dass summarisch 64,1% der Befragten den sprachlichen Kompetenzen keinerlei bis marginale Relevanz zuschreiben. 36% beurteilen jedoch die Sprachkompetenz für ein gelingendes Projekt als wichtig bis sehr wichtig. Dies lässt sich auf verschiedene Weise deuten: Erstens könnte die Gruppe, welche die Sprachkompetenzen marginal bewertet, die bildnerischen *Kommunikations*leistungen so hoch einschätzen, dass damit sprachliche Kommunikation als eher entbehrlich erscheint. Hierauf deutet bspw. die Aussage in einem Interview hin „Und Kunst ist eben 'ne gemeinsame Sprache." (Interview mit D. vom 05.09.2013, im Anhang) oder zweitens, die Befragten besitzen mglw. zweisprachige Fähigkeiten und erleben somit die Sprachproblematik in der Praxis nicht als so bedeutend. Hierauf deuten beispielweise Beobachtungen in der Feldobservation 3 hin (siehe Kapitel 10.4.3). Im observierten KuK-Projekt wechselten beide Vermittler*innen, je nach Adressaten in den Kommunikationen, jeweils die Sprachen.

Wenn also den Sprachkompetenzen relativ wenig Bedeutung zugemessen wird und zugleich den *Kern*kompetenzen der künstlerischen Bildung nämlich umso mehr Zustimmung zufällt, (68,8%; siehe Tabelle 8) dann darf hypothetisch erwartet werden, dass sich diese *künstlerischen Bildungsüberlegungen* auch in diesbezüglichen Vorüberlegungen finden lassen. Diese Betrachtung hat nachfolgende Hypothese generiert:

Hypothese

Kunstpädagogische und kunstdidaktische Überlegungen spielen in solchen KuK-Projekten eine bedeutende Rolle.

Tabelle 14: Einschätzungen der Befragten bzgl. kunstdidaktischer Überlegungen

Lebensmittelpunkt Teilnehmer*innen	Kunstdidaktische Überlegungen						
	k.A.	Stimme überhaupt nicht zu	Stimme eher nicht zu	Bin unentschieden	Stimme zu	Stimme voll zu	Gesamt
Dänemark	1,6%	0,0%	3,1%	4,7%	21,9%	7,8%	**39,1%**
Deutschland	0,0%	0,0%	9,5%	17,0%	18,7%	14,1%	**59,3%**
k.A.	0,0%	0,0%	0,0%	1,6%	0,0%	0,0%	**1,6%**
Gesamt	**1,6%**	**0,0%**	**12,6%**	**23,3%**	**40,6%**	**21,9%**	**100% N =64**

(Sig.: 0,283; Cramer V: 0,276)

Quelle: Eigene Darstellung

Diese tabellarischen Übersichten (Tabellen 13-15) zeigen die Einschätzungen der Befragten bezüglich der vorgefundenen und erwarteten ‚Projekt-*Realitäten*' – also *nicht die wünschenswerter* Positionen! So lautete die Frage im Fragebogen dementsprechend „Was glauben Sie, wie sieht die Realität aus (...)? (Siehe: Fragebogen im Anhang)

Im Hinblick auf die zu *erwartende Realität* zeichnet sich ein weniger homogenes Bild ab. 62,5% der Befragten vermuten, dass in KuK-Projekte kunstpädagogische und kunstdidaktische Überlegungen eine Rolle spielen. Dagegen sind 35,9% in dieser Annahme unsicher bis ablehnend.

Ob, inwieweit und welcher Art solche kunstpädagogischen Überlegungen tatsächlich als feststellbar gelten könnten, wird erst im späteren Verlauf der Abhandlung in den Analysen der Projektbeschreibungs-Dokumente, der Interviews und Feldbeobachtungen sichtbar. Festzuhalten ist, dass immerhin ca. ein Drittel der Befragten daran zweifelt, dass solche *kunstpädagogischen* Überlegungen eine Rolle in den KuK-Projekten spielen könnten. Im Forschungszusammenhang sind diese beiden divergierenden Haltungen als Frage nach einer ‚Matrix' jedoch wertvoll. Aus dem Vorhanden- oder Nicht-Vorhandensein solcher kunstdidaktischer/pädagogischer Vorüberlegungen lässt sich wohlmöglich das anfängliche Motivationsmoment und die Folie der Intentionen und des „hidden curriculums“ der KuK-Projekte ableiten; Aus welcher ‚Weltsicht‘ und Fragestellung wird ein solches deutsch-dänisches KuK-Projekt begründet? Wie gestalten sich die Beweggründe für diese bi-kulturellen Projekte? Wie sind die Ausgangssituationen beschrieben? Werden die Inhalte Bottom-up oder Top-down entwickelt? Welche Lebenswelten sind die relevanten und dominierenden, die der Jugendlichen oder die der Vermittler*innen? Diese Überlegungen leiten über zur

Hypothese

Die Umsetzung der Projektideen wird von den teilnehmenden Kindern und Jugendlichen bestimmt und bezieht deren Alltag und deren Lebenswelten zentral in die KuK-Projekte mit ein.

Tabelle 15: Einschätzungen der Befragten bzgl. der Projekt-Ideen-Geber

Lebensmittelpunkt Teilnehmer*innen	**Umsetzung der Projektideen durch Kinder und Jugendliche dominiert**						
	k.A.	**Stimme überhaupt nicht zu**	**Stimme eher nicht zu**	**Bin unentschieden**	**Stimme zu**	**Stimme voll zu**	**Gesamt**
Dänemark	1,6%	1,6%	6,3%	14,1%	15,6%	0,0%	**39,2%**
Deutschland	0,0%	1,6%	4,5%	14,1%	28,1%	10,9%	**59,2%**
k.A.	0,0%	0,0%	0,0%	1,6%	0,0%	0,0%	**1,6%**
Gesamt	**1,6%**	**3,2%**	**10,8%**	**29,8%**	**43,7%**	**10,9%**	**100% N =64**

(Sig.: 0,491; Cramer V: 0,272)

Quelle: Eigene Darstellung

43,8% der befragten Expert*innen vermuten, dass die Kinder und Jugendlichen keiner Weise in die Projekteinhalte einbezogen werden oder sind zumindest unentschieden. 54,6% geben an, dass sie eine solche Einflussnahme der Jugendlichen in den Projekten erwarten. Dieses uneinheitliche Bild zeigt möglicherweise auch eine Unsicherheit der Beurteilung der

Projekt-Realitäten. Inwiefern sich diese Realitätsannahmen verifizieren bzw. falsifizieren lassen, wird in einem ersten Analyseschritt in den Projektbeschreibungen im nachfolgenden Kapitel verdeutlicht.
Inwieweit die Lebenswelten der Kinder- und Jugendlichen zumindest ergänzend eine Rolle in der Planung spielen, wird durch nachfolgende Tabelle dargestellt. Diese Kontrollfrage: ‚Inwieweit stellt der Alltag und die Lebenswelt der Kinder und Jugendlichen in der Planungsrealität der Projekte ein zentrales Anliegen dar?' zeigt ein etwas abweichendes Bild:

Tabelle 16: Einschätzungen der Befragten bzgl. lebensweltnaher Planungen

Lebensmittelpunkt Teilnehmer-*innen	**Lebensweltnahe Planung**						
	k.A.	**Stimme überhaupt nicht zu**	**Stimme eher nicht zu**	**Bin unentschieden**	**Stimme zu**	**Stimme voll zu**	**Gesamt**
Dänemark	1,6%	1,6%	1,6%	3,1%	20,3%	10,9%	**39,1%**
Deutschland	1,6%	1,6%	9,2%	4,7%	21,9%	20,3%	**59,3%**
k.A.	0,0%	0,0%	0,0%	0,0%	1,6%	0,0%	**1,6%**
Gesamt	**3,1%**	**3,1%**	**10,9%**	**7,8%**	**43,8%**	**31,3%**	**100% N =64**

(Sig.: 0,487 ; Cramer: 0,326V)

Quelle: Eigene Darstellung

Die Kontrollfrage zur Planung ergab, dass 75,1% der Befragten annehmen, dass der Alltag der jugendlichen Teilnehmer in KuK-Projekten leitend für die Planung sei. Damit zeigt sich ein Mittelwert (Lebensweltnähe + Umsetzung der Projektideen) von ca. 65%. Eine 2/3 Mehrheit teilt also diese Annahmen.
Auch hier wird im Analyseteil II, der Dokumentenanalyse der Projektbeschreibungen erörtert, inwieweit solche Wirklichkeitskonstruktionen mit den untersuchten Dokumenten der Projektbeschreibungen korrelieren.

7.5 Zwischenfazit I

Denn ob etwas ein Leben wird, das hängt nicht von den großen Ideen ab, sondern davon, ob man sich aus ihnen ein Handwerk schafft, ein Tägliches, etwas, was bei einem aushält bis ans Ende.
Rainer Maria RILKE, Juli 1907

Die deskriptiv-statistischen Ergebnisse zeigen, dass die Expert*innen kultureller Bildungsprojekte im deutsch-dänischen Grenzland in zwei Hauptkategorien beruflicher Hintergründe zu unterscheiden sind: solcher der institutionsgebundenen (Schulen, Museen, Kulturverwaltungen, Kultureinrichtungen/-häuser) und den eher ‚freiberuflichen' Gruppen (Künstler *innen, Vermittler*innen).
Auf Basis der Daten kann, auch im soziologischen Verständnis, gesichert von Expert*innen, gesprochen werden und die Relevanz der Aussagen somit unterstrichen werden. (vgl. HITZLER, 1994, S.13-30) Die Expert*innen, welche sich im Kontext von Bildungsinstitutionen oder in außerschulischen Kontexten nicht institutionell gebundener Berufspraxen bewegen, werden teilweise unterschiedliche Motive zur Durchführung solcher KuK-Projekte aufweisen. Damit ergeben sich mit Blick auf die Motivationen verschiedene Annahmen.
Zum einen ist anzunehmen, dass die Tatsache einer Anstellung in einer Institution monetäre Aspekte eher unberücksichtigt lässt, wogegen Aspekte, die mit dem jeweiligen ‚Bildungsauftrag' der Einrichtung verbunden sind – etwa die Einbindung des Themas in den curricularen Unterricht (Beispiel: Projekt Wege, siehe: ethnografische Notizen III), eher von Interesse sein könnten. Der hedonistische Aspekt einer Veranstaltung jenseits des institutionellen Alltages wäre ein denkbares weiteres Motiv.
Durch die kultur-politisch initiierten Förderprogramme sind die beiden Expert*innen-Gruppen jedoch immer auch Teil einer übergeordneten „Kultur- und Kreativwirtschaft als Katalysator für ökonomische und soziale Innovationsleistungen" (KEA European Affairs: IGLESIAS, 2012, S.22ff.) und generieren mit den impliziten kulturpolitischen Zielen einer europäischen Werte-Matrix eine „Kohäsionspolitik auf (...) regionaler Ebene" (ebd.,

S.35), welche u.a. auch die „Förderung interkultureller Aktivitäten" (ebd. S.56) als Ziel vorsieht.

Zum anderen ist die Ausgangslage der nahezu gleich großen Gruppe, der im *nicht-institutionellen Kontext* zu verorteten Expert*innen, als hiervon völlig different zu beschreiben. Diese Expert*innen sind mglw. freischaffende Kulturakteur*innen, Künstler*innen und/oder Vermittler*innen, welche durchaus auch ein berechtigtes monetäres Interesse an solchen KuK-Projekten haben dürften und schon allein hieraus eine Motivation für die Etablierung eines grenzüberschreitenden KuK-Projektes ableiten können. Diese Annahme wird auch durch die Budgetdaten innerhalb der Projektbeschreibungen dokumentiert, in welcher die Honorare für die beteiligten Spezialisten ausgewiesen sind.[66]

Gemeinsam ist beiden Gruppen aber, dass die Wirksamkeit künstlerischer Bildungsprojekte für den gewünschten interkulturellen Dialog als eine *Realität angenommen, bzw. konstruiert* wird. Anhand der Daten sind beide Gruppen von der Wirksamkeit des künstlerischen Projektes im interkulturellen Kontext überzeugt. Es scheint naheliegend, dass diese ‚Gewissheit' einer solchen Projektplanung vorausgehen und Teil der Motivation sind. Die *angenommenen Wirkmechanismen* finden ihre Entsprechungen in den vorgeschlagenen Lern- und Bezugsfeldern. So wird dem ohnehin schon impliziten Ziel, dem der interkulturellen Kompetenz-Aneignung, eine große Bedeutung zugemessen (82,4%). Auch sprachliche Lernfelder werden neben den identitätsbildenden Kompetenzen sowie künstlerischen Kompetenzen als wesentlich eingestuft. Immerhin 19% der Nennungen brechen aus dem Kanon allgemeiner Kompetenzorientierungen aus und geben sehr heterogene Lern- und Bezugsfelder als Einzelnennungen an, wie „gemeinsam den Alltag gestalten", „forschendes Lernen", „lustvoll ästhetisches Lernen", „geschichtliche Kontexte", „Mediennutzung", „künstlerischer Ausdruck", „Begegnungen mit professionellen Künstlern", „Neugierde".[67] Diese können aber auf ihren inhaltlichen Gehalt nicht überprüft werden.

[66] vgl. MAXQDA Daten-DVD: „Udgifter til honorarer", Ausgaben für Honorare, Ü.v. MJH.

[67] siehe Appendix-Band: Excel Tabelle: Auswertung NexusPro1FINAL.

Dessen ungeachtet komplettieren die in der Kategorie *Sonstiges* subsumierten Nennungen die pädagogischen Erwartungen und Assoziationen der Expert*innen im Hinblick auf die mögl. Aktivitätsfelder in KuK-Projekten. Diese ersten Datenanalysen bestätigen zum einen die Informanten als Expert*innen für grenzüberschreitende KuK-Projekte und zum Zweiten veranschaulicht die Datenauswertung die von der Informantengruppe *erwünschten und angestrebten* zentralen Bezugsfelder für KuK-Projekte.
Drei Bereiche, sind demnach festzuhalten:

- Inter- (Kultur) (40,8%)
- Begegnung/Soziales/Identität (19,9%)
- Interdisziplinarität/Kreativität/fachliche-künstlerische Kompetenzen (18,3%)

(Prozentuale Angaben in summarischer Zählung)

Die jeweiligen differenzierten Befragungen anhand des Kompetenzrasters (vgl. S.122) bestätigen tendenziell diese Ergebnisse (siehe Tabellen 7-11 und 13-15).

Eine deutliche Varianz besteht jedoch in der Bewertung der Bedeutung sprachlicher Kompetenzen in KuK-Projekten. Die Angaben der Tabelle 12 (Sprachliche Kompetenz) zeigen Haltungen der Expert*innen, welche der Aneignung sprachlicher Kompetenzen in KuK-Projekten tendenziell eine untergeordnete Bedeutung zuweist.

Neben der Orientierung am Kompetenzerwerb und den damit verbundenen Lernfeldern, in welchen sich diese Kompetenzaneignungen vollziehen, sind für die Teilanalyse II weitere Aspekte von Bedeutung;

a) Welche Einflüsse bestimmen die grundlegenden Inhalte der KuK-Projekte?
b) Inwiefern können lebensweltnahe Relevanzen ür die Kinder und Jugendlichen konstatiert werden
c) Welchen Einfluss haben kunstdidaktische und kunstpädagogische Überlegungen für die methodische Umsetzung der KuK-Projekte?

Für a) gilt: Die Genese der Inhalte der Projekte können in der Teilanalyse II (Analyse der Projektbeschreibungen) erfasst werden.

Für b) ist festzustellen: Ein *deutlicher Einfluss lebensweltnaher* und von den Kindern und Jugendlichen tendenziell dominierter Projektinhalt wird anhand der Datenauswertung von den Befragten zumindest hypothetisch

erwartet (65%). Aufschlussreich könnten aber auch die wenigen Nennungen (35%) sein, welche die inhaltlichen Aspekte als nicht von den Kindern und Jugendlichen Teilnehmern generiert erwarten.
Zu c): Das Vorhandensein *kunstdidaktischer Überlegungen* (Tabelle 13) innerhalb der KuK-Projekte wird von den Befragten angenommen. Die tabellarische Übersicht zeigt eine deutliche Präferenz hinsichtlich dieser Annahme (64,1%).

Es ist daher hypothetisch zu erwarten, dass

1. *die in der Fragebogenerhebung genannten Kompetenzenorientierungen und ihre Bezugsfeder in der nachfolgenden Dokumentenanalyse (von tatsächlich durchgeführten Projekten) in den Projektbeschreibungen einen entsprechenden Raum einnehmen.*
2. *Lebensweltnähe und partizipative Aspekte in der nachfolgenden Analyse der Projektbeschreibungen deutlich erkennbar werden.*
3. *die zentralen Handlungsfelder innerhalb der künstlerischen Bildung in der Auswertung der Dokumente als kunstpädagogische Überlegungen ersichtlich werden.*

Entsprechend kann der Gedanke von RILKE, ein implizit Leitender sein – dies, insofern er an die Überprüfung empirischer Evidenzen bei der Umsetzung von KuK-Projekten anschließt; Wird aus den „großen Ideen" durch ‚handwerkliche' Umsetzung ‚ein tägliches Leben'?

8. Dokumentenanalyse der Projektbeschreibungen – methodologische und methodische Überlegungen

In der Literatur wird der Begriff der Dokumentenanalyse unterschiedlich gehandhabt, einerseits mehr in Richtung eines methodischen Vorgehens der qualitativen Inhaltsanalyse nach KUCKARTZ (2010, S.128), als auch eher im Bezug zum untersuchten Gegenstand, mit dem beschreibenden Begriff der *Quelle als Dokument,* wie ihn etwa Historiker benutzen (vgl. MAYRING, 1995, S.33). „Die Folgen davon sind eine uneinheitliche Terminologie und unterschiedliche, vage Angaben zur Vorgehensweise. Im Allgemeinen wird entsprechend der Fragestellung eine Quellenauswahl getroffen, die alle für die Fragestellung einschlägigen Quellen umfassen sollte. Diese Quellen werden in ihrer Aussagekraft bewertet, bevor dann die eigentliche sprachliche und inhaltliche Analyse durchgeführt wird." (MÜHLICH, 2008, S.55) In diesem Sinne berücksichtigt die Analyse der Projektanträge eine Auseinandersetzung mit den Dokumenten möglichst umfassend, wertet aus und interpretiert diese.
In diesem Kapitel im Abschnitt *Rahmungen* wird der Aspekt der Quellen*auswahl* ausführlich dargestellt. Weiterhin werden die *Fragestellungen,* die zu dieser Auswahl geführt haben, thematisiert. Gegenstand dieses Analyseteils sind 28 Projektbeschreibungen von KuK-Projekten mit Kindern bzw. jugendlichen Teilnehmer*innen im deutsch-dänischen Grenzland aus den Jahren 2003 bis 2012 aus den Förderprogrammen: *People to People, Kulturbrücke/KulturBro* und *Kulurdialog*.

8.1 Rahmung und Kontext

Für die vorliegende Dokumentenanalyse wurden *alle* 210 *bewilligten* Projektanträge über den Zeitraum 2003 bis 2012 herangezogen, die durch die weiter oben genannte, Organisation finanziell gefördert wurden. Aus der Gesamtanzahl 210 konnten insgesamt 101 ausschließliche Kinder- und Jugendprojekte im angegebenen Zeitraum bestimmt werden (39 *KulturBro*-Projekte, 23 *Kulturdialog*-Projekte und 39 *People to People*-Projekte).

Es wurden in einer weiteren differenzierten Auswahl dann nur solche Projektbeschreibungen berücksichtigt, die kultur- und kunstpädagogische Aktionen, Methoden und Verfahren enthielten, in *der bildgebundene, visuelle oder mediale Arbeitsformen*[68] erwähnt wurden und deren Zielgruppen Kinder und oder Jugendliche[69] waren. Die Art der Ausformungen und der Umfang dieser beschriebenen visuellen Arbeitsformen fand bei dieser ersten Auswahl keine Berücksichtigung. Bereits ihre schlichte Erwähnung wurde als Auswahlkriterium genutzt.
Mit Unterstützung einer studentischen Hilfskraft des Regionskontors[70] wurden 28 Projektbeschreibungen[71] nach den oben genannten Kriterien als Analyseeinheiten (Recording Units) bestimmt. Daraus ergibt sich eine qualitative Teilerhebung mit einer bewussten Auswahl der Daten im definierten Zeitraum 2003 -2012.

---

68 Als „visuelle Medien" werden hier solche Mittel und Verfahren verstanden, welche ‚primär visuell wahrnehmbare' (Ausdrucks)Formen nutzen. Hierzu gehören auch multimediale Mischformen mit visuell wahrnehmbaren Anteilen wie Bühnenbilder, Performances, Fotoaktionen, etc.

69 Der ‚soziologische' Begriff Jugend umfasst hier die Altersgruppe 12-25 Jahre. (siehe auch: URL: http://www.shell.de/aboutshell/our-commitment/shell-youth-study.html).

70 Das Regionskontor, nahe der deutsch-dänischen Grenze, im dänischen Padborg gelegen, ist das gemeinsame Sekretariat und Informationsbüro der Region Sønderjylland-Schleswig für die Regionalversammlung, den Vorstand, die Ausschüsse und die Fachgruppen. Gleichzeitig können sich alle interessierten Bürgerinnen und Bürger, Organisationen, Einrichtungen, Behörden, Firmen usw. an das Regionskontor wenden, um Informationen einzuholen und Kontakte mit Partnern in allen möglichen Bereichen im jeweils anderen Land usw. herzustellen. (vgl. URL: http://www.region.de/index.php?id=119&L=0)

71 Die Region Sønderjylland-Schleswig ist Organ der grenzüberschreitenden Zusammenarbeit und bietet seit 1997 Informationen über die Region, Projekte und Initiativen im deutsch-dänischen Grenzland.
(vgl. URL: http://www.region.de/index.php?id=30)

Abbildung 14: Quantitative Verteilung der gesichteten Projektanträge

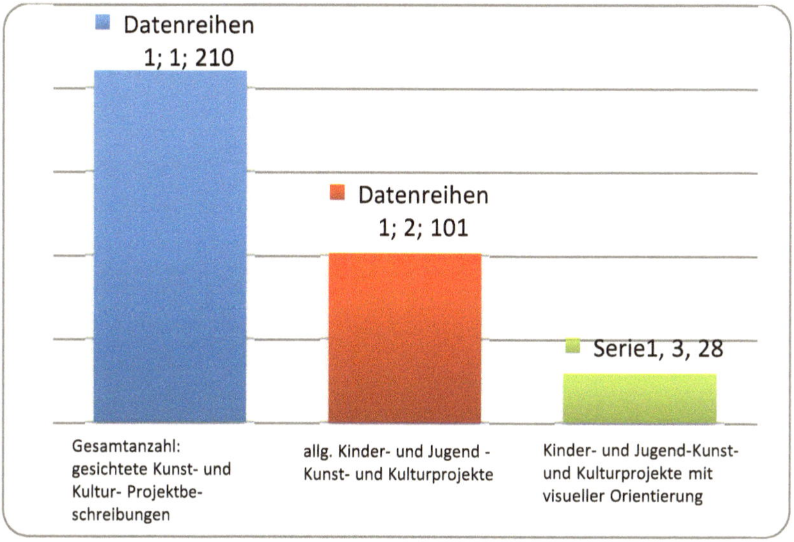

Anzahl der im Zeitraum 2003-2012 geförderten Projekte durch die Programme People to People, Kulturbrücke und Kulturdialog

Quelle: Eigene Darstellung

Der Wert von 13,8% über den Gesamtzeitraum von zehn Jahren zeigt nur eine geringe Abweichung zu den Vergleichswerten der quantitativen Daten des Regionskontors für die Jahre 2011-2013 (siehe Grafiken unten) der ermittelten Daten im Projekttyp „Kunst". Dies kann als Beleg gelten, dass auch hier die Grundgesamtheit dieser Aktendaten mit den besonderen, oben beschriebenen Merkmalen erfasst wurde.

Die Grafiken zeigen die Verteilung der unterschiedlichen Projektinhalte in ihrer prozentualen Verteilung für die Erhebungsjahre 2011-2013. Die Balkendiagramme geben einen Überblick über die Verteilung der unterschiedlichen Projekttypen nach geographischen Gegebenheiten im deutsch-dänischen Grenzland.

Abbildung 15: Projektypen 2011, 2012, 2013

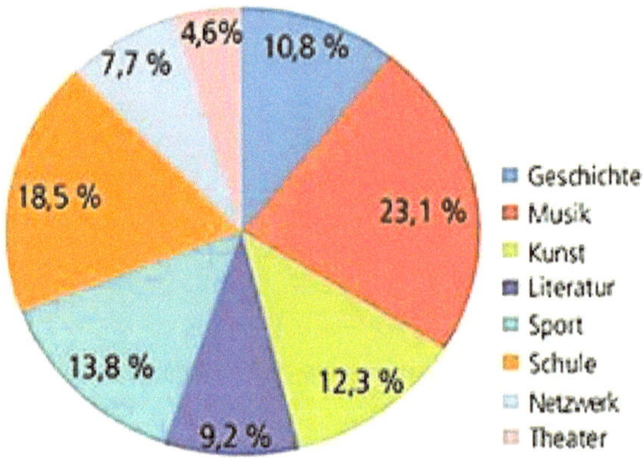

Quelle: KulturDialog Publikation 2013 (Hrsg. REGIONSKONTOR SØNDERJYLLAND-SCHLESWIG, 2013, S.38)

Abbildung 16: Projektypen im regionalen Ortsbezug

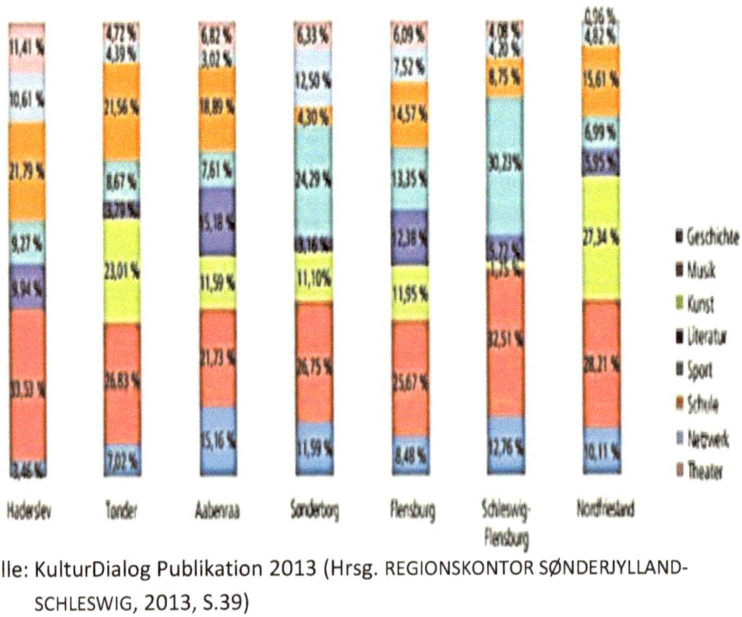

Quelle: KulturDialog Publikation 2013 (Hrsg. REGIONSKONTOR SØNDERJYLLAND-SCHLESWIG, 2013, S.39)

8.2 Ziele

Diese Dokumentenanalyse untersucht anhand der ausgewählten Projektbeschreibungen primär, welche relevanten Dimensionen im Hinblick auf eine Funktionalisierung ästhetischer Bildungsprozesse in solchen Projektbeschreibungen und Projektanträgen von den Antragsstellern (Organisator*innen, Künstler*innen, Kunstpädagog*innen) ex- oder implizit beschrieben werden.

Leitfrage ist: Welche Ziele werden sichtbar und welche transformatorischen Leistungen wer-den der Auseinandersetzung mit der Kunst und/ oder den kunstpädagogischen Verfahren zugeschrieben? Diese Ziele werden in den Projektanträgen explizit formuliert oder sind implizit in den jeweiligen Textteilen nachzuweisen. In diesem Zusammenhang sei darauf hingewiesen, dass es keineswegs um die Ermittlung *einer bestimmten* Kunstpädagogik gehen kann, sondern vielmehr sollen in ersten Schritten die *divergierenden Vorstellungen* (s.u.) recherchiert und analysiert werden. Im Bezug auf das kunstpädagogische Vorgehen ist zu erwarten, dass unterschiedlichste Zielsetzungen, Methoden und evtl. didaktische Überlegungen in den Anträgen formuliert werden. Diese haben ihre Ursprünge in den verschiedensten Hintergründen der Organisator*innen, Künstler*innen und Kunstpädagog*innen. So ist zu erwarten, dass sich die Rolle der ‚bildenden Künste', die der Kunstpädagogiken in einer Vielzahl von Kombinationen, Mischformen, aber auch in ihrer jeweiligen Ausschließlichkeit mittels der Codierungen abbildet.

BLOHM (2009) macht in diesem Zusammenhang auf den nahezu zur Tradition gewordenen ‚Konflikt' zwischen Kunst und Kunstpädagogik aufmerksam. (vgl. auch SELLE, 2003, S.46-49) Es werden hier aber primär weder Zuordnungen zu diesen Systemen, noch kategoriale Einordnungen der Tätigkeiten der Akteure, seien sie nun künstlerisch, ästhetisch-forschend oder gestalterisch motiviert, verhandelt. Darüber hinaus verweist BLOHM auf die große Anzahl an Bezugsdisziplinen, aus denen ‚die' Kunstpädagogik sich gerne ‚selbst definiert'. Es wird angeführt, dass „es >die< Kunstpädagogik im Singular gar nicht wirklich gibt" (ebd., S.161).

Berücksichtigt man diese Gesichtspunkte, dann wird deutlich, dass eine erste Bestandsaufnahme und spätere Analyse der ‚kunstpädagogischen Ansätze' nach allen Richtungen offen agieren muss. Hinter diesen, vor allem didaktischen Auseinandersetzungen, verbergen sich neben der Suche nach dem vermeintlich *richtigen* Weg auch implizit divergierende Vorstellungen von:

- hierfür nutzbaren und nützlichen Lernfeldern in unterschiedlichen Gegenstandsbereichen (Kunstgeschichte, visueller Kommunikation, ästhetischem Forschen, etc.)
- unterschiedlichen operationalisierten Ausdrucksmöglichkeiten (Malerei, Plastik, Grafik, Medien, etc.)
- erreichbaren oder zu erreichenden Lernzielen.

Zusammengefasst könnte von einer ‚impliziten Kunst*pädagogik*' gesprochen werden, auf-bauend auf tendenziell weniger bewussten anthropologischen Grundannahmen. (vgl. LIEBAU, 2014, S.29 ff.) Hier schließt sich der Autor der Argumentation BLOHMs an, indem genau hier eine Chance gesehen wird, sich den eigentlichen Inhalten zu nähern; „Nun ist diese Polyvalenz nicht unbedingt ein Zeichen der Unbrauchbarkeit des Begriffes Kunstpädagogik (...), sondern sie erlaubt es, dass zum Teil ganz unterschiedliche Inhalte in den Vordergrund rücken und produktiv werden können, denen nur eines gemeinsam ist, dass sie sich im weiten Feld von Kunst, Ästhetik und Pädagogik befinden." (BLOHM, 2009, S.162)
Hieraus schlussfolgernd will diese Dokumentenanalyse anhand der Dokumentendaten, ganz unterschiedliche Inhalte in den Vordergrund rücken, die Strukturdaten der verschiedensten Akteurs-Gruppen erheben (insofern sie in KuK-Projekten im Antrags- und Planungskontext verfasst werden) und die möglicherweise national unterschiedlichen Statements und Einstellungen analysieren. Damit sind keine validen Aussagen im Hinblick auf Umsetzungs-, Handlungsstrategien und methodisches Vorgehen in der Projekt-*Praxis* möglich, wohl aber können Aussagen über die verfolgten *Absichten* im Kontext der Projektplanungen und Antragstellungen der Kunst- und Kulturakteure deutsch-dänischer KuK-Projekte getroffen werden.

Infolgedessen können diese verschiedenartigen ‚Kunstpädagogiken' auch als Indikator für mögliche unterschiedliche (kulturelle) Bildungsverständnisse dienen. Registriert werden mögliche Korrelationen, um hieraus Zusammenhangshypothesen zu entwickeln. Hierbei handelt es sich um Kriterien für die Kategorienbildung, die anhand der Informationen aus der Literatur und in Anlehnung an vergleichbare, jedoch in Methodik und in ihrer Fokussierung differente, Studien von WINNER und BAMFORD ausgewählt wurden (vgl. WINNER, 2013 und BAMFORD, 2010). Abschließend sollen bereits erörterte Grundannahmen aus der Literaturrecherche für die vorhandene Stichprobe überprüft werden.

8.3 Operationalisierung

Diese Aspekte der unterschiedlichsten Bezugsfelder des kunstpädagogischen Handelns in den KuK-Projekten sind leitend für die Entwicklung eines Kategoriensystems. Hierbei interessieren im Sinne einer Kategorienbildung solche (implizite und explizite) Annahmen, die sich im Kontext von Kompetenzerwerb und/oder Skills im Antragstext niederschlagen. Weiterhin wecken auch solche Annahmen die Aufmerksamkeit, die der Kunst, resp. dem künstlerischen und kunstpädagogischen Handeln in KuK-Projekten Funktionen zuschreiben.
Dies wirft wiederum methodische Fragestellungen auf:
KUCKARTZ spricht hier von der *methodischen Herausforderung*, nämlich der „Polarität der Kategorienbildung" (2012, S.59), insofern diese sich zwischen theoretischen Vorannahmen (hier: Schlüsselkompetenzen, Kompetenzen, Skills, Funktionen von Kunst) bewegt als auch der Möglichkeit empirischer Kategorienbildung (ausschließlich aus dem Material) (vgl. ebd., S.59ff.) Auf diese Weise herrscht Offenheit für die induktive Bildung von Kategorien aus dem Projektantrags-Material. Infolgedessen wurden auch *In-Vivo-Codierungen* bedacht, um neben Vorab-Kategorisierungen auch mögliche neuartige Kategorisierungen am Material zu-zulassen. (vgl. ebd., S.65-69)
Als Methode wird die oben beschriebene qualitative Inhalts-Analyse

(Content analysis) nach KUCKARTZ gewählt und eine Auswertung der Daten mit Hilfe des Analyseprogramms MAXQDA vorgenommen. In der Analyse werden aus forschungspragmatischen Gründen thematische Schwerpunkte gesetzt.

8.3.1 Exkurs: Zur zentralen Bedeutung des Kategoriensystems als strukturgebendes Element

Die oben erörterten Anforderungen, verbunden mit der *zentralen Bedeutung des Kategoriensystem* vor dem Hintergrund der Teil-Analysen aller vier Ergebnisfelder (Fragebogenerhebung, Dokumentanalyse, Interviews und Feldobservationen), münden in die nachfolgenden Überlegungen. Im Vordergrund steht die Erstellung von Auswahleinheiten, Analyseeinheiten und Codiereinheiten im Kontext der vier unterschiedlichen Datenerhebungsmethoden und Datentypen.

8.3.1.1 Der Auswertungsleitfaden

„Content analysis stands or falls by its categories (...) since the categories contain the sub-stance oft the investigation, a content analysis can be no better than its system of cate-gories." (BERELSON, 1952, S.147 zitiert in: KUCKARTZ, 2012, S.40)

Schon im Vorfeld der Untersuchung galten die Überlegungen, ein möglichst vollständig angelegtes Kategoriensystem zu entwickeln. Der Gedanke einer möglichst umfangreichen und damit multiperspektivischen Darstellung des Untersuchungsfeldes war hierbei leitend. Neben dem reduktionistischen System vorgefertigter Kategorien bestand von Beginn an eine größtmögliche Offenheit für unvorhersehbare und damit neue Kategorien (in vivo) aus dem Feld. Die Orientierung an den Schlüsselkompetenzen wie Selbstkompetenzen, Sozialkompetenzen und Methodenkompetenzen, wie sie schon im OECD Programm „Definition and Selection of Key Competencies" (vgl. OECD, 2005) vorgenommen wurde, konnten durch die Kompetenzbegriffe aus dem Bereich der künstlerisch-kulturellen Bildung ergänzt werden. „Das größte Problem deduktiver Kategorienbildung besteht in der möglichst präzisen Formulierung der Kategorienfindung. (...) Die erste Anforderung an Kategorien bei deduktiver Kategorienbildung lautet deshalb auch: Kategorien sollen disjunkt und erschöpfend sein." (DIEKMANN, 2007, S.589 zitiert in: KUCKARTZ, 2012, S.61)

Neben an Fakten orientierten Kategorien, wie etwa Dauer des Projektes, Altersstruktur der Teilnehmenden, etc. konnte nach der intensiven Sichtung des Materials und der Literaturrecherche ein Auswertungsleitfaden erstellt werden, der schon in seiner vereinfachten Form strukturbildend für die explorative Fragebogenerhebung war. Der Leitfaden orientiert sich an drei durchaus verwandten Konzepten und Beschreibungs*systemen*, dem der Fertigkeiten, dem der Fähigkeiten und dem der Kompetenzen. Gemeinsam ist jenen der Bezug auf das Handlungsvermögen der Beteiligten (Subjektorientierung). Darüber hinaus werden die Aspekte zu „Funktionen der Kunst" (SCHMÜCKER, 2001, S.22) als objektorientiertes Kategoriensystem verwendet, nämlich bezogen auf die angenommenen und beschriebenen Funktionen der Kunst in den jeweiligen Daten.

Eine zentrale Stellung innerhalb des Codierungsleitfadens besitzen die Begriffe *Kompetenzorientierungen*, *Skills* und *Funktionen von Kunst*. Dem Codier-Leitfaden sind Erläuterungen vorangestellt, die diese herleiten. Im Kapitel der Analyse sollen die oben an-geführten Begriffe diskutiert, voneinander abgegrenzt werden und ihre in den Codes auftauchenden, subsumierten kategorialen Einbindungen, im Kontext kunstpädagogischen Handels in ihren Möglichkeiten und Begrenzungen dargestellt werden.

Anhand dieser Leitgedanken und Kategorien wurde ein umfassendes Codierungssystems entwickelt,

- (eingeschränkt) die Daten der Fragebogenerhebung
- die Daten aus den Projektbeschreibungen
- die Daten aus den Interviews
- die Feldobservations-Daten

welches alle verwendeten Datentypen der Abhandlung versucht mit einzubeziehen. Darüber hinaus ist das Codierungs-System offen für neue, überraschende Codes (in vivo) aus dem Feld.

8.3.1.2 Begriffsbestimmungen

Die einzelnen Kategorien werden hier im Einzelnen dargestellt, im Sinne einer Operationalisierung des Codierens.

8.3.1.2.1 Codes

„Der Begriff ‚Code' wird vor allem in der Grounded Theory verwendet und tritt dort gleich in mehrfacher Gestalt auf, nämlich als offener, axialer und selektiver Code und in zusammengesetzter Form als ‚substantive code'/ ‚key code'/‚theoretical code'. (vgl. STRAUSS/ CORBIN, 1996, S.43ff.) Ursprünglich stammt der Begriff Code aus dem Zusammenhang quantitativer Forschungsansätze. Dort bedeutet Code die Zuordnung einer Zahl, oder allgemeiner formuliert, eines Zeichens, zu einem bestimmten Merkmal, bzw. einer Merkmalsausprägung. (...) Den unterschiedlichen Tätigkeiten in den unterschiedlichen Phasen des Analyseprozesses entsprechend, bezeichnet der Begriff ‚Code' manchmal eine Kategorie, manchmal aber auch nur ein erstes ad-hoc entwickeltes Konzept, das sich möglicherweise innerhalb der weiteren Analyse zu einer Kategorie entwickelt." (KUCKARTZ, 2012, S.45)

8.3.1.2.2 Variablen

KUCKARTZ erwähnt darüber hinaus auch den Begriff der ‚Variablen' als weitere Alternative zur Kategorie und zeigt auf, dass hier insbesondere jene Merkmale gemeint sind, die mindesten zwei Ausprägungen (Variablenwerte) haben und ihre Bezugssysteme daher eher quantitativen Ursprungs sind. (vgl. 2012, S.45) Für die vorliegende Untersuchung bezieht sich der Begriff der ‚Variablen' vor allem auf die Struktur-Daten, der Begriff des ‚Codes' auf die inhaltliche Merkmalsausprägung.

8.3.1.2.3 Kategorien

Als Kategorien werden die Zusammenfassungen von Klassifizierungen von Code-Einheiten verstanden, diese werden durch die „Umschreibung ihres Inhaltes und durch Angabe von Indikatoren“ (ebd., S.46) genauer definiert.

8.4 Kompetenz-Kategorien im Codierverfahren/ Codierleitfaden

Der Begriff der Kompetenzen[72] wird für das weitere Textverständnis, wie folgt definiert: Kompetenzen sind Handlungsvermögen von Personen. Im Rahmen der Codierungen und Operationalisierungen ist es hierbei unerheblich, inwieweit diese Fähigkeiten zur erfolgreichen Bewältigung komplexer Anforderungen in spezifischen Situationen beitragen. Kompetenzen und die Kompetenzorientierungen sind so betrachtet erwünschte Lehr- und Lern-ziele, Orientierungen im *erweiterten Feld der Möglichkeitsräume* von Handlungen.

8.4.1 Allgemeine Kategorien der jeweiligen Zielgruppe(n)

Der hier ausgeführte Codierleitfaden bildet die Basis der Analyse der Projektbeschreibungen, der durchgeführten Interviews sowie der ethnografischen Berichte.

---

[72] „Arnold, Nolda & Nuissl definieren Kompetenz als das Handlungsvermögen der Person. Während der Begriff Qualifikation Fähigkeiten zur Bewältigung konkreter (in der Regel beruflicher) Anforderungssituationen bezeichnet (...)“ (BLOHM, 2009, S.164) Diese Auffassung korrespondiert mit der OECD Definition, welche neben dem Vermögen auch die konkrete Bewältigungsfähigkeit mit einschließt. Im OECD-Projekt DeSeCo (Defining and Selecting Key Competencies) werden Kompetenzen als folgende Fähigkeiten definiert: Eine Kompetenz ist das Vermögen zur erfolgreichen Bewältigung komplexer Anforderungen in spezifischen Situationen. Kompetentes Handeln schließt den Einsatz von Wissen, von kognitiven und praktischen Fähigkeiten genauso ein wie soziale und affektive Verhaltenskomponenten. (vgl. RYCHEN, 2003, S.43ff.)

Tabelle 17: Codierleitfaden

Künstlerische Kompetenzen
(Inter)kulturelle Kompetenzen
Formale Kompetenzen
Selbstkompetenzen
Soziale Kompetenzen
Methodenkompetenzen
Lehr-Kompetenzen

Quelle: Eigen Darstellung

Künstlerische Kompetenzen

Unter dieser Codiereinheit (Content Unit) werden solche Merkmale subsumiert, welche sich in künstlerischen und ästhetischen Prozessen bewegen. Hier sind im Verständnis einer Systematisierung die fachspezifischen Anforderungen zusammengefasst.

Hierunter fallen folgende Merkmalskerne:

- Sinnhafte Handlungen in Möglichkeitsräumen
- Sinnliche Aspekte im Sinne von Aistesis
- Navigationskompetenz[73]
- Aspekte des Spiels
- Kreativitäts-Aspekte als Problemlösungsstrategien
- Gestaltungskompetenzen
- Symbolkompetenzen
- Ästhetisches Wahrnehmen, Reflektieren und Verändern/Gestalten von Realität

Interkulturelle Kompetenzen

Unter dieser Codiereinheit (Content Unit) werden solche Merkmale subsumiert, welche „die Fähigkeit, mit Angehörigen anderer Kulturen effektiv und angemessen zu interagieren“ (MÜLLER et. al., 2004, S.793), (Anm. d.

[73] Österreichischer Kultur-Service: Kunst und Bildung. Personale Kunstvermittlung in Bildungsprozessen. Wien 2001, S.185

A.: bezogen auf interkulturspezifisch deutsch-dänische Akteure) beschreibt. Das Strukturmodell von MÜLLER et.al. (Abb. 17) eignet sich insofern besonders, da es aus dem Bereich der ökonomischen Forschung stammt und es somit dezidiert auf ‚Erfolg' hin orientiert wurde. In diesen Aspekten, nämlich denen der Zielgerichtetheiten und -orientierungen, finden sich Entsprechungen in den Projektbeschreibungen, hier jedoch im Sinne eines funktionalen Bildungsverständnisses: Was kann mit einem solchen Projekt erreicht werden? Welche Ziele sollen wie erreicht werden? usw..

Das Strukturmodell welches solche Prozesse mit seinen komplexen Wirkungsfaktoren darstellt, verdeutlicht die Bedeutung der interkulturellen Kompetenzen. Dieses steht in Übereinkunft mit neueren lerntheoretischen Diskursen zum Begriff der Handlungskompetenz. Folgende Merkmalskerne werden hier nach MÜLLER et. al. subsumiert:

- Unvoreingenommenheit
- Offenheit
- Empathie
- Geringer Ethnozentrismus
- kulturelles Bewusstsein über das ‚Andere' und das Eigene
- Umgang mit kultureller Vielfalt/‚dem Anderen'
- Selbst- und Fremdwahrnehmung
- Ambigutitätstoleranzen
- Kommunikationsfähigkeiten
- Respekt vom ‚Anderen'
- Flexibilität
- Sprachfertigkeiten

Abbildung 17: Prozessorientiertes, auf Effektivität ausgerichetes Modell interkultureller Kompetenz

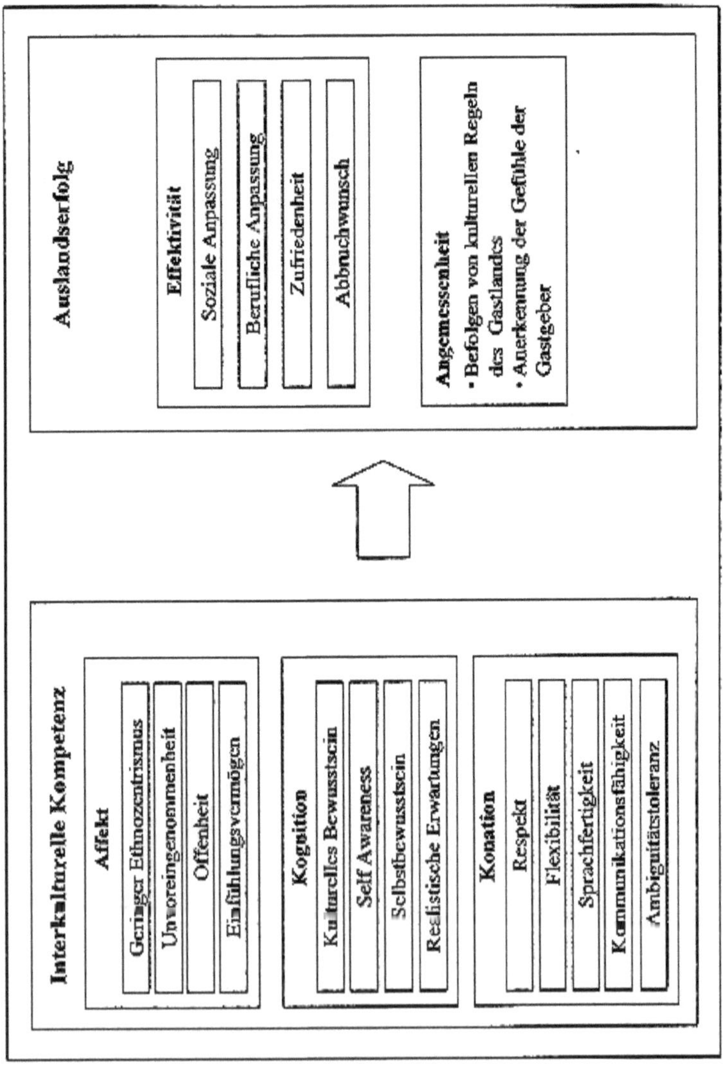

Quelle: Interkulturelle Kompetenz im prozessorientierten Strukturmodell (MÜLLER/ GELBRICH 2004, S.794)

Kulturelle Kompetenzen

Kulturelle Kompetenzen werden in der vorliegenden Abhandlung als Teilbereich interkultureller Kompetenzen mit ihren zu erfassenden Merkmalen beschrieben:

- Wissensaneignungen über Kulturen
- durch/über soziale und kulturelle Integration
- Kulturelle Identität
- Teilhabe an (inter)kulturellem Leben

Zur Problematik einer ausschließlichen Funktionalisierung interkultureller Kompetenzen im ‚Nützlichkeits-Diskurs' sei auf die Ausführungen in der Studie von Maike ADEN hingewiesen. (2011, S.9ff.)

Formale Kompetenzen

Unter dieser Codiereinheit (Content Unit) werden solche Merkmale zusammengefasst, welche insbesondere die Umsetzung von Fachwissen und Fertigkeiten beschreiben. Die unten erwähnten Kriterien zeigen Merkmalskerne, die verdeutlichen, dass diese Kategorie im Bezugsfeld des ästhetischen (Er)forschens und Handelns etliche Homologien aufweist. Hierunter fallen folgende Merkmalskerne:

- Künstlerisches Fachwissen (Mediengebrauch, Techniken, etc.)
- ästhetisches (Er)forschen, Entwickeln und Erarbeiten von ‚Lösungen'
- Künstlerisch-gestalterische Probleme praktisch lösen
- Materiale Fertigkeiten
- Zielgerichtetes Umsetzen von nützlichem Fachwissen
- Unterschiedliche Dimensionen von Bildkompetenzen

Selbstkompetenzen

Unter dieser Codiereinheit (Content Unit) werden solche Merkmale zusammengefasst, welche solche Aushandlungsprozesse berühren, die auf die Identitätsentwicklung und -findung anspielen. Hierunter fallen folgende Merkmalskerne:

- Lebensalter-/Entwicklungsbezüge
- Auseinandersetzung mit der eigenen Identität
- Selbstwahrnehmung und Reflexion

- Selbststeuerungsfähigkeit
- Selbst-Identifikationsprozesse
- Kulturelle Identität und Integration

Soziale Kompetenzen

Unter dieser Codiereinheit (Content Unit) werden solche Merkmale subsumiert, welche trotz zahlreicher inhaltlicher Überschneidungen mit der interkulturellen Kompetenz sich *nur* auf solche Analyseeinheiten beziehen, welche *keine* Erwähnung eines deutsch-dänischen Austausch-Kontextes besitzen, also explizit nicht interkulturell verstanden werden wollen.

Hierunter fallen folgende Merkmalskerne:

- Unvoreingenommenheit
- Offenheit
- Empathie
- Kommunikationsfähigkeiten
- Kooperation
- Teamfähigkeiten
- Konfliktlösungsstrategien
- Selbst- und Fremdwahrnehmung
- Ambiguitätstoleranzen
- Respekt
- Flexibilität
- Sprachfertigkeiten
- Teilhabe am kulturellem Leben

Methodenkompetenzen

Unter dieser Codiereinheit (Content Unit) werden solche Merkmale subsumiert, welche Fähigkeiten der Umsetzung von fachlichem Wissen beschreiben. Überschneidungen mit den weiter unten erörterten künstlerischen ‚Habits of Mind' werden vermieden, da sich die hier genannten Methodenkompetenzen auf primär ‚*nicht*-künstlerische Kompetenzen' beziehen. Dennoch wird schon durch die unten erwähnten Merkmalskerne deutlich, dass diese Kategorie dem Bezugsfeld des ästhetischen (Er)forschens und Handelns zugeordnet werden kann und Homologien

vorhanden sind. Hierunter fallen folgende Merkmalskerne:
- analytische Prozess und geplantes Umsetzen
- kreative Problemlösestrategien entwickeln
- Zusammenhänge erkennen
- Innovation durch kritisches Überprüfen
- Beurteilen von Chancen und Risiken
- Lernfähigkeiten

Lehr-Kompetenzen
Unter dieser Codiereinheit (Content Unit) werden solche Merkmale subsumiert, welche den Fokus des interkulturellen Lernens auf das Lerninteresse der Gruppe der Lehrenden und deren Erkenntnisinteresse lenkt. Hierunter fallen folgende Merkmalskerne:
- Interesse an kollegialer Begegnung und Bereicherung
- Austausch und Kennenlernen an mögl. neuer Lehrmethoden
- Kennenlernen anderer kultureller Kontexte
- Kennenlernen anderer Arbeits-Lebenswelten von Kolleg*innen

8.4.2 „Habits of Mind" – Kategorien im Codierverfahren

Der Begriffskomplex des „Studio Habits of Mind" (HETLAND, 2013, S.4-8) geht auf die Studien im Zeitraum 2003-2012 von HETLAND und WINNER et al. zurück. Dieses Begriffssystem ist ursprünglich in einer ovalen grafischen Anordnung dargestellt, um die Hierarchielosigkeit der Begriffe zu visualisieren und die Offenheit des Systems zu demonstrieren (vgl. ebd., S.6). Aus Gründen der besseren Verständlichkeit des *Codier*verfahrens wird hier eine tabellarische Darstellung vorgezogen. In der Beschreibung der Merkmalskerne werden vorzugsweise die englischsprachigen Originalzitate verwendet, um so eine möglichst genaue Interpretation und damit Zuordnung der Merkmale zu erlauben. Die Reihenfolge der Kategorien ist hierbei zufällig und entspricht der verwendeten Reihenfolge der Codierung im verwendeten Analyseprogramm MAXQDA.

Tabelle 18: Habits of Mind

Habits of Mind
Envision
Stretch and Explore
Reflect
Evaluate
Question and Explain
Express
Observe
Develop Craft
Understand Art World
Communities
Domain

Quelle: Eigene Darstellung

Envision

Unter dieser Codiereinheit (Content Unit) werden solche Merkmale subsumiert, welche auf die Fähigkeiten des Imaginierens abzielen. „Students (...) are meant to learn to envision what they can not observe directly with their eyes. By envisioning we mean generating images of possibilities in one´s mind." (WINNER, 2006, S.6)

Stretch and Explore

Unter dieser Codiereinheit (Content Unit) werden solche Merkmale subsumiert, welche den Fokus auf die Fähigkeiten *'das Neue zu wagen' und das Experimentelle* lenken. „Students are asked, implicity and explicity, to try new things and thereby to extend beyond what they have done before – to explore and take risks. (...) Don´t worry about mistakes, be brave." (ebd., S.8)

Reflect

Unter dieser Codiereinheit (Content Unit) werden solche Merkmale zusammengefasst, welche sich auf Aspekte der Selbstreflexion in den

Bereichen des Prozesses, seiner Intentionen und denen hier getroffenen Entscheidungen beziehen. „Students are asked to become reflective about their art making (...) not think about and explain their process, intentions, and decisions, and we refer to this aspect of reflection as question and Explain." (WINNER, 2006, S.8)

Evaluate

Unter dieser Codiereinheit (Content Unit) werden solche Merkmale subsumiert, welche den Fokus auf die Fähigkeiten des qualitativen Beurteilens der gestalteten Arbeiten lenken. „Students can learn (...) how to evaluate themselves and others (...) they are asked to talk about what works and what does not work in their own pieces and in ones by their own peers. (...) Because they are engaged in continuous self-assessment, they have the oppor-tunity to learn to be self-critical and to think about how they could improve." (ebd., S.8)

Question and Explain

Unter dieser Codiereinheit (Content Unit) werden solche Merkmale subsumiert, welche den Fokus auf eine *vertiefende* Fähigkeit des Beurteilens der gestalteten Arbeiten lenken, nämlich auf die Frage; *Warum etwas so und nicht anders gestalterisch gelöst wurde?* „(...) to step back and focus on an aspect of their work or working process. (...) These kinds of questions prompt (...) to reflect and explain (...). These kind of questions help to foster an inner reflection." (ebd., S.8)

Express

Unter dieser Codiereinheit (Content Unit) werden solche Merkmale subsumiert, welche die individuellen Ausdrucksmöglichkeiten als konstruktives, sinnstiftendes Neuformulieren nichtsprachlicher Bedeutungen in Betracht ziehen. „Learning to express includes making works that exemplify properties that are not literally present, such as moods, sounds, or atmosphere." (GOODMANN, 1976, zitiert in: WINNER, 2006, S.7)

Observe

Unter dieser Codiereinheit (Content Unit) werden solche Merkmale zusammengefasst, welche sich auf Aspekte des Beobachtens und solche des aktiven Wahrnehmens von Wirk-lichkeiten, beziehen. „The skill of carefull observation is taught all the time (...) both implicity and explicity, to look more closely than they ordinary do and to see with new eyes." (WINNER, 2006, S.7)

Develop Craft

Unter dieser Codiereinheit (Content Unit) werden solche Merkmale zusammengefasst, welche sich mit Aspekten der Entwicklung handwerklicher Fähigkeiten in gestalterischen Dimensionen und den damit unterschiedlichen genutzten Materialien in Verbindung gebracht werden können. „Students are meant to learn the varied properties of tools and materials and the range of ways these can be employed. Students also learn to care for materials and tools, and we refer to this as Develop Craft: Studio Practice" (ebd., S.6)

Understand Art World

Unter dieser Codiereinheit (Content Unit) werden solche Merkmale subsumiert, welche sich Bezug nehmen auf den Lerngegenstand „Art World" (ebd., S.115) beziehen. Kunsthis-torische Aspekte, zeitgenössische Kunstpraxen und deren Bezug zur Alltagswelt sind unter dieser Codiereinheit zusammengefasst. Hier unterscheidet WINNER zum einen das, was sie *Domain* nennt, nämlich den Bezug zwischen den Kindern- und Jugendlichen selbst erbrach-ten Arbeiten und deren möglicherweise vorhandenen Korrelationen zu Werken der etablierten Kunstwelt und zum anderen den Begriff *Communities* und meint hiermit die Kenntnisse über die Funktionsfelder und Personen der „Art World", wie etwa das Museumswesen, Galerienwesen, die Arbeitswelt der Kurator*innen und Gallerist*innen.

Unter der Teilüberschrift *Domain* schreibt sie über die Lernziele der Schüler*innen: „to learn about their own relationship to the domain of art and consider the similarities between the problems explored in their own works and those explored by established artists." (WINNER, 2006, S.8) Unter Communities erklärt sie weiter: „(...) to learn about the community of people and institutions that shape the art world – the 'field' of art (Csikszentmihalyi,1988)." (ebd., S.8)

8.4.3 „Funktionen der Kunst" und Funktionen von Kunst im kunstpädagogischen Handeln als Kategoriensystem im Codierverfahren

Der Begriffskopplung „Funktionen der Kunst" bezieht sich auf die Publikation von Bernd KLEIMANN und Reinold SCHMÜCKER (2001). In dem von SCHMÜCKER aufgestellten Funktionskatalog werden sekundäre Zwecke der Kunst und ihre möglichen funktionalen Wirkungsmöglichkeiten beschrieben. In der untersuchten Projektpraxis, in den Projektbeschreibungen, den Interviews und Feldbeobachtungen werden in der Regel implizit und/oder explizit solche Zwecke mit jenen, bei näherer Betrachtung nicht weiter differenzierten, Begriffen *Kunst(werk), kunstpädagogische/künstlerische Verfahren, ästhetisches Lernen etc.* verknüpft. Obwohl die Funktionsbegriffe SCHMÜCKERs, sich auf *die* Kunst beziehen, erscheint eine Verwendung des Begriffssystems dennoch auch im hiesigen *kunstpädagogischen* Feld besonders sinnvoll, insofern auch die Bezugsfelder und die Objekte (Kunst (Werke)) innerhalb der untersuchten Projekte in Betracht gezogen und damit operationalisierbar werden können. Diese Objektivierungen werden also als ‚die Kunst' operationalsiert, unabhängig von mögl. Einordnungen in Kunstsysteme und der damit verbundenen Auszeichnung *‚Dies ist nun Kunst'*.

Die kunstexternen Funktionskategorien von SCHMÜCKER unterscheiden sich unverkennbar scharf von den obigen Kompetenzkategorien. Die Kompetenzkategorien beziehen sich, im Sinne einer Bildungszielorientierung, nämlich auf die Teilnehmer*innen (Subjektorientierung). Hingegen werden die Funktionskategorien mit ‚der Kunst', den Werken (Objektbezug) und mit deren „potentiellen Funktionen" (ebd., S.22) in Verbindung gebracht. Künstlerisches und kunstpädagogisches Handeln am *Werk*, wird in diesen Codierungskategorien als ein Merkmalsraum verstanden, der dieses *Werk* als Medium begreift, welches kunstexterne Funktionen erfüllt oder aber „ein weitreichender intersubjektiver Konsens darüber besteht, dass es diese Funktion erfüllen könnte“ (SCHMÜCKER, 2001, S.25). In der künstlerischen Bildung und den Vermittlungskontexten wird diesbezüglich oft von drei kategorisierten Bildungsprozessen gesprochen. Bildung an Kunst, Bildung mit Kunst, Bildung durch Kunst. Der Begriff Kunst könnte auch, zumindest in diesem Zusammenhang, durch den Begriff des *Bildes* oder des *Visuellen* ersetzt werden.

Im Kontext der Projekte und der hieraus gewonnenen Daten wird die *mögliche und angenommene* Bedeutung dieser Funktionen von den jeweils Beteiligten implizit und/oder explizit im Datenmaterial sichtbar. Die Reihenfolge der Kategorien ist hier zufällig. SCHMÜCKER weist auf die „externen Funktionen, die Kunstwerke besitzen können“ (ebd., S.27) hin und teilt diese in sechs übergeordnete Typenkategorien ein. Diese sechs Typen sind in der tabellarischen Ansicht fett herausgehoben. In der Anwendung des Codierens werden nur die von SCHMÜCKER verwandten, *untergeordneten* Funktionsbeschreibungen verwandt.

An dieser Stelle ist darauf hinzuweisen, dass der unten angeführte Codierleitfaden sich im Wesentlichen an den Ausführungen SCHMÜCKERs (2001, S.22-33) orientiert. Im Sinne einer Pragmatik wurden jedoch Änderungen, im Kontext der hier untersuchten KuK-Projekte, vorgenommen und ggfs. ergänzt.

Tabelle 19: Kunstexterne Funktionen nach SCHMÜCKER

Kommunikative Funktionen
expressive/appellative/konstative Funktionen
Dispositive Funktionen
Emotive Funktionen
Motivations Funktionen
Distanzierungsfunktionen
Therapeutische Funktionen
Unterhaltungs Funktionen

Kognitive Funktionen

Erkenntnis Funktionen

Mimetisch-Minestische Funktionen

Illustrations Funktionen/ Dokumentarische Funktionen

Erinnerungs Funktionen

Dekorative Funktionen

Schmuck Funktionen

Soziale Funktionen

Identitätsbildende Funktionen

Ethische/Politische/Religiöse/Weltanschauliche Funktionen

Kultische Funktionen

Statusindizierende Funktionen

Distinktionsfunktionen

Interdisziplinäre Funktion (Eigene Funktions-Kategorie (MJH))

Quelle: Eigene Darstellung

Kommunikative Funktionen – expressive/appellative/konstative Funktionen

Unter der Codiereinheit (Content Unit) *expressive/appellative/konstative Funktionen* werden solche Merkmale zusammengefasst, welche sich auf Aspekte des ‚Kunstgebrauchs' beziehen. Wenn also das Kunstwerk durch die Verwendung von visuell-künstlerischen Ausdrucksmitteln etwa zur Expression von Gefühlen und Erlebnissen, Botschaften oder Appelle zu transportieren (Appellation) versucht oder aber Sachverhalte versucht festzuhalten (Konstatierung), dann sind solche kommunikativen Ziele unter dieser Codiereinheit eingegliedert.

Dispositive Funktionen – Emotive Funktionen

Unter der Codiereinheit (Content Unit) *Emotive Funktionen* werden solche Merkmale eingereiht, welche einen ‚Kunstgebrauch' thematisieren, der bestimmte Stimmungen zu erzeugen versucht, z.B. Freude, Begeisterung, usw.

Motivations Funktionen

Unter der Codiereinheit (Content Unit) *Motivations Funktionen* werden solche Merkmale zusammengefasst, welche die Motivation zu einem bestimmten Verhalten auslöst, das sich möglicherweise vom Alltagsverhalten unterscheidet und sich dem ‚Kunstgebrauch' zuordnet, beispielsweise bestimme Tanz- und Bewegungsformen.

Distanzierungs Funktionen

Unter der Codiereinheit (Content Unit) *Distanzierungs Funktionen* werden solche Merkmale erfasst, welche reflexive Elemente beschreiben, die es möglich machen, gewohnte, alltägliche Lebenskontexe distanziert zu betrachten, diese womöglich in Frage zu stellen und im Bezug zum Kunstgebrauch möglicherweise neu zu verorten.

Therapeutische Funktionen

Unter der Codiereinheit (Content Unit) *Therapeutische Funktionen* sind solche Merkmale subsumiert, die im weitesten Sinne dazu dienen, ein ‚normales' Verhalten wiederherzustellen, anzuregen oder zu einem solchen Verhalten hin zu begleiten.

Unterhaltungs Funktionen

Unter der Codiereinheit (Content Unit) *Unterhaltungs Funktionen* sind solche Merkmale enthalten, welche dem Kunstgebrauch hedonistische Funktionen zuordnet, also auch Formen der Ablenkung, von reflektiv-kognitiven zur „unbeschwerten Stimmung" (SCHMÜCKER, 2001, S.29) hin.

Kognitive Funktionen – Erkenntnis Funktionen
Unter der Codiereinheit (Content Unit*) Erkenntnis Funktionen,* werden solche Merkmale erfasst, die den Kunstgebrauch so verstehen, dass dieser dem Individuum oder einer Gruppe zu einer *neuen* Erkenntnis verhilft, welche in dieser Form so vorher noch nicht vorhanden zu sein schien.

Mimetisch-Minestische Funktionen – Illustrations Funktionen/Dokumentarische Funktionen
Unter der Codiereinheit (Content Unit*) Illustrations Funktionen/Dokumentarische Funktionen*, werden Merkmale eingereiht, die Nachahmungen, das Abbilden von realen Vorbildern bezeichnen und damit auch Erinnerungs-Funktionen (Codiereinheit: *Erinnerungs Funktionen)* übernehmen.

Dekorative Funktionen – Schmuck Funktionen
In die Codiereinheit (Content Unit*) Schmuck Funktionen*, werden solche Merkmale eingerechnet, deren Fokus auf dem dekorativen Aspekt und auf einen, wie auch immer gearteten Zugewinn an Schönheit abzielt.

Soziale Funktionen – Identitätsbildende Funktionen
Unter der Codiereinheit (Content Unit) *Identitätsbildende Funktionen*, werden solche Merkmale zusammengefasst, denen die Selbstvergewisserungen des Individuums als auch Konstruktionen der jeweiligen Identität im sozialen Kontext zugewiesen werden können.

Ethische/Politische/Religiöse/Weltanschauliche Funktionen
Unter der Codiereinheit (Content Unit) *Ethische/Politische/Religiöse/ Weltanschauliche Funktionen* werden die Merkmale, die mittels des (Kunst)werks mit „Lebenshaltungen, Einstellungen und Sichtweisen gleichsam auf einer Bühne“ (SCHMÜCKER, 2001, S.29) konfrontieren, erfasst.

Kultische Funktionen
Unter der Codiereinheit (Content Unit) *Kultische Funktionen* werden solche Merkmale subsumiert, welche religiöse und quasi religiöse Funk-

tionen beschreibt, darüber hinaus werden hier auch andere Arten und Formen von ritualisierten Handlungen eingeschlossen.

Statusindizierende Funktionen
Unter der Codiereinheit (Content Unit) *Statusindizierende Funktionen* werden solche Merk-male als zusammengehörig erfasst, die darauf hinweisen, dass mit Hilfe ‚der Kunst' status-bildende, also sozial konstitutive Positionen eine Rolle spielen.

Distinktionsfunktionen
Unter der Codiereinheit (Content Unit) *Distinktionsfunktionen*, werden solche Merkmale festgehalten, deren Ausrichtung in den Bereich der (guten) Geschmacksbildung weist.

Interdisziplinäre Funktion (Eigene Funktions-Kategorie)
Unter dieser Codiereinheit (Content Unit), werden solche Merkmale fokussiert, die Formen und Ausprägungen ‚der Kunst' in den Projekten als eine Art Bindeglied zwischen unterschiedlichen Disziplinen verstehen. Hierbei ist eine Dominanz ‚der Kunst' gegenüber anderen erwähnten Disziplinen nicht erforderlich.
Neben den qualitativen, inhaltlich orientierten Codiereinheiten werden für den Untersuchungsbereich der Projektbeschreibungen auch die unten aufgelistete Sachverhalte aufgenommen (Tabelle 20) und entsprechend codiert. Es ist anzunehmen, dass anhand dieser quantitativen Daten und deren nachfolgenden Auswertungen eine weitere Ausdifferenzierung der Bedingungen der ‚hidden Curricula' der KuK-Projekte möglich sein sollte.

Tabelle 20: Codiereinheiten

Projekt Dauer – Projekttitel
Aktionen
Performance
Herstellung von Produkten
Art der medialen Verbreitung

Mail-Kontakte/Internet

Aufsuchen anderer Orte

Ausstellung von Produkten

Ausstellungsort DK – Ausstellungsort D

naturw. Arbeiten/Forschendes Lernen

Begegnungen/gegens. Besuche

Zielgruppe DK – Zielgruppe D

Anderes Zielgruppen-Alter DK – Anderes Zielgruppen-Alter D

Zu erwartende Anzahl Teilnehmer*innen DK – Zu erwartende Anzahl Teilnehmer*innen D

22-29 Jahre DK/19-21 Jahre DK/15-18 Jahre DK/11-14 Jahre DK/7-10Jahre DK/3-6 Jahre DK

22-29 Jahre D/19-21 Jahre D/15-18 Jahre D/11-14 Jahre D/7-10 Jahre D/3-6 Jahre D

Motivation/Hintergrund des Handelns

Traditionelles Handeln – Wertraditionales Handeln

Zweckrationales Handeln – Affektuelles Handeln

In-Vivo

Partner DK – Partner D

Hochschule DK – Hochschule D

Private Initiative DK – Private Initiative D

Museum(spädagogik) DK – Museum(spädagogik) D

Erwachsenenbildung DK – Erwachsenenbildung D

Kirchlich gebundene Gruppe DK – Kirchlich gebundene Gruppe D

Politische Gruppe DK – Politische Gruppe D

Verein allg. DK – Verein allg. D

Freie Gruppe/Initiative DK – Freie Gruppe/Initiative D

JugendKunstschule/Vergleichbar DK – JugendKunstschule/ Kulturhaus/Vergelichbar D

Freizeiteinrichtung DK – Freizeiteinrichtung D

Deutsche Minderheit – Dänische Minderheit

Andere Schule DK – Andere Schule D

Schule DK – Schule D

Gymnasium DK – Gymnasium D

Folkeskole – Grund/Haupt/Real/Gemeinschaftsschule

Friskole/Ungdomsskole

Freie Schule

Perspektivisches/Innovatives
Leitung/Kunstvermittler

Quelle: Eigene Darstellung

8.5 Teilananlyse II der Projektanträge

Insgesamt besteht eine weitgefächerte Verteilung der Projektangebote vom siebten bis zum 18. Lebensjahr. Das Diagramm (Abb. 18) zeigt jedoch deutlich, dass das KuK-Projektangebot für Jugendliche im Alter zwischen 11-14 Jahren einen Schwerpunkt bildet[74]. Bemerkenswert ist die *deutlich schwache* Ausprägung der Angebotsstruktur im Bereich des Kindergarten-alters/Vorschule (3-6 Jahre) sowie für die späte Adoleszenzphase (18-29 Jahre). Die Altersverteilung der Zielgruppen wird anhand der nachfolgenden Diagramme (Partner D/DK, Abb.19+20) plausibel erklärbar. Diese zeigen die jeweiligen Verteilungen der Institutionen und Gruppen, welche als Projektpartner benannt wurden.

In den Darstellungen wird der hohe Anteil von Schulen, sowohl von deutscher als auch dänischer Seite ersichtlich. Damit erklärt sich die oben gezeigte Gesamtaltersstruktur in den Projekten mit dem Schwerpunkt in der

[74] Die unterschiedlichen Zahlenwerte 11-14 Jahre zwischen *D* und *DK* erklären sich durch die in zwei Sprachen verfertigten Projektanträge. Es wurden in einigen Übersetzungen die Altersgruppen nicht ein zweites Mal erwähnt und somit nicht gezählt.

Altersspanne 12-14 Jahre. Interessanter scheinen aber die Null-Nennungen bzw. die geringen Nennungen.

Abbildung 18: Altersverteilung der Teilnehmer*innen in den untersuchten Projektanträgen

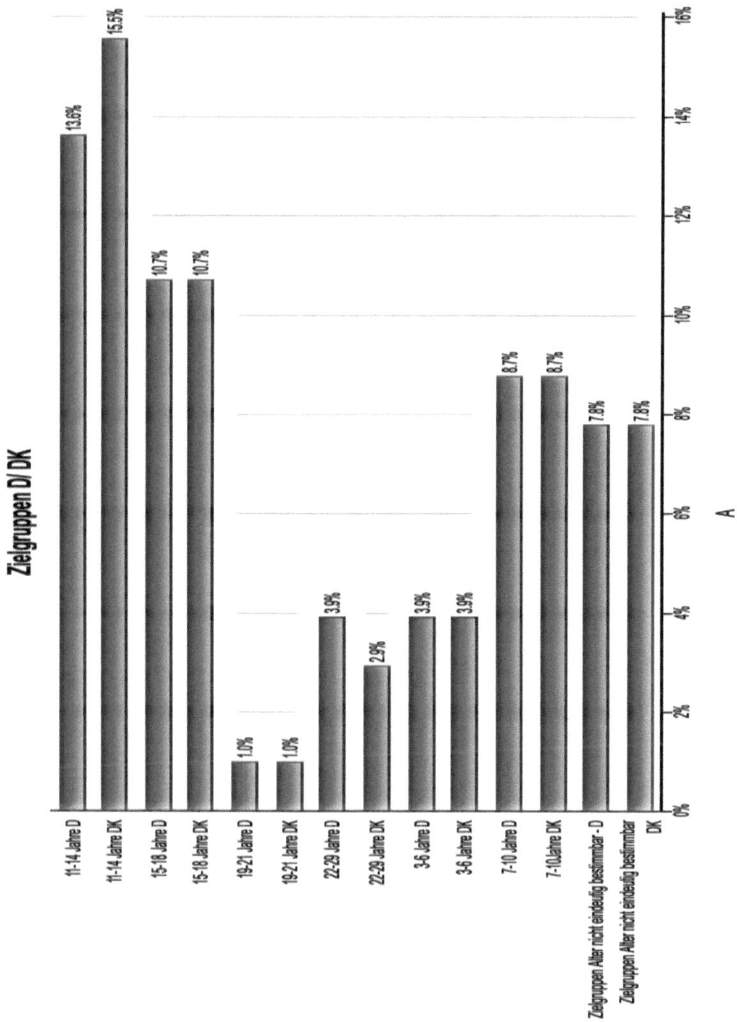

Quelle: Eigene Darstellung

Abbildung 19: Institutionelle Herkünfte der Dänischen Projektpartner

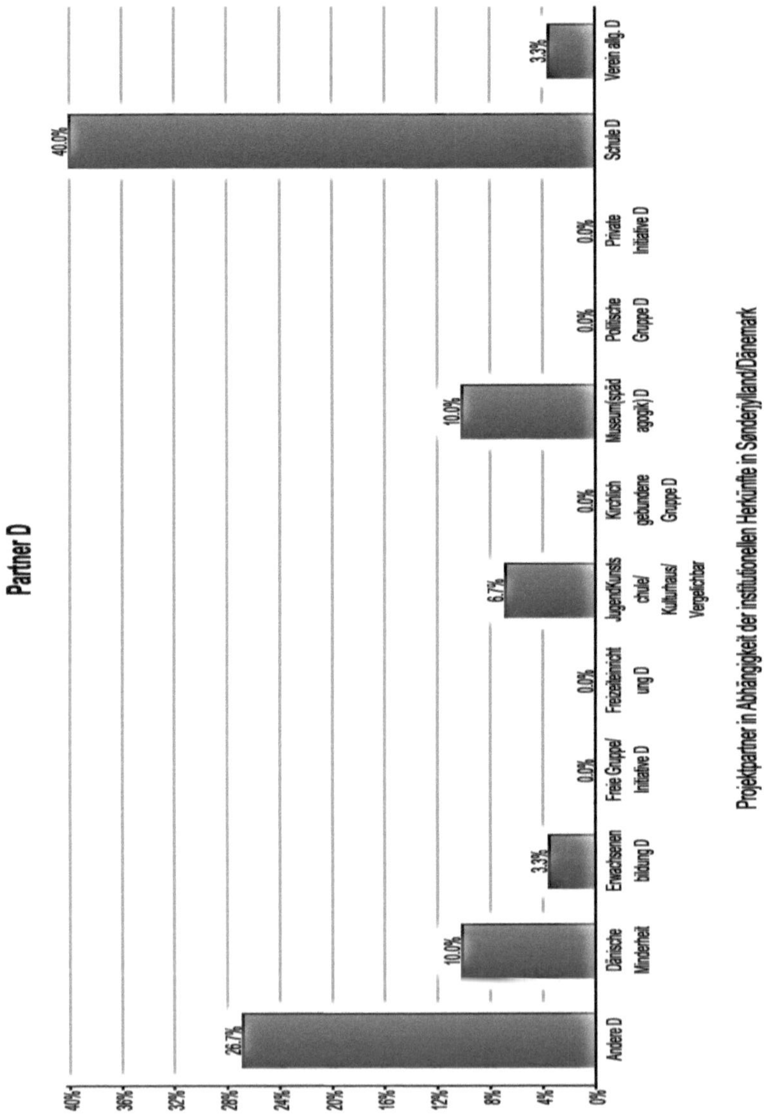

Quelle: Eigene Darstellung

Abbildung 20: Institutionelle Herkünfte der Deutschen Projektpartner

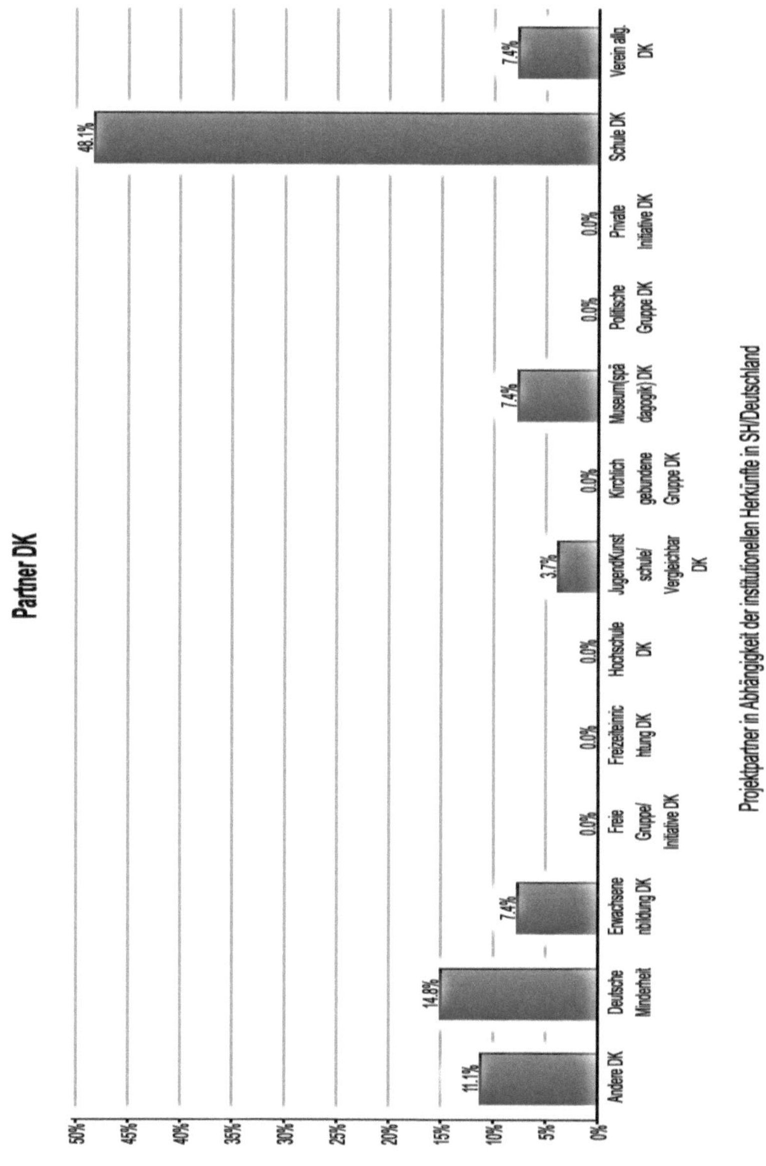

Quelle: Eigene Darstellung

Es konnten *keine* nicht-institutionell initiierten Projekte ausgemacht werden. Selbst Institutionen der außerschulischen Jugendbildung, wie die in Dänemark weit verbreiteten Freizeit- und Jugendclubs[75] oder in Deutschland äquivalente Jugendzentren sind nur marginal vertreten. Diese Zielgruppe findet in den Anträgen nur eine einzige Erwähnung. Autonome, unabhängige Jugend-Gruppen tauchen in den Anträgen überhaupt nicht auf. Ein ‚Kulturhaus' südlich der Grenze bildet hier die Quasi-Ausnahme, insofern solche Projekte durch die entsprechenden öffentlichen Kulturverwaltungen zusätzlich unterstützt und gefördert werden. Dies zeigt den Aspekt auf, dass solche Projekte keineswegs freiwillige Angebote sind. Derartige Angebote, eingebunden etwa in schulische Kontexte, sind daher fremdmotiviert und -kontrolliert. Selbstinitiative Teilnahmen, motiviert bspw. durch lebensweltnahe Themen oder aufgrund einer positiven Qualitätsbeurteilung der Projekte durch die Teilnehmer scheiden aus. Hier sind deutliche Konsequenzen für die durchgeführten Aktivitäten, die Prozess- und Ergebnisorientierungen sowie die partizipativen Möglichkeiten zu erwarten. Über diese zentralen Veränderungspotentiale von ‚Lernkulturen' zwischen informellen und non-formalen Kontexten äußert sich auch LIEBE (vgl. 2008, S.103-111) ausführlich. FINK und TEGTMEYER sprechen nach einer evaluativen Untersuchung eines kulturellen Bildungsprojektes im Hinblick auf den Aspekt, ob die Teilnahme am Projekt den Jugendlichen Spaß gemacht habe, sogar von alarmierenden Ergebnissen. (vgl. 2014, S.329-334) Dennoch existieren im deutsch-dänischen Grenzgebiet auch jugendliche Gruppen mit hoher *intrinsischer* Motivation für grenzüberschreitendes Kennenlernen, welche selbstorganisierend in autonomen medialen Projekten ihren Ausdruck finden. Darauf weisen die Ausführungen von ZAREMBA (2015) eindrucksvoll hin. ZAREMBA verdeutlicht dies an

[75] Dies sind meist kommunale Einrichtungen der außerschulischen Betreuung von Kindern (Freizeitclubs) und Jugendlichen, vergleichbar mit deutschen Jugendzentren, jedoch mit einer festen Mitgliedschaft derer. In der Regel sind diese direkt an die jeweiligen Schulen vor Ort gekoppelt und werden dann unter dem Begriff *SFO (Skole Fritids Ordning – Diese ‚Schul Freizeit Ordnung' ist vergleichbar mit dem Angebot einer Ganztagsschule, allerdings u.U. unter anderer Trägerschaft)* subsumiert.

Fällen einiger im Internet medial und visuell agierenden Jugendszenen im deutsch-dänischen Grenzraum, welche deutsch-dänische Heterogenitäten im Bereich von ästhetisch-photographischen Aushandlungen als Netzkunst vollziehen.
Ganz anders sieht die Anzahl der jeweiligen deutsch-dänischen Minderheiten an den Projektanträgen aus (DK 10,0 %/D 14,8%, siehe Abbildungen 19, 20). Hier belaufen sich diese im Gesamtdurchschnitt mit 12,4%. Bezieht man diese Prozentzahl auf die Gesamtzahl der Minderheitenangehörigen im Verhältnis zur Gesamtbevölkerung der Grenzregion – diese entspricht für die hier genannte deutsche und dänische Minderheit einem prozentualen Anteil von ca. 7,3-8,0%[76] – dann liegen deren Aktivitäten in diesem Bereich über dem genannten Mittel. Vergleicht man die gesamten Kulturprojekttypen, so beläuft sich der Anteil der Minderheitenbeteiligungen sogar auf 31% (Abb. 7). Dieses starke zahlenmäßige Engagement lässt sich zum einen mit dem selbst formulierten Ziel der Minderheiten, der „Funktion als Brückenbauer zwischen Deutschen und Dänen"[77] fungieren zu wollen, erklären. Zum anderen bedeuten die finanziellen Förderungen dieser Projekte auch eine Entlastung der jeweiligen Minderheitenhaushalte. Inwiefern die Minderheitenkulturen als „hybride Kulturen" (vgl. Kapitel 2.3.2) bezeichnet werden können und inwieweit diese somit in der Lage sind, inter-kulturelle Räume herzustellen, welche für die Mehrheitsbevölkerung von Relevanz sind, scheint zweifelhaft. Die Minderheiten sind einerseits von ihren Kulturbegriffs-Konstruktionen und ihren Identitäts-Bildungsannahmen homogenen traditionsbezogenen Grundannahmen verpflichtet. Ausgangspunkt ist hier ein tendenziell statischer Kulturbegriff,

---

[76] Es liegen keine offiziellen Zählungen der Minderheitenangehörigen südlich und nördlich der Grenze vor. Es handelt sich um Selbstangaben der jeweiligen Minderheitensekretariate. Die deutsche Minderheit in Dänemark besteht aus etwa 15.000- 20.000 Menschen, die dänische Minderheit in Deutschland aus etwa 40.000 Menschen. Bei einer Gesamtbevölkerungszahl von 750.000 im Grenzgebiet ergeben sich somit ca. 7,3-8,0%.
(vgl. URL: http://www.minderheitensekretariat.de/wen-vertreten-wir/die-daenische-minderheit und
URL: http://www.bdn.dk/) [Abgerufen am: 20.07.2014]

[77] vgl. URL: http://www.nordschleswig.dk/ [Aufruf, November 2014]

welcher sich an einer Kernkultur orientiert. Diese wird als bewahrenswert angesehen. Gleichzeitig können in jüngster Zeit Tendenzen beobachtet werden, in denen sich die Minderheiten gerne als ‚Brückenbauer' zwischen den Kulturen definieren. Die als ‚homogen' gedachten Kernkulturen werden in einem selbstreferentiell begründeten Identitätsverständnis kommuniziert und gelebt. Man bleibt seiner ‚Heimatsprache und Kultur', auch im jeweiligen kulturell zu unterscheidenden *Gast*land (das Land in dem die jeweilige Minderheit beheimatet ist, d. A.), ‚treu'. Die Minderheiten üben und tradieren Aspekte der äußeren Schichten der im Zwiebelmodell (Abb. 1) von BLOM und MEIER (vgl. 2004, S.4) verdeutlichten Schichtungen (etwa Sprache und Festbräuche – In Deutschland spricht die dänische Minderheit dänisch und in Dänemark die deutsche Minderheit deutsch). Darüber hinaus spielen auch die eher ‚verborgenen Schichten', die der Werte, Rituale, Helden und Symbole (Kern), in Kindergärten, Schulen und Vereinen eine teilweise tragende Rolle.
Assimilationsprozesse werden als Gefährdung der eigenen Identität und damit des Verlustes von Distinktionsmerkmalen aufgefasst. Wie KÜHL (2004) feststellt, gelingt es aber beiden Minderheiten durch eine Vielzahl historischer Vereinbarungen und kulturpolitischer Regelungen, unter diesen besonderen Bedingungen einem „nachhaltigen Minderheitenmodell" zu ‚funktionieren'. Diese Gruppe, die sich zwischen traditionellen Identitätskonzepten und Assimilierungsprozessen bewegt, wird zunehmend zu einer hybriden Kulturerscheinung. Jene konstruiert und definiert sich – paradox erscheinend – aus Kern-Kulturvorstellungen. So verwundert es nicht, dass in den Projektanträgen insbesondere der ‚Brückenbau' fast ausschließlich zwischen den jeweiligen zweisprachigen Minderheiten vollzogen wird. Von den insgesamt 28 untersuchten Projektanträgen werden nur in *einem* dokumentierten Projekt Institutionen der jeweiligen Mehrheitsbevölkerung als Projektträger genannt, unter *zusätzlicher* Einbeziehung der jeweiligen Minderheiten, hier explizit in der Vermittlungsfunktion ihrer zwei-sprachlichen Kompetenzen. Alle anderen, von den jeweiligen Minderheiten initiierten Projekte, sind zwar als deutsch-dänische Projekte verfasst – etwa in schulischen Kontexten – betrachtet man allerdings die Projektpartner genauer, handelt es sich bei den Partnern um

deutsch-dänische Minderheiteneinrichtungen, die ohne explizite partizipatorische Anteile von Mehrheitsbevölkerung, die KuK-Projekte konzipieren. Genau dort könnten jedoch solche Brückenbaufunktionen für die interkulturellen Kontaktzonen der Mehrheiten von großem Nutzen sein und durch die sprachliche Expertise der Minderheiten gefördert werden.

Bei der differenzierten Betrachtung der institutionellen Herkünfte der einzelnen deutsch-dänischen Projektpartner (Abb. 21+22) wird deutlich erkennbar, dass im Mittelwert 29,7% der teilnehmenden Institutionen Schulformen, welche die Klassen 1-10 repräsentieren, vorrangig sind. Diese werden im dänischen Schulsystem als ‚Folkeskole' bezeichnet. Die deutschen Schultypen von, Grund-, Haupt-, und (Regional-) Realschule sind in einer Rubrik zusammengefasst. Der gymnasiale Bildungsweg beginnt in Dänemark nach Beendigung der 9. Klasse an der Folkeskole. Die Rubrik ‚Gymnasium DK' bezeichnet damit das Äquivalent der deutschen Gymnasien, vergleichbar der ‚Oberstufe' (Sek II).[78]

Die sogenannten dänischen ‚Friskoler'[79] nehmen immerhin mit 13,6% an den KuK-Projekten teil. Diese decken die gleichen Altersgruppen und Klassenstufen wie auch die ‚Folkeskoler' ab. Allein 17 Friskoler existieren im grenznahen Gebiet auf dänischer Seite (vgl. BJERREGAARD, 2000). In der Übersicht fällt auf, dass insbesondere die schulischen Institutionen als Projektinitiatoren gesehen werden können, gefolgt von den Museen. In der differenzierten Betrachtung der Projektanträge wird gleichwohl deutlich, dass die Museen in der Regel als Kooperationspartner für schulische Institutionen fungieren und auf diese Weise die jugendlichen Teilnehmer rekrutieren. Für die Möglichkeiten der Partizipation an KuK-Projekten zeichnen sich somit einige exkludierende Faktoren ab.

---

[78] Einen Überblick über die differenten Schulsysteme liefert die Webseite der Region Sønderjylland-Schleswig.

[79] Fiskoler sind freie Schulen, welche von nichtstaatlichen Trägern betrieben werden. (d.A.) Zu einer ausführlicheren Erklärung und deutschen Übersetzung des dänischen Freischulgesetzes, vgl. BJERREGAARD, 2000.

Abbildung 21: Differenzierung der Kategorie Schule innerhalb der institutionellen Herkünfte der Projektpartner aus Dänemark

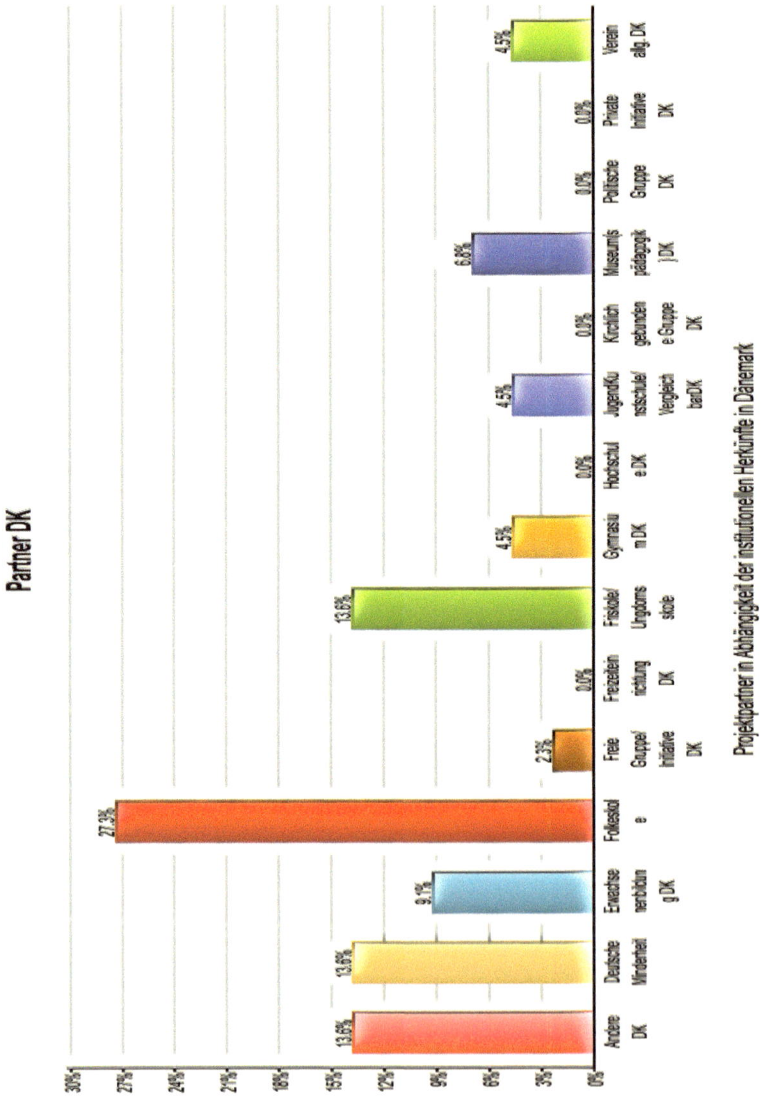

Quelle: Eigene Darstellung

Abbildung 22: Differenzierung der Kategorie Schule innerhalb der institutionellen Herkünfte der Projektpartner aus Deutschland

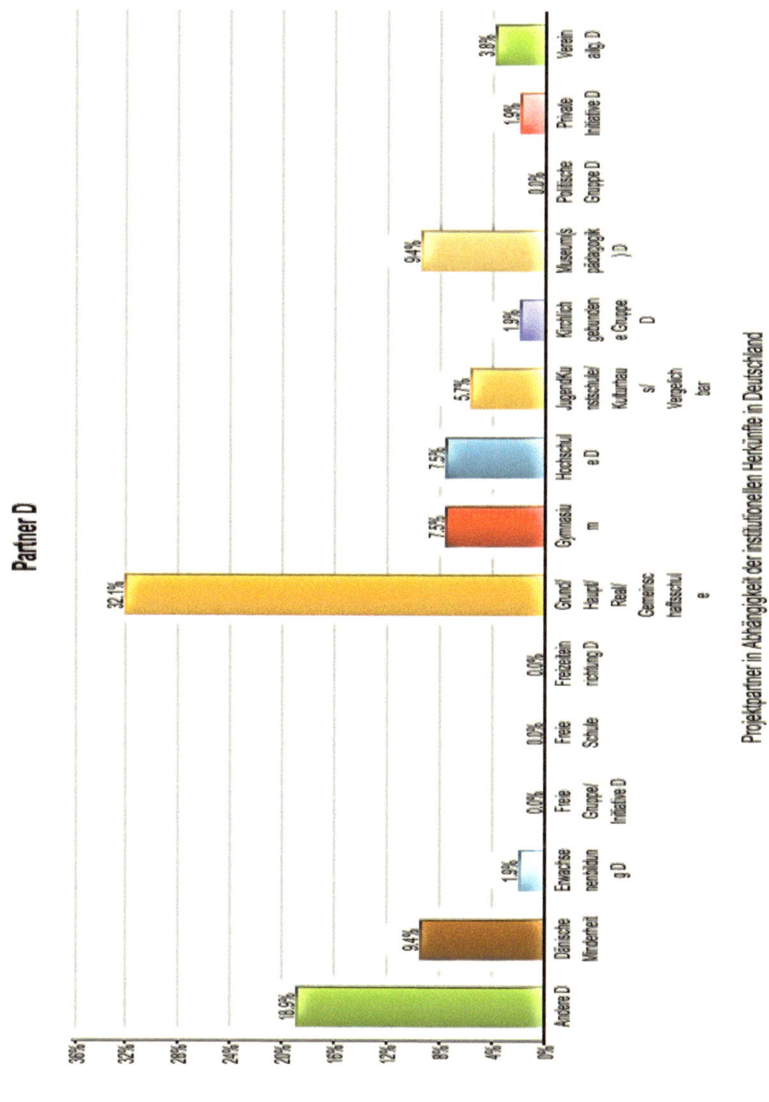

Quelle: Eigene Darstellung

Die Zielgruppe der Kindergärten erscheint überhaupt nicht. Die mögl. Zielgruppe der über 18jährigen und die sich ‚selbstorganisierenden Jugendgruppen' (freie Gruppen) sind nur marginal vertreten. Dass solche ‚autonomen Jugendgruppen' im Grenzland existieren, ist an-zunehmen und dass diese an ‚künstlerischem' Dialogen interessiert sind, zeigt exemplarisch schon die Internet-Recherche von ZAREMBA (2015).

Innerhalb der Projektbeschreibungen werden (für die oben dargestellten Zielgruppen) verschiedenste Projektziele formuliert, welche anhand der Analyse der Codierungen, Merkmale eines „hidden curiculiums" (HETLAND, 2014, S.44) aufdecken können. Die *Orientierung* an den Kompetenzbegriffen, operationalisiert als Codiermatrix, wurde schon ausführlich dargestellt. Die Problematik des Kompetenzbegriffes, im Sinne der Unmöglichkeit einer *einheitlichen* Definition, wird ausführlich in der Studie von ADEN (2011, S.6-24) vollzogen. Darüber hinaus entwickelt KLAUSEN (2014) den Kompetenzbegriff in der Erweiterung des fachübergreifenden Lernens und den jeweiligen Transfer auch für andere Lernfelder. In der hier verhandelten Analyse wird der Begriff der Kompetenzen erst einmal hinsichtlich der in den Projektanträgen explizit oder implizit formulierten, angestrebten Projekt- und Bildungsziele in seiner funktionalistischen Grundorientierung verwandt. Entsprechend geben die Kompetenz*orientierungen* in den Projektanträgen, Informationen zu den „hidden intentions"[80] (MÜLLER/ DIENSBERG 2011, S.32) der handelnden Organisator*innen und KuK-Vermittler*innen als Fakten zum ‚hidden curriculum' der Projekte. Über die Umsetzung, inwieweit sich diese Kompetenzen in den realen Projekten in der Performanz beobachten lassen, können keine Aussagen getroffen werden. Hierzu sei auf die abschließenden Feldbeobachtungen (Teilanalyse IV) dieser Untersuchung verwiesen. In den angestrebten Lernprozessen der Akteur*innen fungiert der mögliche Kompetenzerwerb, im besten Falle als eine Folie von Kenntnissen für *Handlungsmöglichkeiten. Ob nachhaltig,*

80 Der Begriff der „hidden intention" stammt urspr. aus dem Feld des Marketing/BWL und wird meines Wis-sens von MÜLLER/DIENSBERG in den deutschsprachigen Raum eingeführt und bezeichnet versteckte Ziele in (macht-asymmetrischen) Beratungsverhältnissen. Er wird hier im Sinne von versteckten, bewusst oder unbewussten, Lern-Zielorientierungen verwandt.

Abbildung 23: Gesamtheit der Kompetenzorientierungen in den Projektanträgen

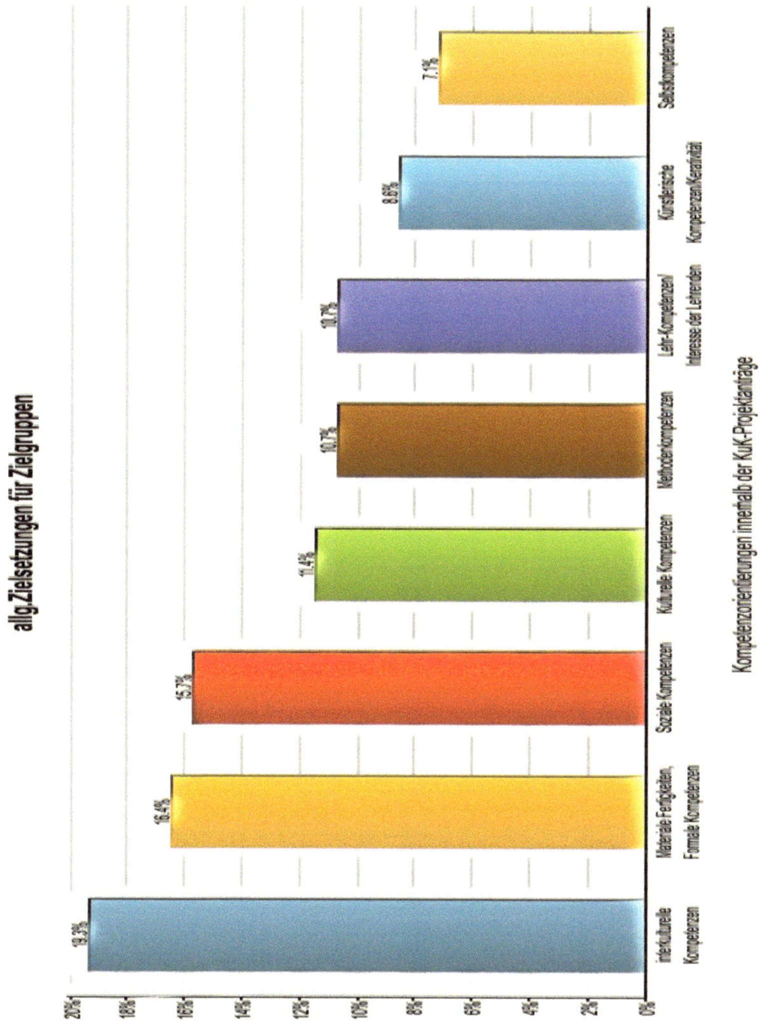

Quelle: Eigene Darstellung

bspw. ‚kompetente/re' Handlungen im interkulturellen Dialog hieraus entstehen, ist nicht verifizierbar. Eine Folgeforschung mit evaluativer Zielsetzung und dem Fokus auf die festzustellenden, *nachhaltigen ‚Kompetenz-Bildungen'* könnte hier vertiefende Einsichten für solche mögl. Transferprozesse eröffnen.[81]

Betrachtet man die Gesamtheit der Kompetenzorientierungen in Abbildung 23, so überrascht es nicht, dass die interkulturelle Kompetenz als primäres Aneignungsfeld in den KuK-Projekten genannt wird. Der Wunsch interkultureller ‚Verwertbarkeiten' ist durch den Kontext der Antragsvorgaben schon vorbestimmt, sodass diese Kategorie der Kompetenzaneignung in nahezu allen Anträgen genannt wird. Vergleicht man jedoch die weiteren Aussagen aus der Fragebogenerhebung mit den Analyse-Ergebnissen der Projektanträge, ist deutlich erkennbar, dass die Bewertungsmuster der einzelnen Kompetenzorientierungen zum Teil voneinander abweichen.

So ist die Bewertung der Aneignung von kulturellen Kompetenzen in den Anträgen oft mit dem ‚Kultur-*Wissen*' über die eigenen und andere Kulturen verknüpft, oft auch als historisches Wissen über die jeweiligen Kulturen, formuliert. Dies belegen die Formulierungen in den Projektbeschreibungen:

- „Die Themen entstammen dem Wunsch, den Schülern eine Einführung in die Geschichte des Grenzlandes zu geben." [82]
- „Ziel ist es (...) den Schülern ein Gefühl zu geben (...) inwieweit Traditionen über Gene-rationen überliefert wurden und wie Sprache an der Grenze von der Geschichte geprägt wurde." [83]
- „Die historische Verbindung in der gemeinsamen, regionalen

[81] Zum generellen Mangel an empirischen Studien über nachhaltige Kompetenz- und Wissensbildung sowie die damit verbundenen methodischen Schwierigkeiten, siehe KLAUSEN: „Teoretisk erkendelse og læring", Studier i Pædagogisk Filosofi 2, 2, 1-18 (2013) und „Transfer and Cohesion in Interdisciplinary Education".

[82] „Emnerne er udvalgt ud fra et ønske om at give eleverne en introduktion til grænselandets historie" (vgl. Projektantrag 9, im Anhang)

[83] „Formålet med emnet er at give eleverne en fornemmelse for, at mange familier i grænselandet har danske og tyske forfædre; hvordan traditioner overleveres gennem generationer; og hvordan sproget i grænselandet bærer præg af historiens gang." (vgl. Projektantrag 9, im Anhang)

Kulturgeschichte wird verdeutlicht (...) u.a. auch über sprachliche Parallelen.“ [84]

- „Mit der geographischen Verortung und der gemeinsamen Geschichte zwischen den Bürgern in der Region (...), ist ein historisches und interkulturelles Band, zwischen dem Nördlichen und Südlichen der Grenze, verknüpft!“ [85] (Übersetzungen; MJH).

Die Bewertung der sozialen Kompetenzaneignungen und deren Bezugsfelder sind dagegen kommensurabel mit den Ergebnissen der Fragebogenerhebung und konnten in den Projektbeschreibungen als bedeutendes Feld der Kompetenzaneignung ausgemacht werden. Dieses trifft auch für die Formal-Kompetenzen Nennungen zu. In Abbildung 23 sind diese als Materiale und Formale Kompetenzen ausgewiesen. Hier geht es um den Umgang mit unterschiedlichen Gestaltungsmaterialien, dem Erlernen von fachlichem Wissen und Fertigkeiten. Hierunter fiel in der Codierung auch die Erwähnung von sprachlichen Lernfeldern, Aspekten von Mediengebrauch und Techniken sowie zielgerichtetem Umsetzen von nützlichem Fachwissen.

Beachtlich ist, dass unter diesem Aspekt Formale Kompetenzen von den 40 codierten Textstellen immerhin 32mal die sprachlichen Kompetenzen erwähnt werden. Dies verdeutlicht in der ‚Antragsrealität' eine ausgeprägte Betonung der sprachlichen Aspekte. Damit unterscheidet sich dieses Ergebnis von jenen in der Fragebogenerhebung. Dort wurden sprachliche Kompetenzen tendenziell als *weniger wichtig* angegebenen. Die erwünschten materialen und formalen Kompetenzen konkretisieren sich an folgenden beispielhaften Aussagen, welche in den Projektzielen formuliert wurden:

- „(...) die Schüler die Zusammenarbeit mit Anderen, mit einer anderen Sprache, ausprobieren zu lassen“ [86]

---

[84] vgl. Projektantrag 11, im Anhang

[85] „Med den geografiske beliggenhed og fælles historie mellem borgerne (...), er der knyttet historiske og interkulturelle bånd nord og syd for grænsen“ (vgl. Projektantrag 5, im Anhang)

[86] „At lade eleverne afprøve samarbejde med andre med et andet sprog“ (vgl. Projektantrag 8, im Anhang)

- „Vielmehr soll diese Literatur- und Präsentationsform mit anderen Kunstformen (z.B. Musik und Livezeichnen) kombiniert und ausgebaut werden, um so eine größere Vielfalt im Projekt zu erreichen" [87]
- „Die großen Herausforderungen, vor denen die Schule steht ist, den Schülern Kompetenzen für digitale Ausdrucksformen zu vermitteln." [88]
- „Über die Portraits (die gezeichneten, MJH) hinaus wünschen wir uns den Gebrauch von IT (Video und Internet) als Medium." [89]

Darüber hinaus werden Begriffe im Feld der formal-materialen Kompetenzen, hinsichtlich des Erlernens von Fachwissen genannt:

- „Livezeichnen beibringen"
- „Performance einüben"
- „Web 2.0 Technologien benutzen"
- „herstellen von Filmen mit dem Handy"
- „Film-Aufnahmetechniken erlernen (Aufnahmetechnik, Soundtechnik. Montage)"
- „deutsch-dänische Architektur erleben"
- „Aquarelle malen"
- „Installationen herstellen"
- „märchenhaftes Basteln"
- „ Artistik"
- „über Farb- und Bildgestaltung diskutieren"

Mögliche Merkmale, wie die Lösung künstlerisch gestalterischer Probleme sowie das ästhetische Erforschen, das Entwickeln und Erarbeiten von Lösungen werden in *keinem* der Projektanträge deutlich. Darüber hinaus bieten die „Code-Relations" beachtenswerte Ergebnisse, indem bei der Auswahl aller Dokumente die inhaltlichen Überschneidungen der Codes grafisch erfasst werden. So wird sichtbar, welche Codes und damit, *welche*

[87] vgl. Projektantrag 10, im Anhang

[88] „Den store udfordring, som skolen står overfor, er at give eleverne kompetencer i forhold til de digitale udtryksformer." (vgl. Projektantrag 11, im Anhang)

[89] „Udover portrætterne ønsker vi at bruge IT (video og Internettet) som medium" (vgl. Projektantrag 12, im Anhang)

Kompetenzaneignungen, thematisch assoziiert werden:

Abbildung 24: „Code-Relations" der Kompetenz-Kategorien

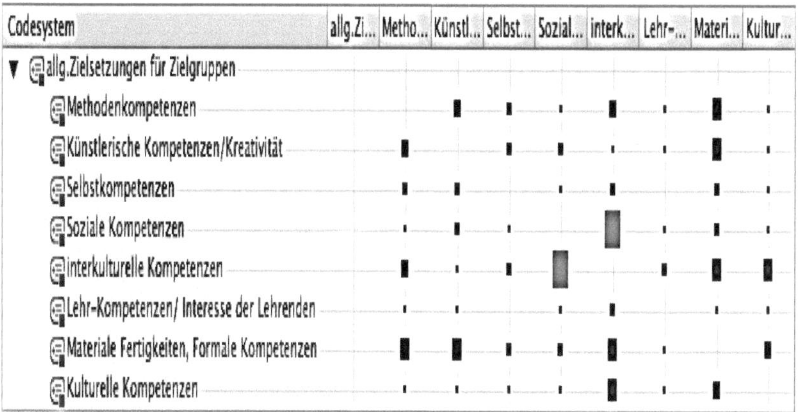

Quelle: Eigene Darstellung

Die Größe der Quadrate gibt den Grad der Überschneidung an. Die Überschneidungen zeigen, teils unerwartete, unterschiedliche inhaltliche Verknüpfungen zwischen den Kompetenzorientierungen. Diese korrelierenden Codes *unterscheiden* sich von den Annahmen der vorangegangen Teilanalyse I.

So werden vor allem interkulturelle Kompetenzen mit dem Einüben sozialer Kompetenzen in Verbindung gebracht. In der nächst stärksten Ausprägung finden sich gleich zwei angenommene Wechselwirkungen in den Projektanträgen; Den Zusammenhang zwischen *kulturellen* Kompetenzen, oben auch als ‚kulturelles Wissen' bezeichnet und den *interkulturellen* Aspekten wird als ebenso relevant bewertet, wie auch die Verknüpfung des Erlernens *materialer und formaler* Fertigkeiten (hierunter Fremdsprachenerwerb s.o.) und *interkulturellen* Kompetenzen.

Auch das Erarbeiten kreativer Problemlösungsstrategien, das analytisch-reflektierende Prozesshafte und das innovative Umsetzen geplanter Handlungen (Merkmale der *Methodenkompetenzen*) werden signifikant in Ver-

bindung mit den formal-materialen Kompetenzen gebracht.
Auf Basis der Daten werden künstlerische und kreative Kompetenzen nur im Zusammenhang mit dem Entwickeln methodischer Fähigkeiten als wesentlich betrachtet. Bedeutsame Zusammenhänge für die Gestaltung interkultureller Möglichkeitsräume werden weder bei den Selbstkompetenzen noch bei den künstlerischen Kompetenzen gesehen. Berücksichtigt man, neben den Zusammenhangsmustern der Kompetenzorientierungen, außerdem solche Codierungen, welche die inhaltlichen Einflussnahmen der jeweiligen Projektpartner abbilden, dann wird folgendes erkennbar:
In den KuK-Projekten zeigt sich eine deutliche Dominanz der *inhaltlichen* Gestaltung durch die Organisatoren resp. den kunstpädagogischen Vermittler*innen. Die Einflussfaktoren reichen von der restriktiven Vorgabe der Themen, teilw. interessengeleitet durch die Vermittler*innen:

- „Wir sind zwei Lehrerinnen von der ███schule in ███, die sich sehr für das Thema Klima und Klimaveränderung interessieren (...) Der Hintergrund für das Projekt (...) sind die kulturellen und historischen Bänder (...)" [90],

über kultur-affirmative Themen wie:

- „Was ist typisch für das deutsche bzw. dänische Weihnachtsfest?"[91] bis hin zu strukturellen Vorgaben mit schulisch orientierten Lernzielformulierungen und thematischen Festlegungen:
- „Auseinandersetzung mit moderner Kunst, Schwerpunkt Expressionismus; Ziel: Umsetzung des Gelernten in eigene kreative Arbeiten. Ausstellung der Produkte in beiden Schulen.
- Auseinandersetzung mit der Geschichte des Dritten Reiches am Beispiel der Kunstpolitik (entartete Kunst)."[92]

In der Fragebogenerhebung zeigt sich ein signifikanter Unterschied in der Bewertung der Projekteinflüsse der Kinder und Jugendlichen zu den Ergebnissen in den Projektbeschreibungen (Abb. 24). In den Projektanträgen werden diese Einflussfaktoren meist so beschrieben, dass der ‚gestalteri-

[90] vgl. Projektantrag 5, im Anhang
[91] vgl. Projektantrag 22, im Anhang
[92] vgl. Projektantrag 23, im Anhang

sche Freiraum' sich allenfalls noch in *Variationen* eines vorgegebenen Themas vollzieht;

- „Zwischen den einzelnen Darbietungen ist für die Kinder Gelegenheit, sich schminken zu lassen, unter Anleitung alte Spiele zu spielen oder Märchenhaftes zu basteln."[93] „Mit dem Ausgangspunkt der Überschrift: Im Garten der Künste (...) soll etwas wachsen können, wird daran gedacht, einen symbolischen Garten in Verbindung mit den Workshops am Ausstellungsort als Teil der Ausstellungseröffnung zu ermöglichen" [94]

Freiräume des ästhetischen Erkundens, des Verwerfens und des zwischenzeitlichen Scheiterns, etwa um kreative Formen des inter-kulturellen Aushandelns zu initiieren, können anhand der obigen Datenlage nicht wiedergegeben werden. Solche kunstpädagogisch begleiteten Möglichkeitsräume für innovative, ästhetische Erforschungen inter-kultureller Umgebungen waren anhand der Fragebogenerhebungen zumindest prognostizierbar – die Dokumentenanalyse deutet eine andere Realität.

[93] vgl. Projektantrag 5, im Anhang

[94] Der er flere muligheder i spil: Med udgangspunkt i overskriften: I kunstens have tænkes gennemført, (...) får noget til gro. En symbolisk have i forbindelse med workshops – og på udstillingsstederne som en del af en fernisering.

Abbildung 25: Einflußnahmen auf die Projektinhalte

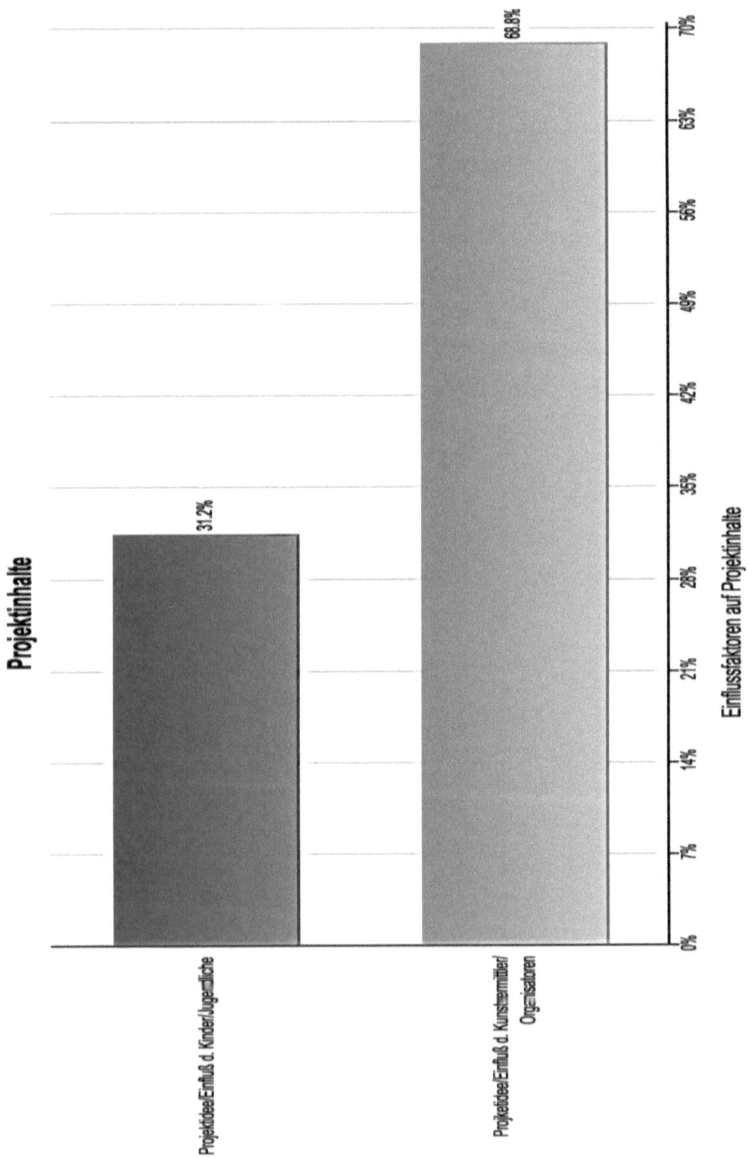

Quelle: Eigene Darstellung

8.6 ZWISCHENFAZIT II

> *„The notion of interrupting failure provides a frame for considering the question, how are moments of failure exploited in socially engaged art pedagogy. The question is one that is germane not only for those who are educators in the formal sense, but for all socially engaged cultural practitioners involved in dialogical artwork."*
>
> Taylor LENNON, 2013

Abgesehen von einer Marginalisierung kunstpädagogischer Prozesse, „Zwischen den einzel-nen Darbietungen"[95] wird ‚Märchenhaftes' gebastelt, werden hier Möglichkeitsräume des forschenden Ausbrechens, des Ausprobierens und des Entwickelns neuer adäquater Inhalte ausgeschlossen. Schon 1996 macht BLOHM auf diese fehlende Anschlussfähigkeit von nur scheinbar freien Gestaltungsräumen und gleichzeitiger thematischer Vorgaben aufmerksam. Wie er feststellt, könnte das Erproben ein „sinnvolles und notwendiges Gegenangebot kunst-pädagogischer Praxis sein". (vgl. ebd., S.11) In interaktiven ästhetischen Orientierungs- und Suchprozessen könnte das Gewahrwerden und Erproben der eigenen Identität und der verknüpften Aushandlungsprozesse mit den Identitäten der ‚Anderen' der zentrale (ästhetische) Erfahrungsbereich solcher Projekte sein. Dieser eigenständige oder wie BLOHM es formuliert, auch „eigensinnige" Weg als phantasievolles In-Fragestellen und Imaginieren von Neuem, wird durch die Vorstrukturierungen der KuK-Projekte und die thematischen Einengungen unmöglich gemacht oder zumindest begrenzt. Die den ästhetischen Such- und Findeprozessen erzeugen so eigene Bewegung zwischen den Momenten des ‚Scheiterns' und des Gelingens. Dies ist ein möglicherweise *zentraler* Anknüpfungspunkt des Dialogischen Prinzips im Sozialen (vgl. LENNON, 2013) in ästhetischen Vermittlungspraxen. Die in den Projektanträgen formulierten Zielsetzungen scheinen solche

[95] vgl. Projektantrag 5, im Anhang

‚eigensinnigen' Aushandlungsprozesse als Perspektive zu versäumen. Die in dieser Untersuchung beobachteten Praxen bestätigen diese Annahmen.

Eine Vorwegnahme:
Diese Variationen des *Ähnlichen und Fertigen* – im oben genannten Beispiel „Im Garten der Künste" werden wohl Blumen entstanden sein – sind in den Feldobservationen genau so beobachtet worden. (vgl. Kapitel 11.4.1, Feldbeobachtung 1). BLOHM macht darauf auf-merksam, dass die Verantwortlichkeiten im Erfahrungslernen der Lehrenden begründet sind und daher die Vermittler*innen ihr Planungsverhalten ändern müssten; „Es gilt, in kleinen Schritten vorzudenken, zu schauen, wie sich Lern- und Erfahrungswege entwickeln und ver-ästeln und ihnen soweit wie möglich zu folgen." (1996, S.10) In den Praxen allerdings erscheinen in einer der Projektobservationen, statt den von BLOHM entsprechenden „25 Vulkan-ausbrüchen bei Nacht im gleichen Format (...)" (ebd., S.11), eine Vielzahl von ‚Piratenschiffen im Meer im gleichen Format'.
In den obigen Zitaten aus den Projektanträgen offenbart sich eine weitere Problematik. Einen Hinweis geben die beiden Begriffe „Ausstellung" und „Ausstellungseröffnung". Zum Einen ermöglichen die Organisationsformen und Projektstrukturen der KuK-Projekte schon aus den zeitlich eng bemessenen Vorgaben (in der Regel handelt es sich um eintägige Projekte) kaum intensive „eigensinnige" Einsichten, zum anderen werden die Projekte mit der zielgerichteten Leistungsanforderung „Ausstellungseröffnung" überfrachtet. Wenn von Beginn an die thematische Einengung mit ergebnisorientierten Verfahren, also vorgedachten Ergebnissen, als ‚Methode' offensichtlich ist, dann deutet dies auf eine maximale Differenz zu den Annahmen der Expert*innen in der Fragebogenerhebung hin.
Die Tendenz von *nicht Kinder und Jugendlebensweltorientierten* Projektinhalten in der Konstellation von interkulturellen Begegnungen als Ergebnis der Datenanalyse ist somit zumindest überraschend. Eine solches Differenzphänomen zwischen Expert*innen-Annahmen und der in der Antragspraxis ausgeführten Projektbeschreibungen kann mit dem von KÄMPF-JANSEN (2008) eingeführten Begriff des „missing Link" (ebd., S.101) gefasst wer-den. KÄMPF-JANSEN beschreibt mit „missing link" die fehlende

Anschlussfähigkeit von Fachtheorie und kunstpädagogischer Lehr-Praxis in Schulkontexten. Dass diese „missing link" auch im Freiraum von KuK-Projekten augenscheinlich wird, ist allerdings keiner von außen gegebenen Strukturanforderung, etwa durch Lernstrukturen, geschuldet. Diese Differenz hat ihre mögl. Ursachen in den von den Akteuren selbst zu verantwortenden non-formalem Lehr- und Lernkonzepten, welche sich in den Projekt-Konzeptionen wiederfinden. Da angenommen werden kann, dass diese Konzepte auf meist impliziten (Kunst-)pädagogiken beruhen, besteht weder Anlass noch eine Notwendigkeit, diese innerhalb der verschiedenen Akteursebenen im Diskurs zu kommunizieren.
Umso mehr ist zu erwarten, dass dieser Sachverhalt der Differenzen, wenn er sich im hier verhandelten *relativen Freiraum* außerschulischer Projekte vollzieht, gravierende Bedeutung für ästhetische Lern- und Lehrkontexte mit interkulturellen Intentionen erlangt. Nach den Ausführungen KÄMPF-JANSENs ist dieses „missing-Link" „das größte Problem des fach-didaktischen Diskurses heute" (ebd., S.102).
Welche Erklärungen für diese Problematiken lassen sich für diesen Umstand formulieren? Wessen subjektive Annahme ist die leitendende im KuK-Projekt? Es ist zu vermuten, dass die Dominanz der Inhalte auf der Subjektivität der Vermittler*innen gründet, die die ‚*Lehr*-Mittel' vornehmlich in den Händen der Lehrenden sehen möchten. Als Mittel sollen hier die Auswahl der materialen Mittel (ästhetische-, künstlerische Materialien, Techniken und Medien), als auch die Setzung der ästhetischen Normen und Thematiken der Lehrenden als repräsentative und exemplarische verstanden werden.
Damit kommt zum ‚Expertentum' der Vermittler*innen zusätzlich die Rolle der *schon* Wissenden hinzu. Die Rollenzuweisung der Lernenden hingegen ist dadurch charakterisiert, dass diese ohne große Mitbestimmungs- und Gestaltungsmöglichkeiten auskommt.

9. Überlegungen zu ersten Problemlösungsstrategien

1) Aus der Beobachtung (bspw. durch Feldstudien) der Lebenswelten von Kindern und Jugendlichen könnten Themenfelder entwickelt werden, welche von diesen als *sinnvoll erlebt werden.* Auch zeitlich vorgeschaltete Einstiegsprojekte könnten solchen Lebenswelterkundungen dienen. Darüber hinaus zeigen die Untersuchungen von ZAREMBA (2011) für den Bereich einer Jugendästhetik, inwieweit *auch* das Internet *ein* hilfreiches methodisches (Er)Forschungswerkzeug sein kann, um selbstinitiativen ‚Jugendkünsten' und ihren lebensweltlichen Thematiken vorurteilsfrei zu begegnen und diese zu erkunden.
   In solcherlei verfassten KuK-Projekten könnten dann die thematischen Aspekte, die Projektideen und die Themen eher kollaborativ ausgehandelt und ausdifferenziert werden. Vielleicht könnten sich auch ganz neue Sinnzusammenhänge ergeben oder es kommt zu radikalen Veränderungen des Arbeits- und Projektvorhabens. Dieser Freiheitsraum wird vom Autor als substantiell erachtet. Möglicherweise liegen hier auch bis dato ungenutzte Chancen, diese adoleszenten Gruppen auf die Möglichkeiten solcher Projektförderungen erst einmal aufmerksam zu machen und zudem eine *alternative und niederschwellige Antragskultur* im Bereich der Förderanträge zu entwickeln. Diese könnten dann über die entsprechenden Jugendzentren und Skole Fritidsordninger kommuniziert und beworben wer-den. Gleiches gilt für die mögl. *aktive* Kontaktaufnahme über Internetplattformen mit freien Gruppen.
2) Freiräume bedeuten eine hohe Anforderung an die Präsenz und Professionalität der Lehrenden als auch der Arbeits- und Organisationsstrukturen. Unterschiedliche, individuelle Arbeiten zum Themenfeld müssten ermöglicht werden, etwa durch einen Werkstattcharakter der unterschiedlichste Materialien und Techniken anbietet oder gar a priori interdisziplinär gedacht ist. In solchen Möglichkeitsräumen, welche auch noch den unbekannten, nicht vorgedachten Materialzusammenhängen und Techniken der Kinder und Jugendlichen einen *selbstbestimmen* Gestaltungsraum bieten, kann das ‚Lern- und Projektklima' sich in ein immanent Demokratisches mit geringeren Machtdistanzen wandeln.

3) In diesem Sinne argumentiert KÄMPF-JANSEN (2008) einerseits interaktionistisch als auch mit einem verborgenen, aber mindestens bemerkenswerten interkulturellem (kunst)pädagogischen Zugang, wenn sie konstatiert: „Statt des Festzementierens, beispielsweise einer überlegenen Ich-Instanz, wäre ein kritisches Hinterfragen subjektiver Geschmacksurteile, das Relativieren eigener Sichtweisen in der Auseinandersetzung mit den Sichtweisen anderer, der Wechsel des Blicks und das Verständnis für andere ästhetische Vorlieben, Bedürfnisse, Einstellungen und Verhaltensweisen angemessen." (ebd., S.104) Die Möglichkeiten des Einübens der interkulturellen Kompetenzfelder; Unvoreingenommenheit, Offenheit, Empathie, geringer Ethnozentrismus, kulturelles Bewusstsein über das ‚Andere' und das Eigene sowie Respekt vom/zum ‚Anderen', Selbst- und Fremdwahrnehmungen, Ambigutitätstoleranzen, Kommunikationsfähigkeiten und Flexibilität, wären in einer *derart* konstituierten kunstpädagogischen Haltung dann immanent!

Im Gegensatz hierzu erscheinen die vordergründig formulierten Zielsetzungen des interkulturellen Dialoges in ihren simplifizierten Ausformungen etwa „Grenzüberschreitender Austausch mit Schülern"[96] oder „Das Ziel ist ein Kulturtreffen deutscher und dänischer Kinder"[97] redundant, als leere Kooperations-Rethoriken.

[96] vgl. Projektantrag 6, im Anhang

[97] „Målet er kulturmødet mellem de Tyske og Danske børn" (vgl. Projektantrag 3, im Anhang)

10. Leitfadengestützte Interviews mit Teilnehmer*innen aus unterschiedlichen Partizipationskontexten - Methodologische und methodische Überlegungen

Die Forschungs-Motivation, qualitative Interviews als dritte Methode der Datenerhebung in die Untersuchung mit einzubeziehen, kann wie folgt beschrieben werden:
Durch geschaffene narrative Räume in den Interviewphasen wurden Spielräume hergestellt, die den Aussagen über die Wirklichkeiten der KuK-Projekte und den damit verbunden unterschiedlichen Erinnerungen, Einstellungen, Gedanken und emotionalen Aspekten, möglicherweise auch den verborgenen Zielsetzungen, begegneten. Der Grundgedanke, dass sich in der Erinnerung und im eher reflektierenden Vorgang des Sprechens möglicherweise überraschende Unterschiede und/oder Gemeinsamkeiten in den *Anschauungen* entdecken lassen, ist *eine* Leitidee. So wurde neben der Semi-Strukturierung der Interviews anhand eines Leitfadens, auf den später noch einmal eingegangen werden wird, die Subjektivität der Befragten, deren Anschauungen, Ideologien und Konstruktionen von Projekt-Wirklichkeiten ins Zentrum gestellt. Dieser einerseits induktiven und offenen Haltung im Interviewverlauf wurde eine Strukturierung durch Leitfragen entgegengestellt. Dieses Vorgehen begründet die gewünschte – vornehmlich konsistente – Vergleichbarkeit der Cases in der qualitativen Analysephase. Ein weiteres Motiv ist aber auch in den Grundannahmen und Überlegungen zur Diversität von TRUNK und HOFSTEDE (vgl. HOFSTEDE, 2011, S.11-47/TRUNK, 2011, S.8ff.) zu finden. Die Fragestellung, inwieweit sich *Funktionalitäts*gedanken von Kunst von SCHMÜCKER et al. in den Gesprächen darstellen (vgl. 2001, S.7-25), ist ein weiterer Beweggrund. Es wird also, in dieser eher fluiden Bewegung, zwischen Wirklichkeitsbeschreibungen, der an dem Feld partizipierenden und den oben erwähnten Grund-

annahmen, ein eher abduktiver[98] Erkenntnisprozess angestrebt. In einer Metapher gesprochen, war die Haltung des Interviewenden, die eines Reisenden, der während der Reise mit den Menschen, die er trifft (interviewt), neues Wissen (sozial-konstruktivistisch) generiert. (vgl. GLÄSER, 2012, S.115f.)

Aufgrund der weiter oben erörterten theoretischen Vorüberlegungen für eine rekonstruktive Untersuchung und der explorativen Fragebogenerhebung als Quasi-Vorstudie ist die Entscheidung getroffen, welche Fälle untersucht werden. Als Strategie der Fallauswahl gilt die Auswahl *typischer Fälle*: Damit wird letztendlich das Prinzip der Repräsentativität von Stichproben in die Fallauswahl der mechanismenorientierten Erklärungsstrategie übertragen. Man versucht, Fälle auszuwählen, die „die charakteristischen Eigenschaften der Fälle besonders klar zum Ausdruck bringen" (GLÄSER, 2012, S.98f.). Nach GLÄSER lässt sich hieraus jedoch keine allgemeine Repräsentativität ableiten. Er empfiehlt daher Vorstudien im empirischen Feld. Dies wurde in der Fallauswahl hinreichend berücksichtigt. So wurden jeweils zwei deutsche und zwei dänische leitende Mitarbeiter*innen aus den kommunalen Kulturinstitutionen interviewt sowie jeweils drei deutsche und drei dänische Künstler*innen, welche an den KuK-Projekten eine zentrale Vermittlungsrolle innehatten. Drei deutsche und drei dänische jugendliche Teilnehmer*innen, die zeitnah an den KuK-Projekten teilgenommen hatten, sowie eine Begleitperson (Lehrerin) einer Gruppe aus Dänemark.

Eine vergleichende Beurteilung und Analyse der im Interview aufgeworfenen Themen wird möglich, indem sämtliche Interviews auf dem gleichen semi-strukturierten Interviewleitaden basieren. Demzufolge ist eine Variation der Variablen im Sinne einer Vergleichbarkeit reduziert. Dies ist inso-

---

[98] *Abduktion* , hier verstanden als Ausgangspunkt für überraschende Erfahrungen; „Die abduktive Vermutung kommt uns blitzartig, Sie ist ein Akt der Einsicht, obwohl von außerordentlich trügerischer Einsicht. Es ist wahr, daß die verschiedenen Elemente der Hypothese zuvor in unserem Geist waren; aber die Idee, das zusammenzubringen, von dem wir nie zuvor geträumt hätten, es zusammenzubringen, lässt blitzartig die neue Vermutung in unserer Kontemplation aufleuchten." PEIRCE (Collected Papers CP 5, S.181)

fern bedeutsam, als dass die Zielgruppen der Befragten sehr unterschiedliche Zugänge und Beziehungen zum Feld aufweisen und demzufolge hinreichend Variationen bzw. Einflussfaktoren für eine vergleichende Analyse vorliegen.

Aus den, in Kapitel 6.1 erwähnten ‚Allgemeinen Leitfragen' bilden sich bestimmte Interessensbereiche im Interview heraus. Diese können wie folgt spezifiziert werden:

- das allgemeine (Selbst)Verständnis im Projekt, etwa als Teilnehmer*in, Vermittler*in, Begleitperson, Organisator, usw.
- mögliche kulturelle Diversitäten
- die Verortung im Spannungsfeld von Kunst und Kunstpädagogik
- die Bedeutung von Kunst und die der Kunstpädagogik
- die partizipativen und der kollaborativen Aspekte
- die Lernzielorientierungen und Funktionalisierungen und damit das „hidden curriculum"
- die Schwierigkeiten und Entwicklungsmöglichkeiten der Projekte.

Die Leitfragen, die der Orientierung im Interview dienen, lauten:

- Was habt ihr euch/Was hast du dir/Was haben Sie sich anfangs gedacht, als ihr/du/sie das/die Projekt/e geplant habt?
- Beschreibe/n du/Sie bitte das Projekt und den Projekttitel?
- Welche Situation(en) war(en) Auslöser für das Projekt? Vor welchem Hintergrund findet das Projekt statt? Welche Rolle spielt der soziale und/oder politische Hintergrund für das Projekt?
- Welche Bedeutung haben die deutsch-dänisch kulturellen Unterschiede (kulturelle Diversität) für Ihre/deine Arbeit als Kunstvermittler*in/Teilnehmer*in/Organisator*in/Kulturverwaltungsfachkraft/ Begleitperson (Lehrer*in)?
- Welche Rolle spielt Kunst in Ihrem/deinem Projekt?
- Was lernen die Teilnehmer*innen in den Projekten? Mit welchen Mitteln erreichst du/erreichen Sie dies?
- Konnten Sie/konntest du an den Ergebnissen Unterschiede in Bezug auf die Unterschiedlichen Kulturen feststellen?
- Wie waren die Teilnehmer*innen genau beteiligt?
    - Gab es Unterschiede im Umgang untereinander?

- Welche Situationen hast du/haben Sie als besonders positiv für den (inter-kulturellen) Austausch erlebt?
- Gab es eventuell Konflikte oder Ausgrenzungen?

- Gab es Reaktionen auf das Projekt? Wie sahen diese aus?
  - Teilnehmer*innen
  - Eltern
  - Presse
- Habt Ihr/ hast du das Projekt ausgewertet? Wenn ja, wie war das Resultat?
- Was wirkte unterstützend für das Projekt, was behinderte das Projekt? Welche Institutionen, welche Strukturen haben das Projekt unterstützt oder behindert?
- Gibt es in deinem/Ihrem Umfeld ähnliche Projekte? Gibt es einen Austausch mit den
  - Organisator*innen?
  - Teilnehmern*innen?
  - Vermittler*innen?
- Was ist für Sie/dich problematisch? Womit warst du/waren Sie unzufrieden?
- Möchtest sie/du noch etwas ergänzen?

10.1 Ziele

Diese Analyse der transkribierten Interviews, welche in deutscher und dänischer Sprache geführt wurden, möchte anhand der ausgewählten Interviewpartner primär rekonstruieren, welche relevanten Dimensionen, welche Unterschiede und Gemeinsamkeiten im Hinblick auf die unterschiedlichen Erfahrungs- und Lebenswelten in Relation zu den KuK-Projekten bestehen und in welcher Weise diese reflektiert und beschrieben werden. Somit könnten auch möglicherweise unterschiedliche oder gemeinsame Bildungsverständnisse sichtbar werden.

Sicherlich kann aus methodologischer Sicht an dieser Stelle darauf hingewiesen werden, dass diese Datenerhebung und die Aufbereitung des Materials der Dominanz von Sprache und Text unterliegt (vgl. PEEZ, 2005, S.142ff.). Im Kapitel 6 wurde bereits dargestellt, inwiefern methodisch, durch die Kombination (Mixed-Methods) mit der teilnehmenden Beobachtung als ergänzendes Datenerhebungsverfahren, eine Validität im Gesamtkontext der Untersuchung erreicht werden kann.

10.2 Rahmung und Kontext

Die Grundstruktur der Untersuchung, nämlich Erfahrungen, Vorstellungen und Gedankengänge deutscher und dänischer kultur- und kunstpädagogisch Handelnder und ihre Leitideen zu den KuK-Projekt-Realitäten zu untersuchen, findet sich dementsprechend auch in der Untersuchungsstrategie und -struktur der Interviews. Vier unterschiedliche Teil-Zielgruppen mit unterschiedlichen Erfahrungshintergründen wurden in beiden Ländern befragt. (vgl. Abb. 26) Hierbei wurde eine paritätische Verteilung in Bezug auf die Lebensmittelpunkte (Nationalitäten) erreicht. Die Zielgruppe der Interviewpartner wurde nach folgenden Aspekten ausgewählt:

- deutscher oder dänischer Lebens- und Arbeitsmittelpunkt – gleichzahlige Verteilung aller durchgeführten Interviews
- möglichst umfassende Kenntnisse und relevante Informationen als ‚Expert*in' solcher KuK-Projekte
- ein hinreichendes breites Spektrums von verschiedenen Perspektiven und Relationen zu KuK-Projekten
- die Bereitschaft Informationen, zu geben

Insgesamt sind 17 (ca. halbstündige) Interviews durchgeführt und transkribiert worden, jeweils in deutscher oder dänischer Sprache. Eines der Interviews liegt als eine E-Mail-Befragung in englischer Sprache vor. Zugrunde liegt immer die native Sprache der/s jeweilig Befragten. Die Ergebnisse der Experteninterviews werden durch eine schriftliche englischsprachige Befragung: ‚Interview questions for Master Students MA SPACE at Limmerick School of Arts and Design/March 2014-03-18', von insgesamt neun Studierenden des dortigen Master Studienganges „Social Practice and the creative Enviroment"[99] durch die Summary-Grid Tabellen im Anhang ergänzt. Hier wurden insbesondere die Aspekte des Gelingens und Aspekte der Behinderung für interkulturelle KuK-Projekte fokussiert. Die jeweilige grundlegende Leitfadenstruktur ist hierbei unverändert.

Abbildung 26: Prozentuale Verteilung der interviewten Zielgruppen-Teilnehmer*innen

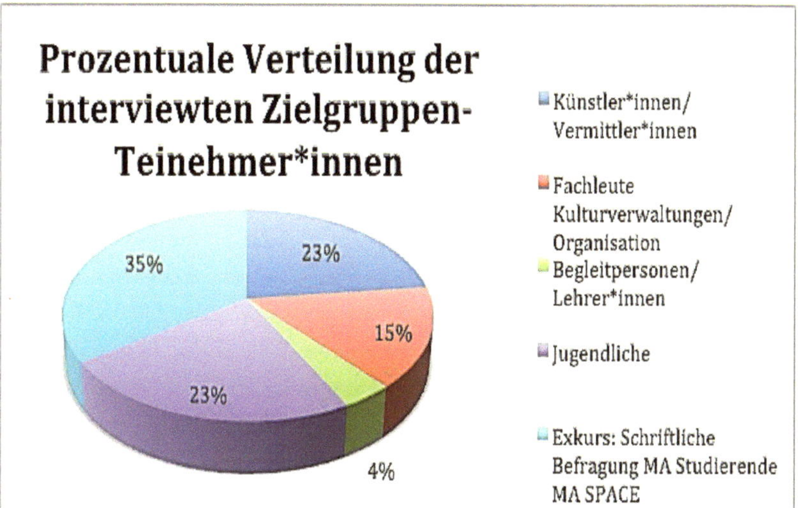

Quelle: Eigene Darstellung

10.3 Operationalisierung – Transskribtionssystem, Durchführung

Die verschiedenen Partizipanten (Organisator*innen, Künstler*innen, Kunstpädagog*innen, Jugendliche, Begleiter*innen, Fachkräfte der Kulturverwaltungen, Studierende) sind in allen Interviews anonymisiert, bzw.

[99] vgl. hierzu: URL: http://www.lit.ie/lsad/Courses/SiteAssets/Introduction%20to%20MA%20SPACE.pdf [Zugriff 26.05.2014]

pseudonymisiert. Dies gilt ebenso für etwaige genannte Projekttitel und/oder Ortsnamen in den geführten Interviews und andere relevante Aussagen, die eine solche Anonymität gefährden könnten.

Der Leitfaden wurde jedoch an die verschiedenen Teil-Zielgruppen angepasst, was sich zum einen an etwa der Auslassung oder Umformulierung bestimmter Fragen darstellen lässt; So wurden etwa die Jugendlichen nicht nach Evaluationen des Projektes befragt. Zum anderen wurde die Sprachverwendung den jeweiligen Sprachgewohnheiten und Lebenswelten versucht anzunähern wie etwa:

> „Ähm (4), wenn du jetzt so ne Skala, ein ‚Resultat' für dich, für das Projekt, bis jetzt, so ein Zwischenresultat geben würdest, wie würdest du das so bewerten für dich? Gut, mit befriedigend, ausreichend? Kann man ja Schulnoten vergeben wenn man will (...)."[100]

Sämtliche Interviews sind nach dem Transkription- und Regelsystem von DRESING durchgeführt (vgl. 2013, S.20-22)[101]. Vorbereitend wurde allen Befragten schriftlich per Email jeweils in deutscher und dänischer Sprache ein Anschreiben über Sinn und Zweck der Befragung zugestellt, verbunden mit der Einladung zu einem Gesprächstermin.[102] Es wurde eine maximale Dauer von einer Stunde pro Interview festgelegt. 16 Interviews wurden face to face in der jeweiligen Sprache der Befragten (Deutsch/Dänisch/ Englisch) durchgeführt. Ein Interviewpartner wünschte ausdrücklich eine schriftliche Email Befragung in englischer Sprache.

In den Befragungen der Studierenden des MA SPACE wurden von neun Studierenden die Fragen schriftlich beantwortet. Die Interviews wurden, soweit gewünscht, an den jeweiligen Arbeitsorten der Befragten durchgeführt. Die Interviews wurden im Zeitraum 2013-2014 durchgeführt.

---

100 vgl. Interview mit P. 16 Jahre, #00:13:27-8#

101 Im Anhang: Transkriptionssystem nach DRESING, 2013: Praxisbuch Interview, Transkription & Analyse. Anleitungen und Regelsysteme für qualitativ Forschende.

102 Im Anhang: Anschreiben „Information für Interviewpartner D/DK".

10.4 Teilanalyse III der leitfadengestützten Interviews

Für die Teilanalyse (Content analysis) der Interviews gelten die Bedingungen und Codierungen, welche in den Kapiteln:

- Exkurs: Zur zentralen Bedeutung des Kategoriensystems als strukturgebendes Element (8.3.1)
- Allgemeine Kategorien der jeweiligen Zielgruppe(n) (8.4.1)
- „Habits of Mind" Kategorien im Codierverfahren (8.4.2)
- „Funktionen der Kunst" und Funktionen von Kunst im kunstpädagogischen Handeln als Kategoriensystem im Codierverfahren (8.4.3)

ausführlich dargelegt sind.

Mit der Analyse der Daten, welche aus den 17 Interviews generiert werden, verbinden sich qualitativ anders zu bewertende Aussagen als die vorherigen Datentypen.
Im Verhältnis zu den oben analysierten Daten der Projektanträge, welche a priori, ohne Basis der Erfahrungen von durchgeführten Projekte erhoben wurden und der Interviews mit Informanten, deren Aussagen a posteriori aus dem Erfahrungspool der Projekte abgeleitet wurden, bewegt sich diese Analyse III von den eher hypothetischen Konstruktionen und angenommenen Bedingungen der Projekte (Fragebogenerhebung) über die konkrete Planung derselben (Projektanträge/-beschreibungen) bis zu den a posteriori reflektierten Einsichten der Informanten. Insofern folgt diese Analyse III einer durch das Forschungsdesign gezielt angelegten Progression.
Betrachtet man die Gesamtheit der Kompetenzorientierungen aller Informanten in den Interviews, so wird eine deutliche Verschiebung von kulturellen, den *Wissens*kompetenzen in Richtung interkultureller, sozialer und Selbstkompetenzen ersichtlich. (vgl. Abb. 27) Eine annähernde Übereinstimmung kann auch bei der Gruppe der jugendlichen Teilnehmer*innen konstatiert werden. *Interkulturelle*- und *soziale* Kompetenz-Orientierungen werden ungefähr übereinstimmend mit den *Selbstkompetenzen* gewichtet. Künstlerische Kompetenzen und materiale Aspekte des Lernens werden erst an vierter, resp. fünfter Stelle genannt. Dies ist beachtens-

wert, insofern die Gesamtheit der Informanten dem affektiven Lernen in den KuK-Projekten eine höhere Priorität zuschreibt, als dem fachlichen Lehren und Lernen.

Abbildung 27: Gesamtheit der Kompetenzorientierungen aller Interviewgruppen: der dänischen *und* deutschen Jugendlichen, Organisator*innen und Vermittler*innen

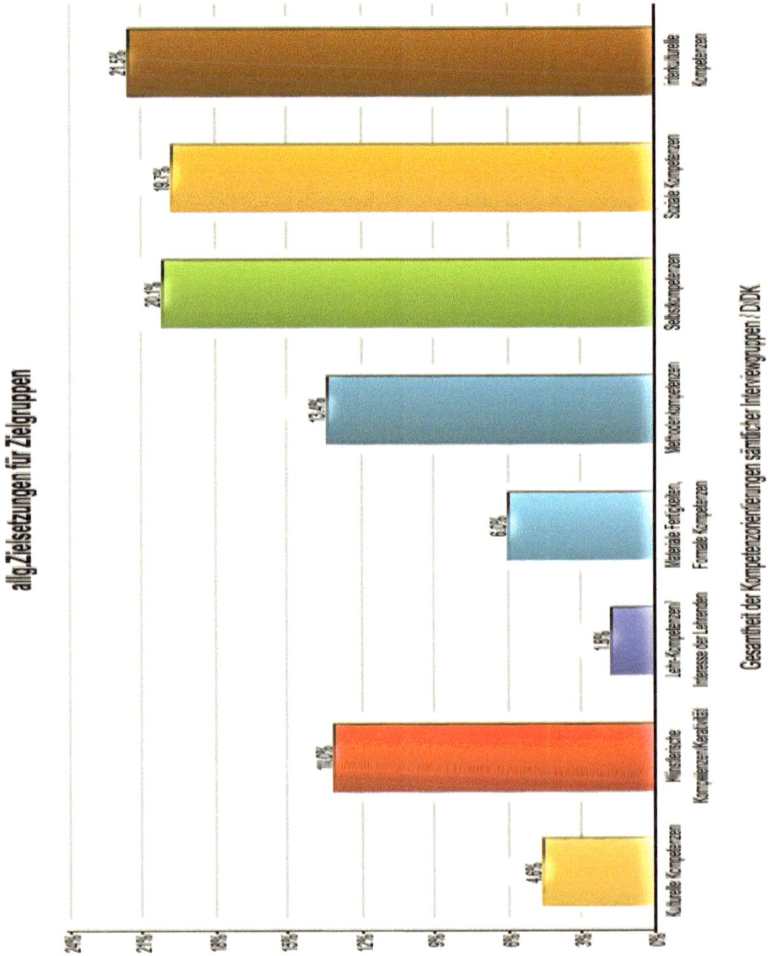

Quelle: Eigene Darstellung

Exkurs: ‚Formal-, Non-formal- und Informal-Education' als Bezugsfelder der affektiven und kognitiven Lehr- und Lernzielorientierungen im KuK-Projekt

Die Begriffsdefinitionen, wie diese von der europäischen Kommission über das Lernen (learning) „Formal education", „non-formal education" und „informal learning" (EUROPEAN COMMISSION LOUXEMBOURG, 2005, S.22f.), werden hier zur Verdeutlichung skizziert:

> ‚Formal education' ist definiert als „education provided in the system of schools, colleges, universities and other formal educational institutions that normally constitutes a continuous 'ladder' of full-time education for children and young people, generally beginning at age of five to seven and continuing up to 20 or 25 years old."(ebd., S.23)
>
> ‚Non-formal education' ist definiert als „any organised and sustained educational activities that do not correspond exactly to the above definition of formal education. Non-formal education may therefore take place both within and outside educational institutions, and cater to persons of all ages. (...) Non-formal education programmes do not necessarily follow the 'ladder' system, and may have a differing duration."(ebd., S.23)
>
> ‚Informal learning' ist definiert als „intentional, but it is less organised and less structured and may include for example learning events (activities) that occur in the family, in the work place, and in the daily life of every person, on a self-directed, family-directed or socially directed basis." (ebd., S.24)

Der Begriff „formale Bildung" (formal education) umfasst alle Bildungsgänge, die zu einem anerkannten Abschluss führen, also innerhalb eines Regelsystems verortet sind. Dies weist auch auf den in aller Regel institutionellen Rahmen dieser Bildungsformen hin (Schule, Universität). Betrachtet man unter diesem Aspekt Kindergärten, so sind diese auch in Teilen der formalen Bildung zuzurechnen, insofern sie in einem institutionellen Rahmen agieren. Insbesondere der, zunehmend an Bedeutung gewinnende, ‚anerkannte Abschluss' in diesen Institutionen lässt eine

solche Argumentation zu. In Kindergärten wird dieser ‚anerkannte Abschluss' mit *Schulreife benannt*.
Die non-formale Bildung dagegen bildet zum großen Teil die Kompetenzen ab, die als unmittelbar ‚verwertbar' gesehen werden können. Hiermit werden die kompetenzorientierten und organisierten Bildungsprozesse in den KuK-Projekten unausgesprochen funktionalisiert und einer Leistungsorientierung untergeordnet. In der deutschen Jugend-Kunstschule sieht man gerne den vom Kulturrat empfohlenen Kulturpaß als Teil des individuellen Karriere-Portfolios. (vgl. ADEN, 201, S.5-8)
Informelles Lernen ist dagegen eine Form intentionalen Aneignens von Kenntnissen und Fähigkeiten außerhalb fremd organisierter Kontexte. Es beschreibt Lernformen, die auch als autodidaktisch und weitgehend selbstgesteuert beschrieben werden könnnen. Das zufällige Lernen, das Lernen ‚en passant' oder ‚random learning' stellt eine Sonderform eines mglw. nicht initiierbaren Lernens dar. Über die strukturellen Voraussetzungen und Bedingungen können so gut wie keine Aussagen getroffen werden, da dieses Lernen a priori als zufälliges erscheint. [103] (vgl. EUROPÄISCHE KOMMISSION 2001, S.33) Es sind genau diese Lernformen des informellen Lernens, wie die des ‚random learning', welche mögliche Qualitäten der KuK-Projekte ausmachen. Im hier untersuchten Feld bewegen sich die KuK-Projekte zwischen formalen Lern-Bindungen, etwa durch Einbeziehung schulischer Kontexte, bis hin zu non-formalen Projekten und informellen Lernstrukturen, abhängig von der jeweiligen Projektstruktur. Gemeinsam sind aber allen, die Möglichkeitsräume non-formaler und informell ausgerichteter Strukturen.
Der Begriff der *affektiven* Lehr- und Lernzielorientierung wird zumeist gemeinsam mit dem Begriff der *kognitiven Lehr- und Lernziele* genannt. Die affektiven Lehr- und Lernziele beziehen sich auf das Vermitteln, das

---

[103] Die Definitionen sind eine Zusammenfassung auf Basis des UNESCO ISCED97-Dokuments, sowie dem Bericht EUROSTAT TF MLLL und dem UNESCO Handbuch für „Non Formal Education" und werden im Aufsatz von Dieter GNAHS: *Momentane und zukünftige Themenfelder und Herausforderungen für die Erwachsenenbildung in Europa* weiter ausgeführt.

Erfahren und den Erwerb von Haltungen und wertorientierten Einstellungen. Die kognitiven Ziele können mit Begriffen wie Wissen, auch Wissen von und über Kulturen, deren Anwendung, der Analyse und Synthese beschrieben werden. Die einzelnen Aspekte können jeweils Vorbedingungen für die jeweils Anderen sein. In den Vermittlungspraxen der KuK-Projekte erscheinen diese vielmals in einer Verschränkung. In den Organisationsformen der KuK-Projekte erscheinen die Lehr- und Lernzielorientierungen daher als dynamischer Prozess zwischen diesen beiden Polen.
Diese Dynamik wird insofern durch die jeweiligen Projektkonzeptionen deutlich, indem bestimmte Lehr- und Lernformen/Kompetenzen deutlicher betont und andere vernachlässigt werden. So bewegen sich die Konzepte und strukturellen Bedingungen der KuK-Projekte zwischen non-formalen Lehr- und Lernformen und meist formalisierten Formen, indem sie bspw. als schulische Erweiterung des Lehrplans fungieren. Der weitaus geringere Teil der Projekte entwickelt Lernfelder, in denen sich die Kinder und Jugendlichen informell in kooperativen Prozessen, also selbstgesteuerten Lernprozessen, (inter-kulturelle) Bildung aneignen. Damit bleiben im ästhetischen KuK-Projekt die Möglichkeitsräume des autodidaktischen Lernens sowie das Erlernen mittels ‚zufälliger' Ereignisse, Erlebnisse und Erfahrungen (Lernen *en passant* oder *random learning*) ungenutzt!
In der nachfolgenden Datenanalyse werden weiterführend solche affektiven und kognitiven Lehr- und Lernzielorientierungen verdeutlicht. Ein vergleichender Blick auf die Ergebnisse der *einzelnen* Imformantengruppen-Kategorien ergibt ein etwas anderes, differenzierteres Bild der Lehr- und Lernorientierungen.
Auf Basis der Daten scheint es naheliegend, dass insbesondere die jugendlichen Teilnehmer beider Länder eine *annähernd gleiche Tendenz* wie die interviewten Gruppen aufweisen, Selbst-, Sozial-, und Interkulturelle Kompetenzen als Lernfelder im Vordergrund zu sehen. (Abbildung 28+29). Bei den Teilnehmer*innen folgt der Erwerb der künstlerischen Kompetenzen und der damit oft verbundene Gewinn materialer Fertigkeiten sowie das Erlangen von Methodenkompetenzen.

Abbildung 28: Gesamtheit der Kompetenzorientierungen der dänischen *und* deutschen jugendlichen Teilnehmer*innen

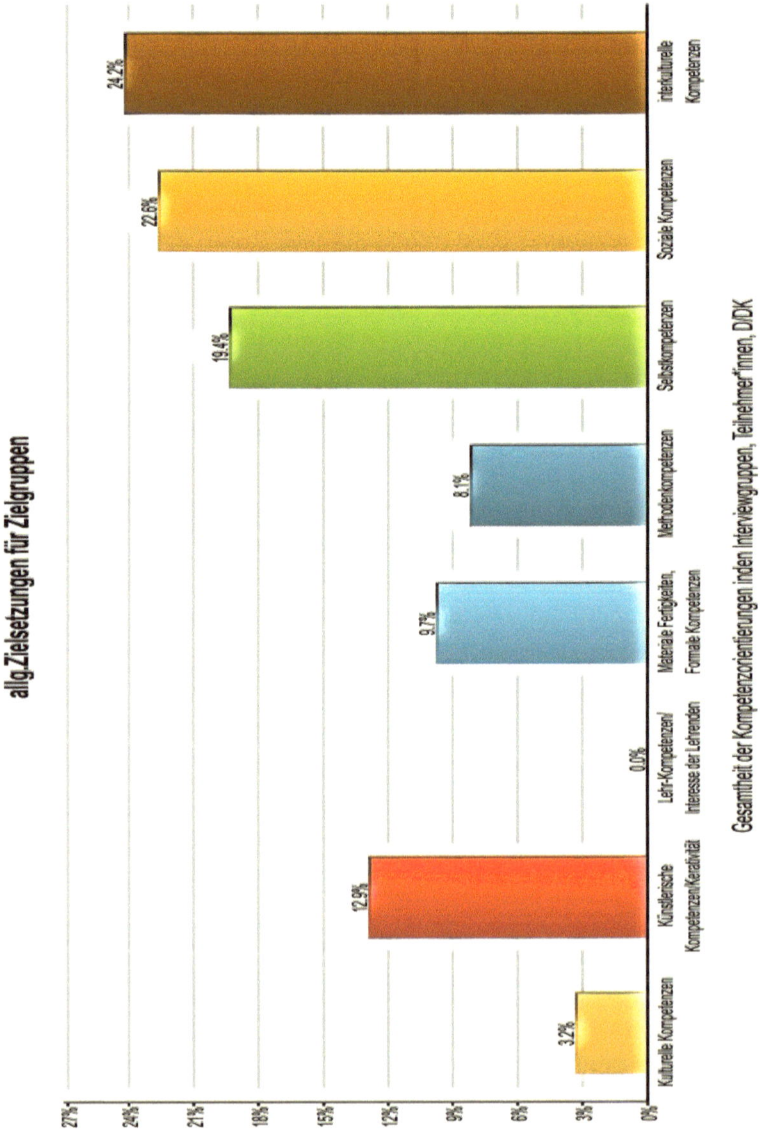

Quelle: Eigene Darstellung

Für die Gruppe der Vermittler*innen kann festgestellt werden, dass hier der identitätsbildende Aspekt (Selbstkompetenz) deutlich im Vordergrund steht, gefolgt von der Vermittlung künstlerischer und damit verbundenen materialen und formalen Kompetenzen (Abbildung 29). Im Vergleich dazu werden kulturelle- und inter-kulturelle Aspekte als die etwas weniger entscheidenden wahrgenommen.

Abbildung 29: Gesamtheit der Kompetenzorientierungen der dänischen *und* deutschen Vermittler*innen, Kunstpädagog*innen

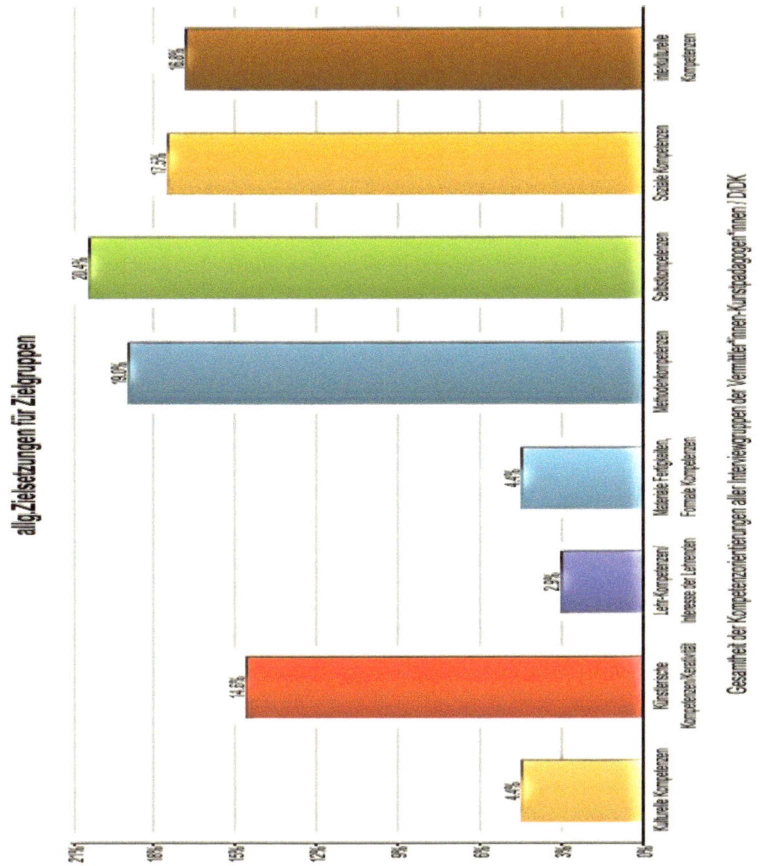

Quelle: Eigene Darstellung

Die Unterschiede in der Lehr-Lern-Orientierung werden deutlich beim vergleichenden Betrachten der dritten Gruppe der Organisator*innen und Kulturverwaltungsmitarbeiter*innen (Abb. 30).

Abbildung 30: Gesamtheit der Kompetenzorientierungen in Interviews, Organisator*innen, Kulturverwaltungen

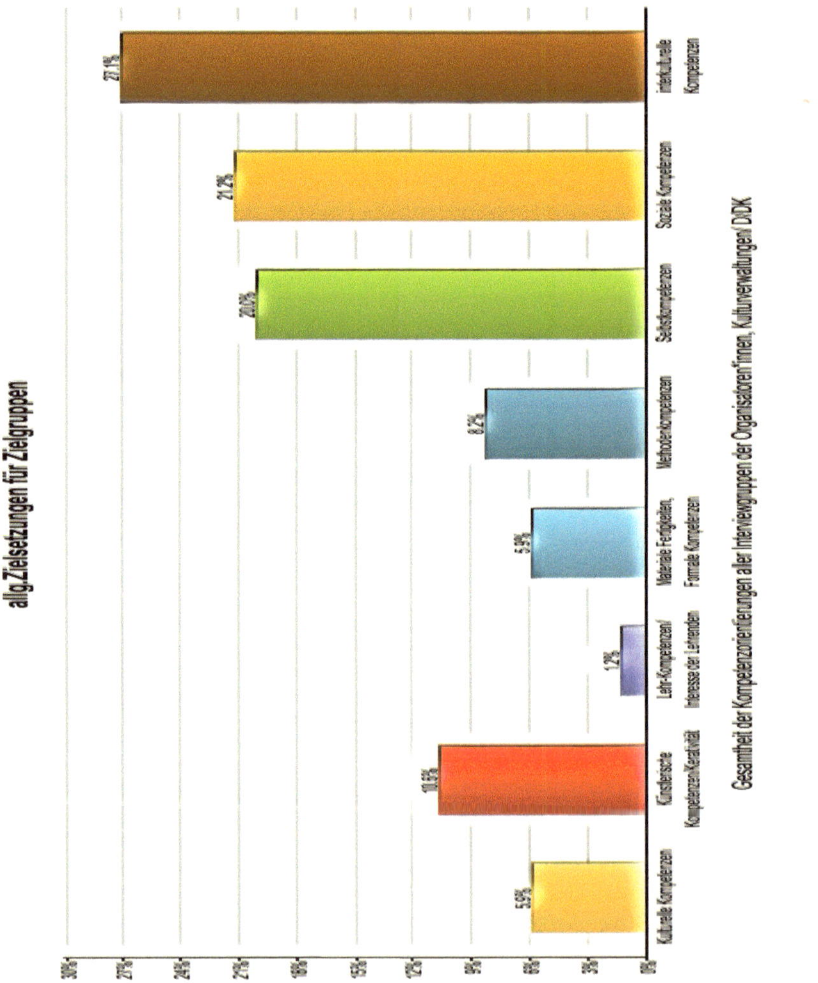

Quelle: Eigene Darstellung

Weniger überraschend ist, dass hier die interkulturelle Orientierung besonders betont wird. Selbst- und Sozial-Kompetenzen werden etwa gleich gewertet. Die künstlerischen, formalen und methodischen Kompetenzen zeigen jedoch eine deutlich geringere Ausprägung. Die Differenzen der unterschiedlichen Akteursgruppen (Teilnehmer*innen, Vermittler*innen, Organisator*innen der Kulturverwaltungen) in ihrer Orientierung an den Lehr- und Lernzielen in den Kompetenzräumen, werden durch eine zusammenfassende Übersicht verdeutlicht (Abb. 31). Hierzu wurden die tendenziell affektiven, wie Interkulturelle-, Kulturelle-, Sozial- und Selbstkompetenzen, sowie die kognitiven Lehr- und Lernbereiche, wie Künstlerische-, Methodische- und Formale Kompetenzen zusammengefasst.

Abbildung 31: Prozentuale Verteilung affektiver und kognitiver Kompetenzorientierungen

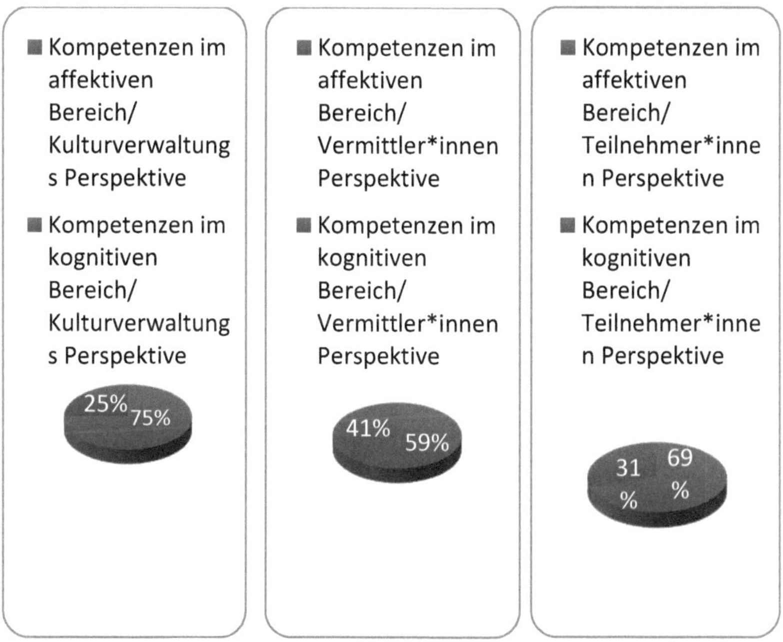

Quelle: Eigene Darstellung

Zu den beachtenswerten Ergebnissen zählen die divergierenden Grundannahmen der verschiedenen Akteursgruppen. Eine deutliche Differenz lässt sich in den Orientierungen der Kulturverwaltungen und denen der Vermittler*innen ausmachen. Während die Fachkräfte aus den Kulturverwaltungen mit 75% den Schwerpunkt der KuK-Projekte in den Kompetenzaneignungen der Feldern des interkulturellen, sozialen und identitätsbildenden, also im werteorientierten affektiven Bereich verorten, zeigen die Daten für die kunstpädagogischen Akteure einen deutlich geringeren Bedarf an diesen Kompetenzen, zugunsten formaler Kompetenzorientierungen. Die jugendlichen Teilnehmer*innen dagegen bewegen sich tendenziell zwischen diesen beiden Auffassungen: Die Jugendlichen zeigen ein deutliches Interesse an den affektiven Lehr- und Lernbereichen, insbesondere im künstlerischen Bereich und vergleichsweise eher Übereinstimmungen mit den Vermittler*innen. Anhand der Ergebnisse kann festgehalten werden, dass hier, insbesondere unter Einbeziehung einer ersten Feindifferenzierung der Daten, zum Teil *sehr unterschiedliche Erwartungshaltungen* für die Lehr- und Lernbereiche vorliegen. Dieses Ergebnis wird bestärkt durch die folgenden Daten, welche die Einschätzungen der Kompetenzaneignungen auf der Folie der länderspezifischen Unterschiede (Abb. 32+33) bezeichnen.

Abbildung 32: Kompetenzorientierungen der Dänischen Organisator*innen

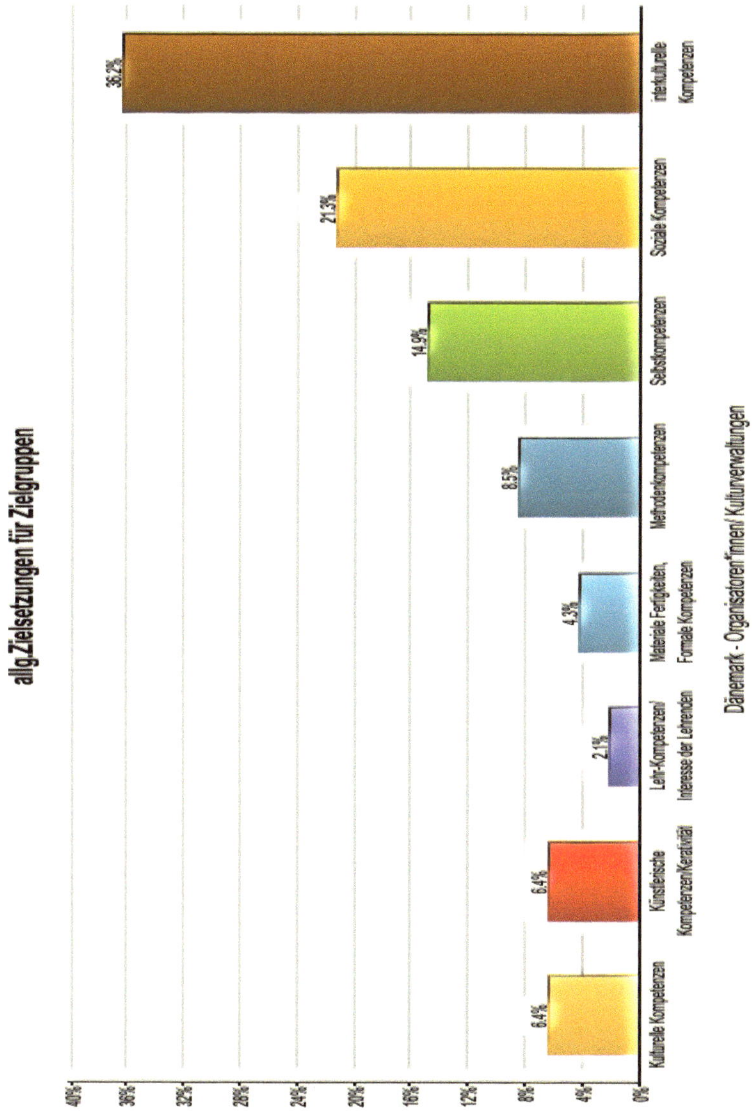

Quelle: Eigene Darstellung

Abbildung 33: Kompetenzorientierungen der Deutschen Organisator*innen

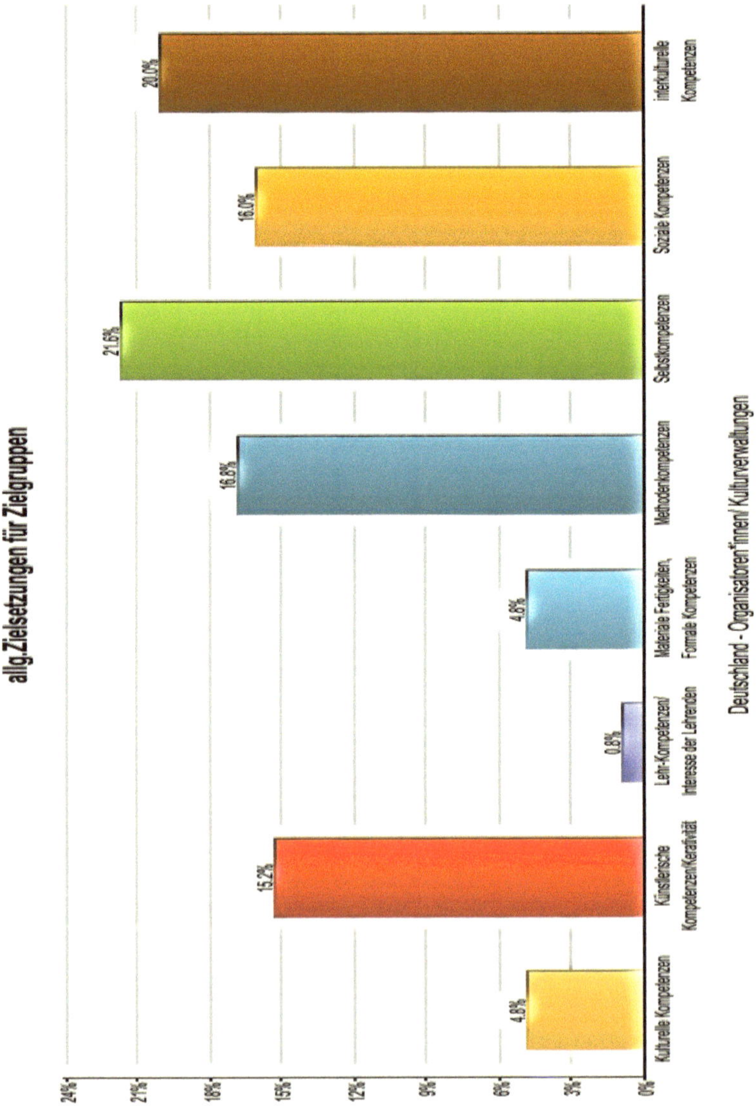

Quelle: Eigene Darstellung

Es ist deutlich erkennbar, dass von Seiten der Organisatoren und Kulturverwaltungen die Bedeutung des affektiven Umfeldes, auf dänischer Seite (78,8%, Abbildung 32) und auf deutscher Seite (79,2%, Abbildung 33) zwar in der Summe nahezu gleich darstellt, dass sich aber in den einzelnen Säulen beachtenswerte Unterschiede festmachen lassen. So bemessen die deutschen Vermittler*innen den künstlerischen Kompetenzen deutlich mehr Bedeutung (15,2%) bei, als die dänischen Kolleg*innen (6,4%). Des Weiteren ist anzunehmen, dass die Entwicklung von Methodenkompetenzen im deutschen Kontext mit 16,2% deutlich im Vordergrund steht. Im dänischen Kontext erscheint diese Orientierung nur in 8,5% der Nennungen. Eine vergleichbar deutliche Differenz zeigt sich im Weiteren für das Segment der Selbstkompetenzen: 21,6% der deutschen Vermittler*innen sehen hier ein wichtigen Schwerpunkt der KuK-Projekte, wogegen nur dies nur 14,6% in der dänischen interviewten Vermittler*innen angeben. Auch für den Bereich der interkulturellen Kompetenzen lassen sich in den jeweils deutschen und dänischen Kontexten der interviewten Vermittler*innen, beträchtliche Unterschiede in der quantitativen Benennung aufzeigen.

Für die Vermittler*innen zeigen sich diese Unterschiede vor allem in den Feldern der sozialen Kompetenzen (Abb. 34+35). Die deutschen Informanten sehen hier mit 24% der Nennungen einen Schwerpunkt in den Lehrzielen. Für die dänischen Informanten scheint das Erlernen sozialer Kompetenzen weniger bedeutsam zu sein (13,8%). Beachtenswert scheint auch, bei etwa gleicher Einschätzung der Bedeutung künstlerischer Kompetenzen, die deutlich unterschiedliche Bewertung der Methodenkompetenzen. Die interviewten Kunstpädagog*innen aus Deutschland beurteilen mit 16% diese als weniger bedeutend als die dänischen Kolleg*innen mit 20,7%. Betrachtet man abschließend den Bereich der formalen Kompetenzen, welcher in der Praxis sowohl mit den Methodenkompetenzen als auch mit den künstlerischen Kompetenzen in einem engen Zusammenhang steht, dann fällt die besonders schwache Beurteilung der ‚praktischen' Lehr- und Lernziele bei beiden Gruppen auf (D: 6,0% Δ DK: 3,4%).

Abbildung 34: Kompetenzorientierungen der interviewten deutschen Vermittler*innen

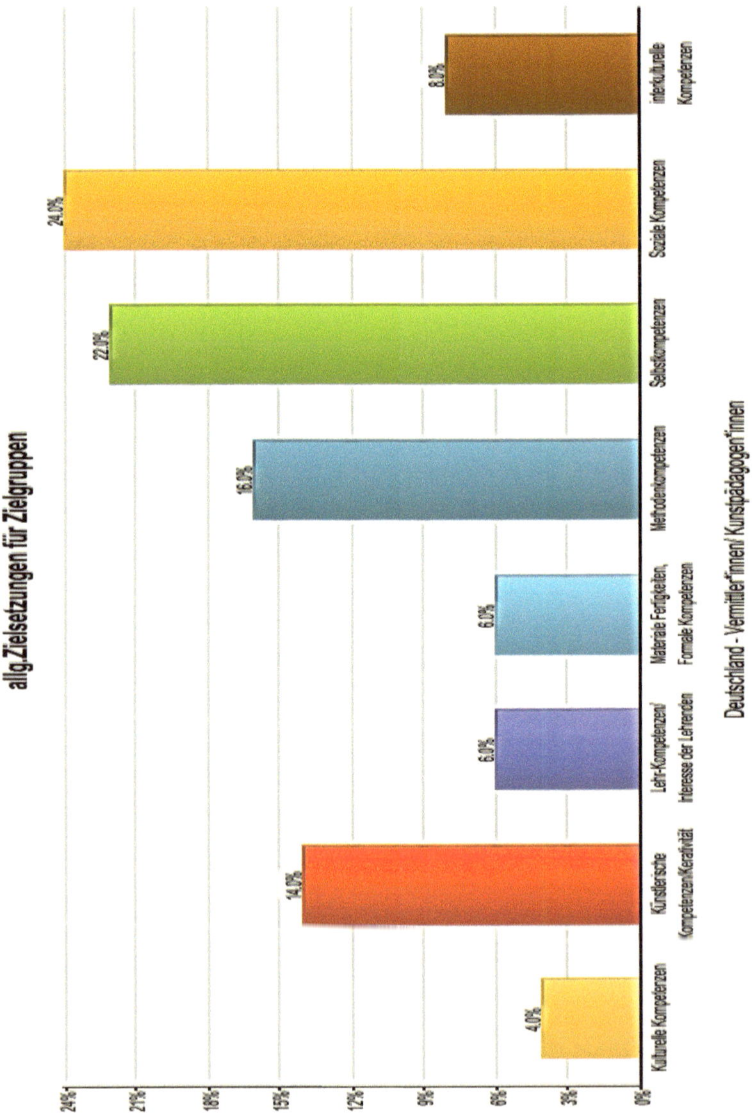

Quelle: Eigene Darstellung

Abbildung 35: Kompetenzorientierungen der interviewten dänischen Vermittler*innen

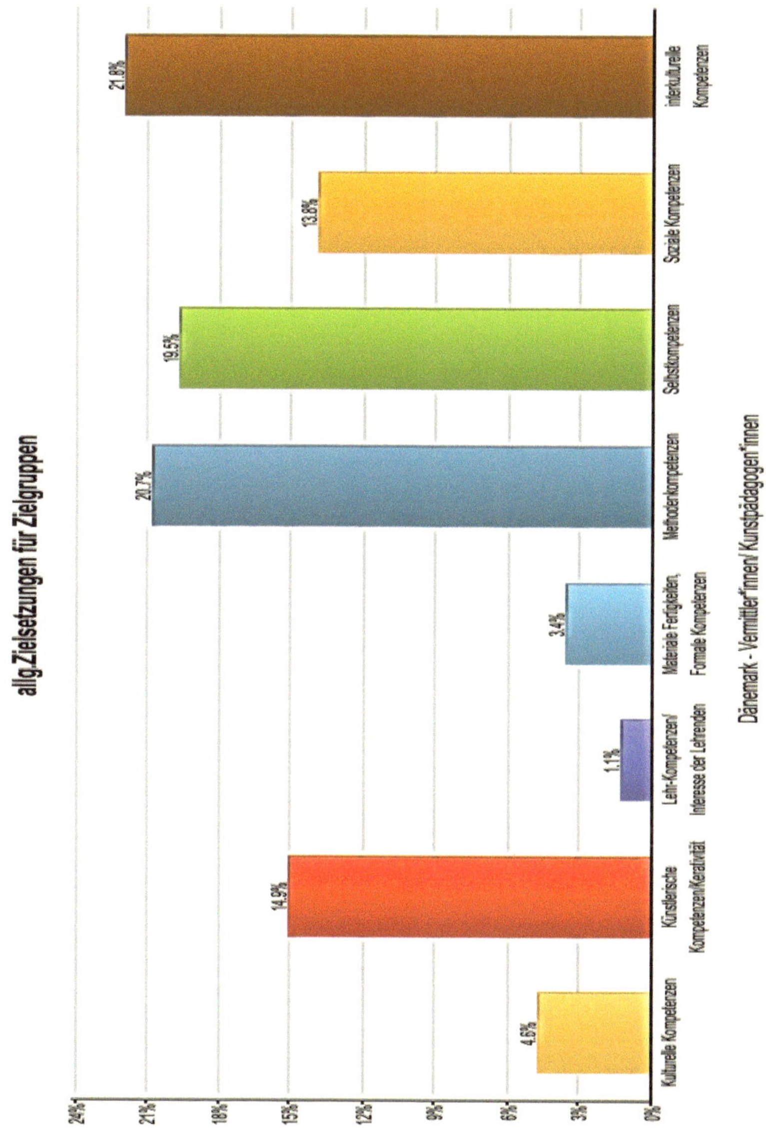

Quelle: Eigene Darstellung

Zusammenfassend können die Tendenzen der allgemeinen Kompetenzorientierungen der Informanten wie folgt beschrieben werden:
Es werden zum Teil erhebliche Unterschiede in den Teildimensionen der Kompetenzorientierungen deutlich. Diskrepanzen bestehen zum einen in den unterschiedlichen Informantengruppen zueinander, wenn etwa die unterschiedlichsten Einschätzungen von der eher handlungsorientierten Lern- und Lehrbereichen von den Kunstpädagog*innen unterschiedlich präferiert werden, wogegen von den Kulturfachkräften und Organisator*innen den eher affektiven Lehr- und Lernzielen eine höhere Bedeutung zugeschrieben wird. Unterscheidet man die einzelnen Informantengruppen außerdem unter den national-kulturellen deutsch-dänischen Aspekten, sind auch innerhalb der jeweiligen Akteursgruppen divergente Orientierungen erkennbar. Eine annähernde Übereinstimmung (3,2% Δ 6,4%) besteht hingegen im Umfeld der kulturellen Wissensaneignungen.
Auf Basis der Daten können folgende divergente Einstellungen (als prozentuale Differenz) in Bezug auf die Kompetenzorientierungen in den Bezugsfeldern der KuK-Projekte festgehalten werden:
Prozentuale Häufigkeitsverteilungen in tendenziell affektiven Lern- und Lehrbereichen:

1) Im Bereich der Identitätsbildung (Selbst Kompetenzen): 14,9% Δ 22%
2) Im Feld des Umgangs mit kultureller Vielfalt (Interkulturelle Kompetenzen): 8% Δ 36,2%
3) In der Domäne sozialer Kommunikationen (Soziale Kompetenzen): 13,8% Δ 24%

Prozentuale Häufigkeitsverteilungen in tendenziell handlungsorientierten und kognitiven Lern- und Lehrbereichen:

1) Im Bezugsfeld kreativer Lösungsstrategien (Methoden Kompetenzen): 8,1% Δ 20,7%
2) Im Bereich sinnhafter, gestaltender Wahrnehmungs- und Handlungsräume (Künstlerische Kompetenzen): 6,4% Δ 15,2%
3) Im Gebiet materialer Fertigkeiten und des (künstlerischen) Fachwissens (Formale Kompetenzen): 3,4% Δ 9,7%

10.4.1 Dispositionen der „Skills und Habits of Mind“

Die oben untersuchten Kompetenzen, welche sich im deutschen Sprachraum aus dem Begriff der *Schlüsselqualifikationen* von MERTENS (1977) und REETZ (1990) ableiten lassen, beschreiben nachvollziehbar die möglichen Kompetenzaneignungen, wie sie spezifisch aus der ästhetischen Praxis gedacht werden könnten. Für die weitere Beantwortung der Forschungsfrage;

> *Welche theoretischen und alltagstheoretischen Konzepte werden von den Akteuren im Feld der KuK-Projekte zur (Re)konstruktion ihrer Wirklichkeiten in diesem kulturellen Bildungsfeld verwandt?*

wird den Forschungsergebnissen und der Sichtweise eines differenzierteren kategorialen Systems für die *künstlerische Bildung* („Arts Education“) von Lois HETLAND und Ellen WINNER et al. (2013, S.1f.) zugestimmt. Sie beziehen sich auf den von PERKINS/JAY und TISHAMN eingeführten englischen Begriff der „Disposition“.

Die Studien von HETLAND et al. (2014) zeigen, dass die „Dispositions“ in Unterrichtssituationen künstlerischer Bildung als die zentralen und grundlegenden Einstellungen der Lehrenden verstanden werden. Diese generieren solche Annahmen, die mit den Begriffen von *Fähigkeiten* („Skills“), *Aufmerksamkeit/Präsenz* („Alertness“) und *Neigung* („Inclination“) gefasst werden können. (vgl., ebd., S.39f und Abb. 36) Die *übergeordneten und den Lehrenden teils unbewussten Leitziele* in der „Arts education“, dienen der Verifizierung möglicher Transferleistungen und der Untersuchung signifikanter Effekte eben dieser künstlerischen Bildungsanstrengung. Die Autoren konstatieren, dass die verhandelten Kompetenzen oder Fähigkeiten (Skills) im Kontext der intrinsischen Dispositionen von Aufmerksamkeit („Alertness)“ und aktiver Zuneigung gesehen werden müssen.

Es wird also konstatiert, dass die Vermittler*innen der künstlerischen Bildung ihre kompe-tenzorientierten Lehrziele generell auf genau dieser Annahme entwickeln. „(...) dispositions that appear to us to be very general kinds of habits of mind (...) we believe these dispositions are central to artistic thinking and behaviour.“ (HETLAND, 2013, S.32)

Abbildung 36: Grundannahmen von Vermittler*innen für die *künstlerische Bildung*

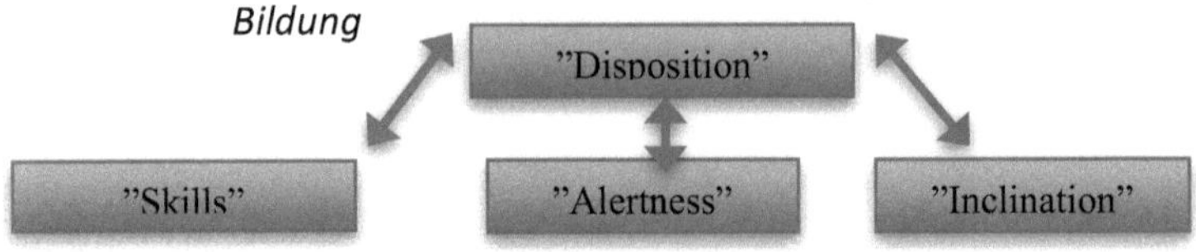

Quelle: Eigene Darstellung

Im hier untersuchten Feld sind diese allgemeinen Skills, welche wiederum inhaltliche Homologien zum Feld der Kompetenzorientierungen zeigen, dahingegen operationalisiert, dass diese in weitere acht differenzierte Kategorien, den „Habits of Mind" (WINNER, 2013, S.6), ausdifferenziert werden. Den Sichtweisen HETLANDs et al. folgend, scheint entscheidend, die Aufmerksamkeit auf eine hier verborgene Taxonomie zu lenken. Die Lehr- und Lernziele werden durch die Kategorien der Kompetenzorientierungen in den Äußerungen der Interviewten noch explizit genannt. Für die *interkulturelle* Kompetenzorientierung kann dies an einem Ankerbeipiel im Interview mit einem dänischen Kunstvermittler dargestellt werden.

- „The Children´s Art Festival is based on the idea of creating cooperation through artistic workshops for children with their neighbors across the border to diminish hate and misunderstanding stemming from previous historical conflicts." (Email-Interview, dänische/r Kunstvermittler*in, R., 02.11.2013)

Die Habits of Mind dagegen deuten schon durch die Begriffswahl *‚Habits'* auf den Umstand *des weniger Bewussten,* auf die *Gewohnheiten* (Habits) hin. Solche Gewohnheiten sind semantisch eng verbunden mit den weiter oben ausführlicher eingeführten Begriffen der „hidden intentions" und des „hidden curriculum". Auf diesen nahezu unbewussten Aspekt deutet auch, dass diese (Habits) weitestgehend nur als teils unscharfe, implizite Andeutungen in den Interviews erwähnt werden. Im angeführten Beispiel wird das „Stretch and explore" im Subtext thematisiert. Am folgenden Beispiel wird dies deutlich:

- „Also, das Erste ist, wie kann ich die Sache so vorbereiten und

> vorstellen, dass es zu den (...) Möglichkeiten kommt, ja; zu Qualitäten kommt; zu einer bestimmten intensiven Auseinandersetzung mit diesem Medium." (Interview mit *deutscher/m* Vermittler*in, R., 04.12.2013)

Die jeweiligen Merkmalsausprägungen der *Habits of Mind* wurden bereits ausführlich im Kapitel 8.4.2 zum Codierleitfaden beschrieben. Die folgenden Datenergebnisse der analysierten 17 Interviews, die aus den Kategorien „Habits of mind" generiert wurden, zeigen nun unter dem Aspekt einer prononciert kunstpädagogischen Betrachtung die folgenden Ergebnisse. Dabei entspricht die Reihenfolge der Analysen dem Weg von der Mesoebene (Organisator*innen) zur Mikroebene I (Vermittler*innen) bis hin zur Mikroebene II (jugendliche Teilnehmer*innen).

10.4.2 Einschätzungen der Mesoebene – Organisator*innen und Kulturverwaltungsfachkräfte

Leitende Kulturverwaltungsangestellte in Dänemark:

> „Jetzt haben sie (die Kinder, MJH) eine Menge von Kunstwerken gemacht und die hängen jetzt auf Schloss X. Die Kinder machten eine gute Erfahrung und ebenso die Eltern. Nun, natürlich ist es interessant zu sehen, was sind das für Bilder, die dabei herausgekommen sind. Es kamen eine Menge von Familien, welche die Bilder sahen, und jetzt sind diese auf Schloss X ausgestellt und bieten so eine kleine Auswahl der Kreativität in Südjütland-Schleswig. Das, denke ich, ist sehr fein (.) sehr fein." [104]

Die Graphik (Abb. 37) zeigt deutliche Differenzen im Vergleich zu den Datenauswertungen der Informanten der Kultur-Organisationsebene.

---

[104] „Nu har vi fået lavet en masse kunstværker, der hænger på ███ slot ikke, ███, børnene fik en god oplevelse, og alle forældre var med. Jamen selvfølgelig er det interessant og høre, hvad det er for nogle billeder, der kom ud af det. Der kom en masse familier og så billederne, og nu hænger de på ███, og giver et lille udsnit af kreativitet i Sønderjylland-Slesvig. Det, synes jeg, er rigtig fint og rigtig fint"

Unter Berücksichtigung der *relativen Häufigkeiten* erscheinen die Aspekte der reflexiven kognitiven Kompetenzen bei den in Deutschland ansässigen Informanten, mit den Nennungen *Reflect, Evaluate, Question and Explain* 49,9% sowie die experimentellen Zugänge des Erkundens und des ‚Neue Wege Beschreitens' (*Stretch and explore*) mit einer signifikanten Gewichtung.

Abbildung 37: „Habits of Mind" deutscher und dänischer Organisator*innen

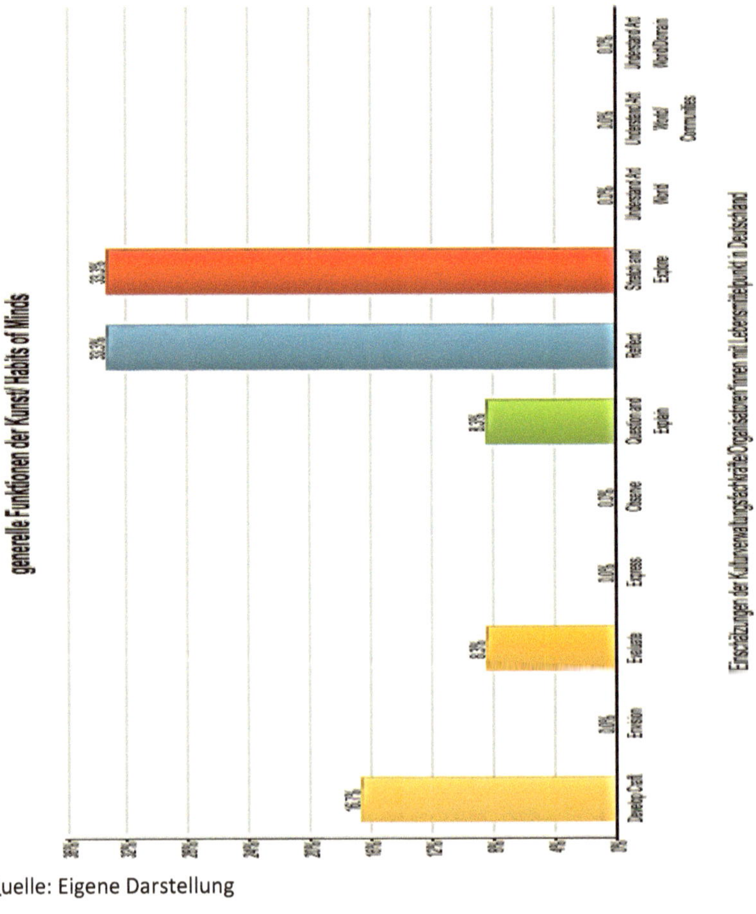

Quelle: Eigene Darstellung

Die dänischen Informanten sehen experimentelle Zugänge als ebenso gewichtig an, betonen jedoch statt der reflexiven Aspekte deutlich mehr den Lehrbereich der künstlerischen-technischen Fertigkeiten (*Develop Craft*, 33%) als die deutschen Informanten.

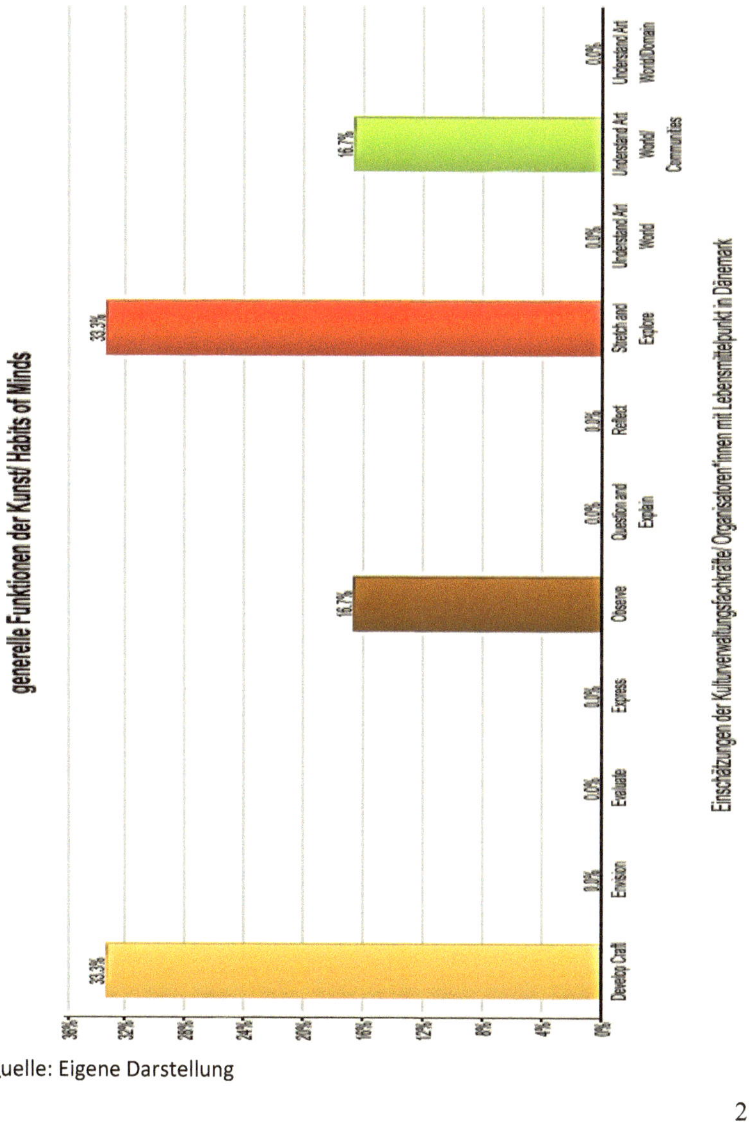

Quelle: Eigene Darstellung

Für die Auffassungen der dänischen Kulturverwaltungs- und Organisationsfachkräfte kann festgestellt werden, dass hier auch ein Interesse an der Vermittlungsmöglichkeiten von kunst- und kultur(historischen) Aspekten (Understand Art World) in KuK-Projekten besteht. Diese Einschätzungen und erwünschten Lehrziele werden durch einige Interview-Dar-stellungen im Folgenden exemplifiziert:

Reflect, Evaluate, Question and Explain, Stretch and Explore:

- „Sie merkten das einfach, dass man es hier mit „mit Fachleuten" zu tun hat, die sie in ihrer Arbeit ernst nahmen und fantastisch begleiteten und gute Ratschläge gaben und nicht locker ließen sondern sagten du, ‚dass kannst du noch besser, jetzt setz dich noch einmal ran, das geht noch'. (...) Auf verschiedenen Ebenen. Was die Arbeitsorganisation angeht – dranbleiben. Es war wirklich so, dass wir teilweise abends sagen mussten, nun ist Schluss, nun mach dich nicht kaputt. Dranbleiben. Bei Windstärke 5, dranbleiben, haben die gearbeitet auf dem Schiff, meine ich. Dranbleiben, wenn es gegen Ende an die Präsentation ging und man musste nochmal üben, nochmal üben. Also dieses, ich trau mir zu, eine Sache durchzuhalten, und da – ich weiß ja, worauf es dir auch ankommt." (Interview mit *deutscher/m* Organisator*in, U., 30.10.2013)
- „Nun, neue Inspiration zu bekommen, ist, glaube ich, auch eine wichtige Sache. Aber da war auch, da gibt es auch die Neugier, die Reflexion an der Sache, nicht wahr? Schau mal, was wir hiermit anstellen/machen können? Und ich habe viele gute Erfahrungen damit. Wo Kinder zusammengezogen zu zeichnen und zu malen, nicht wahr? Denn dann, (...) und dann sich dann trauen und im Verlauf mehr zutrauen mit der Sprache.[105] (Interview mit *dänischer/m* Organisator*in, B., 09.09.2013, Ü.v. MJH)

105 „Jamen, få ny inspiration, reflektioner, det synes jeg da også er en vigtig ting. Men det var jo også, der er også nysgerrighed i det, ikke også? Se, hvad kan vi med det her? Og jeg har haft mange rigtig gode oplevelser med det. Hvor børn finder sammen omkring at tegne og male sammen, ikke også? Fordi, altså, og så tør op og tør lidt mere med sprog hen ad vejen."

Develop Craft:

- „Bei vielen Projekten handelt es sich ja darum, so viel wie möglich Interesse (...) für die ein oder andere, bestimmte künstlerische Ausdrucksform zu schaffen. „(...) und herauszufinden, na ja, hier ist ein Talent, da ist etwas, mit dem wir weiterarbeiten können. Da haben wir jemanden, der könnte auf dem Musikkonservatorium enden oder der Kunst-akademie oder anderes, was sich zu etwas entwickeln könnte (...)“[106] (Interview mit *dänischer/m* Organisator*in, S., 06.09.2013, Ü.v. MJH)
- „Also, alle beteiligten Künstler waren sich darüber einig: hohes Niveau ansetzen. Das war ganz wichtig. Hoher künstlerischer Anspruch. Und da ging es nicht um ein bisschen matschen, um ein bisschen malen, um ein bisschen literarisch sich äußern, sondern die Künstler waren mit einer Ernsthaftigkeit und mit einem hohen Anspruch dabei; mit einem hohen Anspruch zu allererst an sich selbst und an die Ideen. (...) Nein, dieses, das war dies Dranbleiben, dann das sich Zutrauen, auf einmal in ganz anderen Bereichen, die sie vorher noch nicht kennengelernt haben, zu arbeiten. Dann, ähm war das künstlerische Tun, Handeln, war die Begegnungsebene. (...) Es geschah durch Aktivität.“ (Interview mit *deutscher/m* Organisator*in, U., 30.10.2013)

10.4.3 Sichtweisen der Mikroebene I – Kunstpädagog*innen

R., Vermittler:

„Also, wie kann ich das als jemand, der dafür verantwortlich ist, so generieren, dass Qualität entsteht? Ja, oder Intensität. Intensität und Qualität.

Das Erste war nicht unbedingt jetzt die Qualität der Arbeit, aber ich hatte immer das Bedürfnis,

[106] „Så mange af projekterne handler jo om at få skabt en interesse for (...) en bestemt kunstnerisk udtryks-form (...), jamen er der er et talent her, er der noget at arbejde videre med, har vi en der kunne ende på musikkonservatoriet eller Academy Arts eller et eller andet, som faktisk kunne blive til noget, (...).“

dass die Jugendlichen möglichst intensiv eintauchen können."

Abbildung 38: „Habits of Mind" dänischer Vermittler*innen

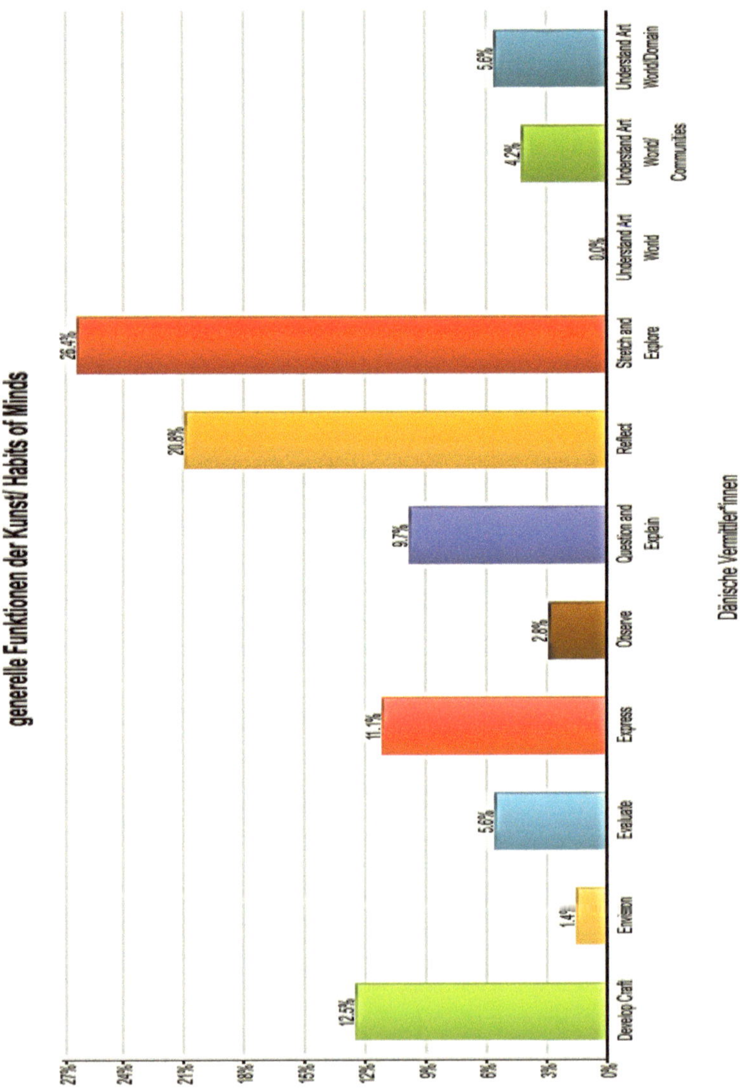

Quelle: Eigene Darstellung

Abbildung 39: „Habits of Mind“ deutscher Vermittler*innen

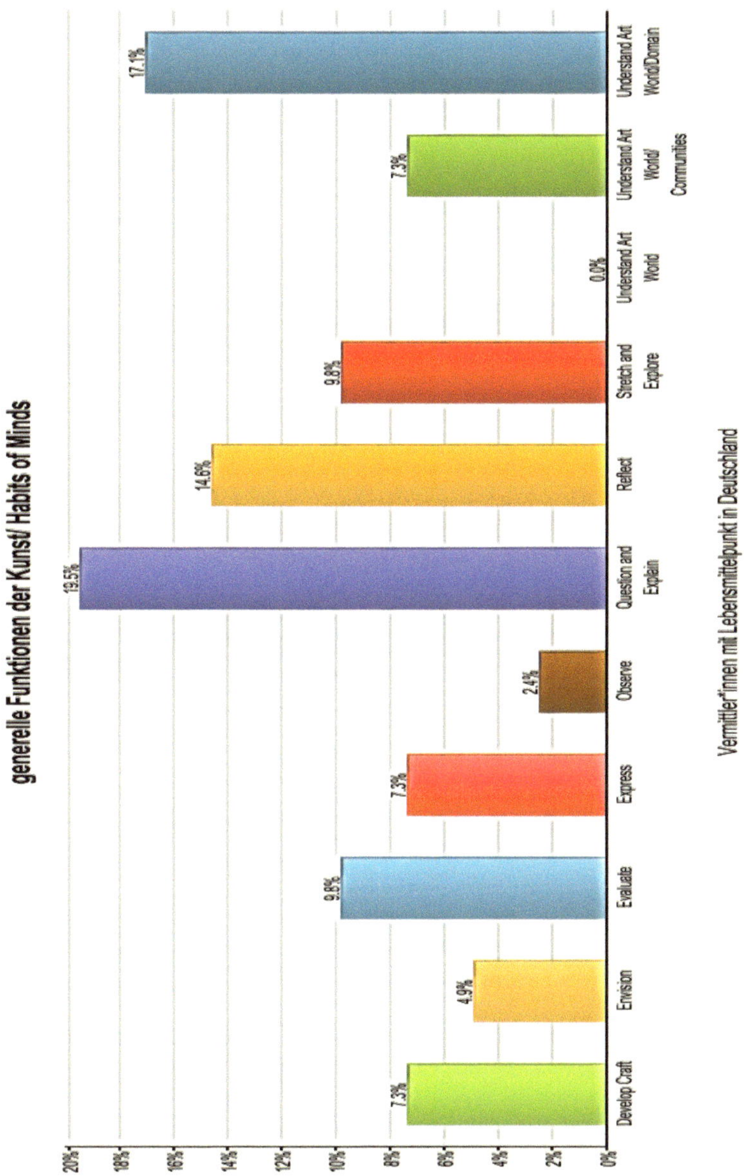

Quelle: Eigene Darstellung

Die Interviewauswertungen der Daten von deutschen und dänischen Kunstpädagog*innen zeigen einen deutlichen Schwerpunkt bezogen auf deren Lehrziel-Orientierung für das Feld der *reflexiven Kompetenzen* (*Reflect, Evaluate, Question and Explain*).

Hierbei zeigen die national unterschiedenen Informanten durchaus auch vergleichbare Ansichten, wie in einzelnen Ankerbeispielen aus den Interviews sichtbar wird;

- „Hier geht's immer darum, dass sie sich ihre Sachen angucken und versuchen zu verstehen, ‚was habe ich eigentlich gemacht?' und nicht irgendwas machen und jetzt das nächste Blatt." (Interview mit *deutscher/m* Vermittler*in, D., 05.08.2013)
- „Da kann es schon mal sehr gut sein, wenn man sie (die Jugendlichen, MJH) dazu zwingt (weniger Druck auf dem Wort ‚zwingen') auf andere Weise zu denken. So etwa, um was geht es hier *eigentlich?*" [107] (Interview mit *dänischer/m* Vermittler*in, J., 27.08.2013, Übersetzung, MJH)
- „Nicht wahr, es handelt sich hier um einen Erkenntnisprozess? (...) so tragen doch die meisten Menschen einige Begebenheit in sich, welche verschlossen sind (...) Ja, sie kriegen ja durch ihr Verhalten innerhalb der Projektarbeit ein Feedback, kriegen sie Reaktionen, man geht miteinander um, wie auch immer."[108] (Interview mit *deutscher/m* Vermittler*in, R., 04.12.2013)

Deutliche Unterschiede zeigen sich wiederum in der Beurteilung der Bedeutung der Lehr- und Lernziele im Feld des ästhetischen Erforschens (*Stretch and Explore*). Dieser eher experimentelle Zugang des

---

[107] Altså det kan være meget godt at *tvinge* ⍰der er et mindre tryk på 'tvinge'.⍰ dem til og tænke på en anden måde. Altså en. Hvad handler det egentlig om altså?" (Übersetzungen d.A.)

[108] „Det er en erkendelsesproces, ikke også? So s, at den er der, ikke? At måske har de fleste mennesker nogle ting indespærret i sig selv, som man (...) hvad skal vi kalde det, samfundet det er jo til for at lave os til firkantet kasser, der kan passe i den reol, som samfundet er, ikke? Og det er vi meget gode til, men når man så tager kassen ud af reolen, og siger, nu er der ikke nogen reol mere, nu kan du få kassen til at eksplodere, hvad sker der så, ikke? Og (...) og det er jo en voldsom nyskabelse for rigtig mange, ikke?"

‚spielerischen' explorativen Lernens durch Versuch und Irrtum wird von den dänischen Vermittler*innen deutlich stärker betont.
Des Weiteren scheint der Aspekt des *Understand Art Worlds* als Auseinandersetzung mit derzeitigen Kunstpositionen ein maßgebliches Lehrziel der Vermittler*innen zu sein. Hierbei betonen die deutschen Kunst-Vermittler*innen diesen Aspekt stärker mit 24,4% (Abb. 39) gegenüber den dänischen Vermittler*innen mit 9,8% (Abb. 38). Einige unterschiedliche Aspekte dieses Lehrzielbereichs werden im folgenden exemplarisch, mittels Interviews-Aussagen, dargestellt:

- „So, und da sollten die dann Arbeiten entstehen lassen, die Themen aufgreifen in den Bildern und sollten zusammen mit den äh/mit dem Material, was sie haben, wir haben auch die kopiert, die Dix-Radierungen, ja das konnten wir auch zerschneiden und verändern." (Interview mit *deutscher/m* Vermittler*in, W., 04.12.2013)
- „Und da hatte ich mit diesen Jugendlichen, die da eingeladen waren, diese Ausstellung zu bearbeiten und das haben wir auch gemacht, in dem wir uns Bilder angeguckt haben, die haben die mitgebracht aus dem Internet. Ich habe Zeitschriften mitgebracht, haben die auch, einfach um Vergleiche aufzustellen, wie sieht das in den aktuellen Medien aus, Gewalt, für die natürlich sehr spannend, auch sexuelle Gewalt, also weil das denen einfach als Thema näher ist, und da haben sie mit zu tun." (Interview mit *deutscher/m* Vermittler*in, W., 04.12.2013)
- „Und am Anfang konnte ich das schon sehen mit Wurm (Erwin Wurm, MJH), das war dann schon ein bißchen so, das die (die Jugendlichen, MJH) dort saßen und etwas darauf lauerten. Aber als sie dann angefangen hatten (...) dem widmen sich ja Teenager besonders gerne (...)" [109] (Interview mit *dänischer/m* Vermittler *in, J., 27.08.2013, Übersetzung MJH)

---

[109] „Og i starten kunne jeg jo godt se med Wurm, at det var sådan lidt, de sad og lurede noget på det. Men efterhånden som de kom i gang, og de ikke var bange for at se dumme ud, for *det* går sådan nogle jo meget op i, specielt teenagere og sådan, de (...)"

- „The children have also used their new found knowledge of the museum collections in an active and creative fashion through their art works that are then exhibited in the museums as an art event for children, parents and museum visitors.“ (Email-Interview, dänische/r Kunstvermittler*in, R., 02.11.2013)
- „Na, sie eignen sich oder sie können eigene/aneignen ist eigentlich gar nicht so richtig, ähm (...) im Endeffekt ähm erstens sie lernen künstlerische Techniken kennen oder künstlerische Ausdrucksformen kennen, an wo sie sonst vielleicht schwieriger 'nen Zugang hätten; wo auch Erwachsene schwierigen Zugang haben, teilweise jedenfalls. Gut, Erwin Wurm ist ja relativ verspielt, das heißt ich habe 'ne Retrospektive in den Deichtorhallen gesehen von Erwin Wurm, da lachst du irgendwie in der halben Ausstellung mindestens, wenn du auch nur ansatzweise Humor hat, ne. Bei Cindy Sherman bei den Portraits Selbstinszenierung kann man das auch, aber sie ist ja sehr sehr schräg, das heißt, da ist dann eher so, okay was will sie jetzt eigentlich, das Ding. Fragst du dich bei Erwin Wurm wahrscheinlich auch nicht. Egal. Ähm. Was war die Frage?“ (Interview mit *deutscher/m* Vermittler*in, D., 05.08.2013)

Das Gebiet des gestalterischen *Handelns (Develop Craft*) und das des *sich emotional Ausdrückens* in den visuellen Medien *(Express),* welche generalisierend gerne mit den künstlerischen Bildungsanstrengungen verbunden werden, erfährt von deutschen und dänischen Vermittler*innen-Gruppen in Relation zu den reflexiven Kompetenzen deutlich weniger Beachtung. Die im künstlerischen Gestaltungsprozess und in Lernprozessen taxonomisch (1.Aufnehmen ⍰ 2.Vorstellen ⍰ 3.Reagieren) vorgelagerten Bereiche des aktiven Wahrnehmens und Beobachtens von Umwelten (*Observe*) sowie die apperzeptive Leistung des sich Bildlich-Vorstellens (*Envasion*) scheinen bei den kunstpädagogisch Handelnden eine weniger gewichtige Rolle einzunehmen.

10.4.4 Sichtweisen der Mikroebene II – jugendliche Teilnehmer*innen

Jugendliche Teilnehmerin, K.:

I: Aber, von den dänischen Teilnehmern kanntest du aber niemanden?

B: Ich weiß nicht mal wer die sind.

I: Okay. (4) Also in so einem Projekt kann man ja Leute kennen lernen, so aus anderen Ländern. Das ist ja auch ein bisschen vielleicht möglich jetzt hier. Ist das für dich wichtig oder ist das zweitrangig?

B: Zweitrangig. Als erstes, dass man Spaß hat

Auf Basis der *relativen Häufigkeiten* zeigen auch die Nennungen der jugendlichen Teilnehmer*innen, wie schon in den oben dargestellten Analysen, auffällige Divergenzen hin-sichtlich ihrer jeweiligen Orientier-ungen in den KuK-Projekten (Abb.40).

Der Bereich der reflexiven Fähigkeiten (*Reflect*, 20%) wird von den deutschen Jugendlichen etwas höher bewertet als bei der dänischen Vergleichsgruppe (*Evaluate*, 12,5%). Darüber hinaus besteht hier auch ein qualitativer Unterschied. Eine differente Fokussierung des Reflexiven, von der tendenziellen Introspektion (*Reflect*) der deutschen Teilnehmer*innen zu einer mehr am Werkprozess orientierten, evaluativen (*Evaluate*) Betrachtung der däni-schen Jugendlichen.

Abbildung 40: „Habits of Mind" dänischer und deutscher Teilnehmer*innen

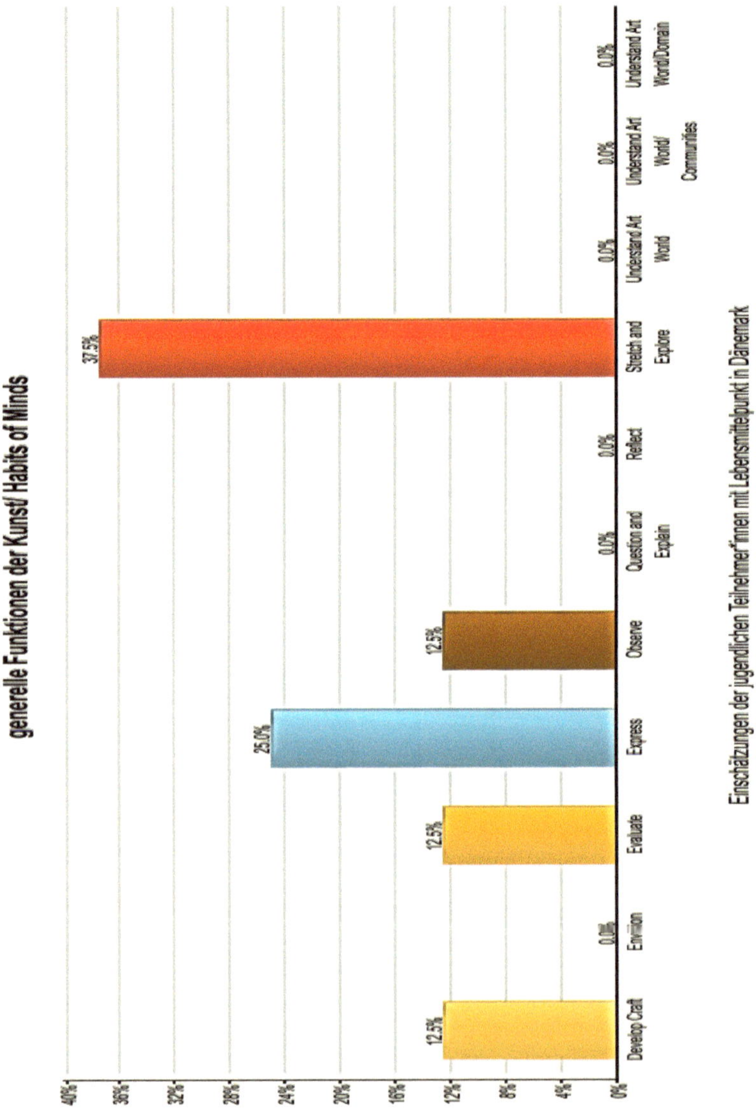

Quelle: Eigene Darstellung

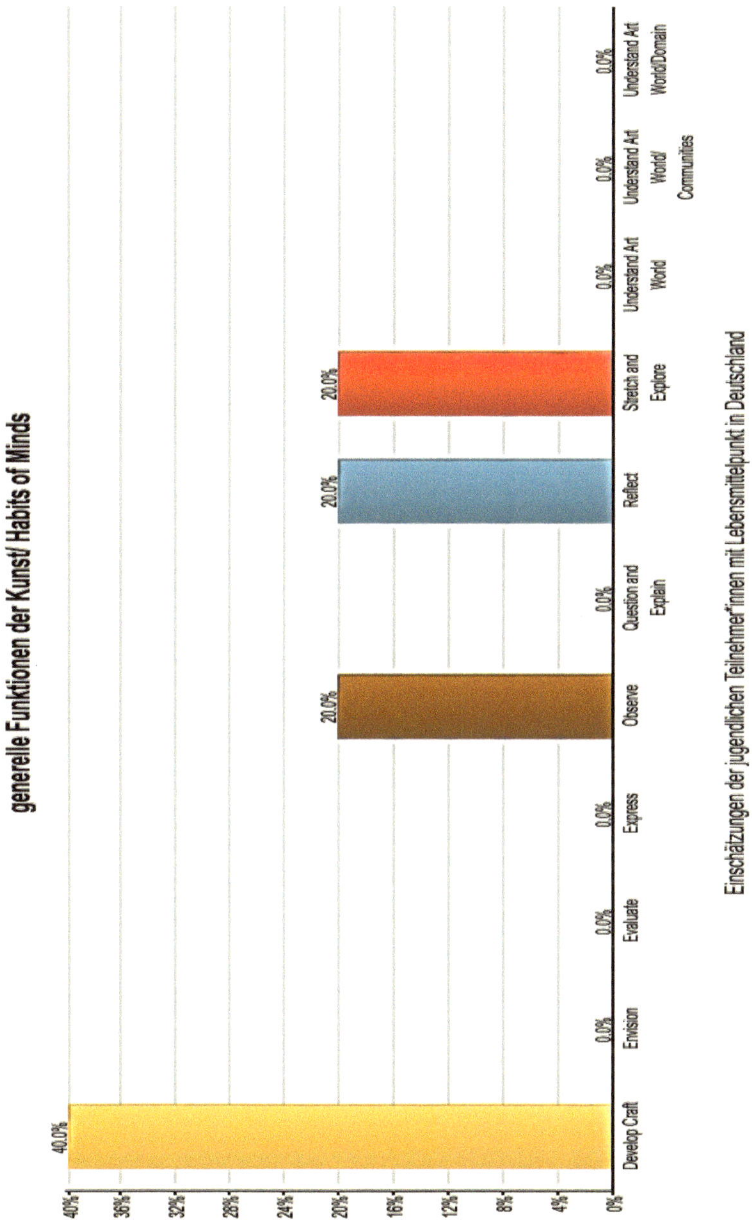

Quelle: Eigene Darstellung

Dies zeigt sich beispielweise an exemplarischen Aussagen deutscher und dänischer Teilnehmer:

- „Selbstorganisation habe ich schon gelernt. Man lernt neue Seiten an sich kennen, Interessen, was man sonst nie ausprobiert und was einem liegt, was einem nicht liegt. Und dann, glaube ich, ist es auch ein guter Rahmen, wenn es also, da kommen, finde ich, die Kulturellen auch ins Spiel/die Kulturen auch ins Spiel, wenn so seine/dass es andere Maßstäbe sind. Jede Kultur bringt irgendwie von sich aus irgendwie so viel anderes mit, und wir können denen auch ganz viel anderes geben" (Interview mit *deutscher/m* Teilnehmer*in, C., 05.01.2014)
- „So haben wir einander geholfen, um heraus zu finden, wie macht man das hier? Und obwohl wir in unserer eigenen kleinen Welt waren, während wir gerade den Stein bearbeitet haben, wo wir Kräfte verwendet haben und wo auch Energie nötig war, so glaube ich, das habe ich gemacht, so konnten wir gegenseitig helfen, aber wir waren auch, an etwas Gemeinsamen in irgendeiner Weise tätig."[110](Interview mit *dänischer/m* Teilnehmer*in, V., 09.11.2013, Übersetzung, MJH)

Die Ergebnisse zeigen für das Feld des Erlernens künstlerischer und manueller Fertigkeiten (*Develop Craft*) eine deutliche höhere Gewichtung bei den deutschen jugendlichen Teilnehmer*innen, gegenüber von Nennungen der dänischen Jugendlichen. Eine vergleichbare Differenzgröße besteht für den Bereich des experimentellen, ästhetischen Erforschens (*Stretch and Explore*). Bildet diese Säule den am stärksten gewichteten Bereich bei den dänischen Teilnehmern, so ist dieser bei der deutschen Vergleichsgruppe auf dem gleichen niedrigeren Niveau der reflexiven Fertigkeiten.

[110] „Så vi skulle ligesom hjælpe hinanden med at finde ud af, hvordan gør man det her? Og selvom vi stod i hver vores lille verden mens vi lige slog på stenen, så det, at der skulle bruges kræfter og der skulle bruges energi, det tror jeg gjorde, at vi fik noget opmærksom på, at vi, vi kunne hjælpe hinanden, men også det, at vi arbejdede på noget fælles på en eller anden måde."

Beachtenswert ist die maximale Differenz in der Angabe von Möglichkeitsräumen, in welchen die individuellen Ausdrucksmöglichkeiten als konstruktives, sinnstiftendes Neuformulieren nichtsprachlicher Bedeutungen in Betracht gezogen werden (*Express*). Dieser Wunsch des ‚sich nichtsprachlichen Ausdrückens' wird von den dänischen Jugendlichen als zweithäufigster genannt, bei den deutschen Informanten kommt dieser Aspekt überhaupt nicht vor!

10.5 ZWISCHENFAZIT III (Teil 1)

„However, educators know surprisingly little about how the arts are taught, what students learn, and the types of decisions teachers make in designing and carrying out instruction."
HETLAND, 2014

Art(education) projects for Art's(education) Sake?
Basierend auf den Meta-Studien von WINNER et al. (2013) und ihren Ausführungen zu den Transferleistungen im Feld der kulturellen Bildung, bestehen weder *nachweisbare* Korrela-tionen zwischen der künstlerischen Bildung und Kreativität („Research om multi-arts education has not clearly demonstrated a causal impact on student creativity and problem solving." ebd., S.253), noch sind die Transfereffekte für soziale Kompetenzen, welche für den hier zu verhandelnden interkulturellen Austausch in KuK-Projekten von zentraler Bedeutung sind, verifizierbar. Wie WINNER et. al. feststellen: „There is also no more than tentative evidence regarding the impact of arts education in it´s various forms on other behavioural and social skills, such as self-confidence, self-concept, skills in communication and cooperation, empathy, perspective taking and the ability to regulate one´s emotions by expressing rather than suppressing them." (ebd., S.254)
Betrachtet man die Divergenzen in der Interviewanalyse der unterschiedlichen Zielgruppen im Hinblick auf deren explizite und verborgene Intentionen, kann vordergründig die Fragestellung WINNERs, „Arts for Art's

Sake?" (ebd., S.19f.), in Abwandlung dazu dienen, die Pragmatik der KuK-Projekte aus dem Feld zu begreifen. Haben wir es also mit Kunst- und Kulturprojekten um ihrer Selbst willen zu tun? *Wozu* sind diese Projekte dienlich, welcher Vermutungen bedienen sich *welche* Akteursgruppen? Was sind deren Annahmen eines Gelingens? Hierzu diente die weiter oben vollzogene Teilanalyse der „Habits of Mind" als Matrix für ein „hidden curriculum". (vgl. HETLAND, 2013, S.4) Zu den beachtenswerten Ergebnissen dieses Untersuchungsabschnittes zählt, dass diese sich in einer immensen Heterogenität dieser unterschiedlichen Alltagsannahmen und -Theorien darstellen. So ist nicht nur überraschend, wie wenig die Kunst-Vermittler*innen über das Feld *wissen,* wie HETLAND es formuliert: „However, educators know surprisingly little about how the arts are taught, what students learn, and the types of decisions teachers make in designing and carrying out instruction." (2014, S.1), sondern das eigentlich Frappierende ist, wie wenig die einzelnen an den Prozessen der KuK-Projekte beteiligten Gruppenakteure über deren Ziel-setzung *voneinander* Kenntnisse haben. Dies betrifft u.a. die Lehrziele, die didaktischen Zielstellungen sowie die damit verbundenen methodischen Vorgehensweisen im Feld. So orientiert sich die Gruppe der jugendlichen Teilnehmer*innen daran, Neues auszuprobieren, zu entdecken und ästhetisch zu erforschen (*Stretch and Explore*) und dies in Verbindung mit dem Entwickeln künstlerischer und handwerklicher Fertigkeiten. Dies verdeutlicht exemplarisch die folgende Aussage:

> „Aber sonst also fand ich alle, das Künstlerische, das ist ja/also wurd' ja von vielen Facetten beleuchtet, fand ich auch, da hatte man wirklich viel Spielraum nach Ausdrucksmöglichkeiten."
> (Interview mit *deutscher/m* Teilnehmer*in, C., 05.01.2014)

Die verantwortlichen Organisatoren dagegen sehen die Aspekte der reflexiven Ebenen (*Reflect, Evaluate, Question and Explain*) als Schwerpunkte. Diese reflexiven Aspekte zeigen sich in Aussagen wie:

> „Also ich glaub schon, dass solche Projekte da nachhaltig in den Köpfen etwas verändern, die Sicht auf die andere Seite doch verändert. Das glaube ich schon, wenn die Menschen sich erst mal treffen und zusammen kommen und kommunizieren, dass sich da etwas entwi-

ckelt."

(Interview mit *deutscher/m* Organisator*in, K., 07.10.2013)

Die Rolle und die Rollenerwartungen der kunstpädagogischen Vermittler*innen in diesem Spannungsfeld unterschiedlicher Erwartungen müssen sich folglich notgedrungen in einem intratransparenten Feld behaupten. Weder scheinen die jeweiligen *Kompetenzorientierungen* noch die kunstdidaktischen und -methodischen Konzepte *aufeinander abgestimmt* zu sein, noch kann anhand der Aussagen in den Interviews davon ausgegangen werden, dass die unterschiedlichen Akteure überhaupt untereinander ihre Erwartungshaltungen kommunizieren.

In der Gesamtheit der relativen Häufigkeiten aller Vermittler*innen (Abb. 41) sind die *reflektorischen Aspekte* im ‚Wollen' signifikant. Die hierzu notwendigen Kompetenzen finden ihren Ausdruck in den sich gegenseitig bedingenden Bezugsfeldern von (*Selbst) Erkenntnis, sozialer Interaktionen und Identitätsaspekten* sowie dem der *Kommunikation.*

Im nachfolgenden Abschnitt steht diese Trias der externen *funktionalen* Zuordnungen im Zentrum der Betrachtung.

Abbildung 41: „Habits of Mind“ der Gesamtheit der Vermittler*innen

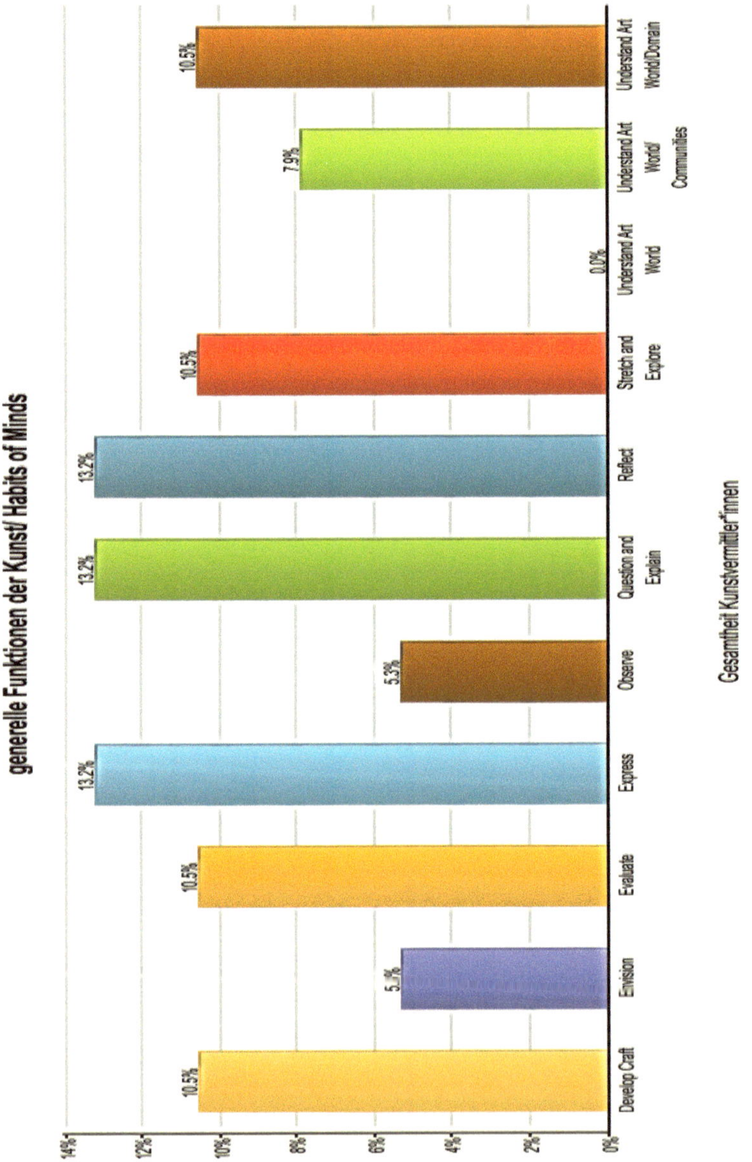

Quelle: Eigene Darstellung

10.5.1 Funktionale Zuordnungen und Analyse

„Altså det kan være en oplevelse, men som regel så får man altid noget ud af det altså, det er den der erfaring, (...), altså man får, jeg tror, der er noget, der lagre sig i en, altså man ligesom, det bliver noget man, der er med til at bygge ens personlighed op, og så bruge vi så bare kunst som værktøj ikke."
„Also, das kann schon eine Erfahrung sein, aber in der Regel kann man immer etwas für sich herausziehen. Das ist eine Erfahrung, also man erhält, glaube ich etwas, dass lagert sich ein, gleichsam hilft das, eine Persönlichkeit aufzubauen und darum brachen wir die Kunst einfach als Werkzeug, nicht wahr?" (J., dän. Kunstpädagog*in/ Vermittler*in, Übersetzung MJH)

Wenn im Folgenden, unter dem Aspekt von Funktionszuordnungen des ‚Künstlerischen' eine Analyse einzelner Aspekte innerhalb der Stellungsnahmen der Informanten vorgenommen wird, so liegen dem zwei grundlegende Überlegungen zu Grunde: SCHMÜCKER und KLEIMANN (2001) zeigen für die Kontexte in denen Kunst existiert, dass eine Kunst ohne Funktionen nicht existieren kann. Sie widersprechen damit der Auffassung ARDORNOS, dass wenn einer Kunst, eine Funktion zugesprochen werden kann, so nur die der Funktionslosigkeit (vgl. 1973, S.336). Im Weiteren wird differenziert, dass die von ADORNO aufgestellte These sich zwar auf die Autonomie des Kunstwerkes beziehen lässt, nicht jedoch auf dessen Funktionslosigkeit. Einen kausalen Zusammenhang lässt SCHMÜCKER hier nicht gelten.
Diese Kunstfunktionen, die sich zwischen generellen, konstitutiven und möglichen Funktionszuschreibungen bewegen, sind in diesem Untersuchungszusammenhang von Bedeutung. In den KuK-Projekten werden kontinuierlich ästhetische Prozesse initiiert und verhandelt. Diese Prozesse sind im besten Fall *eigentlich frei* – vom alltäglichen Handeln – insofern sie sich, ausgehend von einer intrinsischen Motivation der Kinder- und Jugendlichen, entwickeln. Gleichzeitig werden ihnen durch die Rolle der Vermittler*innen, neben den weiter oben hinreichend untersuchten und beschrieben Kompetenzorientierungen und intendierten ‚Habits of Mind', künstlerische Funktionen zugeordnet. Sie sagen in diesem Fall nicht nur

etwas über die Eigenart und Verfasstheit der Kunst oder der Künste im All gemeinen aus, sondern anhand ihrer funktionalen Anwendung können Aussagen darüber getroffen werden, wie sich *eine Kunstpädagogik* hieraus konstituiert. „Der Funktionsbegriff zielt auf die *potentielle Dienlichkeit* einer Sache, nicht auf ihre *tatsächliche Dienstbarkeit*." (SCHMÜCKER, 2001, S.21). Diese potentiellen Zuweisungen in den hier untersuchten kunstpädagogischen Vermittlungssituationen soll im Folgenden betrachtet werden. Die einzelnen Funktionskategorien sind schon im Kapitel 8.4.3 „Funktionen der Kunst" und Funktionen von Kunst im kunstpädagogischen Handeln als Kategoriensystem im Codierverfahren, auf- und ausgeführt worden.

PAZZINI verdeutlicht die Bedingungen einer Kunstpädagogik, welche in einer essentiellen Relation zur Kunst gesehen wird. „Es gibt weder Kunst noch Kunstpädagogik als solche" (2000, S.1) Die Relation zur Kunstpädagogik, so behauptet PAZZINI, besteht in ihrem Anwendungspotential. Kunstpädagogik ist *eine* Anwendungsform weiterer denkbarer Kunst-Anwendungen.[111] Obwohl die *„die Kunstpädagogik* als solche nicht existiert" (vgl. BLOHM, 2009, S.161) – damit auch keine allgemeinen Anwendungsziele – und sie somit auch nicht allgemein beschrieben werden kann, so operationalisiert dennoch *‚die faktische Kunstpädagogik in den KuK-Projekten'* ganz konkret ihr Handeln im Sinnes eines Nützlichkeits- und Anwendungsdenkens. Dieser Anwendungsbezug wird eben auch von PAZZINI gesehen. „Und sie ist als Pädagogik mit Bezug zur Kunst notwendig eine Anwendung, sonst ist sie lediglich Vermittlung von Kenntnissen über Kunst oder die Nutzung künstlerischer Mittel außerhalb der Kunst, so wie ein Anstreicher auch Pinsel benutzt." (2000, S.2) Die Behauptung PAZZINIS „Kunst existiert nicht, es sei denn als angewendete" (ebd., S.2.), korreliert mit den weiter oben erörterten Anschauungen von SCHMÜCKER und KLEIMANN.

Neben der Notwendigkeit dieser Anwendung wird auf einen, für diesen Untersuchungszusammenhang zentralen Umstand, aufmerksam gemacht.

[111] Eine vertiefende Argumentation im Kontext des Funktionalismus- und Autonomie-Diskursses der Kunst findet sich bei SCHMÜCKER, 2001, S.6-26.

PAZZINI benutzt hier den etwas polemischen Begriff des *Missbrauchs;* „Es gibt ganz klar einen Missbrauch von Kunst. (...) Er entsteht, wenn man Kunst nicht anwendet, sondern irgendwelchen Vorsätzen unterordnet, also vorsätzlich handelt." (ebd., S.4) Ob es sich hier um Missbrauch handelt und ob Vorsatz das Kriterium ist, eine *derart* verfasste Kunstpädagogik zu beurteilen, ist zu bezweifeln. Den von SCHMÜCKER und PAZZINI angeführten Annahmen wird insofern zugestimmt, als dass zwei zentrale Aspekte in der nachfolgenden Teilanalyse einiger Funktionszuschreibungen empirisch nachweisbar sind:

1. Der Kunstpädagogik ist in KuK-Projekten perpetuell eine Anwendungsbezogenheit innewohnend.
2. In KuK-Projekten bedingen sich Kunstpädagogik und Kunst gegenseitig als unterschiedliche Ausformungen eines pädagogischen Bezugsystems.

Drittens ist anzunehmen, dass jene ‚Vorsätze' des kunstpädagogischen Handelns, seien sie nun ‚unbewusst-gewohnten' (Habbits of Mind) oder willentlichen Vorsätzen zuzuordnen, in den Interview-Aussagen über den ‚Alltag' in den KuK-Projekten sichtbar werden und zwar derart, dass den ästhetischen Vermittlungspraxen die Kategorien der Kunst-Funktionen zugeordnet werden können. Die Frage, die nachfolgend zu beantworten ist, lautet im Duktus SCHMÜCKERs: *Wozu* wird Kunst(pädagogik) im KuK-Projekt verwendet?

Die ästhetische Funktion der Kunst im Zusammenspiel mit den ästhetischen Erfahrungen kann als eine generelle Kunstfunktion beschrieben werden. SCHMÜCKER weist explizit darauf hin, dass „jede kontemplative, auf einen bestimmten Wahrnehmungsgegenstand gerichtete Aufmerksamkeitskonzentration, die um der Gewahrung der Eigenheit dieses Gegenstandes willen erfolgt" (2001, S.23), als ästhetische Erfahrung verstanden werden kann. Diese Funktion kann als grundsätzlich (universell) verstanden werden, da sie auch auf alle anderen ‚nicht-künstlerischen' Gegenstände, so diese sinnlich wahrnehmbar sind, zu-treffen. Damit sind solche ästhetischen Erfahrungen immer auch Teil jedes kunstpädagogischen, gestalterischen Handelns und Betrachtens.

Die *kunst*ästhetische Funktion kann, nach SCHMÜCKER, dagegen als aktiver

Wahrnehmungsprozess von Kunstwerken erfasst werden, welcher auf ein ‚Verstehen' ausgerichtet ist – diese zielgerichteten Wahrnehmungsprozesse und Reflexionen sind so intentional verfasst, dass mittels Apperzeptionsprozessen aus Artefakten Kunstwerke erschaffen werden.[112] Diese Hypothese definiert Kunst als „diskontinuierlichen Kommunikationsprozess" (ebd., S.24). Sie wird hier auch für das kunstpädagogische Feld, den interaktiven, den gestalterischen und reflexiven Aushandlungsprozessen in den KuK-Projekten, im Grundsatz vertreten.

Andererseits sollen hier insbesondere solche Funktionen betrachtet werden die, unabhängig, ob diese für den Kunst- und Kunstpädagogischen-Begriffskanon (konstitutive Faktoren) als alleinige „kunstästhetische Funktion" (ebd., S.23) beschrieben werden können, in Erscheinung treten. In diesem Zusammenhang interessieren vielmehr die „potentiellen Funktionen" (ebd., S.24) des Kommunikations- und Vermittlungsprozesses Kunst. Es wird also keine weitere kunstphilosophische Annäherung vorgenommen, sondern erneut der intersubjektive Konsens (die Weltkonstruktionen) der Teilnehmer*innen beleuchtet. Es sind insbesondere diese *kunstexternen Funktionen*, welche Rekonstruktionen der subjektiven Wirklichkeiten zulassen. Diese erscheinen in den Bezugsfeldern des Kommunikativen, des Sozialen, des Kognitiven, der mimetisch-minestischen Funktionen und des Dekorativen. (vgl. SCHMÜCKER, 2001, S.27ff.)

[112] Zum Verhältnis der realen Dinge und Kunstwerken und der damit verbundenen ‚konsruktivistischen Erschaffung' von Kunstwerken durch Rezeptionsleistungen und Handlungen vgl. auch DANTO, 1991, S.17-62 und S.142-177.

Abbildung 34: Funktionszuordnungen der Kunst(pädagogik) der dänischen Teilnehmer*innen

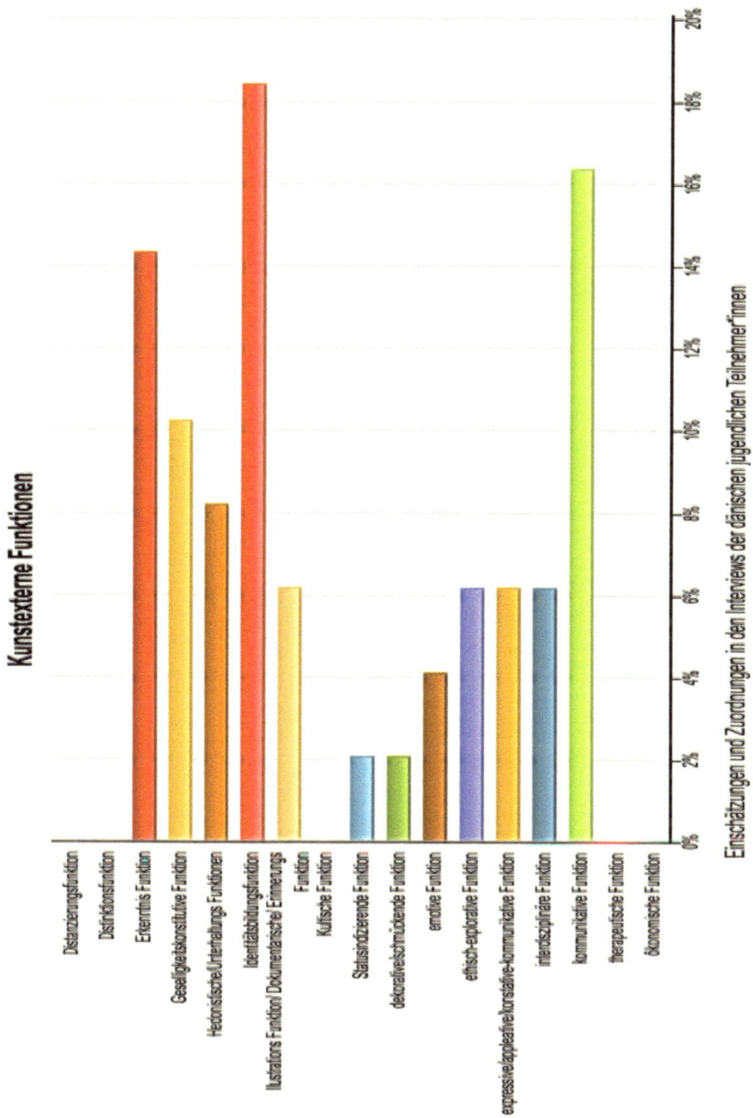

Quelle: Eigene Darstellung

Abbildung 43: Funktionszuordnungen der Kunst(pädagogik) der deutschen Teilnehmer*innen

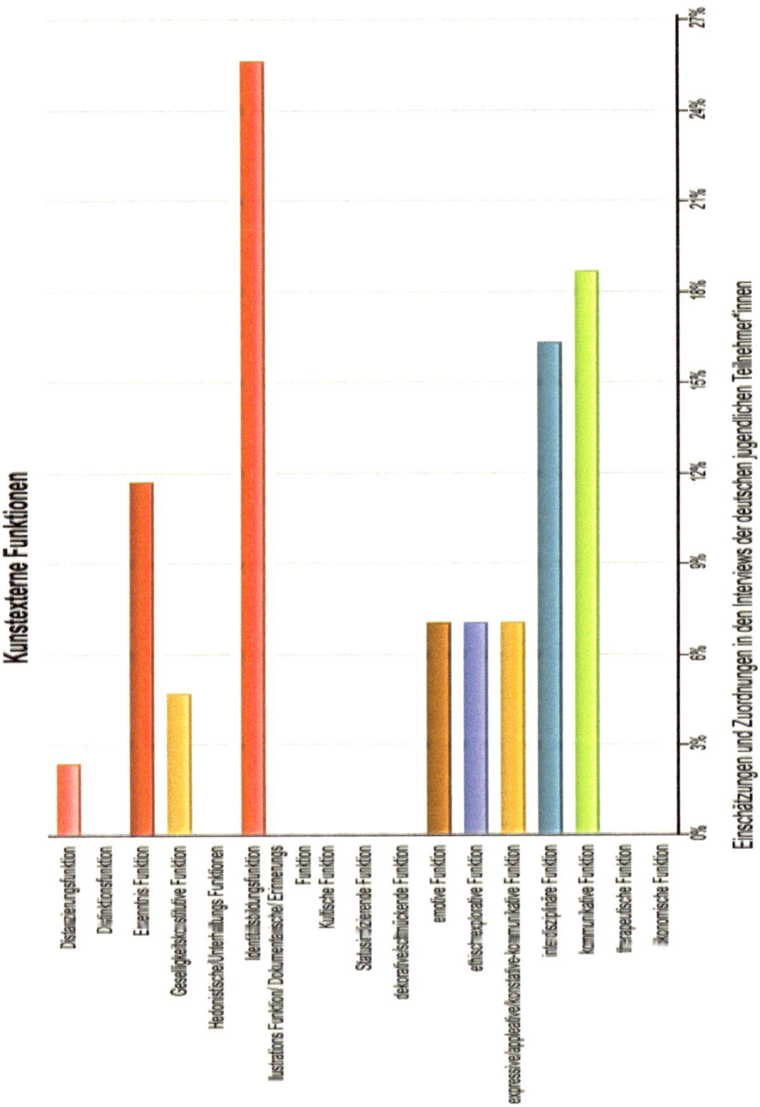

Quelle: Eigene Darstellung

Betrachtet man die Orientierungen der Jugendlichen, so werden unabhängig von den nationalen Lebensmittelpunkten zwei Hauptfunktionen in den künstlerisch-ästhetischen Erfahrungsprozessen gesehen (Abb. 42+43). Zum einen sind dies die Funktion der Identitätsbildung und Entfaltung und zum anderen die kommunikative Funktion, also eine Tätigkeit, welche das In-Kontakt-Treten mit den anderen Jugendlichen erlaubt und befördert. Die Bedeutung der kommunikativen Aspekte wird darüber hinaus durch die häufigen Nennungen des Geselligkeitskonstitutiven verstärkt. Die identitätsbildenden Funktionen bedingen sich gegenseitig mit denen der Erkenntnisfunktionen in einer relationalen Bindung. Dies zeigt sich auch darin, dass diese in der Domäne des Selbsterkennens eine Funktion übernehmen.

Die folgenden Beispiele verdeutlichen somit die Motive der soziokulturellen Kommunikationen und die der Identitätsbildung. In ihnen zeigen sich die Erfahrungen und Einschätzungen der Jugendlichen. Die Textstellen illustrieren und kontextualisieren die in den KuK-Projekten erfahrenen sozial-kommunikativen Prozesse und die der Identitätsbildung. Die impliziten Zuordnungen dieser Prozesse im Sinne eines ‚Wozu?', also ihre *Funktionalisierungen,* werden so ersichtlich.

> „Man lernt neue Seiten an sich kennen, Interessen, was man sonst nie ausprobiert und was einem liegt, was einem nicht liegt (...) Da kann man natürlich das `ne in Abgrenzung, inter-kultureller Austausch ist ja wirklich ein Austausch, der kann ja überall hinführen. Kann zur Abgrenzung führen, kann zur Gemeinschaftssituation führen. Und da, also natürlich finde ich, dann also sollte man sich ja nicht abgrenzen finde ich. Und deswegen habe ich wahrscheinlich auch gesagt, dass die gemeinschaftsstiftenden Situationen wie an einem Blockstein arbeiten, alle arbeiten an einem Blockstein und machen ihr eigenes Ding daraus; wunderbar." (jugendlicher dt. Teilnehmer*in, C.)

> „(...) und so habe ich natürlich etwas gelernt, das habe ich. Ich habe etwas über mich selbst gelernt, ich habe etwas über Kultur gelernt, ich habe etwas gelernt darüber, wie man anderen Menschen begegnet, ich habe gelernt wie ich in großen Gruppen agiere, welche so

> unterschiedliche Voraussetzungen haben (...) und da gab es keine Frage und niemanden der mich an den Schreibtisch gesetzt hat und gesagt hat, sieh mal V., das kannst du nicht machen, (...)"[113] (jugendlicher dän. Teilnehmer*in, V., Übersetzungen MJH)

Eine noch deutlichere Gewichtung der Geselligkeitsfunktion wird im folgenden Beispiel des dänischen jugendlichen Teilnehmer/s*in V. formuliert:

> „(...) da wurde mit gearbeitet, also, da ging es um etwas. Dass wir uns ausdrücken sollten, wir sollten uns, weil wir die ein oder andere Form von Gemeinschaft hatten, insofern das da ein Projekt war, das machte, dass wenn man nicht die Sprache des anderen konnte, dass wir (...) alle zusammen das eine oder andere Merkwürdige gemacht haben, wir sollten Figuren machen, oder was das nun war (...)"[114]
>
> „Nun ja, ich denke am Anfang, dachte ich, da glaubte ich, es handelt davon, eine Menge Leute kennenzulernen und wie man mit denen agiert. Da waren Dänen und Deutsche (...) Anstatt sich zu fragen, um was es im Projekt eigentlich geht."[115] (Übersetzungen MJH)

---

[113] „Og så har jeg selvfølgelig lært noget, det har jeg. Jeg har lært noget om mig selv, jeg har lært noget om kultur, jeg har lært noget om, hvordan man skal møde mennesker, jeg har lært noget om, hvordan kan jeg agere i så store grupper med så forskellige forudsætninger, men det er jo ikke noget, der har sagt, det er ikke nogen, det er ikke et spørgsmål om, at nu er der nogle, der har sat mig ned ved et skrivebord og sagt, jeg kan se V., du kan ikke lave, du kan ikke tegne så godt, så det bliver vi nødt til, nødt til at øve før du kan få lov til at lave et eller andet. Vi har jo gjort det alle sammen fra det udgangspunkt, vi nu havde, ikke også?"

[114] „(...) det at de bliver arbejdet med, altså, det at det handlede om *noget*, altså, det at vi skulle udtrykke os, det at vi skulle, at vi havde en eller anden form for fællesskab, det at det var et projekt, det gjorde at, at hvis man ikke kunne hinandens sprog, så kunne man i det mindste grine lidt af, at vi alle sammen lavede et eller andet mærkeligt med noget, vi skulle lave nogle figurer eller hvad vi nu skulle lave, altså (...)."

[115] „Jamen jeg tror, at til at starte med, der var jeg, der tror jeg mere det handlede om, at jeg mødte en masse mennesker og finde ud af, hvordan man kunne agere med, at det var dansker og det var tyskere (...). Snarere end at man tænkte på, hvad det var, projektet egentlig handlede også."

Diese in den Interviews genannten impliziten Identitätsbildungsfunktionen zeigen auf, dass sowohl die Konstitution *sozialer* Identitäten, als auch die kognitiven, sich vergegenwärtigenden *Selbsterkenntnis*prozesse in den KuK-Projekten, eine entscheidende Rolle bei den Jugendlichen spielen. Hier zeigt sich auch die Dynamik des Aushandlungsprozesses zwischen Individualität und Gruppe sowie die subjektiven Bewertungen der Interviewten im Hinblick auf die Identitätsbildung.[116] Es sind die in den Beispielen beschriebenen Interaktionen zwischen ‚Ich' und ‚Wir', welche im Wechselspiel mit den ästhetischen-künstlerischen Aushandlungsprozessen kollektive (kulturelle und interkulturelle) Gruppenzusammengehörigkeiten und individuelle Identitäten konstituieren. Bei den Informanten der Mesoebene, jenen aus den Kulturverwaltungs- und aus den Organisationsebenen, werden anhand der Daten ähnliche Funktionszuordnungen ersichtlich.

Auf Basis der Daten ist es offensichtlich, dass auch diese Zielgruppe den Geselligkeitsfunktionen, den kommunikativen Funktionen und den identitätsbildenden Funktionen höchste Prioritäten einräumen. Die Abbildungen 44 und 45 illustrieren dies auf Basis der Analysen.

Inwieweit diese Funktionen mit dem (möglichen) eigentlichen Nukleus der KuK-Projekte, nämlich der künstlerischen, resp. der kunstpädagogischen, Aushandlungsprozesse in Verbindung gebracht werden, wird durch die folgenden Beispiele deutlich;

> „Das ist ja auch immer das Ziel, dass wir die Kontakte zwischen den Mehrheitsbevölkerungen herstellen. Denn da gibt es noch Bedarf. Die Minderheiten haben dieses Problem eigentlich nicht so sehr. Die haben mit/in der Regel sehr gute Kontakte über die Grenze hinweg, die wollen wir eigentlich nicht noch zusätzlich befördern. (.) das, wo man meisten gucken sollte, ist – und da stimme ich mit T. überein – kommt wirklich eine Kommunikation über die Grenze hinweg? Muss auch nicht unbedingt sprachlich sein, also im Kinderkunstprojekt sitzen Kinder, die können nicht miteinander sprachlich kommunizieren,

[116] An dieser Stelle wird an die Ausführungen zum Identitätsbildungsprozess in Kapitel 3.2.2.2 (Sozial konstituierte kulturelle Identitäten) verwiesen.

aber hervorragend zusammen arbeiten." (F., dt. Organisator*in/Kulturverwaltung)

Abbildung 44: Funktionszuordnungen der Kunst(pädagogik) der deutschen Organisator*innen

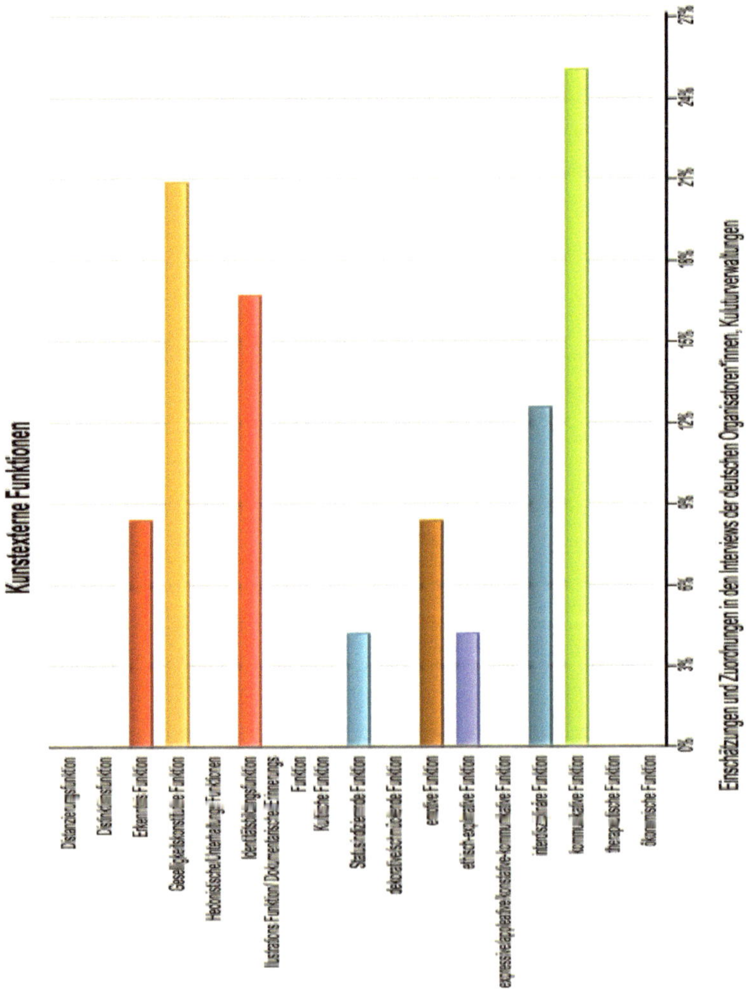

Quelle: Eigene Darstellung

Abbildung 45: Funktionszuordnungen der Kunst(pädagogik) der dänischen Organisator*innen

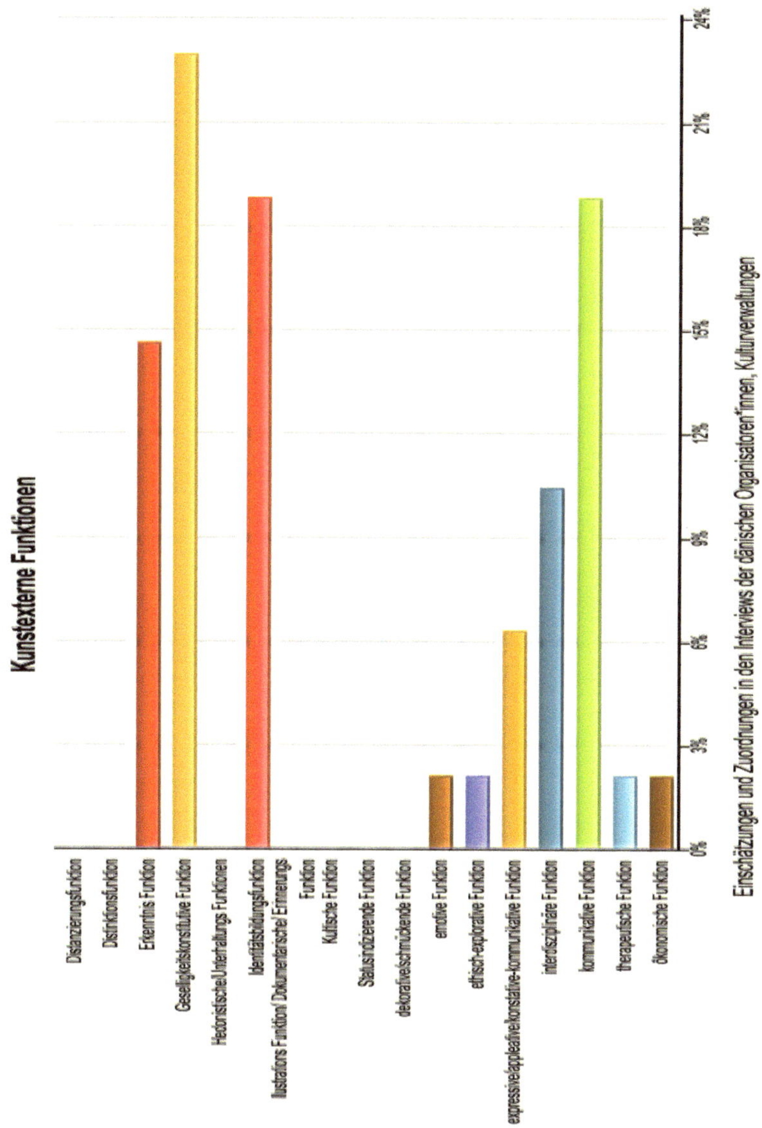

Quelle: Eigene Darstellung

Das Herstellen von ‚Geselligkeits-' und sozialen Kontaktzonen als Konzept für Kommunikationen wird hier explizit genannt. Es scheint, dass dieses Bestreben nach kommunikativen Formen kein selbstverständliches, intrinsisch motiviertes Anliegen der Kinder und Jugendlichen ist. Häufig finden sich daher implizite Erwähnungen dieser Problematik in den Aussagen. Im folgenden Interviewausschnitt wird dies offensichtlich.

> „Das ist es. Ich glaube doch, Kunst kann das, und die Kultur kann das. Gerade, dass wir grenzüberschreitend (bezogen auf dt.-dän. Grenze/MJH) denken, so haben Kunst und Musik natürlich eine Sprache, eine bei der man nicht da sitzen muss und sprachlich („verbal") folgen muss. Aber du kannst ja die Zusammenarbeit zwischen dänischen und deutschen Kindern erreichen, eben genau durch die Kunst. So ist es eigentlich, ob ich an Kunst oder Musik als Kunst Festival denke; so bekommt man einige Kinder dazu, zusammen zu arbeiten, als Startfeld, ohne dass sie notwendigerweise jeweils die Sprache des anderen können." [117] (B., dän. Organisator*in/Kulturverwaltung, Übersetzung MJH)

‚Der Kunst' werden neben den Anregungen identitätsstiftender Motive („Wer bin ich?") auch affirmative Funktionen zugeordnet („Wofür stehe ich?). Dass *‚die Kunst'* als *das* Werkzeug interkultureller Kommunikation betrachtet wird, scheint ein verbreiteter Euphemismus im Feld zu sein – dies ohne Konkretisierung, wie diese Sprache (methodisch) denn kommuniziert werden kann. Andererseits werden so auch Möglichkeitsräume nicht-sprachlicher Kommunikationen angedacht. Diesbezügliche Übereinstimmungen finden sich auch in den nachfolgenden Aussagen.

> „Und dann denke ich, Kinder und Jugendliche haben ein völlig ande-

[117] „Det er. Jeg synes jo kunsten kan det, og kulturen kan det, at netop når vi tænker grænseoverskridende, så har kunsten og musikken jo et sprog, som man ikke behøver netop at skulle sidde og være verbal med, men du kan jo få noget samarbejde med danske og tyske børn, netop gennem kunsten tænker jeg. Så det er egentlig der, hvor jeg tænker, at, om det være sig musik eller kunst som vores børnekunstfestival, så kan du få nogle børn til at arbejde sammen konkret omkring en grundstart, uden og nødvendigvis og kunne så meget af hinandens sprog."

res Verständnis füreinander, also man kann ein Bild von sich zeichnen, also nicht im wortwörtlichen Sinn, sondern man kann das so ausdrücken; Wer bin ich? Wofür stehe ich? Was begeistert mich? Und dann denke ich die Kunst kann das oft/Manchmal kann das schwer in die richtigen Worte zu fassen/(...) Oft denke ich, die künstlerischen Ausdrucksformen können ein richtig gutes Werkzeug sein, um die Dinge ‚in richtige Worte' zu fassen./Oder das, was man als Person darstellt, wo man vielleicht gerade keine Sprache für hat, weil man die jeweilige Sprache einfach auch nicht beherrscht. So etwas meine ich. Das ist ein Alphabet für sich, eine Sprache für sich, wo jeder die Möglichkeit hat, daran teilzunehmen, über sprachliche, kulturelle, soziale und geographische Grenzen hinweg."[118] (S., dän. Organisator*in/Kulturverwaltung, Übersetzung MJH)

„Und dann kam eins, und das ist eigentlich, wenn wir jetzt über das Miteinander reden, es war einfach die Transparenz, die Offenheit und das Annehmenkönnen. Das Allerwichtigste untereinander bei den Künstlern war der Austausch und war das gegenseitige Anregen und das Tippsgeben und das/dieses Verflochten sein. Da hat keiner die Tür hinter sich zugemacht und hat gesagt, so ich mach jetzt mal die Grafikwerkstatt; sondern jeden Tag, jeden Tag gab es eine Rückmeldung, ein Austausch, ein wieder neu Justieren der Zielsetzung, das war's." (U., dt. Organisator*in)

Im oben genannten Beispiel werden die Geselligkeits- und Kommunikationsfunktionen sogar in den Arbeitsbereich der Vermittler*innen transfe-

[118] „Og der tænker jeg, at børn og unge får en helt anden forståelse for hinanden, fordi at man kan tegne et billede af sig selv, ikke sådan i bogstaveligste forstand, men at man kan udtrykke: Hvem er jeg, og hvad står jeg for, og hvad går jeg op i? Og så tænker jeg også, at kunsten kan ofte. Nogle gange kan det være rigtig svært at sætte ord på, (...) Så ofte synes jeg, at de kunstneriske udtryksformer kan være et rigtig godt værktøj til at få sat ord på enten en oplevelse, som er svær at sætte ord på, eller den man er som person, men hvor man måske ikke lige har sproget med sig, fordi man ikke kan sproget endnu. Så det er jo med til og. Det er sådan et alfabet for sig selv, og et sprog for sig selv, hvor alle kan være med på tværs af sprog og kulturelle, sociale, geografiske skel."

riert und als funktionales Element eines Gelingens betrachtet. Wie weit diese Annahmen in Übereinstimmung mit den Wahrnehmungen der Kunstpädagog*innen/Vermittler*innen sind, wird exemplarisch in den nachfolgenden Analyse-Diagrammen (Abb. 46 und 47) und Aussagen offenkundig.

Abbildung 46: Funktionszuordnungen der Kunst(pädagogik) der *deutschen* Kunstpädagog*innen/Vermittler*innen

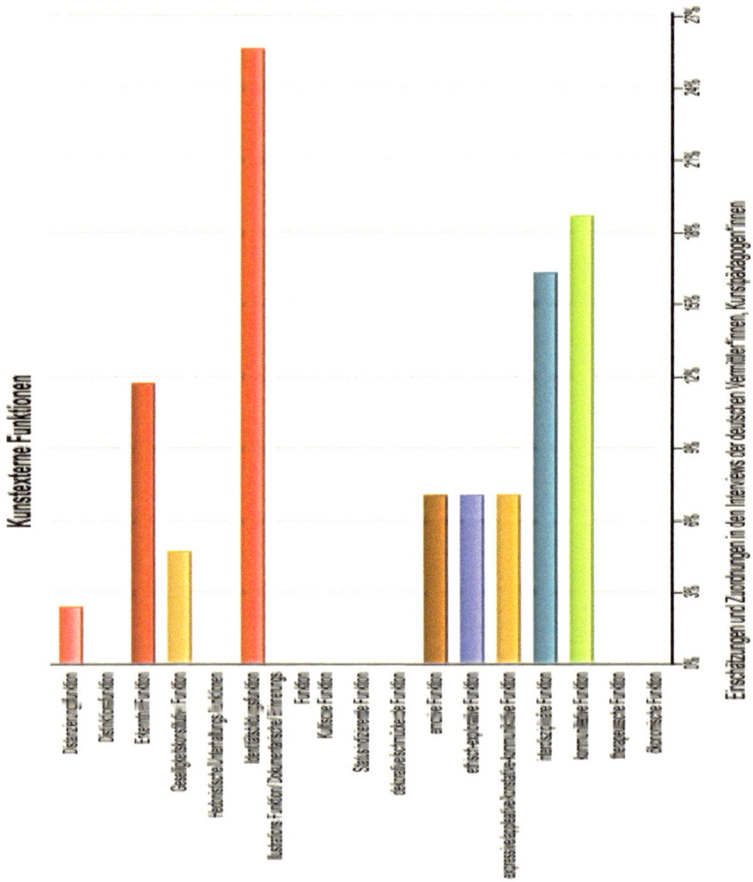

Quelle: Eigene Darstellung

Abbildung 47: Funktionszuordnungen der Kunst(pädagogik) der *dänischen* Kunstpädagog*innen/Vermittler*innen

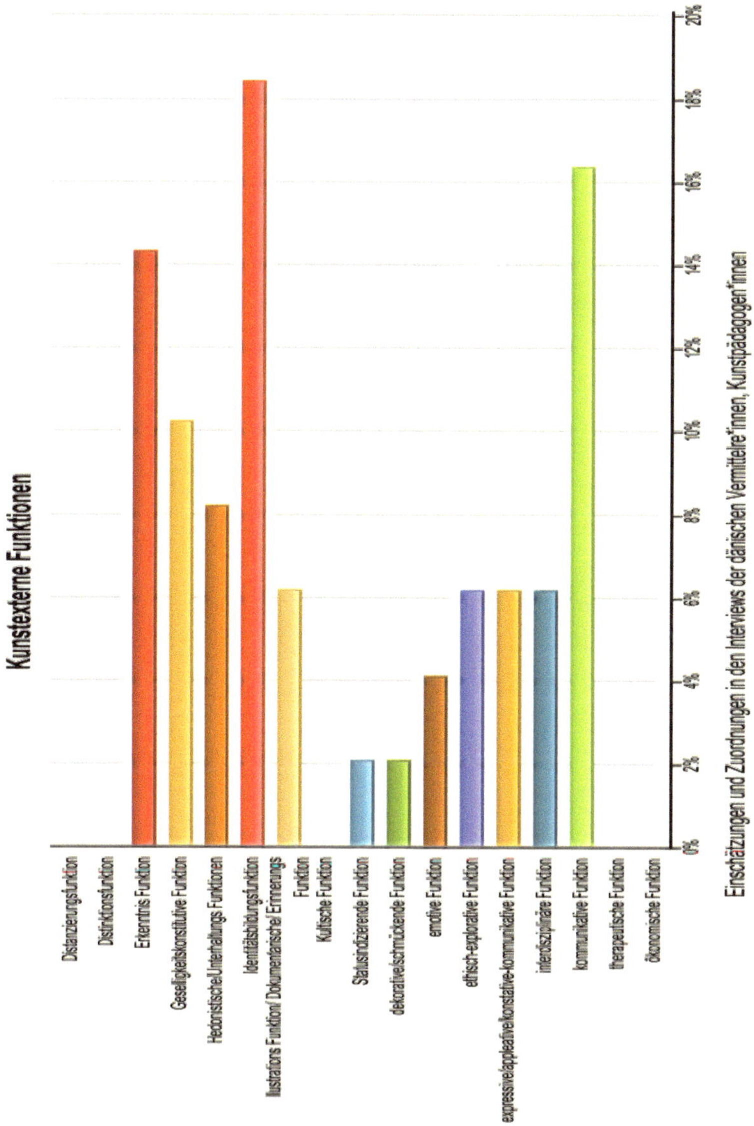

Quelle: Eigene Darstellung

> „Du kannst ja bei den künstlerischen Medien richtig eintauchen und äh (...) ja, und auf die Weise können sich junge Leute, jetzt in dem Fall, die jeweils 'ne andere Sprache sprechen, über diese Bildphänomene verständigen, kommunizieren." (R., dt. Kunstpädagog*in/ Vermittler*in)

Der Kommunikationsprozess steht auch in diesem Beispiel im Vordergrund. Auffällig ist jedoch die Verknüpfung, welche den kontemplativen Aspekt, also die Aufmerksamkeitskonzentration als ‚Flow' – des „richtig Eintauchen" (SCHMÜCKER, 2001, S.23) – als konstitutive Voraussetzung für Kommunikation betrachtet sowie die reflexiven Anteile, indem durch sprachliche Kommunikation ein metakognitver Prozess beschrieben wird. Diese immanent ästhetische Funktion[119] wird hier dem Kommunizieren *über* Kunst zugeordnet. Derselbe Informant führt eine weitere Funktionalisierung an:

> „Also, da gibt's einmal diese Sache der Arbeit am Objekt selbst. Das ist eine Linie. Die andere Linie ist, diese Arbeit fand ja nicht im Dachstüblein statt, sondern in irgendwelchen Räumen, wo es/wo Gruppen zu tun/miteinander zu tun hatten oder wo einzelne in einer Gruppe waren und man in der Gruppe gearbeitet hat. Darüber gab's natürlich/oder bei der künstlerischen Arbeit gab's natürlich 'ne Querkommunikation, ja also. Das zum einen. Und dann ging es natürlich um Fertigstellung dieser Objekte. Und dann war 'ne nächstweitere Hürde eben einfach, wie integriert sich dieses einzelne, ganz subjektive kleine persönliche Objekt später auf der Bühne in etwas Großes. Das ist 'ne unglaubliche (...) Qualität und Chance." (R., dt. Kunst-pädagoge*in/ Vermittler*in)

Der „Arbeit am Objekt" (SCHMÜCKER, 2001, S.25), dem Tätigsein mit Objektbezug, wird somit auch eine soziale Funktion zugeschrieben. Dieses zentrale Spannungsfeld zwischen Tätigsein mit Objekt- und Subjektbezügen wird im Schlußfazit der Abhandlung noch zu diskutieren sein. Unterstützend, so wird behauptet, wirkt für diesen Aspekt, dass die Einzelobjekte dem *großen Gesamtprojekt* „auf der Bühne" (ebd., S.30)

---

119 Zur Definition der ästhetischen Funktion vgl. SCHMÜCKER, 2001, S.23.

dienen. Daher kann hier im weitesten Sinne auch von einer kultischen Funktion gesprochen werden. Auch in der hier anschließenden Aussage werden die Dimensionen sichtbar, aber zugunsten der sozialen Funktion wieder relativiert!

> „Beim Malen genau. In/zum Schluss im Haus X. Das fand ich irgendwie für mich ein ganz schönes Erlebnis auch, dass es so eine kommunikative Sache ist, die über die Grenze hinaus geht und man partizipiert an dem anderen ja und berührt sich und ist dann trotzdem auch noch bei einer Bildarbeit, die man vorbereiten kann und so. Das macht/gab einen sinnigen Kontext glaube ich. Fällt mir jetzt gerade wieder ein. (...) Und denn diese Balance ja, wo ist/was (.) was soll erreicht werden, wo liegt der Sinn in der Sache ja. Der Sinn liegt eben nicht jetzt in dem Fall, in der/in dem alleinigen Anspruch, ein qualitativ hochwertiges Produkt zu erstellen, sondern eher in der Qualität des Miteinanders und da für intensive Erlebnisse zu sorgen so." (R., dt. Kunstpädagoge*in/ Vermittler*in)

Ein (zweiter) weiterer, schon im Vorwege auf der Organsiator*innen-Ebene, auftauchender Gesichtspunkt zeigt sich exemplarisch in der folgenden Aussage:

> „Also, ich hab eh nachgedacht über (...) eben Identität. Was/was haben die Kinder/Jugendlichen, womit beschäftigen die sich? Und das ist natürlich zentriert oder egozentrisch oder wie man das nennen will." (D., dt. Kunstpädagoge*in/ Vermittler*in)

Die Überzeugung einer identitätstiftenden Funktion des Künstlerischen ist eine immer wiederkehrende Aussage, welche unabhängig vom Lebensmittelpunkt der Vermittler*innen geäussert wird. Dies belegen auch die Daten in den Abb. 46 und Abb. 47.

> „Man findet sich zurecht, man wird grösser davon, man (.) puh, weiß ich nicht, man ist als, als Person gefragt, als Persönlichkeit, egal wie schräg oder wie normal oder wie/wie auch immer man geartet ist, ne. Dafür ist Kunst ja immer eben wie gesagt 'ne gute/ein gutes übergeordnetes Ding (.) 'ne. Jeder kann was (.) und wenn/wenn dann ähm die ganze gesamte Atmosphäre stimmt, dann (.) können die (die Jugendlichen, MJH) wachsen innerhalb der Geschichte. Und

> reflektieren und einfach mitkriegen, ah, das bin ich auch, wow, cool, weiter. Ja, also auf jeden Fall regelmäßig und am besten auch häufiger. (...) Hier geht's immer darum, dass sie sich ihre Sachen angucken und versuchen zu verstehen, „was habe ich eigentlich gemacht?" und nicht irgendwas machen und jetzt das nächste Blatt. Oder auch die Kritik auszuhalten. Das haben wir ja auch gemacht während des Projekts in Dänemark, 'ne. Okay, wer willst du sein, bist du das schon?" (D., dt. Kunstpädagoge*in/ Vermittler*in)

Die Funktionen der Selbst(Erkenntnis), die individuellen Aushandlungsprozesse, die zu modifizierten Identitäts- und Kulturkonstruktionen führen, sind Sichtweisen, welche sich in hoher Anzahl in den Interviews wiederfinden. (Abb.46,47)

Eine andere, erkenntnisorientierte Facette zeigt sich im Beispiel unten. Die angestrebte Bewusstseinsänderung wird hier mit einer ‚ideologischen', der der Demokratisierung verknüpft. Der Begriff der zu etablierenden „Streitkultur" (SCHMÜCKER, 2001, S.31) knüpft an die im Ausschnitt oben genannte individuelle Kritikfähigkeit in sozio-kulturellen Kontexten an.

> „Also ich würde nie sagen, ich arbeite nur kunstvermittelnd oder ich arbeite nur künstlerisch. Das kann ich so nicht. Das geht immer zusammen. Und das jeweilige Bewusstsein spielt da immer in die Tätigkeit mit rein. Das wird Ihnen genauso gehen. So, das ist das Eine, das Andere ist, dass ich sehr daran interessiert bin, das gehört zu der Perspektive, diese Entmythologisierung vorzunehmen und damit aber auch Bildungszugänge zu schaffen und zwar für alle. Also 'ne Demokratisierung zu schaffen, das haben Sie klar bei dem/in dem Band gelesen, also 'ne Streitkultur zu etablieren. Das geht aber natürlich weit über das Forschen der ästhetischen Formen aus. So, das ist das. Und das ist die Perspektive ungefähr." (W., dt. Kunstpädagoge*in/ Vermittler*in)

Diese politische Dimension wird aber auch hier auf Basis von zwei Funktionen verhandelt; Die zentrale Funktionszuordnung des Bewusstseins der eigenen Identität(en) als Erkenntnisfunktion sowie die Funktion des kommunikativen Aushandelns in interaktionistischen Prozessen. Hierbei macht die Informantin insbesondere darauf aufmerksam, dass hier kein a priori

(Kunst)Wissen nötig ist, sondern solche Erkenntnisprozesse und Standpunkte erst prozessual im Projekt entwickelt werden.

> „Zum Beispiel das Selbstbewusstsein. Oder den/den/was mir ganz entscheidend wichtig ist, die Fähigkeit, zu kommunizieren miteinander. Also auch zu sprechen und möglicherweise auch einen Standpunkt zu entwickeln, der konträr ist zum Nächsten, also das Streiten. Aber das, was ich ganz wichtig finde, ist eben das Selbstbewusstsein, sich das anschauen zu dürfen, unabhängig vom eigenen Wissensstand oder dem kanonischen Wissen. Das/da bin ich sehr dran interessiert, das auszuklammern." (W., dt. Kunstpädagoge*in/ Vermittler*in)

Die Kunstpädagog*innen/Vermittler*innen mit Lebensmittelpunkt in Dänemark vertreten vergleichbare Positionen, auch hier zeigen die Analysedaten die Zuordnungen in den zentralen Bereichen: Erkenntnisfunktionen, Identitätsbildungsfunktionen und kommunikative Funktionen.

> „Nun, es geht auch darum, sich selbst nicht so ernst zu nehmen und so wichtig, so wichtigtuerisch, dass man sich auch selbst zu etwas hingeben kann, etwas, das einen höheren Zweck (.) denke ich (.) dient, auf die ein- oder andere Art (.), aber ich denke, das geschieht auch. Also, weil, ich denke mir, dass die Dinge, die ich versucht habe, die nichts mit Kunst zu tun hatten, überhaupt nichts – dass einige Dinge so geschehen sind, weil ich etwas, versucht habe, was außerhalb meines Bereiches lag." [120] (S., dän. Kunstpädagoge*in/ Vermittler*in, Übersetzung MJH)

Der oben dargestellte Interviewausschnitt weist auf einen neuen funktionalen Gesichtspunkt von Impulsen für Identitätsbildungsprozesse hin. Das ‚mutige' Einlassen auf eine unerwartete und ungewöhnliche Umgebungen weist auf die (5.) Phase, der ästhetisch- und inter-kulturellen Grenzerfah-

---

[120] „Altså, fordi det handler også om ikke at tage sig selv så seriøs og så alvor og selvhøjtidelig, at man også kan give sig selv hen til noget, der tjener et højere formål (.) tror jeg (.) på sådan en eller anden meget (.), men det tror jeg, det gør. Altså fordi jeg synes *selv*, at de ting, jeg har prøvet – det har ikke haft noget med kunst at gøre overhovedet, men sådan nogle ting, hvor jeg har prøvet noget, som var sådan lidt, hvor jeg var lidt ude af mit miljø."

rungen hin (vgl. Kapitel 3,1). Übereinstimmend mit dem Beispiel des deutschen Kunstpädagogen J., der vom ‚Großen', auf das hingearbeitet wird, spricht, so wird an dieser Stelle, das Bild des ‚Hingebens für den höhere(n) Zweck' evoziert. Es scheint daher, dass die Kunstvermittler*innen neben den naheliegenden Subjektorientierungen, auch immer den Umgebungen, den (ästhetisch-künstlerischen) Objekten, eine notwendige Aufgabe in den Funktionsbezügen von Erkenntnissen, Identitäten und Kommunikationen, zuschreiben.

> „Aber ich denke, da gibt es immer Themen für solche Sachen, die es ermöglichen, andere Erfahrungen erlebbar zu machen. Sie (die Jugendlichen, MJH) bekommen, wie soll man sagen, so ein AHA-Erlebnis, sie sehen die Dinge plötzlich auf eine neue Weise. So als ob die visuelle Aufgabe, die eine künstlerische Aufgabe ist, ein Loch in Etwas aufbricht, einige Türen einschlägt und einige Fenster öffnet und die einige Spiegel anders funktionieren lässt. (...) Das ist oft das, was am meisten bewegt. Vielleicht bewegt man so mehr Dinge als anders, indem man genau solche Dinge macht, nicht wahr?[121] (S., dän. Kunstpädagoge*in/ Vermittler*in)

Auch an diesem Beispiel wird deutlich, wie über die *intensive* ästhetische Erfahrung und der Funktionszuweisung einer Grenzerfahrung, auch dispositive[122] Funktionen, zugeordnet wer-den. Und weiter erläutert der gleiche Informant:

> „Das ist ein kognitiver (Erkenntnis) Prozess, nicht wahr? Ist es doch?! Dass die meisten Menschen ein paar Dinge in sich selbst eingesperrt

[121] „Men altså jeg synes, at det der altid er temaet for sådan nogle ting, det er at de får en anderledes oplevelse. De får en, som nogen siger, sådan en AHA-oplevelse, at de pludselig ser tingene på en ny måde. At den visuelle opgave, som er en kunstnerisk opgave, den brækker hul på noget, og slår nogle døre ind og åbner nogle vinduer og får nogle spejle til at fungere anderledes. (...) Så det er tit det (...) der flytte mest. Måske flytter mere end mange andre ting, ved at gøre sådan nogle ting, ikke?"

[122] SCHMÜCKER nennt solche Kunst-Funktionen *dispositiv*, welche „die Ermöglichung der reflexiven Distanznahme zum eigenen alltagsweltlichen Lebenskontext mit seinen Handlungszwängen und Freiheitsbeschränkungen" erlauben. (2001, S.29)

> haben, die man (...) wie sollen wir es nennen,/die Gesellschaft macht uns zu quadratischen Kästchen, die sich in ein Regal einpassen, welches die Gesellschaft darstellt, nicht? Und das können wir sehr gut, aber wenn man den Kasten aus dem Regal nimmt und sagt, jetzt gibt es keine Regale mehr, dann kann es passieren, dass der Kasten explodiert. Was dann, was geschieht dann? (...) und das kann dann für Viele eine gewaltige Innovation sein, nicht wahr?[123]

Diese hier abschließend dargestellten Verknüpfungen kunstpädagogischer Absichten mit den erweiterten pädagogischen Zielsetzungen machen auch auf die dispositiven Gesichtspunkte aufmerksam, wie sie in begleiteten ästhetischen Vermittlungsprozessen nicht nur durch identitätsbildende Funktionen geleistet werden können. Im Zusammenhang interkultureller KuK-Projekte scheint diese Reflexion allgemeiner lebensweltlicher Frage- und In-Fragestellungen für die jugendlichen Teilnehmer*innen sowie die Möglichkeiten des Ausbrechens aus eingeübten Rollen(erwartungen) in zwangsfreien ästhetisch-künstlerisch konstituierten Räumen, essentiell zu sein. Im Sinne von Aushandlungen intrapersoneller Prozesse, durch In-Fragestellungen und Grenzüberschreitungen wird hier auch auf ethisch-explorative Funktionen verwiesen. Diese können zu neuartigen Lebenshaltungen, Einstellungen und Sichtweisen führen, wenn im Anschluss an SCHMÜCKERs Funktionsdefinition diese aus der *„potentiellen Dienlichkeit"* in eine *„tatsächliche Dienstbarkeit"* transferiert werden. (vgl. ebd., 2001, S.21) Damit soll darauf aufmerksam gemacht werden, dass Funktionszuschreibungen auch dann möglich sind, wenn diese nur potentiell zu erfolgreichen Handlungen führen. Für den interkulturellen kunstpädagogischen Kontext ist eine *tatsächliche* Erfüllung dieser Funktionen jedoch erwünscht, insofern die neu verfassten oder zumindest modifizierten Le-

[123] „Det er en erkendelsesproces, ikke også? Altså, at den er der, ikke? At måske har de fleste mennesker nogle ting indespærret i sig selv, som man (...) hvad skal vi kalde det,/samfundet det er jo til for at lave os til firkantet kasser, der kan passe i den reol, som samfundet er, ikke? Og det er vi meget gode til, men når man så tager kassen ud af reolen, og siger, nu er der ikke nogen reol mere, nu kan du få kassen til at eksplodere, hvad sker der så, ikke? Og (...) og det er jo en voldsom nyskabelse for rigtig mange, ikke?"

bens- und Sichtweisen, Grundbedingungen für nachhaltig interkulturelle Kompetenzaneignungen darstellen.

10.6 ZWISCHENFAZIT III (Teil 2)

> „Also für mich ähm, na ja okay, (...) also, die Schwierigkeit für mich, wenn ich dann aus meinem ästhetischen Bedürfnis heraus, aus meiner Atelierarbeit, aus meinem Sinn für Ästhetik oder so ja, so auch mal aus meinem Bedürfnis nach Objekt, Qualität oder so ja, diese intensive Arbeit, die ich sonst für mich alleine leiste, also die ein Stückchen beiseitelege so, das war für mich selbst das Schwierige. Nicht an der Hässlichkeit der Produkte, die da so entstehen zu verzweifeln, sondern den/da 'ne Distanz auszuüben, zu sehen, ne das ist jetzt zwar /gefällt mir zwar nicht, was da so entsteht ja, aber es war doch 'ne Auseinandersetzung da, so. Und denn diese Balance ja, wo ist/was soll erreicht werden, wo liegt der Sinn in der Sache ja. Der Sinn liegt eben nicht jetzt in dem Fall in der/in dem alleinigen Anspruch, ein qualitativ hochwertiges Produkt zu erstellen, sondern eher in der Qualität des Miteinanders und da für intensive Erlebnisse zu sorgen so." (R., dt. Kunstpädagoge*in/ Vermittler*in)

Folgende Ergebnisse können zusammenfassend aus den Befragungen festgehalten werden:

In den Arealen kunstexterner Funktionen erscheinen überraschend viele Korrespondenzen in den Einschätzungen der Befragten. Dies ist umso überraschender, als dass die in der Analyse der „Habits of Mind" (den kunstpädagogischen Lehr- und Lernzielen) eine Divergenz der Einschätzungen das bestimmende Moment ist. Dies lässt sich zum Einen dadurch erklären, dass sich die Kompetenzorientierungen in jenen Aussagen eher auf das Erwünschte in den *Praxen* und damit *das Anschauliche* beziehen, Beispiele wie: ‚Express' – sich ausdrücken in künstlerischen Szenarien, ‚Stretch and Explore' – das ästhetische, handlungsorientierte Erforschen und Erkunden, ‚Evaluate' – Reflektieren und Beurteilen eigener Werke sowie ‚Develop Craft' – Weiterentwickeln handwerklicher Fähigkeiten verdeutlichen dies.

Die Widersprüche, deutlich werdend in den unterschiedlichen Intentionen, zeigen zumindest ein *mögliches* Konfliktpotential für die Praxis – etwa dergestalt, dass sich, am Beispiel der Mikroebene, nicht miteinander kommunizierte Kompetenzorientierungen so unterscheiden, dass die jugendlichen Teilnehmer*innen ihre handwerklichen Fähigkeiten in künstlerischen Prozessen entwickeln wollen und die Vermittler*innen diesem Anliegen deutlich wenig Beachtung schenken. (vgl. Abb. 40, Develop Craft) Dagegen sind stark korrespondierende *funktionale* Zuordnungen, vermutlich solche, welche eher einem allgemeinen vor-theoretischen Wissen, resp. einer vor-theoretischen didaktischen Annahme zuzuordnen sind. Aus diesem Wissen, generiert aus individuellen Erfahrungen und Annahmen, konstituiert sich dann wohlmöglich der *kollektiv ausgehandelte Sinn* solcher KuK-Projekte.[124]

In allen untersuchten Ebenen (Organisation, Vermittlung, Teilnahme) werden drei Funktionsbereichen wesentliche Bedeutungen zugemessen. Dies sind:

- Identitätsbildende Funktionen
- Geselligkeits- und kommunikative Funktionen
- und (selbstreflexive) Erkenntnisfunktionen

Diese Hauptkategorien können auch als elementare Eigenschafts*zuweisungen* kunstpädagogischer ‚Wirklichkeiten' gesehen werden. (vgl. BERGER, 2013, S.1)[125] Sie bilden die gemeinsam anerkannte Bedeutungs- und Sinnstruktur der ‚KuK-Projekt-Welten' aus Sicht der Beteiligten. In den Interviewauszügen werden Wirklichkeiten ausgebreitet, die als alltägliches Wissen von Wirklichkeit gedeutet werden und so subjektive und sinn*gebende* Gewissheiten konstituieren, wie und wozu kunstpädagogische Vermittlungspraxen taugen. Deren intentionaler Charakter dient Trans-

[124] Zu den konstitutiven Faktoren für gesellschaftliche Wirklichkeitskonstruktionen vgl. BERGER, 2013, S.16ff. und S.61f.) und zum Bezugsystem von Gesellschaft und objektiver Wirklichkeiten im Kontext von institutionalsiertem Handeln (ebd., S.61f. und S.66ff.)

[125] Zum Diskurs von *Wissen* und *Wirklichkeit* aus Wissenssoziologischer Perspektive vgl. ebd., S.1-20.

formationen für Vermittlungspraxen. Dort wird dann der Versuch unternommen, diese common-sense-Übereinkünfte zu methodisch brauchbaren ‚Werkzeugen' zu modifizieren und sie zu operationalisieren.

Die oben genannten drei zentralen Funktionen können als Schlüsselfunktionen für Aushandlungen inter-kultureller Aushandlungen in KuK-Projekten angenommen werden. Es ist anzunehmen, dass in den methodischen Umsetzungen im Feld, im Sinne eines „Alignement"[126], also der Vereinbarkeit zwischen den Lehr- und Lernzielen und den ausgeführten Praxen, Herausforderungen liegen können. (vgl. HARNOW KLAUSEN, 2015, S.1) Zu jeder ‚Nützlichkeit', welche als integraler Bestandteil in intentionalen Handlungen angenommen wird, soll hier auch, der ‚Missbrauch' von ‚Zweckdienlichkeiten' zum Diskussionsgegenstand erhoben werden, insbesondere weil diese Aspekte den Akteuren mglw. weniger bewusst zu sein scheinen. Auf dieses Spannungsfeld macht neben PAZZINI durch seine genannten „Mißbräuche von Kunsterziehung" (2000, S.4), auch HARNOW KLAUSEN (vgl. 2015, S.4f.)[127] in der Verknüpfung übergeordneter Zielorientierungen mit (pädagogischen) Idealisierungstendenzen aufmerksam – insbesondere dann, wenn diese außerdem von ethisch-moralischen Wertehaltungen überlagert werden.

HARNOW KLAUSEN nennt erste essentielle Motive einer denkbaren kunstpädagogischen Verfasstheit und weist auch explizit auf die Bedeutung vorstellbarer heterogener Wertesysteme in solchen inter-kulturellen KuK-Projekten und deren Kontaktzonen hin.

> „Eine andere relevante Antwort auf die Moralismus-Kritik ist, dass sowohl persönliche Entwicklung als auch moralische Bildung breiter verstanden werden müssen als so. Der Gedanke ist eben nicht, dass die Kunst uns indoktriniert, eine bestimmte Moral anzunehmen und uns zu harmonischen Musterbürgern macht. Der Grundgedanke be-

---

[126] vgl. BIGGS, 201 zu den ‚outcome' orientierten Lernzielorientierungen und dem von ihm geprägten Begriff des „Constructive alignment", S.111ff. und S.279ff.

[127] In der deutschen Übersetzung; HARNOW KLAUSEN: Warum interkulturelle Jugendkunstprojekte? Über deren Ziele und mögliche Effekte. In: Grenzüberschreitende Projekte, Impulse aus Kunst & Pädagogik, fabrico verlag, Kunst – Medien – Pädagogik, Hannover, 2015.

steht vielmehr darin, dass wir mit Hilfe der Kunst Erfahrungen mit unterschiedlichen Wertesystemen machen können, unsere emotionalen Reaktionen testen können, vielleicht auch besser darin werden, diese zu steuern und generell unsere Sensibilität und unser moralisches Vorstellungsvermögen geschärft werden. So gesehen kann auch die Tatsache, dass man die Absurdität des Daseins erfährt oder mit seinen eigenen Aggressionen konfrontiert wird, ein Baustein der persönlichen Entwicklung und moralischen Bildung sein.“ (ebd., S.5)

PAZZINI verwendet in seinem pamphlethaft verfassten Artikel explizit den Begriff des kunst-pädagogischen *Missbrauchs* und erwähnt gleichsam sechs Funktionszuschreibungen von Kunstpädagogik, welche auch für die hier zu beschreibenden Zusammenhänge von Bedeutung sind. Diese sollen hier auf das oben untersuchte Feld bezogen und kritisch betrachtet werden. Um einer evtl. Moralismus-Kritik zu begegnen, wird im Folgenden, der Begriff *Risiko* bevorzugt.

a) Das Risiko, die Enkulturation durch Kunstpädagogik zu festigen

Enkulturation wird als ein *unbewusster,* aus eigenem Antrieb stattfindender Sozialisierungsprozess in das Werte-System der eigenen Kultur verstanden. Diese damit verbundene ‚Nicht-Reflexivität' von Kulturaneignung lässt die eigene Kultur als die gewohnte und damit ‚normale' erscheinen. Eine der unerwünschten Folgeerscheinungen sind dieser These folgend, ethnozentrische Weltkonstruktionen von Individuen.

Vermittlungssituationen, welche gleichsam dem bloßen Tun („Die Kinder brauchen nur zu malen, dann sprechen sie auch irgendwann miteinander“) entsprechen keineswegs den, im letzten Teil der Abhandlungen wahrgenommenen, Feldbeobachtungen. Eine solche Auffassung von ästhetisch-künstlerischem Tätigsein, ‚Es-Wirkt-aus-sich-heraus-inter-kulturell-bildend', steht im Widerspruch zu den empirischen Befunden dieser Abhandlung. (siehe insbesondere Feldbeobachtung 3) Damit steht sie den Intentionen aktiver-dynamischer *inter*-kultureller Dialoge entgegen, unabhängig davon, ob diese Dialoge sprachlich oder durch überwiegend nicht begriffliche (bildhafte) Medien bestimmt sind.

b) Das Risiko, die Kunst(pädagogik) als omnipotente Universal-Kommunikation zu betrachten

Es existiert eine generelle Auffassung einer Dichotomie der emotional-affirmativen und der kognitiv-reflexiven Aspekte im Diskurs von Bildungstheorien.[128] Eine solche polare Auffassung, verknüpft mit dem Nützlichkeitsdiskurs von Leistungsbewertungen, beinhaltet einige Aspekte kunstpädagogischer Handlungsfelder. Es gibt zahlreiche Gründe anzunehmen, dass kunstpädagogisch begleitete Vermittlungspraxen die affektiven, sozialen *und* kognitiven Lernfelder in ihren Prozessen positiv beeinflussen. Dies wird durch zahlreiche Wirkungsforschungen aufgezeigt. (vgl. LIEBAU, 2014 und HAMER, 2014) Diese gegenseitigen Bedingtheiten der Lernfelder und Wirkungsverzahnungen sind jedoch mit den nachfolgend beschriebenen Qualitätsanforderungen eng verknüpft. Es scheint wesentlich zu sein, die ästhetisch-künstlerischen Prozesse als rekursive (vgl. Abb. 8) zu begreifen und diese so gedacht auch in der Praxis anzulegen. Entscheidend wird sein, dass rationale, reflexive Denkprozesse nicht nur ‚gewollt' werden (vgl. Teilanalyse der Kompetenzorientierungen, Kapitel 8.5 und Abb.8) sondern, dass auch entsprechende *strukturell* und *methodisch fundierte* Impulse in den Praxen hierfür realisiert werden.

c) Das Risiko der Infantilisierung

Ästhetisch-künstlerische Aushandlungen scheinen weder a priori ‚kindgemäßer' als etwa sprachliche Kommunikationsformen. Noch sind sie, wenn ‚authentische'[129] und ästhetische Erfahrungen angestrebt werden, ohne intra- und intersubjektive Aushandlungsprozesse her-zustellen. Sie unterliegen als kulturelle Kommunikationsformen Regeln und Strukturen, welche von komplexen handlungsbezogen Bedeutungsvereinbarungen (hier

[128]Diese Auffassung wird insbesondere dann relevant, wenn es um das Verstehen im Zuge von Leistungsbe-wertungen geht und seqeuntielle Abläufe des Lernens angestrebt werden. Diese Ordnungssysteme schlie-ßen u.U. auch psychomotorsiche und sozial-kommunikative Funktionen ein. (vgl. KRATHWOHL/BLOOM/MASIA, in: KRATHWOHL, 1975, S.20-34)

[129] *Authentisch wir* hier verstanden als „existenzieller Modus" (vgl. ZELLER, 2010, S.283).

im inter-kulturellen Gruppenkontext) abhängig sind. Während Sprache ihren Ursprung in der Alltagswelt hat, uns mit „Vorfabrikationen für ständige Objektivationen" (BERGER, 2013, S.40f.) der ständig zunehmenden Erfahrungen dient und so zu einer Komplexitätsreduktion beiträgt,[130] so darf vermutet werden, dass die Aushandlungsprozesse in ästhetisch-künstlerischen Kontexten zu Multiplikationen von Handlungs- und Deutungsmustern führen.

Dies begründet sich durch die anfängliche und mögliche Regelfreiheit eines ‚anything goes' in ästhetisch-künstlerischen Tätigkeiten! Umso mehr kann ästhetisches Erforschen und Handeln als komplexes System von ungewöhnlichen Welt-Erforschungen bezeichnet werden, in diesem Kontext sogar als inter-kulturelle Welt-Erforschungen – keineswegs *a priori kindgemäß*!

d) Das Risiko der Annahme – Kunst spricht und wirkt aus sich selbst

Würde man dieser komparativen These *‚Kunst ist kindgemäßer als...'* stringent folgen, so müsste auch angenommen werden, dass zum einen die künstlerisch-ästhetischen Produktionen in den KuK-Projekten aus sich selbst heraus zu den jeweiligen Beteiligten ‚sprechen' und zweitens diese ‚Sprache' auch kulturübergreifend verstanden würde. Im Sinne der im ersten Teil der Abhandlung dargestellten Theoriebezüge zu Identitäten und Kulturen und der damit verbundenen Theorie und Praxis kulturdeterminierter Symbolbildungen und deren Darstellungen, ist diese obige Annahme als naiv zu bezeichnen. Bildnerische Ausdrucksformen sind keineswegs als interkulturelle Universalsprachen geeignet, sondern erschließen sich als kommunikatives Medium nur durch Kenntnis der sozialen und kulturellen Kontexte.

Andernfalls sind Missverständnisse oder gar Konflikte voraussehbar. In der Literatur finden sich zahlreiche Beschreibungen interkultureller Konflikte, welche auf Missverständnisse in der Verwendung non-verbaler Symboliken hinweisen. (vgl. BLOM/MEIER 2004, S.83ff.) So ist bspw. die Farbe Weiß

[130] „Sprache reduziert Komplexität und ermöglicht dadurch (...) Verständigung und Handlungskoordination." (SIEBERT, 2005, S.41)

in anderen Kulturkreisen (China) keineswegs eine Farbe der Freude und Reinheit, sondern sie deutet auf Trauer und Tod. Insofern ist auch jede Standardisierungsannahme von Kunst- und kunstpädagogischen Bild-Wirkungen in Frage zu stellen. Was für den (christlichen) Kontext im Bild als ergreifend (Beispiel: Isenheimer Altar/Grünewald) erlebt wird, kann von Menschen anderer Kulturkreise als Bild von Folter und als abstoßend gedeutet werden. Der Gebrauch und das Verstehen der deutschen oder dänischen Flaggen im Alltag wäre ein weiteres Beispiel. Im deutschen Kontext Ausdruck eines national verfassten Staates, kann diese in Dänemark *auch* als Fest*schmuck*, etwa bei Geburtstagen umgedeutet werden.
Das bedeutet, dass die ästhetischen Erfahrungen – unabhängig in welchem kulturellen Kontext sie gemacht werden – zwar primäre Erfahrungen sind, im Kontext von KuK-Projekten benötigen diese aber Übersetzungsleistungen, die durch Kunstvermittler*innen/Kunstpädagog*innen initiiert und realisiert werden können.

e) Das Risiko: Prozess versus Produkt

Es scheint naheliegend, insbesondere in der Erwartung, weniger ‚gelungener' Produkte im Kontext von Kinder- und Jugendkunstprojekten, den Prozess in den Mittelpunkt des pädagogischen Bestrebens zu stellen. (vgl. Eingangszitat aus einem Interview, in diesem Abschnitt, R., dt. Kunstpädagoge*in/Vermittler*in). Hierbei kommen u.U. zwei Deutungsmerkmale zur Geltung. Erstens die Annahme, es gäbe einen normativen Qualitätsstandard, was ‚gute Kunst'[131] sei und zweitens die Vermutung, dass alleine schon das gestalterische Tätigsein von den Kindern und Jugendlichen als lustvoll und intensiv erlebt wird. Dem kann insofern zugestimmt werden, als dass schon 1968 Desmond MORRIS den Umstand als selbst-initiativ-motiviertes-Tun und sich *selbst belohnenden Tätigkeit* in seiner biologischen Betrachtung der Kunst nachweist. Andererseits zeigen die untersuchten Projekte und Projektbeschreibungen, dass die Motive des Handelns über von Dritten definierte zu gestaltende Ziele vorgegeben werden.

---

131 Über die gesellschaftlichen, kunsthistorsichen und kontextuellen Vorrausetzungen des Bewertens von ‚Guter Kunst' vgl. ULRICH, 2003, S.20-48.

Die Problematik liegt m.E. daher mehr in der – auch dem rekursiven Aspekt ästhetischer Erfahrung widersprechenden – Annahme des gegenseitigen Ausschließens von entweder Ziel- oder Prozessorientierung. Gerade der Annäherungsprozess an vage *Zielvorstellungen,* das Verwerfen, Modifizieren im Prozess und die darauf folgenden Entscheidungsprozesse, welche mglw. zu einer endgültigen Form führen, sind im *rekursiven Zusammenspiel* die eigentliche performative Plattform ästhetischer Erfahrungen und kommunikativer sozialer *‚Produkte'.*
Neben der Anschaulichkeit der Objekte transformiert sich das Tätigsein an ‚Produkten' und den sozialen Aushandlungsprozessen im BEUYSchen Sinne zur „sozialen Plastik". (vgl. HARLAN, 1984, S.26-35)

f) Das Risiko des angenommen „unverstellten Blicks"

Die implizite Annahme, dass es bei den Kindern und Jugendlichen einen quasi natürlichen Zugang zu den ‚bildnerischen Welten' gibt und diese schon alleine durch einen Impuls zum ästhetischen Handeln und Erfahren zu Erkenntnissen oder gar zu Selbsterkenntnissen führen, scheint nach PAZZINI „pseudonaiv" (2000, S.4). Diese Mutmaßung, dass Kinder und Jugendliche per se einen ungetrübten Blick auf ‚das Künstlerische' haben, findet eine Entsprechung in dem schon angeführten Begriff der Entkulturation. Wie EAGLTON feststellt, ist dies eine Anschauung „radikaler Romantiker", welche alles als gute Lebensform einschätzen, wenn sie nur authentisch von den Menschen selbst kommen. (vgl., 2009, S.24) Solche kaum reflektierten ‚Ganzheits'-Vorstellungen führen dann in „unserer Zeit als kultureller Relativismus fröhliche Urständ" (ebd., S.23). Eine solche Sichtweise kann als wesentliche Begründung für eine missverstandene Vermittler*innen-Rolle fungieren, die die kunstpädagogische Profession dahingehend interpretiert, dass die Begegnung mit dem Künstlerischen für die jungen Teilnehmer*innen alleine schon eine ausreichende ist. Damit wäre allerdings die Rolle der Vermittler*innen redundant.
Für die erwünschten Identitätsbildungs- und (selbst)reflexiven Erkenntnisprozesse und die damit maßgeblich verbundenen interkulturelle Kommunikationen scheint die Auseinandersetzung mit den oben genannten Risikogebieten essentiell. Infolgedessen ist eine vertiefte Kenntnis dieser

'Risikozonen' für ein angestrebtes 'Alignement' vermutlich bedeutend. Daher kann angenommen werden, dass es für die KuK-Projekt-Praxen hilfreich sein wird, die 'hidden curicula' als 'public curicula' im Feld zu kommunizieren, um hierauf basierend die Projektwirklichkeiten angemessen zu *gestalten.*

Wie sich diese sozialen interaktionistischen Performanzen des Handelns und Vermittelns im Feld gestalten, soll im Folgenden anhand von Feldprotokollen skizziert werden. Im Sinne einer taxonomischen Annäherung – von den Erwartungen (Fragebogenerhebungen) über eine Konkretisierung als Pre-Konzept (Projektbeschreibungen) über die reflektierten Interviews (Experteninterviews, a posteriori) – sollen im abschließenden Kapitel drei Feldbeobachtungen von KuK-Projekten im Kontext deutsch-dänischer inter-kultureller Begegnung in ihrer Evidenz ausgewertet werden.

11. Feldforschung durch teilnehmende Beobachtung und ethnografische Notizen - methodologische und methodische Überlegungen

Die teilnehmende Beobachtung als „Sammlung von Prozessen handelnder Menschen" (DELLWING, 2012, S.14) in den hier untersuchten KuK-Projekten wird an den Schluss der methodologischen Überlegungen gestellt. Dafür gibt es mehrere Gründe. Zum einen interessiert die Frage, *wie* handeln die Menschen in den jeweiligen Projekten, welche Aktivitäten finden *tatsächlich* statt? Zum anderen ist es ein Versuch, die ‚Werkzeuge' und kunstpädagogischen Wege und Methoden zu erkunden und zu beschreiben. Hierbei werden solche fokussiert, welche für eine erfolgreiche oder auch weniger erfolgreiche Umsetzung der jeweiligen Zielsetzungen im Kontext eines Projektes sichtbar werden. Die Methode der teilnehmenden Beobachtung unterscheidet sich somit grundlegend von den bisher berücksichtigten insofern, dass die Bedeutungen der Daten erst „erwachsen, ‚emergieren' im Zwischenraum zwischen Personen in Angebot, Aushandlung, Zugeständnis und Widerstand (...). Sie sind menschliche Leistungen, die in einem Tanz ausgespielt werden (...)." (ebd., S.22)
In einem ersten Schritt ging es methodisch um das Erleben möglichst vieler für den Forschungsschwerpunkt relevanter Situationen und deren Phänomene[132]. Dabei bewegte sich die Aufmerksamkeit der Beobachtung von einer teilnehmenden bis hin zu einer interaktionistischen. Im Weiteren mussten dann die ausgewählten Feldbeobachtungen fixiert werden. Dies geschah durch handschriftliche Notizen der Beobachtungen *in time*, teils wurden zeitgleich Videoaufzeichnungen sowie ergänzend Audioaufzeichnungen durchgeführt. Die jeweiligen sprachlich gebundenen Verfahren wurden dann transkribiert, *eine* Videosequenz in Shots (Intervall = 7 Sekunden) generiert. Dieser Zugang zum Feld setzte eine gewisse fachlich-kunstpädagogische Zurückhaltung und ‚Demut' voraus. DELLWING spricht

---

[132] vgl. Qualitative empirische Forschung in der Kunstpädagogik, Methodologische Analysen und praxisbezogene Konzepte zu Fallstudien über ästhetische Prozesse, biografische Aspekte und soziale Interaktion in unterschiedlichen Bereichen der Kunstpädagogik, PEEZ, 2001, S.169f.

hier von der Notwendigkeit der „Realitätsbescheidenheit" (ebd., 87-126)[133] Die in der ethnographischen Forschungsliteratur häufig anzutreffende „ethnografische Interviewskepsis" (ebd., S.112f.) sollte durch diese Datenerhebungsmethode (Feldbeobachtungen) somit berücksichtigt werden. Es sollten so durch ‚dichte Beschreibungen' methodisch neue Räume eröffnet werden. Räume für „Serendipity" (ebd., S.73), für das mglw. Übersehene, für überraschende Momente und Muster, die in den ‚mitgebrachten' Denk-Kategorien und Theorien so nicht auffindbar sind. Insofern wird deutlich, dass es hier abschließend eher um *plausible* Darstellungen der Praxis als um *richtige Erklärungen* geht. (vgl. ebd., S.22ff.)

11.1 Ziele

Diese Feldbeobachtung und Teilanalyse möchte anhand der Daten eine plausible, möglichst *dichte* Darstellung der relevanten Praktiken im Feld erreichen. Dies besonders im Hinblick auf eine offene Fragestellung zu: *Wie* gestalten sich die interaktionistischen Prozesse in solchen Projekten? Ergo, es offensichtlich *die Kunstpädagogik*, wie BLOHM ausführt, nicht gibt (2009, S.161), soll hier durch die teilnehmende Beobachtung kunstpädagogischer Praxen *deren spezifische Ausgestaltungen* aufgezeigt werden.
Die gesamte Untersuchung erhält ihre *eigentliche* Anschaulichkeit durch die Beobachtungen im Feld. Dabei wird die Intersubjektivität zwischen Beobachter und den/m Beobachteten in Betracht gezogen, um einer möglichst dichten und damit möglichst präzisen Beschreibung Raum zu geben. PEEZ macht deutlich, dass solche subjektiven Aspekte und Anteile der Beschreibungen konstitutiver Bestandteil des erhobenen Forschungsmaterials sind. (vgl. 2001, S.170f.)
Im Fokus der Fallstudien steht gleichwohl *die Kunstpädagogik* in den KuK-Projekten, nämlich genauso, wie sie sich dort beispielhaft in ihrer Performanz darstellt. Inwiefern sich die oben erörterten funktionalen Zuordnungen in den unterschiedlichen, insbesondere kunstpädagogischen, Hand-

133 „Man weiß es nicht besser, man kann es nicht besser." DELLWING, 2012, S.88.

lungsfeldern in Praxen auswirken könnten, ist in den vorherigen Abschnitten mit den „Habits of Mind" sowie den daraus resultierenden ‚hidden curricula' bereits anschaulich geworden.
Es ist davon auszugehen, dass die im obigen Abschnitt gezeigten Zusammenhänge von Funktionszuweisungen zu *‚der Kunst' und ‚den ästhetisch-künstlerischen Aushandlungen'* in den kunstpädagogischen Praxen eine Bedeutung haben. Ob und wie sich solche Funktionszuweisungen in den kunstpädagogischen Vermittlungsszenarien im KuK-Projekt darstellen und wie „dieser Tanz" auf der „Vorderbühne" in Erscheinung tritt (vgl. DELLWING, 2012, S.14), wird exemplarisch in den nachfolgenden Feldbeobachtungen beschrieben[134].

11.2 Rahmung

Zugrundeliegend für diesen vierten Teil der Untersuchung sind zunächst die Feldbeziehungen und Erfahrungen des Autors über einen Zeitraum von 8 Jahren (2001-2009), in denen interaktionistische Teilnahme an grenzüberschreitenden Projekten stattfand. Dies umfasste die Phasen der Ideenentwicklung, der Konzepterstellung, der Finanz-Akquise, der Organisation sowie der konkreten Teilnahme an kunstpädagogischen Prozessen von sieben jeweils zwölftägigen, grenzüberschreitenden KuK-Projekten. Die eigenen Felderfahrungen wurden über den genannten Zeitraum durch i.d.R. eher beobachtende Teilnahmen in zahlreichen KuK-Projekten und vergleichbaren Projekten ergänzt. Der Zugang zum Feld stellt mehr als nur eine *Anwesenheit* dar, er kann eher als ein von Vertrauen geprägter Prozess, der von einem „hanging around" (SHAFFIR/DIETZ/STEBINS, 1994, S.40, zit. in: DELLWING, 2012, S.99) zu einer belastbaren Kenntnis desselben und vollzogener Immersion, beschrieben werden. Diese *Mitgliedschaft* im Feld unterstützte einerseits das Forschungsvorhaben, andererseits war es erforderlich, die *Befremdung des Bekannten* aktiv zu vollziehen oder wie AMAN/HIRSCHAUER es ausdrücken: „Es gilt auch, gewöhnliche Ereignisse

[134] vgl. auch PEEZ, 2001, S.161ff.

und Felder zu soziologischen Phänomenen zu machen und durch die Entwicklung eines neuen >befremdenden< Blicks auf sie, eine Fachlichkeit und Professionalität voranzutreiben, die sich im Modus einer falschen Vertraulichkeit mit der eigenen Kultur nicht weiterentwickeln kann.“ (1997)[135]

Die vorliegenden drei Feldobservationen sind also bezüglich der teilnehmenden Akteure und deren Inhalte und Struktur bewusst, als dem Beobachter *fremde Forschungsobjekte,* ausgewählt. DELLWING empfiehlt einen Anschauungsmodus der „doppelten Intersubjektivität“. Dieser beschreibt den Balanceakt zwischen der Orientierung am Forschungsfeld – vom Forschungsfeld aus denkend – und im Gegensatz dazu, mit schon vorhandenen (regel-haften) ‚mitgebrachtem' Konzepten für das Forschungsfeld. Alle drei observierten und beschriebenen KuK-Projekte haben sich im Untersuchungsjahr 2013 ereignet. Das Projekt (Pseudonym: *deutsch-dänisches Forum.*), welches in einem Museum einer norddeutschen Stadt stattfand, wurde ganztägig von Beginn bis Ende begleitet. Gleiches gilt für das ebenso eintägige Projekt, welches mit dem Pseudonym *Wege* bezeichnet wird. Das KuK-Projekt mit dem Pseudonym *K-LaB* wurde über drei Tage begleitet, wobei hier im Vordergrund der Betrachtung das Einstiegszenario steht. Die jeweils situativen Rahmungen und Kontexte werden im Text vor die jeweiligen verschriftlichten Feldobservationen gestellt, um so eine möglichst zusammenhängende Betrachtung im Lesefluss zu ermöglichen.

11.3 Operationalisierung

Die verschiedenen Projekte(titel) und deren Partizipanten (Organisator*innen, Künstler*innen, Kunstpädagog*innen, Jugendliche, Begleiter*innen) sind in allen Observationen anonymisiert bzw. pseudonymisiert. Dies gilt ebenso für Ortsnamen. Formen der wörtlichen Rede und andere rele-

[135] In der Einleitung zu AMANN, 1997, Die Befremdung der eigenen Kultur, Zur ethnographischen Herausforderung soziologischer Empirie.

vante Aussagen, die eine Anonymität gefährden könnten, unterliegen der Pseudonomisierung. Der zeitlich operative Rahmen ist oben bereits dargestellt. Die Feldnotizen wurden *'in time'* vollzogen, gestalteten sich manchmal als ,Feldgekritzel', kurze Mitschriften wörtlicher Reden und eigenen Anmerkungen. In der Regel wurden darüber hinaus Audiomitschnitte im Feld erstellt. Für eine bessere Anschaulichkeit und als visuelles Memo wurden außerdem Fotos im Projekt *K-LaB* und *Wege* gemacht. Während der handschriftlichen Verfassung der Notizen wurden Standorte und Perspektiven je nach (inter)-subjektiver Beurteilung der Situationen gewechselt. Im Gegensatz hierzu wurde während des *deutsch-dänische-Forum*-Projektes eine konstante statische Position beibehalten („hanging around" in a corner, vgl. DELLWING, 2012, S.99) Zusätzlich wurden bei dieser Observation einige getaktete (7 Sek.-Intervalle) Fotostrecken gefertigt, welche als Veranschaulichung dem Text zugefügt wurden. Einzelne Fotos, die den anderen Feldobservationen zugefügt wurden, dienen dem gleichen Zweck. In der ausführlichen Feldobservation 3 war die Kameraposition mit der eigenen Beobachtungsposition identisch. Für die Transkriptionen der Audiodateien wurden die beschrieben Transkriptionsregeln verwandt. (vgl. DRESING, 2013, S.20-22 und vgl. Transkriptionsregeln im Anhang)

11.4 Datenanalyse und Auswertung

Der Offenheit der Prozessanalyse und der Kategorienbildung am Material, einer *Grounded-theory-Manier* folgend, orientiert sich die Untersuchung an den Ordnungs- und Strukturierungseckpunkten des Feldes. Wie schon in den vorher beschriebenen Analyseverfahren, kommen darüber hinaus die weiter oben dargestellten Kategoriensysteme zur Anwendung. Die Analyse der Kategorien wird *selektiv codiert*[136] und ausgewertet. Zur Durchführung der Datenanalyse wird auch hier das Programm MAX QDA benutzt.

[136] siehe hierzu DELLWING, 2012, S.203-217.

Im Folgenden werden drei unterschiedliche Feldbeobachtungen als Feldnotizen in Abfolge veranschaulicht. Die beschriebenen KuK-Projekte sind entsprechend ihrer Unterschiedlichkeit in voneinander abweichenden Formen beschrieben. Im Sinne des taxonomischen Prinzips dieser Abhandlung, einer kumulativen Dichtebeschreibung nachzukommen, liegt der Fokus der ersten Feldbeobachtung vor allem auf der Struktur des zeitlichen *Verlaufs* des Projektes. Die Feldbeobachtung 2, als Audiotransskript generiert, zeigt selektiv ein exemplarisches Einstiegsszenarium. Die letzte dargestellte Feldbeobachtung 3 gibt den gesamten Projektprozess anhand des zeitlichen Ablaufs, von der Einstiegsphase und den eigentlichen ästhetisch-künstlerischen Aufgabenstellungen bis zum Ende des Projekttages, wieder.

11.4.1 Feldbeobachtung 1: Projekt Wege

„Das ist die Realität, einfach und nicht einfach.
Sich mit den Möglichkeiten anfreunden,
mit dem Erreichbaren zufrieden sein“.
Heinriche HEINE

Deutsch-dänisches Projekt Wege
Durchgeführt am 03.09.2013
Beginn: 8:30 Uhr – 16.00 Uhr
Grenznaher Ort in Dänemark und Museum im norddeutschen Ort
Teilnehmer*innen: Schüler*innen der Schule X (DK) – Anzahl 17
Teilnehmer*innen: Schüler*innen der Y Schule (D) – Anzahl 18
Klassenstufe/Alter der Schüler*innen : 5. Klasse, ca.11 Jahre

Das im Folgenden beschriebene Projekt ist als deutsch-dänisches KuK-Projekt durch die beiden Kunst-Vermittler*innen grenzüberschreitend konzipiert worden. Die eigentlich kunstpädagogische initiierte inter-kulturelle Begegnung ist als eintägiges Arbeitsprojekt verfasst. Die Rekrutierung der Kinder und Jugendlichen wurden durch die Vermittlung des „Center for undervisningsmidler/kulturformidlling"[137] in direkten Kontakten zu den deutschen und dänischen Schulen vollzogen. Das Projekt wurde aus Mitteln des „Kultur-Boost"[138] finanziert. Vorbereitend waren die SuS der beiden Schulen durch die Kunstvermittlerinnen aufgefordert, sich via Steckbrief – ein Künstlersteckbrief wurde vorher an alle versandt – gegenseitig bekannt zu machen. Die durch die Lehrer*innen im Vorfeld zu unterstützende erste Kennenlern-Maßnahme wurde nur von den dänischen SuS ausgeführt. Beide Kunstvermittler*innen sind zweisprachig (Deutsch und Dänisch). Es wird entsprechend der jeweiligen Zielgruppe die Sprache gewechselt.

8.30 Uhr: Die Kunstvermittler*innen Finja und Gudrun treffen an der dänischen Kulturskole (vgl. Jugendkunstschule) ein und besprechen das Vorgehen und den weiteren Tagesablauf. Es werden Zeichenblöcke und Stifte für die gesamte Gruppe vorbereitet.

8.55 Uhr: Der Reisebus mit den deutschen SuS trifft ein

9.05 Uhr: Die dänischen SuS treffen ein und besteigen nun den gemeinsam genutzten Bus. Dieser wird die SuS zum ehemaligen Wohnort des bekannten Künstlers Erwin Hansen (Name geändert) transportieren. (Ich erfahre, dass die deutschen SuS der 5. Klassen schon einmal die ‚Kulturskole' besucht hatten)

9.25 Uhr: Die SuS treffen am Erwin Hansen Gaard (ehemaliges Wohnhaus von Erwin Hansen, in einem Dorf an der Gren-

---

137 Das Zentrum für Unterrichtsmaterialien ist Teil des University Colleg Syd in Haderslev und unterstützt mit der Abteilung ‚Kulturvermittlung' und u.a. dem Programm ‚KulturBoost' deutsch-dänsiche Kuk-Projekte. Informationen in dänischer Sprache: http://www.ucsyd.dk/cfu/projekter-og-udvikling/ kultur formidling/

138 Die „KulturBoost" Angebote werden von der Region Syddanmark und der neuen grenzüberschreitenden Kulturvereinbarung zwischen Sønderjylland und Schleswig – eine vierjährige Vereinbarung zwischen den dänischen Städten Aabenraa, Tønder, Haderslev, Sønderborg, dem Kreis Nordfriesland, Schleswig-Flensburg und der Stadt Flensburg – finanziell unterstützt. (vgl. http://www.kulturboost.com/index.php/de/)

ze) ein.

Die SuS steigen aus und bewegen sich in Richtung des benachbarten Stoppelfeldes. Die dänische Gruppe setzt sich nach links, die deutsche Gruppe nach rechts ab. Die SuS stehen oder setzten sich in das teilweise feuchte Stoppelfeld, einige frühstücken ihr mitgebrachtes Essen.

9.45 Uhr: Ein dänischer Lehrer geht umher und macht Fotos von der Gruppe. Nieselregen setzt ein. Die Lehrkräfte stehen zusammen. Eine Kunstvermittlerin kommt hinzu und erläutert den Projekttagesablauf. Die SuS erkunden, teils essend, das Feld.

9.50 Uhr: Die Kunstvermittlerin Finja macht durch lautes Pfeifen auf sich aufmerksam und vermeldet das Ende der Frühstückszeit.

Beide Kunstvermittlerinnen platzieren vor sich zwei vorbereitete Kästen mit den Stiften und Skizzenblöcken. Alle SuS bekommen jeweils ein Skizzenbuch mit drei Farbstiften und einem Bleistift. Die SuS sollen ‚Steckbriefe' von sich erstellen, indem sie ihre Vornamen mit dem Ortsnamen ihres Wohnortes verbinden und so die Skizzenblöcke mit ihren Namen versehen. Es wird ein Beispiel genannt: "Sarah Strandweg aus Flensdorf".

Abbildung 48: Die Jugendlichen erwarten ihre Materialien

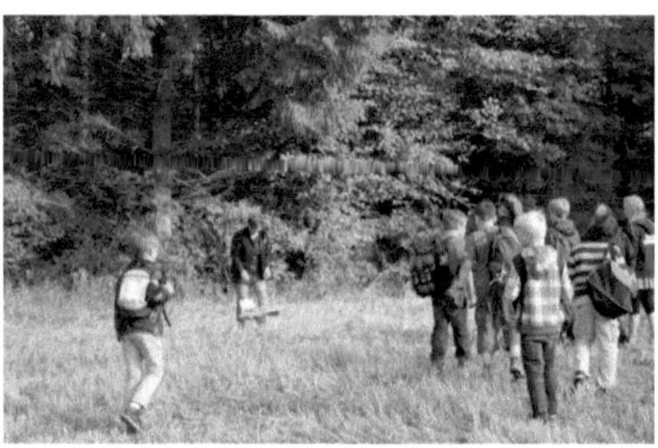

10.05 Uhr: Die SuS werden aufgefordert, Motive der Landschaft oder Motive im oder auf dem Feld zu suchen und zu skizzieren. Als Motive werden genannt: Kühe, Blumen, Gesichter, Bäume. Die SuS verteilen sich in Kleingruppen, die dänischen SuS begeben sich in Richtung der einen Seite, die deutschen SuS in Richtung der anderen Seite des Feldes. Vereinzelte SuS sind ebenso zu beobachten. Die begleitenden Lehrkräfte bewegen sich auf einzelne Gruppe zu und geben Hinweise oder versuchen, einige Unentschlossene SuS zu motivieren.

Abbildungen 49: Die Jugendlichen gehen auf Motivsuche

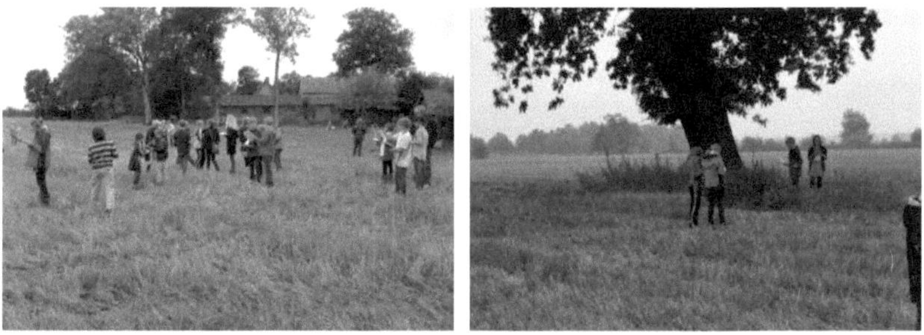

10.12 Uhr: Ein lautes Pfeiffen ertönt. Eine dänische Lehrkraft sagt: „Nu skal i byt" („Jetzt sollt ihr tauschen") Eine deutsche Lehrkraft ergänzt: „Ihr sollt eure Skizzenblöcke tauschen mit jemandem, den ihr nicht kennt". Hierauf setzt das Tauschen ein. Die Lehrkräfte unterstützen den Tauschprozess: „hier möchte jemand tauschen, Kevin möchte tauschen...wer möchte...?"

Abbildungen 50: Erste ‚inter-kulturelle' Interaktionen durch Autsausch der Skizzenbücher

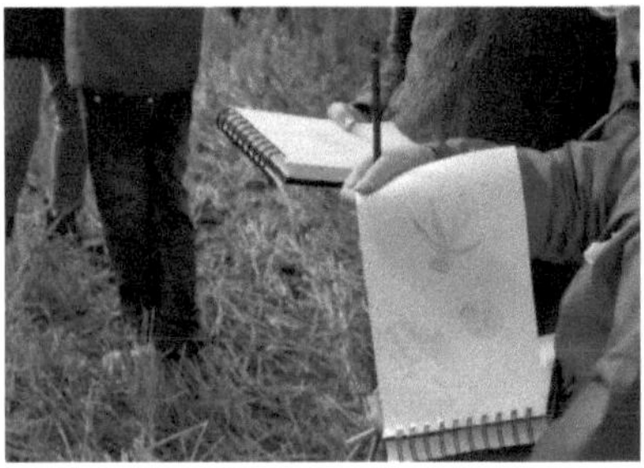
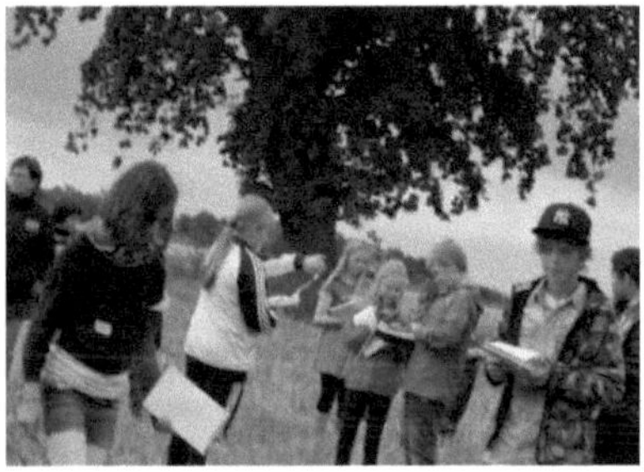

10.15 Uhr: Die dänische Lehrkraft fragt laut in´s Feld „Hvem har ikke byttet endnu?" („Wer hat noch nicht getauscht?"). Die SuS Betrachten die Skizzen auf den ihnen ‚fremden' Blöcken und beginnen mit neuen Zeichnungen.

10.18 Uhr: Der Nieselregen wird stärker. Die ersten mitgebrachten Schirme kommen zum Einsatz. Ein Schüler ruft: „Wer hat Braun?". Die meisten SuS stehen jetzt in Kleingruppen zusammen.

Abbildungen 51: Hilfestellungen durch die Kunstvermitllerin, Zeichnen und kommunizieren im Feld

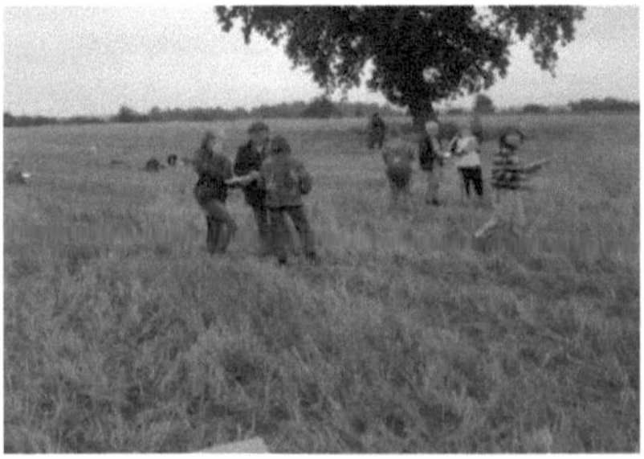
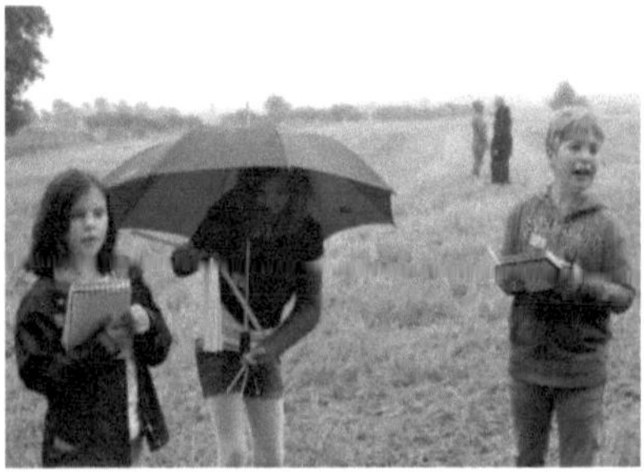

10.22 Uhr: Ein Pfiff ertönt, dann gerufen: „Es wird wieder nach der bekannten Regel getauscht!" (Der Regen wird stärker.)

Die Lehrkräfte verhandeln mit den Kunstvermittlern*innen über einen möglichen Abbruch. Die deutschen Lehrkräfte wenden sich mir zu und bemerken, dass sie sich mehr „Durchmischung" der Gruppen wünschen. Immer wieder kommen jetzt SuS zu den Lehrkräften und zeigen ihre Skizzen. Eine Lehrkraft, mir zugewandt, bemerkt: „Es ist ein sehr entspanntes Projekt, kein Gehetze, was Produktion angeht."

10.45 Uhr: Pfeifen. Das Signal für einen erneuten Tausch der Skizzenbücher.

10.55 Uhr: Pfeifen. Die Kunstvermittlerin F. ruft: „Letzter Tausch – das letzte Mal – sidste Gang!" (Ich beobachte, dass dem Tauschen oft nicht nach der Regel: „Tausche mit einem dir Fremden" nachgekommen wird. Oft wird in den sich schon bekannten Gruppen gesprochen und getauscht.

11.05 Uhr: Abpfiff! Alle SuS werden aufgefordert, in den bereitstehenden Reisebus zu steigen.
Busfahrt zum Museum.

11.50 Uhr: Ankunft. Atelierbau des Museums; Die SuS erfahren, dass es eine Essenspause (Brotkästen) gibt und einige Verhaltensregeln bezgl. des Ortes werden gegeben. Die SuS setzen sich auf die Wiese und essen aus ihren Brotkästen. Die Kunstvermittler*innen versorgen die Teilnehmer*innen mit Wasserflaschen.

12.22 Uhr: Die Mittagspause endet. Die Lehrkräfte sammeln die SuS und zählen die Gruppenmitglieder. Die Kunstvermittler*innen halten eine Ansprache über Verhaltensregeln im Museum. (Das eigentliche Museum liegt ca. 10 Gehminuten vom Ateliergebäude weg)

Abbildungen 52: Spiel und ‚Pausenbrot'/Auf dem Weg zum Museum und Malschule

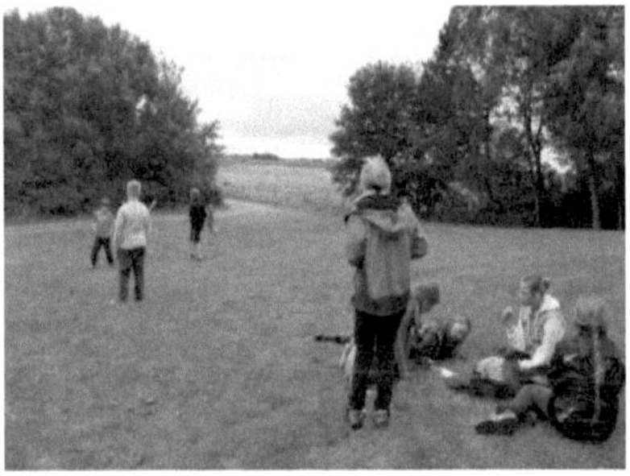

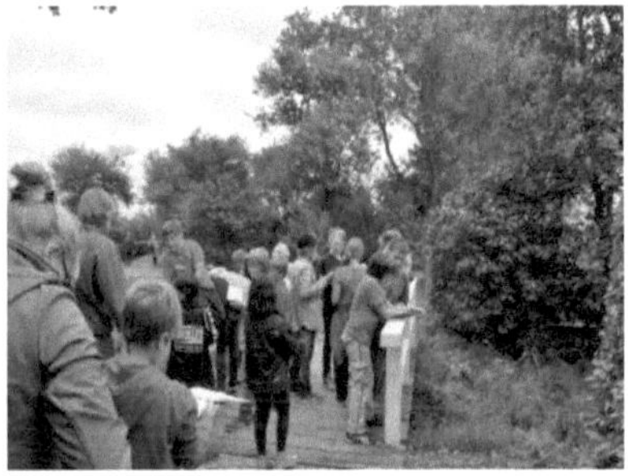

12.35 Uhr: Die beiden Gruppen machen sich auf den Weg zum Museum.

12.46 Uhr: Beide Gruppen sammeln sich vor dem Eingangsbereich des Museums. Die SuS erhalten farbige Eintrittsarmbänder und stellen sich nach Schulgewohnheit in Zweiergruppen auf.

13.05 Uhr: Die dänische Gruppe begibt sich in´s Museum. (Die Gruppen sollen, jeweils nach ihrer Muttersprache getrennt, durch die Ausstellung geführt werden.)

13.25 Uhr: Die deutsche Gruppe versammelt sich im Außenbereich (Garten des Museums/Garten des Künstlers) und erhalten dort von den Kunstvermittler*innen Pastellfarben. Danach kommt es zu einer geführten Begehung des Gartens mit Erläuterungen und Hinweisen auf Farben und Blumen, Himmel und Landschaftsimpressionen. Die Arbeitsaufträge werden bekanntgegeben. (Es sollen farbige Skizzen von Motiven, die im Garten entdeckt werden können, erstellt werden.) Kunstvermittlerin G. stellt die Kästen mit den gesammelten Skizzenbüchern bereit. Die SuS verteilen sich im Garten. Einige sitzen dicht vor den Blumen, andere teils erhöht auf Wiesenstücken oder größeren Steinen, wieder andere am Gartenteich.

Abbildungen 53: Erstellen farbiger Skizzen anhand von Blumenstudien/Zeigen des ‚eigenen' Werkes

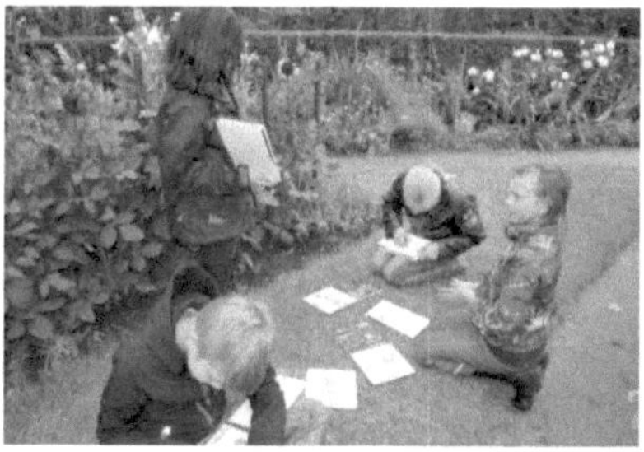

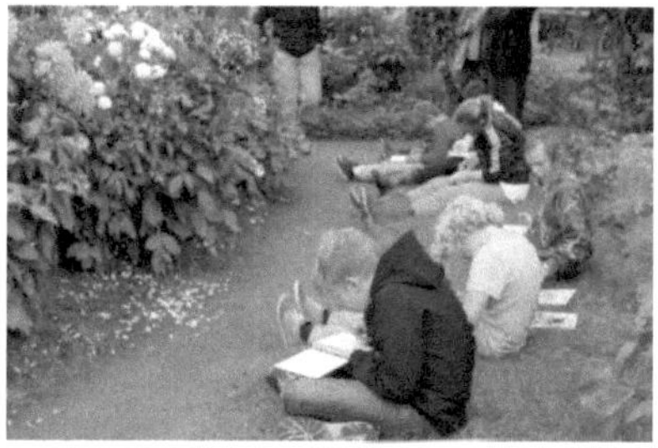

13.35 Uhr: Eine Gruppe von fünf SuS sitzt am Gartenteich, nur ein Schüler zeichnet. Der Rest der Gruppe albert herum und gestikuliert wild.

Abbildungen 54: Lehrkraft in teilnehmender Beobachtung/Zeichen und wildes Gestikulieren

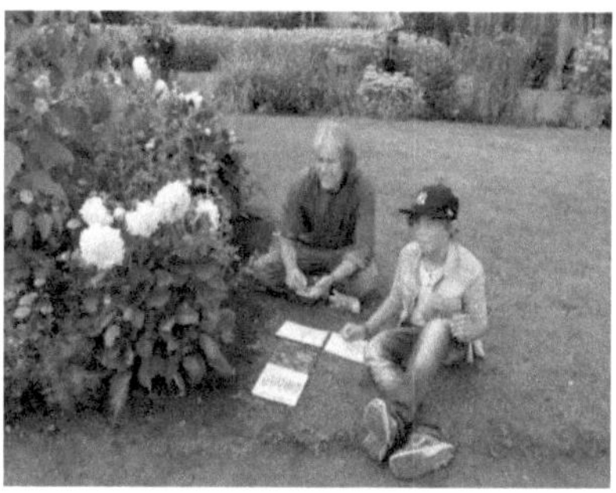

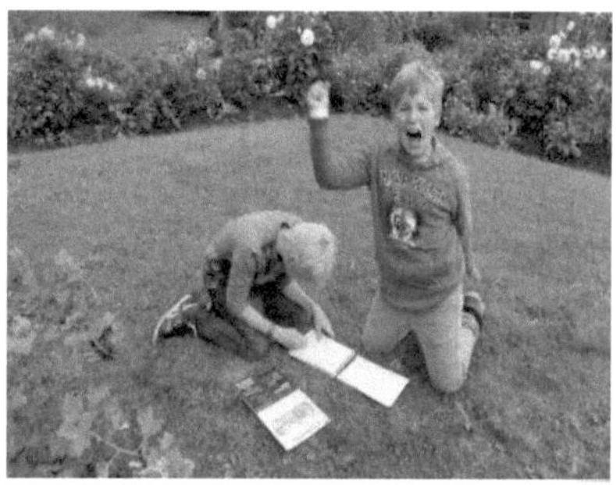

13.45 Uhr: Eine Lehrkraft bewegt sich auf die SuS zu und spricht sehr ernst mit ihnen. Nach einigen Minuten verlässt sie die Gruppe und stellt sich an die dahinter liegende Hauswand.

13.50 Uhr: Die Lehrkraft bewegt sich erneut auf die Gruppe zu, um sich zu ihnen zu setzen. Sie versucht, die Gruppe, die viel Spaß zu haben scheint (sie lachen unentwegt), zum Malen und Zeichnen zu motivieren.

13.53 Uhr: Die SuS beginnen, mit ihren Stiften und Farben auf dem Papier zu kritzeln. Eine weitere Lehrkraft kommt hinzu und sagt: „So, jetzt müsst ihr mal anfangen!"
13:54 Uhr: Kunstvermittlerin G. bewegt sich zu dieser Gruppe und gibt einige Hinweise und Korrekturen. Nach 2 Minuten verlässt sie die Gruppe, geht durch den Garten und fordert die SuS zum Zusammenpacken der Malutensilien auf.
14.00 Uhr: Die Lehrkräfte helfen beim Einsammeln der Skizzenblöcke. Das Material wird in einem Gartenhaus gesammelt und sortiert.
14.05 Uhr: Die SuS werden von einer Lehrkraft zum Versammeln aufgefordert. Nachdem sich die SuS, nach Aufforderung, auf die Wiese gesetzt haben, wird die Gruppe durch-gezählt. Eine Kunstvermittlerin bemerkt das Fehlen einiger SuS. Eine Lehrkraft macht sich auf den Weg, diese zu suchen.
14:08 Uhr: Die vermissten SuS treffen ein.
14:10 Uhr: Die Gruppe der dänischen SuS verlässt jetzt das Museum. Die Gruppen treffen sich auf der Gartenwiese. Die SuS sollen erneut in zwei Gruppen aufgeteilt werden. Die vorherige ‚Museumsgruppe' tauscht mit der ‚Gartengruppe'. Es entsteht eine etwas chaotische Situation. Die Gruppenbildung überfordert sichtlich die SuS. Eine Lehrkraft übernimmt die Regie: „Am Platz stehen bleiben!", dann teilt sie die Gruppe selbst auf.
14:18 Uhr: Die gemischten Gruppen machen sich auf den Weg zum Gebäude-2 des Museums. (Das Gebäude-2 liegt 5 Minuten Fußweg entfernt vom Museumgebäude-1) (Parallel zu der im Folgenden weiter beschriebenen Gruppe, begibt sich der andere Teil der Gruppe zurück zum Ateliergebäude)
14:35 Uhr: Das Museum wird, nach einigen Ermahnungen wegen des Benehmens, betreten und die SuS werden in das Atelier der Malschule gebeten. Die SuS ziehen sich alte Hemden

an und setzten sich an die mit Papier bespannten Tische. Die Lehrkraft stellt sich zur Kunstvermittlerin F. vor die Tische der SuS. F. zeigt die Materialien, erläutert die Eigenarten der Druckfarbe und führt in die Technik des manuellen Druckens ein. Das Verfahren soll durch eingefärbte Schnüre (Fadendruck) durchgeführt werden.

15:00 Uhr: Die Begriffe *Experiment* und *Ausprobieren* werden auffällig häufig von F. gebraucht. Die SuS probieren die verschiedensten Möglichkeiten des Druckverfahrens aus. F. geht umher und gibt entsprechende Hilfestellungen. Sie nimmt immer wieder ein Blatt und zeigt den SuS die Ergebnisse, die durch neue Verfahren entstanden sind. F. ermutigt immer wieder Neues auszuprobieren. „Schaut mal (...), wieder ein tolles Experiment".

Abbildungen 55: Ergebnisse von Druckexperimenten der SuS auf DIN A4/A5 Formaten

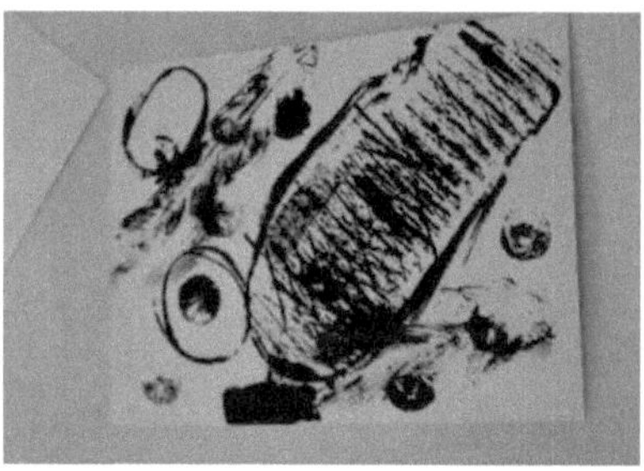

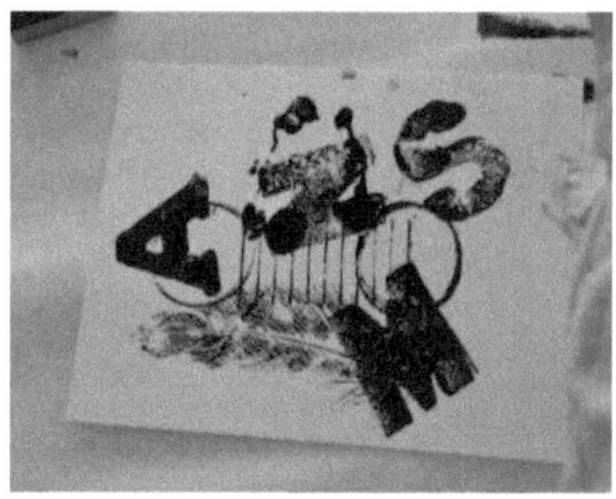

Die Lehrkraft hilft beim Verteilen der Druckfarbe. Die SuS sind mittlerweile sehr laut, und es sind auch nur noch einige am Arbeiten.

Abbildungen 56: Anrollen der Druckfarbe/Hilfestellungen beim Einwalzen der Farbplatte

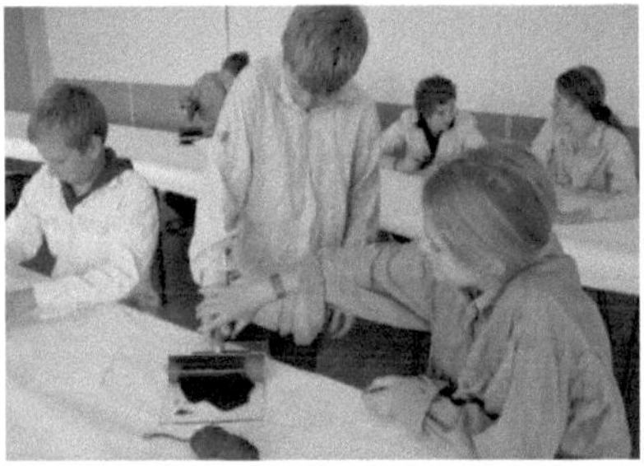

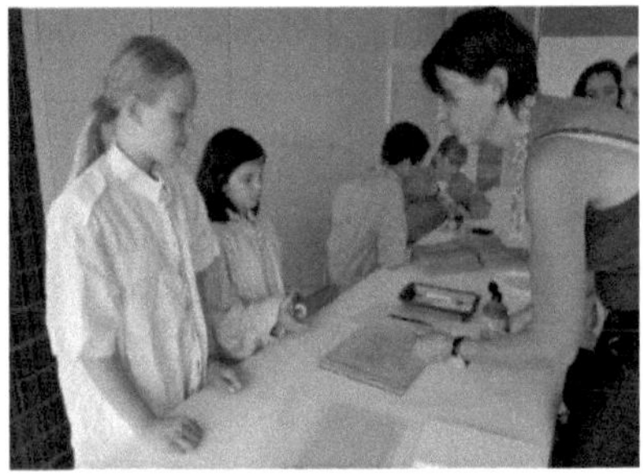

15:03 Uhr: F. macht eine Ansage: „Der Arbeitsauftrag lautet jetzt: Fünf Minuten ohne zu sprechen arbeiten!" und schaut auf die Uhr. Sie legt die Uhr auf den Tisch. Nach knapp einer Minute beginnen die SuS, wieder miteinander zu sprechen. F.: „Ihr müsst euch mehr anstrengen, 45 Sekunden ist nicht genug!" Es wird jetzt erheblich leiser. Wenn überhaupt, wird nur geflüstert. Die SuS arbeiten an ihren Drucken.

15:08 Uhr: F. pfeift und bedauert, dass die Zeit nun leider zu Ende sei und fordert zum Auf-räumen auf. Die Lehrkraft sammelt die Drucke ein.

15:30 Uhr: Die Gruppe verlässt den Malraum und macht sich auf den Weg zum Ateliergebäude 2 zurück. Dort treffen sie sich mit der Gruppe, welche im Ateliergebäude malerisch, unter Anleitung von G., mit dem Thema Portrait gearbeitet hat.

Abbildungen 57: SuS betrachten die fertiggestellten Portraitmalereien der zweiten, von G. betreuten, SuS-Gruppe

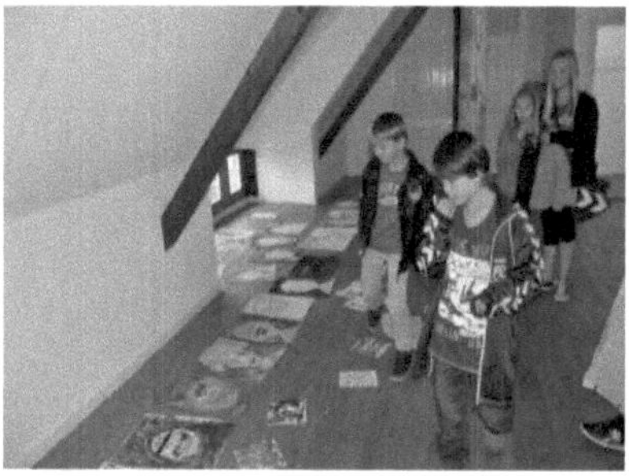

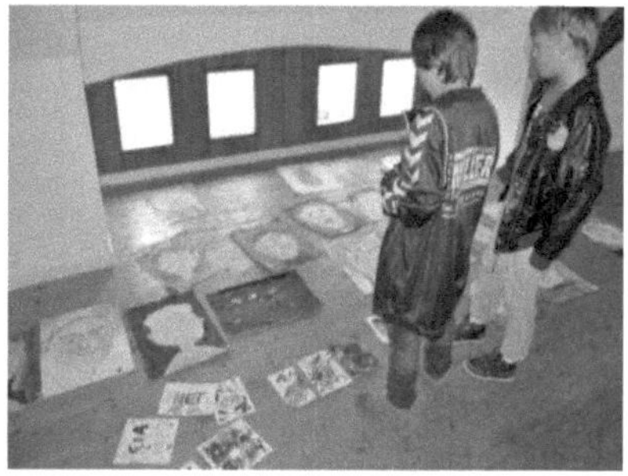

15:40 Uhr: Die beiden Gruppen begeben sich auf die vor dem Ateliergebäude liegende Wiese, toben ausgelassen. Die jeweiligen Gruppen bleiben unter sich.

15:50 Uhr: Alle SuS erhalten von den Kunstvermittlerinnen noch einen Muffin, die Gruppen verabschieden sich durch ein von den Kunstvermittlerinnen initiiertes spielerisches Händeklatsch-Ritual voneinander und machen sich auf den Weg zum Reisebus.

Abbildung 58: Gruppen Aufstellen und auf dem Weg zum Bus

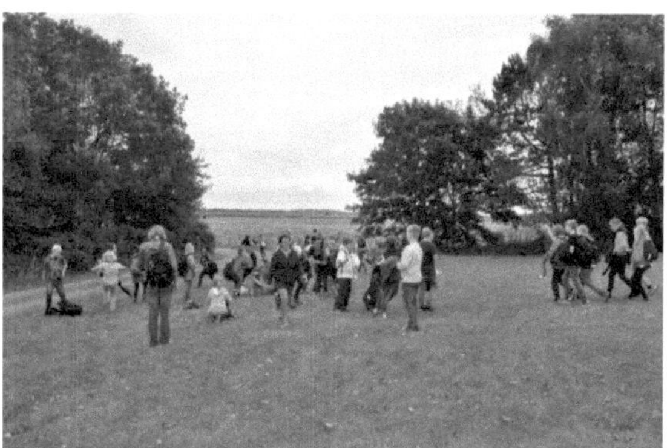

11.4.2 Feldbeobachtung 2 Projekt K-LaB

Durchgeführt vom 02.08.2013 – 04.08.2013
Beginn: jeweils 11:00 Uhr - 16.00 Uhr
Ausstellungsräume eines gleichzeitig stattfindenden Künstlersymposiums professioneller Künstler*innen in einer grenznahen dänischen Stadt
Teilnehmer*innen: Jugendliche (DK) – Anzahl 4
Teilnehmer*innen: Jugendliche (D) – Anzahl 10
Alter der Jugendlichen: ca.11 Jahre bis 21 Jahre

Rahmung: Das K-Lab findet im Rahmen eines international besetzten Künstlersymposiums in einer süddänischen Stadt statt. Die Vermittler*innen hatten ein gemeinsames Vortreffen, in denen sie ihre Ideen für das Projekt besprochen haben. Der Atelierraum ist ein ca. 350qm großer ehemaliger Verkaufsraum mit grauem Nadelfilzboden. Der Atelierraum soll in den darauffolgenden Tagen als Ausstellungsraum für Künstler*innen genutzt werden, daher durchstreifen immer wieder professionelle Künstler*innen die Räumlichkeiten.
Die Rekrutierung der Kinder und Jugendlichen wurden durch die Kontakte zu einer dänischen Jugendkunstschule und einer Atelier-Kindergruppe aus Deutschland vollzogen. Das gesamte Vermittlungsprojekt ist auf die Dauer von drei Tagen konzipiert. Nachdem hier beschriebenen Einstiegszenario experimentierten die Jugendlichen mit den mitgebrachten (Ver)Kleidungsstücken und inszenierten sich sowohl im Atelier als auch im Stadtraum. Die Ergebnisse wurden fotografisch festgehalten und in einer abschließenden Ausstellung (im Kontext der Abschlussausstellung der professionellen Künstler*innen) präsentiert.

Freitag,
10.30 Uhr: Der dänische Künstler Jan D. ist seit 10.00 Uhr anwesend und arbeitet an seinem Laptop. Die deutschen Jugendlichen treffen mit der Künstlerin Dagmar I. ein. Sie haben diverse Koffer (Rollkoffer) bei sich, die sie in der Mitte

des Raumes ab-stellen. Dann mustern sie den leeren Raum und platzieren sich gleich an den bereitgestellten bunten Tischgarnituren am Ende des Raumes. Dort werden sie von einer Mitarbeiterin des Kunst-Symposiums mit Getränken versorgt (Es ist sehr sommerlich und entsprechend warm in den Räumen).

Abbildung 59: Nach dem Ankommen, erstes Inbeschlagnehmen der Sitzgelegenheiten/Materialien Tisch und Taschen

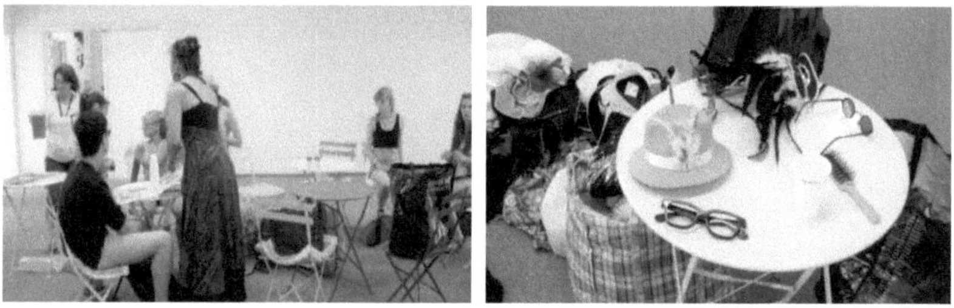

Die Kunstvermittler*innen Jan D. und Dagmar I. setzen sich etwas abseits an einen Tisch und besprechen Details des weiteren Vorgehens. Aus dem Gespräch höre ich, dass es vorbereitende Treffen und Email-Korrespondenzen gegeben hat.
Währenddessen öffnen die Jugendlichen die Koffer und entnehmen die mitgebrachten Kleidungstücke: Brillen, Hüte, Stolas, Schals, Handschuhe, Schminkutensilien und diverse andere Kleinigkeiten. Es werden sogleich die mitgebrachten Kleidungstücke ausprobiert.

Abbildung 60: Werkstattsetting mit (Kleidungs)Materialien, Arbeitstischen und improvisiertem Fotostudio

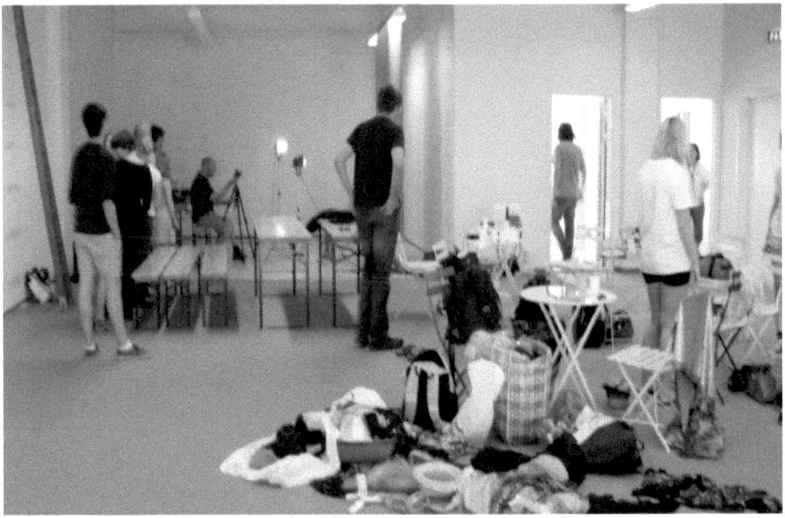

11.03 Uhr: Vier dänisch sprechende Teilnehmer*innen treffen ein. Sie werden von Jan auf Dänisch begrüßt. Dagmar nimmt kurz Notiz von ihrer Ankunft, nickt freundlich, sagt „Hello".

11.03 Uhr: Es gibt eine kurze „offizielle" Begrüßung aller durch ein Mitglied des Kunst-Symposiums in deutscher und dänischer Sprache. Ich stelle mich kurz vor und erläutere meine Präsenz, die Verwendung der Kamera und der Tonaufnahmen. Es gibt keine Einwände, die meisten Teilnehmer*innen kennen mich schon von einigen Besuchen und Observationen im Kunstpädagogischen Labor in Flensburg.
*(Da wohl alle Teilnehmer*innen und die Künstler mit Kameras ausgestattet sind, scheint eine weitere (Video) Kamera kaum Aufsehen zu erregen.)*

11.04 Uhr: Die beiden Künstler*innen stellen ihr Projektvorhaben den Jugendlichen vor:

Transkription der Audioaufzeichnung vom 02.08.2013 des Einstiegszenariums; Anwesend 4 dänische Jugendliche und 12 deutsche Jugendliche. Es sprechen die deutsche Künstlerin und der dänische Künstler. Die jugendlichen Teilnehmer*innen platzieren sich in zwei getrennten Gruppen. Die deutschen Jugendlichen sitzen in der Nähe der deutschen Künstlerin, die dänischen Jugendlichen ebenfalls zusammen.

Transkription der Audioaufzeichnung des Einstiegszenariums; Aussagen in dänischer Sprache sind der deutschen Übersetzung vom Autor in eingefügt.
K-LaB[redacted] [redacted] Ort: [redacted] [redacted] grenznahe Stadt in Dänemark

#00:01:29-5# P1: Ja, Hej, jeg heder Jan[redacted]. Jer er en lærer sammen med Dagmar. Og jeg tag mig (unv.) de danske elever men vi planlægger (unv.) at (unv.) (Ich bin ein Lehrer, zusammen mit D./und ich übernehme die dänischen Schüler, aber wir planen das ... (unv.)

#00:01:52-0# P2: Also, ich übersetz das kurz?; Jan ist derjenige, der die dänische Gruppe quasi unter den Fittichen hat. Vor allem sprachlich und (.) mh, wenn ich Mist rede (lacht). Wir werden aber auch gucken, natürlich, dass es vermischt, ne. Also es soll jetzt nicht deutsche und dänische Gruppe sein, das soll eine Zusammenarbeit sein.

#00:02:13-2# P1: Yes, and äh in a few moments äh I will make a small introduction to the works what we want to work with. I (unv.) you understand me?

#00:02:20-6# T1: Yes, I understand German,English and Danish.

#00:02:21-8# P1: Oh, great (lachen) So I will talk in English, so that D. will be able to translate. She is not so perfect to danish. I am not very good in German. Äh, the first thing we have to work with, maybe you should

....

#00:03:17-5# This three days äh we want you to get inspiration from two artists.The first one (unv.) is called Cindy Sherman, she is American.

(unv., allgememeines Gemurmel in der Gruppe)

#00:03:32-5# P2: Yes, please otherwise it´s too much.Also, wir arbeiten ähm inspiriert äh von zwei Künstlern ähm Die erste ist Cindy Sherman, amerikanische Künstlerin, und da schauen wir uns eine kleine Fotoserie jetzt eben an, von den Arbeiten.

#00:03:51-1# P1: Cindy Sherman is almost, äh, sixty years old, and she is very, very famous. She got famous in the late seventies, early eighties. And she has been famous ever since.

#00:04:11-5# P2: No.Okay. Also Cindy Sherman äh ist in den späten Siebzigern, Anfang achtziger Jahre berühmt geworden. wenn ich mich richtig erinnere. (zu P1 gewandt, Video-aufzeichnung) bed? yes bed. jedenfalls hat sie ihr privates Bett in eine Ausstellung gestellt. Das war so das, was damals Aufsehen erregt hat. (unv.) ähm, sie ist fast 60 Jahre alt, in-zwischen, und äh wirklich ganz weit (auf´m run?) was (unv.) ist wirklich seitdem bekannt und in der Kunstwelt einfach (unv.) und präsent.

#00:04:52-9# P1: And äh, the thing she works with identity // P2: Identität// Yes, and she uses herself and she dresses ähh. She takes some different types of costumes to create new types of/ äh woman.// P2: Ja//

#00:05:17-1# P2: Ok. Sie arbeitet mit dem Thema Identität und es geht ihr darum, dass sie, wir ihr seht, auch schon ein bißchen, Schminke, ähm Frisur, Klamotten also Kleidung, bis zu verschiedene Persönlichkeitstypen, Identitäten kreiert. Und dann ist Fotografie einfach quasi ihre äh Form, das Ganze zu präsentieren und auszustellen. Das ist sie immer selbst. Also sie arbeitet immer als Person, und dann variiert sie.

#00:05:52-7# P1: Yes, and it can be difficult to see that it is her. You can not see that it is her, but it is. And she (lachen) creates different kinds of archetyps, you know the older rich woman or the poor younger woman. You know, types that you know (unv.) she hold that kind of type (unv. Gemurmel im Raum)

#00:06:21-8# P2: Sie kreiert quasi (unv.) Klischees eigentlich, schon fast, von Typen, von Menschentypen oder von Frauentypen in dem Fall. Reiche alte Frau oder eben eine die (.) keine Ahnung. Offensichtlich, die Frau mit dem Pullover nicht so ganz gut finanziell gestellt ist ecetera, ecetera.

#00:06:41-9# P1: Yes, and she works/in that/she has a very, very big studio. And she has lot of costumes and fake noses and ears and all kind of bodyparts. And she puts it on or get Professionals to do it so it fits perfect. (das Handy von P1 kingelt)/Sorry./(das Handy von P1 kingelt)

#00:07:05-5# P2: Also, sie hat ein ganzes Studio voll mit Requisiten, also Requisiten im Sinne von Kostümen, ähm von Perücken, Schminke, falsche Nasen, falsche Ohren, was auch immer, was man braucht, einfach um eben diese Typen zu kreieren. //yes// und dann hat dann ein-fach quasi äh (unv.) das dann wirklich perfekt.

#00:07:29-9# P1: She spent a lot of time to find the right stuff to make her personalities. We don´t have so much stuff but we will improvise and play around with identity like she is doing. And (äh) it´s very strange. (lachen) (...) And you can see that she also spends a lot of time finding 'the rift lace' (unv.?), position and the right set up

#00:08:04-2# P2: (unv.) Also, sie nimmt sich viel Zeit, tatsächlich auch die richtigen Orte auch zu finden, um sich dann selbst da zu ins-zenieren. Und die richtige Körperhaltung oder was auch immer, den richtigen Blick, ja (.). Ich nehme mal an, dass sie, dass sie pro Aufnahme einfach fünfhundert Photos hat //P1: yes, yes//, aus denen sie dann auswählt; von wegen das ist ok, das ist überhaupt der Typ oder die Stimmung auch, die ich treffen will.

#00:08:29-7# P1: Yes. This is a bit different because these are film stills äh (.) so that they look like they are taken from a movie, but they are really not. They are from (.) She is doing a kind of äh,äh, ääh/ a look alike//P2: mmh (zustimmend)//from the real movie shot, it is, there,/ it is a real movie shot that looks like this and she takes it and she does it herself. She (unv.) and the role of the leading actor//P2: mmh (zustimmend)//So it´s stage, everything is stage.// P2: Ok//

#00:09:04-7# P2: Das sind Filmstills, also das sind (äh) ebenso Momentaufnahmen aus Filmen, und dann äh kopiert sie sich quasi selbst rein. Sie empfindet die Szene nach und äh kopiert sich dann quasi so rein in dieses eine Still, wie man sagt, eben gewesen ist. Deswegen jetzt auch Schwarz-Weiß Fotografie (ne) das ist wahrscheinlich, was weiß ich, ein 50er Jahre Film, ne?

#00:09:33-5# P1: Ja. There is one more. She looks scary. (.) Yes, and that is how she looks, when she is (.) not working (lachen)

#00:09:43-3# P2: She is not bad looking//P1: No (lachen)// In Wirklichkeit ist sie gar nicht so hässlich (lachen)//

#00:09:58-3# P1: She can be really ugly//

#00:10:00-0# P2: That´s what we try. äh, Das, das versuchen wir auch. Also es geht jetzt nicht (unv.) Effekt. Es geht jetzt nicht, dass ihr möglichst hübsch rüberkommt, auch klar. Aber dass ihr auch Varianten habt, wo ihr sagt, OK verdammich, da sehe ich echt seltsam aus. Ok? Oder sogar vielleicht irgendwie ein bißchen Richtung fies, gemein und hässlich. Ja? Aber dass ihr wirklich damit spielt. Nicht nur eine Variante (.) (äh) Sag mal, versteht ihr überhaupt deutsch? Gar nicht?! Don´t unterstand german, not at all?

#00:10:30-3# P1: I will, I will translate in a few seconds. Äh What, äh what, what you have to do, is to play with your own identity, create different kinds of identities, like she does. And not just create some way you look beautiful. But also where you look (..) strange. Strange, or ugly or, so that, when people see the photographs and you, you, you äh dress up and we (chsch) take photographs of you, like this. So at the end we will hang it on the wall. So we have a small exhibition. So that, when people see the pictures they can´t recognize you. It should be (.) // P2: Ja, ne//

#00:11:16-9# P2: Maybe we should take one Photo of you as you look now.

#00:11:15-8# P1: Yes.

#00:11:15-8# P2: Ach Gott, ihr seid ja (unv.) (lachen allg.) Also, dass wir, dass wir tatsächlich ein Photo nehmen von jedem hier, so wir ihr heute hier äh angekommen seid, ne? und dann eben die Varianten dazu. Und daraus machen wir dann nachher eine Ausstellung. Ja?

#00:11:37-4# P3: (unv. Frage von einer dt. Jugendlichen, unv.wg. Nebengeräuschen,)

#00:11:37-4# P2: Ja, ganz genau.

#00:11:40-3# P1: And äh one final picture, I think, that´s also her.

#00:11:47-2# P2: That´s a movie still, ne !?

#00:11:47-4# P1: Yes (..)

#00:11:52-1# (Ein neues Bild wird gezeigt) (allg. lachen, haha)

#00:11:47-5# P2: (unv.) lady

#00:12:00-7# P1: Yes, a kind of suburban, Hausfrau

#00:11:52-8# P2: Ja, ja, Hausfrau, aha!

#00:12:03-5# P1: And that´s one, the best picture I think. No, this is a special one, because she is äh being presented as a dead body.

#00:12:15-3# P2: mm Also , da hat sie sich als Tote inszeniert, (leise) unschwer zu erkennen.

#00:12:14-8# P1: That´s (unv., lachen, Gemurmel)//P2: dead

bodies//but maybe it´s inter-resting to go into an extreme

#00:12:35-6# P2: mm, Ja

#00:12:35-6# P1: As much as we want or you want to go//

#00:12:38-8# P2: We gonna? develop

#00:12:39-0# P1: Yes and see what happens. I think maybe it will get (unv.) with you?, a little bit shy? but take it slow..

#00:12:50-8# P2: Also, im Endeffekt geht´s eigentlich wirklich darum; Wir fangen an und machen unsere normalen Aufgaben und dann gucken wir einfach wie´s sich entwickelt. Und was ich euch vorher auch schon geschrieben hab`, dass kann sich wirklich für jeden Einzelnen, jede Einzelne unterschiedlich entwickeln. Ne, das heißt nicht, wir machen erst normale Photos, dann machen wir solche, dann machen wir solche, sondern wir gucken wirklich ob einzelne bei jedem (.) was bei jedem, bei jedem Einzelnen passiert. Ne, oder was dann vielleicht ne Variante ist, aber wir haben viel Zeit. Das wird reichen.

#00:13:25-5# P1: And I think, we will be working with this today, tomorrow and have today and tomorrow (all the time?)

#00:13:32-5# P2: Yea. Also wir machen jetzt anderthalb Tage, quasi heute den Tag auf jeden Fall und morgen den halben Tag mit dem Thema in, um Portrait. So, in Anführungszeichen Portrait, beziehungsweise so, wie ihr das jetzt gesehen habt, und dann gibt´s eben noch ein zweites Thema, aber das stellen wir dann morgen vor. Aber wir machen Mittagspause. Wir haben jetzt gesagt, wir peilen was mit ner Stunde an, ungefähr. Das ist zwar relativ lange, aber wir müssen halt schon gucken, dass es intensiv ist, und es ist einfach sauheiß. Von daher, wir sehen, wenn wir merken, ne Stunde ist zuviel, können wir es immer noch einkürzen.

#00:14:09-9# P1: We will, we taking a break after this from one thirty to two thirty. For one hour, because it´s very intensive, this study and äh it´s very hot outside and it´s nice to have a little break. All right? Good, so, are you going to the city tour now, or later?

#00:14:39-9# P2: I don´t have any maps now. So..

#00:14:43-0# P1: Ok, because a little later you´ll all be going to Dagmar (unv.) how to see where the different ████ artist are working. There is a artweek just now and, and I think yesterday, and the Artists from all over the world, they came here to ████ to prepare for the exhibition. So you should see and walking around what they are doing and maybe talk to them if they have time. And so that you can see how it is to work as a professional artist.

#00:15:20-5# P2: Possibly, they have not work yet. Maybe on the third day.

#00:15:24-7# P1: Yes. It´s because, I know they arrived yesterday, so they are not have really started working.

#00:15:35-0# P2: Im Grunde haben die Künstler, die internationalen Künstler, die jetzt eben von der Jury ausgewählt wurden, fangen heute an. Gestern Abend haben die sich getroffen, das erste Mal, und heute fangen die eben an. Ich bild mir ein um eins, dreizehn Uhr. Wir dachten, wir machen ne kleine Citytour, damit ihr euch ein bisschen orientieren könnt, wo ihr seid. Ihr kriegt dann, jeder einzelne eine City map, also Stadtplan, wo die Adresse dann auch noch mal drauf steht hier von dem Ort. Das für den Fall, dass sich irgendjemand verlaufen sollte. (Gemurmel) So ähnlich wie eben am Busbahnhof, ja. Ok? Mit der Adresse natürlich, sonst macht das ja kein Sinn. Ok?

#00:15:59-0# P1: So, äh we will äh, I understand that Dagmar brought a lot of costumes, and different kinds of some and maybe you could see there is anything to use and we also have paper, äh so that you can start thinking of, maybe look at the costumes and see if you can ideas of how you would to look.

#00:16:38-3# P2: Now?

#00:16:42-1# P1: Yes.

#00:16:42-1# P2: What about the photos of the /? Yes, maybe we should start with that. Yes, i will set up the camera and maybe we should have (unv.)

#00:16:43-9# P1: Yeah, so any Questions?

#00:17:04-5# P2: Does it sounds scary?No?!

#00:17:07-4# P1: wa/, ne?

#00:17:07-9# P2: No, good. So we will start taking some pictures, just (unv.) to see how you look normal.

#00:17:17-7# P1: what you call normal (lacht)

#00:17:22-0# P2: What you call normal (bestätigend). Cindy Sherman would say that, even know we feel normal but this is who I am. You always play a different person than yoo really are.

#00:17:31-3# P1: Depends on what situation.

#00:17:34-5# P2: Yeah, that is what she says

#00:17:36-5# P1: Ihr Ausgangspunkt für die Arbeiten, warum sie so arbeitet, die Cindy Sherman, ist ähm, dass sie sagt, man spielt sowieso immer eine Rolle, abhängig, in welcher Situation man sich befindet, oder wenn man in der Schule ist, ist man Schuldkind, benimmt sich wahrscheinlich auf eine bestimmte Art und Weise auch und äh, wenn man mit seinen Freunden unterwegs ist, ist man irgendwie ein bisschen flippiger, wahrscheinlich, und, und, und, oder? (.) So, und das ist so die Ausgangs/ihre Ausgangs äh Einstellung oder ihr Thema. (.) Und wir finden ein bisschen drüber raus, was ihr fürn Potential habt.

#00:17:59-8# P2: hähä (lacht)

#00:18:18-6# P1: So

#00:18:17-4# P1: I start with set up the camera (unv. Allg.

Gemurmel)

#00:18:44-4# (ES WERDEN DIE ERSTEN FOTOS GEMACHT)

Abbildung 61: Erste Selbsinzenierungen/Warten auf ‚Fototermin'

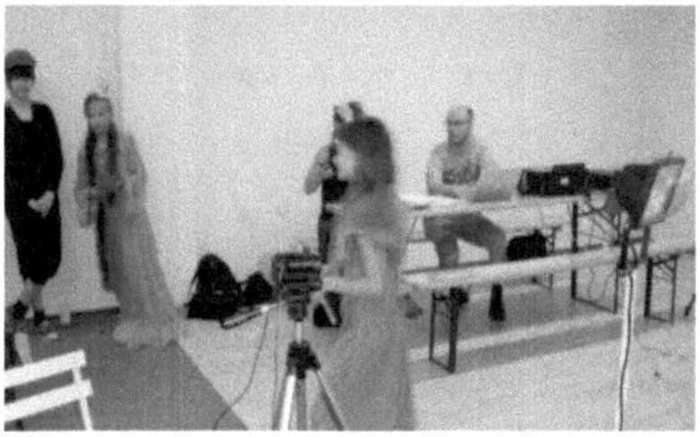

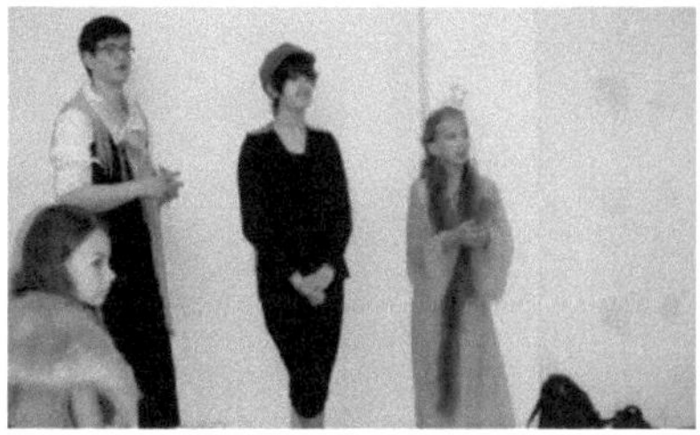

#00:18:29-3# ENDE DER AUDIO-AUFZEICHNUNG

11.4.3 Feldbeobachtung 3 Projekt des deutsch-dänischen Künstlerischen Bildungs-projekts

Durchgeführt am 30.05.2013
Beginn: 9:00 Uhr – 14.35 Uhr
in grenznahem norddeutschen Ort
Teilnehmer*innen: Schüler*innen der Schule P (DK) – Anzahl 17
Teilnehmer*innen: Schüler*innen der K Schule (D) – Anzahl 18
Klassenstufe/ Alter der Schüler*innen : 5. Klasse, ca.11 Jahre

Die Aussagen in dänischer Sprache sind der deutschen Übersetzung vom Autor eingefügt. Namen und Orte wurden anonymisiert bzw. pseudonymisiert. Strukturelle Rahmung:
Das hier observierte Projekt ist eines in einer langjährigen Reihe von ähnlichen KuK-Projekten, die durch die beiden Kunst-Vermittler*innen grenzüberschreitend betrieben werden. Die eigentlich kunstpädagogisch initiierte interkulturelle Begegnung ist als ein-tägiges Arbeits-Projekt verfasst. Ein weiterer Vernissagetag an prominenter Stelle (Schloss), an dem die

Vermittler*innen die Hängung der Werke vornehmen, folgte eine Woche später. Diese Ausstellung ist für die Öffentlichkeit zugänglich. Diese Projektreihe ist eine mit öffentlichen Preisen ausgezeichnete KuK-Projektreihe.

Die Finanzierung des Projektes erfolgte über die Kultur-Dialog-Mittel der Grenzregion. Diese beinhalten die Honorare der Vermittler*innen, die Materialien sowie die Transportkosten für die Kinder und Jugendlichen. Die Rekrutierung der Kinder und Jugendlichen wurden durch die Vermittlung des „Center for undervisningsmidler/kulturformidlling“[139] in direkten Kontakten zu den deutschen und dänischen Schulen vollzogen. Während einer einstündigen Führung der SuS durch die Museumpädagogin im Museum (Thema: Maritimes in der deutsch-dänischen Grenzregion), diese wurden von den jeweiligem Lehrer*innen begleitet, bereiteten die Vermittler*innen die Atelierumgebung vor.

Die Beobachterposition war in einer Nische des Atelierraumes, dies entsprach ebenso der Kameraposition. Die Beobachtungsperspektive wurde im Laufe der fünfstündigen Dauer nicht gewechselt. Allerdings kam es zu kleineren interaktionistischen Handlungen, wie etwa Hilfe beim Papierschneiden. Dies, um die Situation des ‚hanging around' möglichst natürlich anmutend zu gestalten. Die Feldbeobachtung wurde bei Jakob J (D) telefonisch angekündigt. Dieser machte am Telefon darauf aufmerksam, dass der Kollege Ryan R. (DK) möglicherweise etwas schwierig sei und mit meiner Beobachtung des Projektverlaufes Schwierigkeiten haben könnte. Ryan U. ist telefonisch, trotz mehrfacher Versuche, nicht zu erreichen.

Alle Einzel-Fotoobservationen und Fotosequenzen wurden zu den angegeben Zeiten vor Ort erstellt und in den fließenden Text mit eingebunden, um im Sinne einer „Thickness“/Dichtebeschreibung eine mögliche Datensättigung zu erreichen.

---

[139] Das Zentrum für Unterrichtsmateriealien ist Teil des University Colleg Syd in Haderslev und unterstützt mit der Abteilung, Kulturvermittlung' und u.a. dem Programm ‚KulturBoost' deutsch-dänsiche Kuk-Projekte. Informationen in dänischer Sprache.
vgl. URL: http://www.ucsyd.dk/cfu/projekter-og-udvikling/ kulturformidling/

Erste Notizen: Die Vermittler*innen scheinen sehr routiniert im Umgang miteinander und mit den Materialien zu sein. Die Materialien, Pinsel, Eimer, Papiere werden äußerst genau vorbereitet und an feste Plätze gelegt. Es entsteht der Eindruck von klarer Struktur, alles hat seinen Platz. (Ich denke kurz an etwas militärisch Organisiertes) Es fällt auf, dass es keine persönliche Begrüßung gibt. Es wird ein ‚Hallo' in den Raum gesprochen. Nach den Namen wird nicht gefragt. Die Künstler*innen stellen sich namentlich und als Freunde vor. Es wird sogleich darauf aufmerksam gemacht, was das Ziel sei: das Produkt sollen Bilder sein. Ein/e Vermittler*in ist in ständiger Bewegung und organisiert Wasser, Farbe und Pinsel für die SuS. Die andere Vermittlerperson scheint eher ruhig und gelassen und geht umher. Manchmal greift er/sie zu Pinsel oder Stiften und beschäftigt sich mit einem eigenen ‚Werk'. Die Gespräche zwischen den beiden Vermittlern*innen beziehen sich nahezu ausschließlich auf die Art der geplanten Ausstellung der Sus-Werke am darauffolgenden Wochenende sowie technische Fragen. Wo soll das Papier platziert sein? Wie viele Bahnen brauchen wir?

Feldnotiz, 30.05.2013

09.20 Uhr: Ich werde am Eingang des ████████ Museums von Jakob█ empfangen:

„Ryan will das nicht (...) du weißt, er kann ein etwas komplizierter Mensch sein (...).

Ich erwidere, dass das ausgesprochen schade ist, da es sich ja um ein öffentliches Kinder-Kunstprojekt handele und die Forschung ja auch ein öffentliches Interesse hat.

Jakob: „ Dann probier' es selbst, geh hoch zu ihm (...) Du sprichst ja dänisch"

Ich begebe mich in den Fahrstuhl und steige in der 4.Etage des Museums aus. Von den anderen Etagen dringt die Stimme einer Museumspädagogin zu mir, ich höre Kinderstimmen. (Ich denke, es sind die Kinder, die am Workshop teilnehmen werden.) Der Raum, den ich

betrete, hat Holzdielenboden und ist mit einer rustikalen Balkendeckenkonstruktion ausgestattet. Die Beleuchtung, die durch einzelne Scheinwerfer an der Decke erfolgt, erzeugt ein auffallend warmes Licht, welches die Gediegenheit dieses großen und möbelfreien Raumes unterstreicht.
Ryan █ kommt sofort auf mich zu, ich stelle mich vor und erkläre ihm mein Anliegen, versuche Ängste zu nehmen, spreche nicht von Kunst, nur Beobachtungen – ich sitze am Rande, sage nichts, versuche nicht zu stören, evtl. hier und da ein paar Foto-/Video-Aufnahmen, das sind meine Argumente.
R.█ beginnt daraufhin sofort, mir das Projekt K█ █ zu erörtern und spult eine Menge Daten herunter – (es wirkt so, als habe er das alles schon mal so oder ähnlich erzählt) – mehrere hundert Kinder haben daran schon teilgenommen, viele Museen im Grenzgebiet waren Atelier und Ausstellungsort, das Projekt wurde im Jahr ? mit einem Preis ausgezeichnet, es geht um deutsch-dänische Kinder (...) Alles wird dann am Ende im Museum ausgestellt werden.
Meiner beobachtenden Teilnahme scheint nichts mehr im Wege zu stehen. R█ bringt mir einen Hocker zum Sitzen. Ich nehme eine Position am Rande der vorbereiteten Bodenarbeitsplätze an der Wand ein. Die Kinder sind immer noch von der darunterliegenden Etage zu hören. R█. erklärt mir, dass sie eine einstündige Führung bekommen um alles über Seefahrt, Piraten und Schiffe im Grenzgebiet zu erfahren und sich inspirieren zu lassen. Die Arbeitsplätze sind auf dem Fußboden vorbereitet. Drei dunkelgrüne Plastik-planen, wie man sie aus Baumärkten kennt, ca. 4x6 Meter, sind auf dem Fußboden ausgebreitet.

Abbildung 62: Vorbereitete Ateliersituation im, ansonsten, leeren Museumsraum

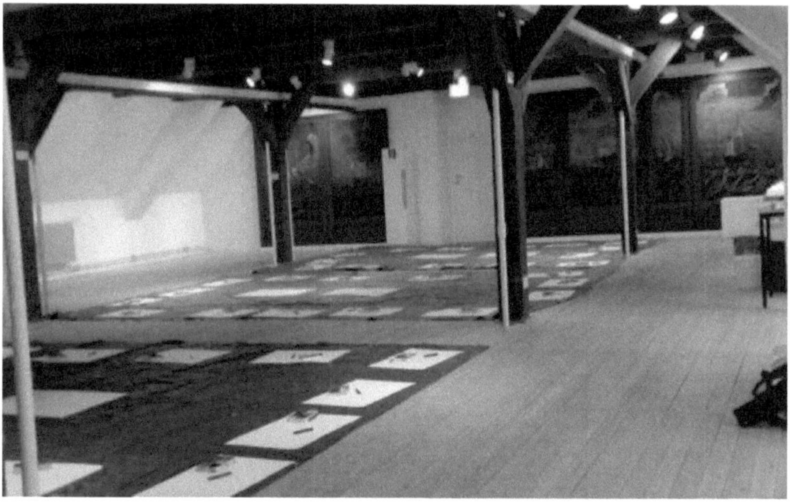

Auf der Folie sind 16 DIN A2 Zeichenkarton Stapel mit jeweils ca. 5-7 Blättern am Rand entlang verteilt. Auf jedem Papier Stapel liegt eine Zyklop-Graphitmine/HB, zusätzlich liegen auf einigen Stapeln außerdem (recht feine) Haarpinsel Nr.18. Alle Blattstapel sind im Querformat angeordnet. Auf allen drei Folien liegen in der Mitte 2 Stapel mit weiteren Zeichenkartons (wahrscheinlich Reservestapel, denke ich...) Am Rand des Raumes steht ein ca. 4 Meter langer schmaler Tisch mit vorbereiteten weißen Plastiktellern, ein roter Plastikeimer mit Wasser gefüllt, ein weiterer Eimer gefüllt mit darin stehenden flachen Borstenpinseln, ein weiterer Eimer mit Wasser. Daneben ein kleiner Tisch mit Farbkopien von alten Schiffen und Seemann-Tattoos.

Abbildung 63: Vorbereitete Arbeitsplätze am Boden (Graphitstift, Farbkästen)

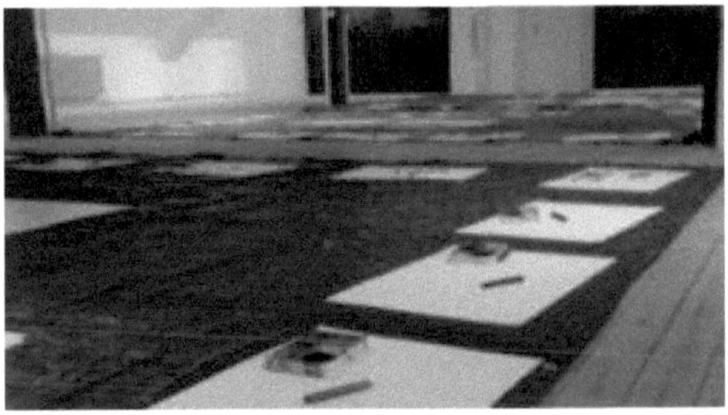

Abbildung 64: Vorbereitete Wasserschalen auf Tisch

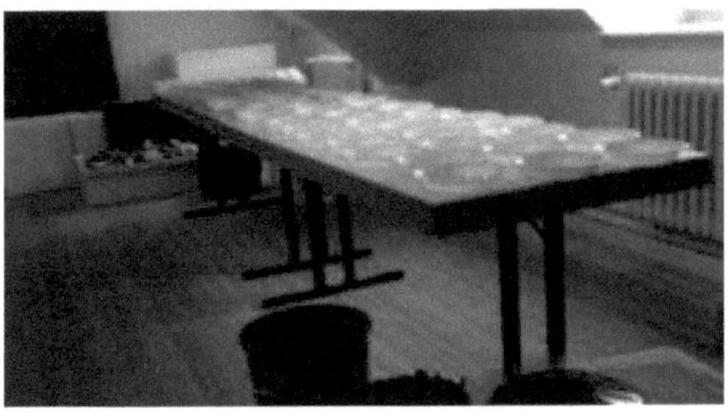

Abbildung 65: Vorbereitete zusätzliche Pinsel, Schmutzwassereimer, Frischwassereimer

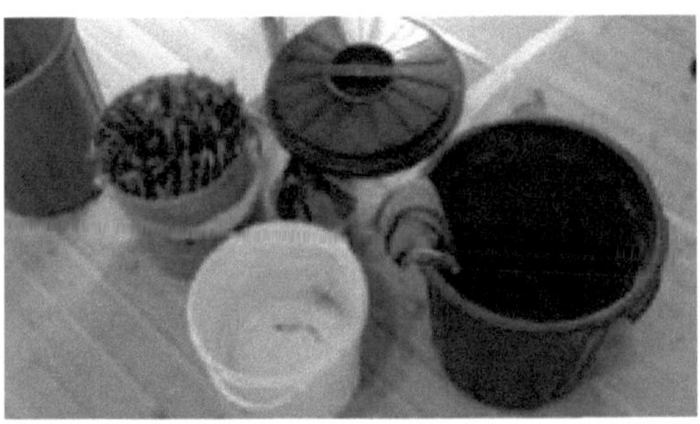

Abbildung 66: Farbkopien von Schiffen und Tattoos

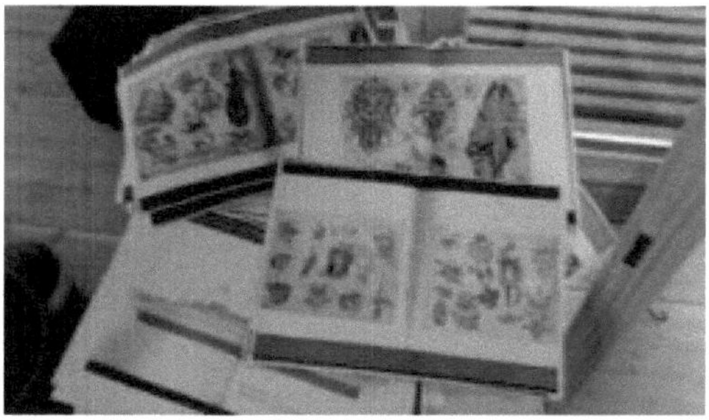

09.58 Uhr: Es kommen die dänischen Schüler*innen mit einer Lehrkraft in den Atelierraum. Es wird aufgeregt gesprochen. Die Kinder haben kleine Rucksäcke oder Taschen mit. Die Kinder setzen sich am gegenüberliegenden Rand des Raumes an die Wand. Die Lehrerin sagt ihnen, sie sollen jetzt ihre Brote essen, da der Unterricht in 4 Minuten anfängt. Ein Kontakt zum Künstler R.█ findet nicht statt, dieser ist damit beschäftigt, weitere Vorbereitungen am Tisch zu treffen.

Jakob█ und Ryan█ begeben sich zu der dän. Lehrerin, sie stehen beieinander und unterhalten sich über die Ergebnisse und Erlebnisse des grand prix d´eurovison („Song Contest"). Zwischendurch bemerkt die Lehrerin, dass es nur 17 Kinder sind. R.T.: antwortet: „It´s fine".

10.05 Uhr: Eine weitere Gruppe Kinder (die deutsche Gruppe) trifft ein und wird ebenso von einer Lehrerin begleitet. Diese zweite Gruppe setzt sich auf den Fußboden in die gegenüberliegende hintere freie Ecke des Raumes. Der Abstand zur ersten Gruppe ist sehr gering, eine klare Grenze nicht sichtbar. Auch diese Gruppe unterhält sich angeregt und packt dabei ihre Brotkästen aus. Die Lehrerinnen, ein Praktikant (?) und die Künstler stehen links seitlich vor der Gruppe.

Abbildung 67: Kunstvermittler und Lehrer*innen besprechen sich /SuS sitzen am Rand

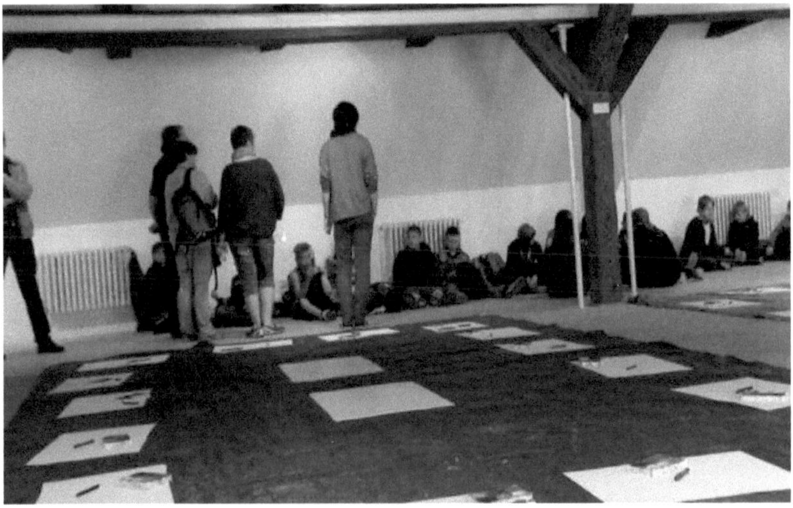

10.07 Uhr: J.█ tauscht sich kurz mit der Museumpädagogin aus. R.█ bespricht sich währenddessen mit der dän. Lehrerin. Die Schüler*innen scheinen guter Laune, es ist immer wieder Lachen zu hören, es wird weiterhin in den jeweiligen „nationalen" Gruppen gegessen, getrunken und miteinander geredet.

10.10 Uhr: Eine Gruppe Mädchen setzt sich von der Gruppe ab, geht quer durch den „Atelierraum", besucht den benachbarten Balkon und schauen im Raum herum (sie scheinen sich zu langweilen).

10.13 Uhr: R.█ tritt vor die sitzenden Gruppen in der Mitte des Atelierraumes, scheint es sich dann anders zu überlegen, geht wieder zu der dänischen Lehrerin und spricht mit ihr.

10.15 Uhr: R.█ bewegt sich wieder in die Mitte des Raumes, stellt sich auf die Malplane, die Gruppe reagiert, indem sich die meisten Schüler*innen hinstellen, einige entfernen sich aus dem Zentrum der Gruppe.

R.█ begrüßt die Gruppen, erläutert, dass sie (die Schüler*innen) eine Führung im Museum hatten und man ja hier „schön" anhand der Schifffahrt die deutsche und dänische Kultur antrifft. R.█ und J.█ stellen sich vor und erwähnen dabei die langjährige Tradition des Projekts ████████████ J.█ macht auf die gemeinsame maritime Geschichte des Landesteils aufmerksam und erläutert dies ganz kurz an einem an der Wand befindlichen Ölgemälde (Seestück).

R.█ mischt die Gruppen, indem die Schüler die Anweisungen bekommen, sich abwechselnd deutsch, dänisch vor die Papiere am Boden zu stellen. Die dänische Lehrerin verteilt die Schüler*innen durch Verweisen auf die jeweiligen Plätze und zeigt, wer wo stehen soll. Einige Schüler*innen protestieren oder zeigen Verunsicherungen mit ihrem zugewiesenen Platz. Die deutsche Lehrerin möchte die Verteilung noch etwas (besser) organisieren, sie stellt noch ein wenig um.

10.25 Uhr. Die Kinder werden aufgefordert sich vorzustellen und ihrem Nachbarn die Hand zu geben.

R.█: „I skal jo samarbejde." (Ihr sollt ja zusammenarbeiten)

10.26 Uhr: Alle Schüler knien sich vor ihre Blätter.

R.█: „Wir starten mit einem Schiff, Besatzung, Güter, Aussehen – alles hat eine Bedeutung (...) jeder soll für sich ein Schiffsportrait zeichnen."

Es werden Farbkopien von Schiffen ausgeteilt, diese sollen nur inspirieren, es soll nicht abgemalt werden, „es sei denn, man will abzeichnen... großzügig zeichnen, keine Details mit Graphikstiften – die Bilder sollen groß sein."

R.█ macht darauf aufmerksam, dass die Bilder am Sonntag ausgestellt werden sollen und die Schüler sich Mühe geben sollen.

„I skal lave en skibesportrait." sagt R.█ (Ihr sollt ein Schiffsportrait machen)

J.█: „Es kann auch ein Phantasieschiff sein, ein Segelschiff, eine Fähre (...)"

R.█ erklärt, dass man auch ein Schiff portraitieren kann.

10.31 Uhr: Es wird merklich ruhiger. Die Schüler beginnen zu zeichnen.

R.█ macht einige Fotos und sagt: „Siger godt ud med jeres skibsportraiter." (Sieht gut aus mit euren Schiffsportraits)

Die dänische Lehrerin lehnt sich an einen Balken und schaut beim Malen zu, ebenso die deutsche Lehrerin.

10.35 Uhr: R.█ sagt, wer fertig ist, könne dann zum Tisch kommen, bekommt dann Wasser und kann mit Farbe arbeiten. R.█ fragt nochmals, wer Wasser braucht und bringt einer Schülerin eine Plastikschale mit Wasser. Dann bewegt er sich schnell zum Ende des Ateliers, wühlt in einigen Tüten und entnimmt einige Haarpinsel und verteilt diese an die Schüler*innen. Einige Schüler*innen bekommen jetzt Wasser in den Plastiktellern gebracht und dazu auch einige Pinsel. R.█ macht darauf aufmerksam, dass am Tisch auch noch mehr Pinsel zur Verfügung stehen.

J. █ und die deutsche Lehrerin holen jetzt auch Wasserschüsseln und bringen sie zu den Schüler*innen, die auch Wasser brauchen. J.█: „Ihr malt das aus, (...) eure Vorzeichnungen (...) das muss nicht ganz exakt sein."

R.█: „Det siger flot ud." (Das sieht großartig aus)

J.█ geht rum und kommentiert mit dem Wort „super!"

Die dänische Lehrerin bewegt sich auf einen Schüler zu und gibt Hilfestellung. Ein Schüler fragt, wie man den Himmel heller malen kann? Diese antwortet: „Du musst mehr Wasser nehmen." Beide Lehrerinnen bewegen sich um die Malplanen, schauen sich die Bilder an und machen Fotos.

J.█ steht am Rand und sagt: „Das ist auch `ne Idee. Ihr könnt dem Schiff einen Namen geben und das ist dann euer Name." Viele Schüler scheinen das für eine gute Idee zu halten und diskutieren, wo man den Namen auf den Schiffen platzieren sollte. Einige Schüler liegen vor ihren Blättern, einige knien und andere sitzen im Schneidersitz.

R.█: „Flot tegning, siger rigtig godt ud, i skal bare starte med farve nu!" (Großartige Zeichnung, sieht richtig gut aus, Ihr sollt jetzt nur mit der Farbe beginnen)

J.█ setzt sich in die Mitte der ersten Plane (links vom Beobachter) und beginnt selbst mit der Gestaltung eines Bildes – mit dem Pinsel und schnellen und „gekonnten" Strichen.

R.█ ruft J.█, damit dieser ihm sprachlich (in deutscher Sprache) bei einem „Korrekturgespräch" mit einer Schülerin hilft. Sobald ein Kind sich durch Aufzeigen (wie in der Schule meldet), bewegt sich R.█ dorthin und gibt Hilfestellungen. Die Lautstärke der Gespräche ist mittlerweile etwas gedämpft, zeitweise ist es leise. (Es stellt sich bei mir der Eindruck ein, als gäbe es Momente von Flow.)

R.█ scheint in ständiger Bewegung zu sein, ist damit beschäftigt, schmutziges Pinselwasser in eine großen, schon bereitstehenden Eimer zu schütten, holt neues Wasser und stellt es den Schüler*innen an ihre Arbeitsplätze.

10.55 Uhr: Tim von der Stadtverwaltung █ und eine weitere männliche Person betreten den Atelierraum. R.█ bewegt sich auf diese Person zu und erklärt ihr (unaufgefordert) das Thema des Workshops. Die dänische Lehrerin gesellt sich dazu, es wird über die Schule gesprochen. Die Gruppe steht etwas abseits und nimmt die Schüler*innen aus dem Abstand in den kurzen Gesprächsunterbrechungen

war.

11.02 Uhr: J.█ ist weiterhin in der Mitte der Plane mit dem Malen seines Bildes beschäftigt.

Abbildung 68: Kunstvermittler platziert sich in der Mitte der Plane und malt an einem eigenen Bild

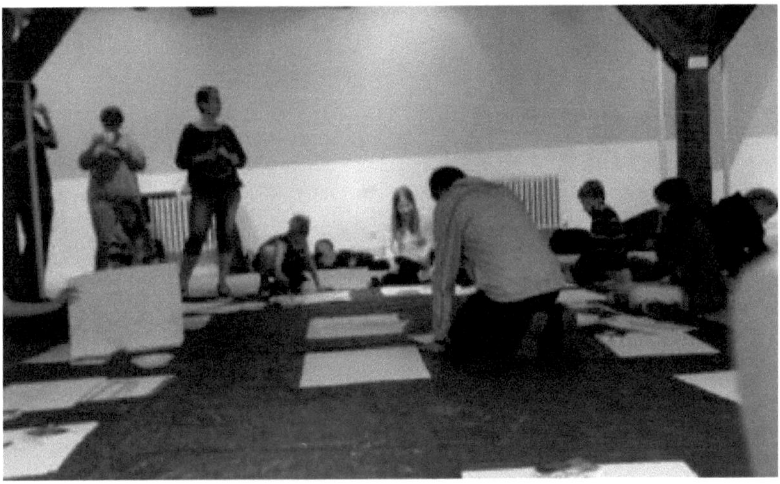

11.03 Uhr: R.█ wendet sich aus der Distanz, ohne die Gesprächsgruppe zu verlassen, den Schüler*innen zu: „Hvis i er færdig med jeres kunstværker skal de ligges derhen. (1 sec) Færdige værker derhen, navn på, husk navn!“ (Wenn ihr mit euren Kunstwerken fertig seid, dann legt sie dort hin, Namen drauf, denkt dran, Namen!)

Viele Schüler*innen sind jetzt fertig und legen ihre Werke in der andern Raumhälfte auf den Boden, zum Trocknen.

11.05 Uhr: J.█ steht nun auf, gleichzeitig beginnt ein Pressefotograph mit dem Aufnehmen von Bildern.

11.07 Uhr: Einige Erwachsene betreten den Atelierraum, betrachten mittels eines sehr kurzen Stopps (1 sec) die Werke und gehen dann weiter. Im Trocknungsbereich bespricht die dän. Lehrerin mit einigen Schüler*innen einige Werke, die am Boden liegen. Auch die deutsche Kollegin kommt nun hinzu und tut es ihr gleich. Ca. die Hälfte der Schüler*innen geht jetzt im Raum umher, unterhält sich, einige laufen oder rennen. Einige schauen sich die Bilder an, andere verlassen den Raum in Richtung Balkon. 12 Schüler*innen arbeiten weiterhin an ihren Bildern.

11.11 Uhr: Es folgt eine kurze Ansage der dänischen Lehrerin und von J.█ das Wasser solle gewechselt werden, damit „alles klar ist für das nächste Projekt".

11.15 Uhr: Ein Pressegespräch ist vorgesehen, die Lehrerinnen, Tim █ und Ryan █ sprechen über die Pause, die so entstehen wird. Die Pausenregelung wird besprochen. (Ich behalte meine Beobachterposition, obwohl ich zum Pressegespräch eingeladen werde) Während des Pressegespräches sitzen die beiden Schüler*innengruppen wieder in der anfänglichen Formation; die deutschen Schüler*innen entlang der Atelierwand, die dänischen Schüler*innen richten sich in der Raumecke ein. Es wird gegessen, geredet, einige Schüler*innen lachen.

Abbildung 69: SuS sitzen in der Pause am Rand; linke Gruppe deutsche SuS, rechts dänische SuS

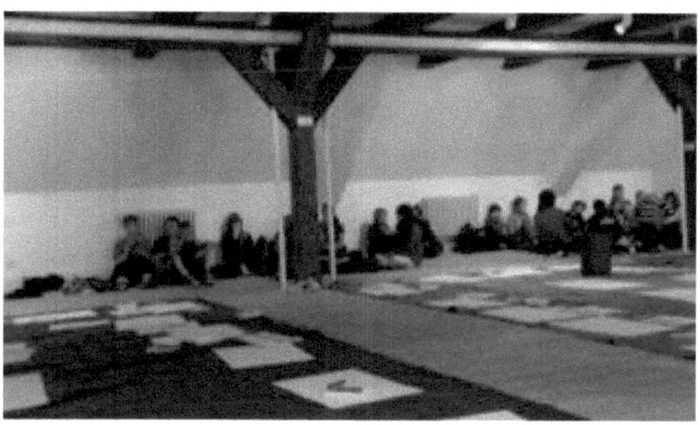

11.26 Uhr: Jetzt entfernen sich alle dänischen Schüler*innen aus dem Raum. (Ich bin irritiert, weil ich keine Ahnung habe, warum die Schüler*innen den Raum verlassen und wohin sie gegangen sind.)

11.30 Uhr: Die dänische Gruppe kommt zurück in den Atelierraum, einige laufen spielend eine Etage höher in die Ausstellungsräume, andere spielen mit dem Fahrstuhl.

11.33 Uhr: Ryan █ kommt in den Raum. „Nu skal vi kom i gang igen. (3 sec) I skal bruge ren vand." Der Blick geht zum Kollegen. (Jetzt müssen wir wieder in Gang kommen (...) Ich brauche frisches Wasser)

Die Schüler*innen finden sich wieder vor ihren, im Querformat liegenden, leeren Blättern ein, die Sitzordnung wird beibehalten. R.█ bewegt sich forsch an den Schüler*innen vorbei und sagt im Gehen: „(unv.) Nu skal i lave en fælles billed – en piratskib, det kan være modern, gammel, alt er muligt." (Nun müsst ihr ein gemeinsames Bild machen – ein Piratenschiff, das kann modern, alt sein, alles ist möglich)

J.█, quer durch den Raum: „Kann ein Ausschnitt sein (...) Es geht darum, das ihr ein wildes Schiff, vielleicht von Kanonen zerbombt ist (...) ein bisschen schludrig, ein kaputte Flagge (...) Und ihr sollt zusammenarbeiten (...) Ein deutscher und ein dänischer/(...) Dazu bekommt ihr ein größeres Blatt" (DIN A1)

J.█ bewegt sich auf seine angefangene Zeichnung zu und arbeitet knieend weiter an seiner Zeichnung.

R.█ geht rund und erklärt noch mal, wie die Paare sich zusammensetzen sollen, deutsch-dänisch im Wechsel. Sehr häufig wird von R.█ der Begriff sammarbejde (Zusammarbeiten) benutzt.

R.█: „I er nød til at at snakke samen (...) Arbejde sammen!" (freundlich, bestimmt) (Es ist erforderlich das ihr miteinander redet (...) zusammen arbeitet)

Zu beobachten sind jetzt insgesamt drei Paare, die miteinander sprechen, andere einzelne zeichnen ein wenig auf den Blättern, andere zeigen auch körpersprachlich wenig bis keinen Bezug zueinander. (10 sec.)

Zeitliche und sequenzielle Differenz: 73 JPGs im Abstand von 7 sec liegen zwischen den beiden Sequenzen oben und unten) = ca. 8 Minuten bis zur Kontaktaufnahme durch den Kunstvermittler.

Abbildungs-Sequenz 1: Deutsche und dänische SuS sollen gemeinsam an einem Bild malen

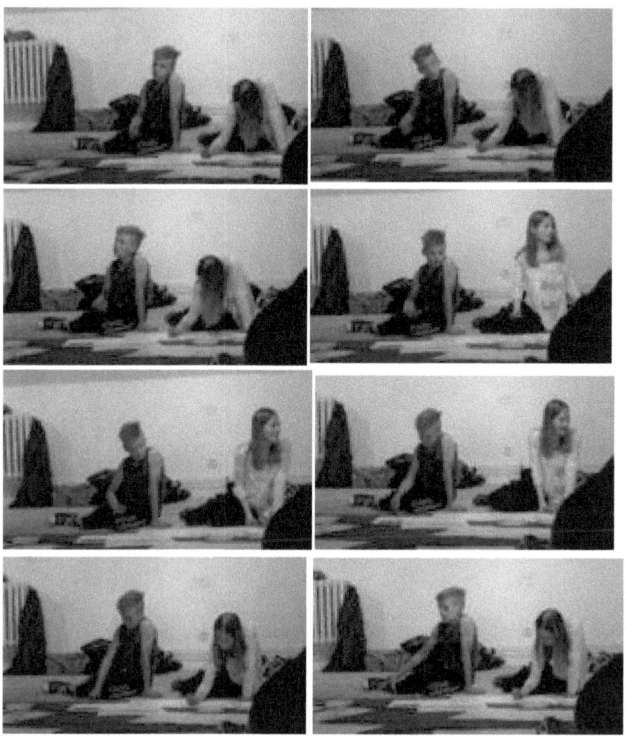

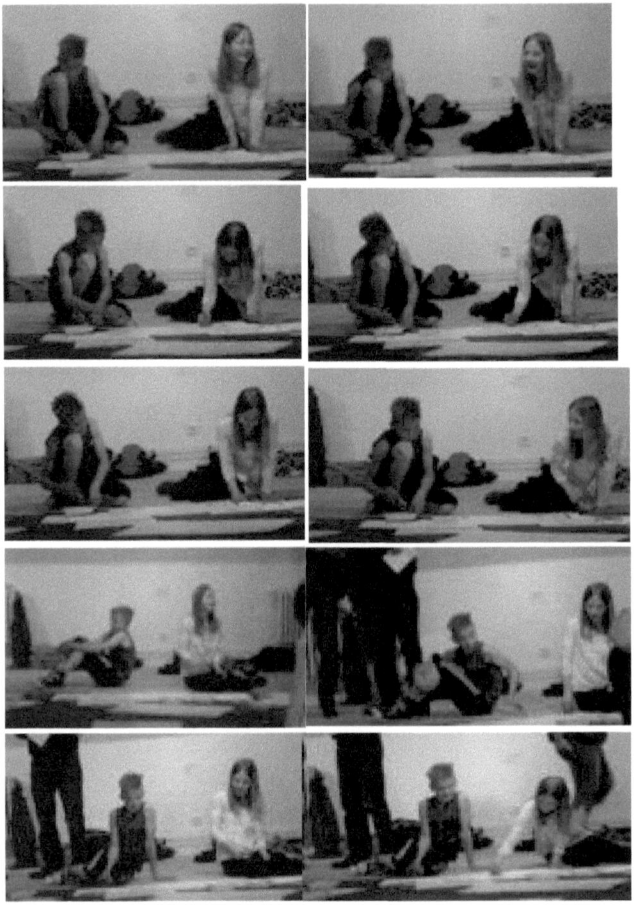

Abbildungs-Sequenz 2: Erste Intervention („Warum malt ihr nicht zusammen?“) und Nachfragen der Lehrerin

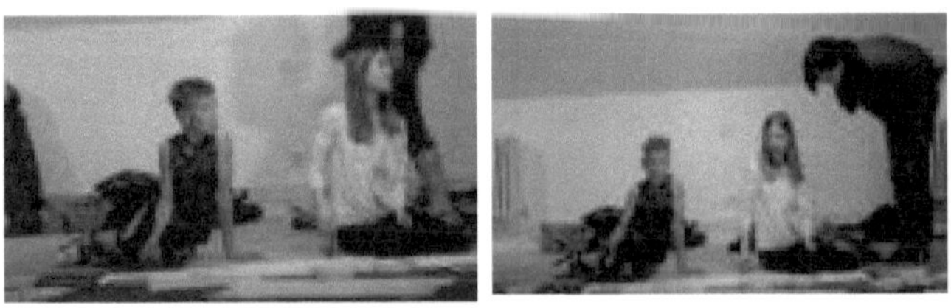

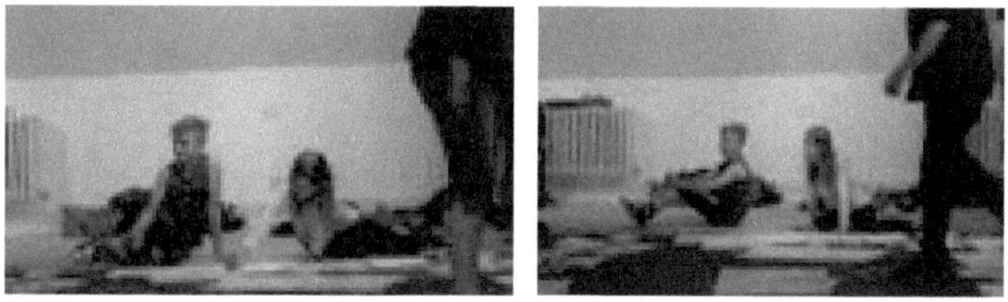

Abbildungs-Sequenz 3: Erste Intervention durch Kunstvermittler R.

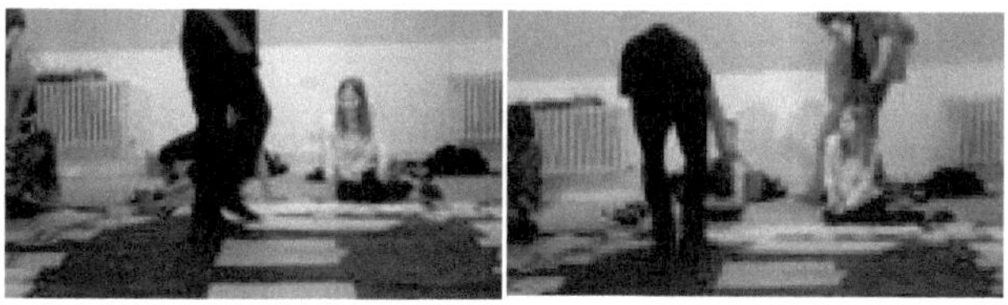

Abbildungs-Sequenz 4: Zweite Intervention durch Kunstvermittler J. auf ‚Augenhöhe'

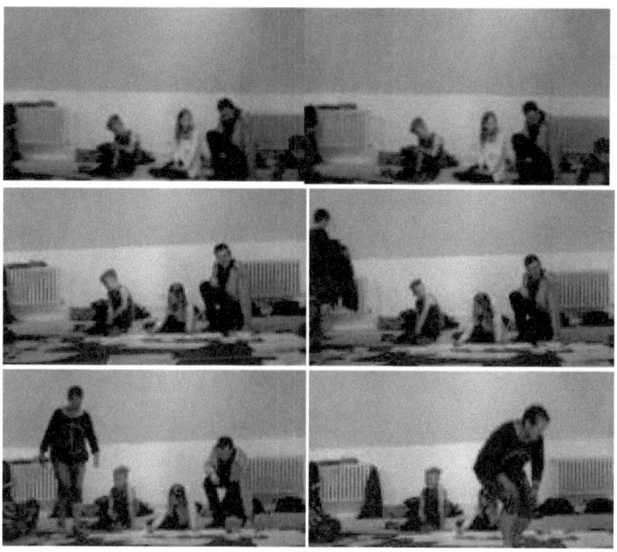

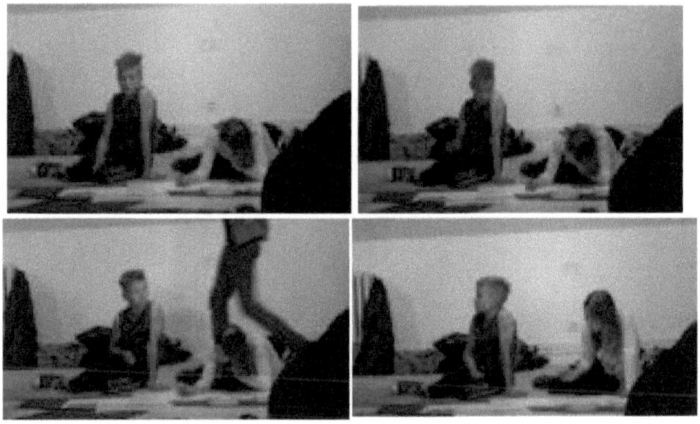

Nachdem R.█ und die dänische Lehrerin die Schüler*innen immer wieder ermuntert, doch miteinander zu reden , das Wort „sammarbejde" (Zusammenarbeit) fällt nun ständig mit einem Aufforderungscharakter im Tonfall (Ich beobachte mich beim dem Gedanken an ein Mantra), beginnen die ersten Schüler*innen Paare zaghaft miteinander zu sprechen und das Blatt zu bezeichnen.

Videostills: 11.50 Uhr - 11.55 Uhr
11.55 Uhr - 11.56 Uhr nach Kontakt von J.█

R.█ und J.█ gehen jetzt umher und fordern die Schüler*innen auf, jetzt mit den Farben anzufangen. Nachdem die deutsche Lehrerin nochmal rumgeht und erläutert, dass in 15 Minuten das Projekt abgeschlossen sein soll, wird nun sichtlich intensiver auf dem Papier gearbeitet.
Die dänische Lehrerin geht und bewegt sich meist auf der Malplane (also im Zentrum) und kommentiert die Bilder der Schüler*innen: „Hvor er piraterne hen? Hvor er flagen? Vand skal være blå (...) (unv.). (Wo sind die Piraten geblieben? Wo sind die Flaggen) Wasser muss blau sein (...)) R.█ kommt hinzu: " Det ka`også være grå, det skifter" (Das kann auch Grau sein, das wechselt)
Die deutsche Lehrerin geht grundsätzlich außen um die Schüler*innen herum und kommentiert auffallend zurückhaltend

(„Schön"). R.█ und J.█ diskutieren vor einer Rolle braunem Packpapier eine weitere Malaufgabe (Projekt). Es wird vor allem über die Größe des Papiers und die Problematik des Ausstellens eines solchen größeren Formats gesprochen. Die Schüler*innen bringen währenddessen ihre fertigen Werke in die Trocknungsecke, einige Andere malen noch an ihren Werken.

12.10 Uhr: Es wird eine Pause von 10 Minuten angekündigt.

12.25 Uhr: R.█ und J.█ bereiten lange Packpapierbahnen vor (ca. 1.20m x 6m), entsprechend der Länge der Folie (Malplane). Es werden 6 Planen entrollt. Die Bahnen liegen mittig längs der Malplane (2 Papierbahnen pro Malplane). Die Bahnen werden von J.█ und R.█ geschnitten
Die Schüler*innen sitzen abwartend oder im Gespräch vertieft in den (national) getrennten Ecken, die dänischen Schüler*innen längs der Wand, die deutschen Schüler*innen rechts in der Ecke. Auf alle Planen werden jetzt jeweils 2 Bahnen Packpapier verteilt.

12.35 Uhr: R.█ erörtert das Malprojekt. Die Schüler*innen sollen im Wechsel (deutsch-dänisch) an den Bahnen sitzen.
J.█: „ Ihr malt Schiffe drauf, jeder kriegt eine Sektion, größer oder kleiner, (...) eine Kante ist immer unten, sieben Kinder an einer Seite. Und ihr malt nicht die Schiffe, die ihr heute morgen gemalt habt. Das waren ja eure Skizzen, die benutzt ihr, wenn ihr nicht was ganz Neues malen wollt. Jeder malt sein eigenes Schiff, also sieben Schiffe pro Sektion".

12.45 Uhr: Alle Schüler*innen haben ihre (Vor) Zeichnungen jetzt und ihren Platz vor der Packpapierbahn gefunden.

Abbildung 70: Deutsch-dänische SuS hocken im Wechsel, warten auf das Startsignal für das „neue Projekt – sieben Schiffe pro Sektion"

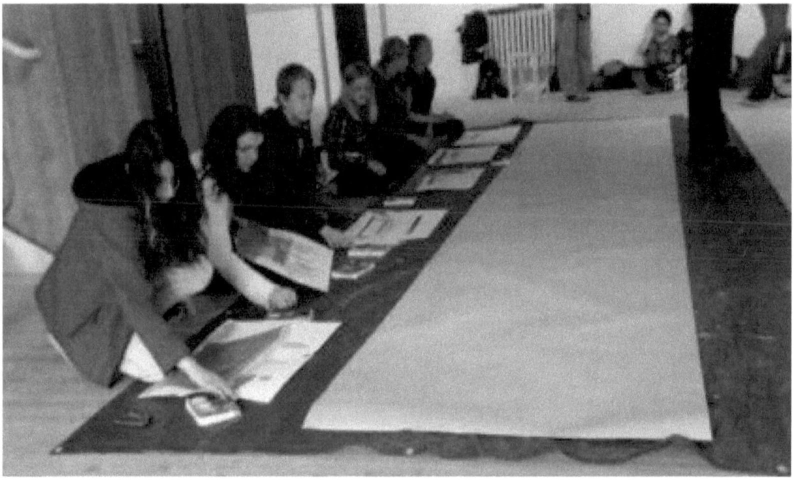

J.█ zu einer Gruppe Schüler*innen: „Ihr seid sechs, also muß ich das Papier in 6 Teile teilen. Erst mal nur Schiffe malen, kein Wasser, das ist ganz wichtig, sonst müssen wir nachher ganz viel blau malen. So groß (zeigt mit den Händen ca. 60 cm) sollen die Schiffe sein, kein Wasser, das dauert viel zu lange."

R.█ wiederholt das Gesagte in dänischer Sprache und ergänzt: „I starter med grafitstift og bagefter bruger i farver. Vi har en time. Der kommer en projekt mere." (Ihr fangt an mit einem Bleistift und danach benutzt ihr Farben. Da kommt (gleich) noch ein Projekt)

Alle beginnen mit ihren Graphitstiften und erproben die Umrisse ihrer Schiffe. Die farbigen Skizzenblätter liegen vor ihnen.

R.█ quer durch den Atelierraum: „I skal male så store i kan. Nu har i chancen." (Ihr müsst so groß malen wie ihr könnt. Jetzt habt ihr die Chance (dazu))

J.█ ergänzt: Keine Wolken, keine Sonne, nur Schiffe. (Es wird eine Frage gestellt (unv.)) Dampf ja, das ist ja ein Teil vom Schiff".

R.█: „De hænger på museet, de bliver udstillet, (...) det siger godt ud" (Die hängen im Museeum, dort werden die Bilder ausgestellt)

12.56 Uhr: R.█: "Er i klar til farve ?" (Seid ihr bereit für die Farbe)

Die ersten Schüler*innen holen sich jetzt selbständig ihre Wasserschalen und beginnen mit dem Ausmalen. Die meisten arbeiten konzentriert an ihren Zeichnungen und Malereien. Hier und da ist zu beobachten, dass der Blick zum Werk des Nachbarn geht. Gespräche mit den jeweiligen Nachbarn sind kaum zu beobachten. Wenn, dann scheint es sich inhaltlich um Handreichungen zu handeln, wie etwa Wasser, Pinsel, etc.. Oft wir jetzt von Seiten der Schüler*innen gefragt „Dürfen wir jetzt malen? Darf ich einen Borstenpinsel benutzen oder nur (unv.)?"

R.█ geht umher und kommentiert: „Siger rigtig godt du, i ka´rigtig godt male, det bliver en RIGTIG godt udstilling". (Sieht wirklich gut aus, ihr könnt richtig gut malen, das wird eine WIRKLICH (RICHTIG) gute Ausstellung)

(Mir fällt auf, dass die Schüler*innen sich mit extrem schmalen Pinseln abmühen, um verhältnismäßig große Flächen auszumalen)

Während die Schüler*innen malen, sortiert J.█ das Papier (möglicherweise) für das nächste Projekt.

J.█ geht zu den Schüler*innen und fragt: „ Was ist das für ein Schiff?" (...)

R.█ kommt hinzu: „I skal bruge meget farve til at få dækket den brune papir!" (Ihr müsst viel Farbe benutzen, damit diese auf dem braunen Papier deckt)

R.█ und J.█ gehen rund und geben einzelnen Schüler*innen Tipps und Korrekturen, wo noch an einigen Stellen nachgebessert werden kann.

J.█ fragt eine Schülerin: „Bist du zufrieden?" während er auf das Bild zeigt. „Ja" antwortet die Schülerin. J.█: „Ok" und geht weiter.

(Folgende Satzfragmente werden von mir notiert, da sie in Varianten mehrmals genannt werden): „Da fehlt noch (...), Müssen wir ja aufhängen, überall nochmal gucken (...)."

Einige Schüler*innen machen nun eine Pause. Die dänische Lehrerin bespricht nun mit R.█, inwieweit ein weiteres Projekt von ca. einer halben Stunden noch folgen kann. Die langen Packpapierbahnen werden jetzt von R.█ und J.█ in die Trockenzone gebracht.

14.00 Uhr: Die ersten Schüler*innen kommen von der Pause wieder, einige laufen, rennen umher. Wieder Andere sammeln ihre Skizzen ein. Eine Wasserschale stürzt um, es wir überall herumgegangen und gelaufen. Die deutsche Lehrerin putzt mit einem Lappen das Wasser weg.

14.01 Uhr: R.█ kündigt die letzte Aufgabe an, die gleich gegeben werden soll.

R.█: „I har virkeligt lavet god ting, de kan udstilles.(...)" (Ihr habt wirklich gute Sachen gemacht, die ausgestellt werden können)

14.02 Uhr: J.█: „Das letzte Projekt ist ein Tattoo. Ihr könnt einen Arm malen, oder ein Gesicht (...) und ihr könnt die Tattoos aufmalen.

R.█ verteilt die Farbkopien mit Tattoo Vorlagen. J.█: „Ihr zeichnet das ab und malt danach an. Könnt euch auch eins ausdenken, finde ich eigentlich auch besser."

Es liegen DIN A2 Zeichenkartons bereit. Einige Schüler*innen beginnen damit, einen Arm zu zeichnen.

Abbildung 71: Dänischer S schaut sich Farbkopien von Tatoos an

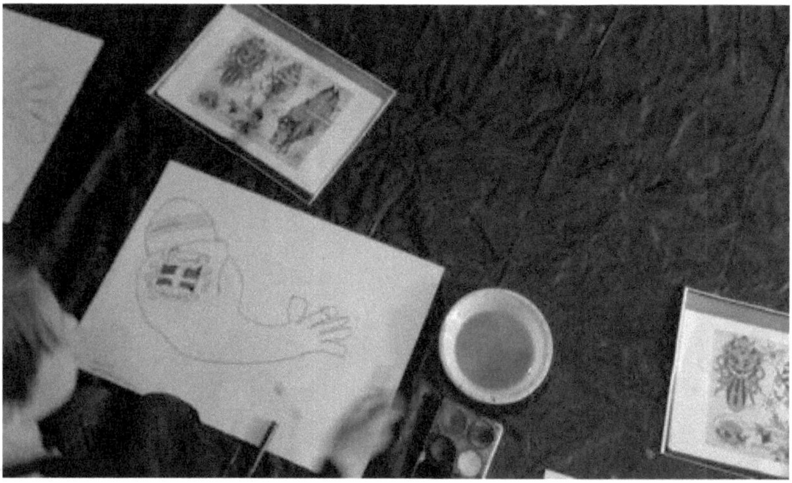

14.05 Uhr: J.█ setzt sich zu der dänischen Lehrkraft und unterhält sich (privat).

R.█ ist dabei, den Materialtisch aufzuräumen und zu ordnen.

14.10 Uhr: J.█: „Ihr könnt auch euren Arm drauflegen, das ist eine gute Idee“

14.14 Uhr: R.█: „Siger til hvis i har brug for vand!“ („Sagt Bescheid, wenn ihr mehr Wasser braucht.“

R.█ versorgt hierbei die Schüler*innen mit neuen Farbkopien.

14.20 Uhr: Die ersten Arbeiten sind fertig koloriert und werden in die Trockenzone gebracht.

14.25 Uhr: R.█ beginnt, den Maltisch aufzuräumen. Die Schüler*innen schütten ihr Pinselwasser in die bereitgestellten Eimer. Einige Schüler*innen zeigen ihre Bilder R.█, und dieser sagt, sie können zum Trockenplatz gebracht werden. Mittlerweile ziehen sich einige Schüler*innen schon an, nehmen ihre Taschen, einige wenige malen noch, andere laufen umher.

Abbildung 72: Umhergehende SuS

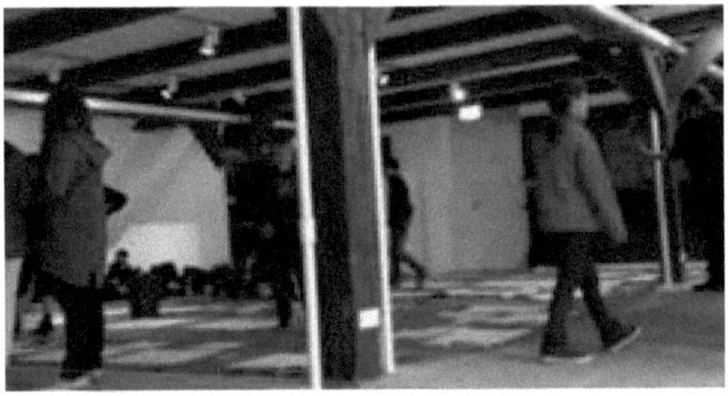

14.35 Uhr: R.█ ist mit zügiger Geschwindigkeit am Aufräumen.

14.37 Uhr: J.█ und R.█ stellen sich in die Mitte des Raumes. Die Lehrerinnen versuchen, die Schüler*innen zu sammeln...

R.█: „Ok, tusind tak for indsatsen, henvise til søndag til museet. (Vielen Dank für eure Mühe, Hinweis nochmal; Sonntag zum Museum)

J.█: „Danke, dass ihr da wart. Damit meine ich beide, die Deutschen und die Dänen. Es hat Spaß gemacht und ihr seid eingeladen, eure Bilder im Museum zu zeigen.“ Es wird geklatscht. Die Schüler*innen verlassen mit ihren Lehrerinnen den Atelierraum.

R███ und J██ verabschieden sich von den beiden Lehrkräften. Es wird aufgeräumt.

14.37 Uhr: Ende der Beobachtungen

„It is to do with the discovery of relationships where such relationships have become submerged and lost – (...) between the visible and the unvisible, between categories, languages, genres. What are these relationships? Only cultural acts can explore and reveal these vital truths“[140]

Peter BROOK

[140] BROOK (1976): The Three Cultures of Modern Man Cultures in: SCHAFER (2014).

11.5 Analyse der Feldnotizen

In den beschriebenen KuK-Projekten bewegen sich die ‚Mitspieler' in unterschiedlichen (interaktionistischen) Dependenzen. Sie handeln in vorgegebenen Strukturen und Verantwortlichkeiten. Grundlegend ist die Frage: In welcher Art und Weise die ästhetischen Vermittlungsprozesse mit welchen Funktionen verknüpft werden und wie sich dieses in der beobachteten Realität darstellt? Wie kommt das jeweilige ‚hidden curicullum' zum Vorschein?

Die drei oben dargestellten Feldnotizen weisen exemplarisch auf unterschiedliche Dimensionen. Unter den Gesichtspunktionen der Funktionalsierungen ästhetisch-künstlerischer Vermittlungspraxen unterscheiden sie sich deutlich voneinander. In den drei Beispielen werden zentrale divergierende Funktionalisierung von ‚Kunst' und ästhetischen Vermittlungsprozessen deutlich. Unter Einbeziehung der Projektbeschreibungen in Teilanalyse II kann von drei grundlegenden Typen von KuK-Projekten im Untersuchungsfeld ausgegangen werden:

- Feldobservation 1: Eine erwartete Bildungsfunktion durch die thematische Beschäftigung mit einem/r Künstler*in; (Das ‚Kulturgut' steht im Vordergrund und wird zum Motivationsmoment transformiert)

  In der Feldbeobachtung 1 werden Vermittlungsprozesse von einer konkreten Künstlerpersönlichkeit aus gedacht und arrangiert (Museumbesuch, Besuch des Künstlergartens, etc.).
- Feldobservation 2: Eine angenommene Bildungsfunktion mit der Perspektive auf Identitätsbildungen unter Zuhilfenahme künstlerischer Strategien von Künstler*innen mit starken Subjektorientierungen.

  Die Feldbeobachtung 2 zeigt hier den Versuch, die Frage des ‚Wer bin ich?' zu thematisieren, indem am Beispiel von Künstlern (Cindy Sherman und Erwin Wurm) solche individuellen Befragungen mittels Verkleidungen und unterschiedlicher Performances nachgespürt wird.
- Feldobservation 3: Eine vermutete Bildungs-Funktion mit der Blickrichtung auf eine Herstellung von ästhetischen Objekten (Objekt- und Ergebnisorientierungen).

Feldbeobachtung 3 zeigt anschaulich, wie organisiert und zielorientiert auf eine Ausstellung hingearbeitet wird, in streng, auch zeitlich strukturierter Manier wird ein ‚ästhetisches Produkt' nach dem anderen hergestellt.

In den drei observierten KuK-Projekten agieren die ‚Mitspieler' in sehr unterschiedlichen Rahmungen. In der Feldbeobachtung 1 und Feldbeobachtung 3 sind die Strukturen weitgehend vorgegeben und zeitlich geplant. Die Vermittlungsaktionen sind in einem zeitlich engen Rahmen gefasst, die jeweiligen Materialien vorbereitet und in den jeweiligen Räumen preorganisiert. Die Themen sind nahezu direktiv vorgegeben (insbes. in der Feldbeobachtung 3), außerdem ist das ästhetisch-künstlerische Arbeiten an eine klare zeitliche Struktur der jeweiligen Arbeitsschritte gekoppelt. Vornehmlich in der Feldbeobachtung 3 ist zu beobachten, dass während der ästhetischen Prozesse die ästhetisch-künstlerischen und technischen Ausführungen der individuellen Arbeitsprozesse durch die Vermittler enorm beeinflusst werden. Dies wird an den nachfolgenden Beispielen verdeutlicht (sämtliche Transskriptausschnitte aus den Feldobservationen sind im Folgenden kursiv verfasst.):

Kunstvermittler:

- *„Keine Wolken, keine Sonne nur Schiffe. (.) Dampf ja, das ist ja ein Teil vom Schiff."*
- *„Ihr seid sechs, also muss ich das Papier in sechs Teile teilen. Erst mal nur Schiffe malen, kein Wasser, das ist ganz wichtig, sonst müssen wir nachher ganz viel blau malen. So groß (zeigt mit den Händen ca. 60 cm) sollen die Schiffe sein. Kein Wasser, das dauert viel zu lange."*

Die Einflussnahme der Vermittler*innen geht noch darüber hinaus. Welches Material wie gebraucht wird, welche Pinsel, wann und wie wird Farbe für was eingesetzt. Diese Entscheidungen liegen in der Feldbeobachtung 2 in den Händen der Kunstvermittler*innen.

Mutvolle Aktionen, die Macht und Kontrollverluste mindestens partiell zulassen, sind in der Feldbeobachtung 3 nicht zu beobachten, partiell kann dies immerhin für die Feldbeobachtung 1 in sehr begrenztem Rahmen innerhalb der Druckexperimente und dem etwas offeneren Umgang mit den Ergebnissen angenommen werden.

- *„Schaut mal (..), wieder ein tolles Experiment."*

In Feldbeobachtung 2 werden in einigen Teilbereichen Vermittlungsaspekte entwickelt, welche die Aufmerksamkeit auf das ästhetische Experimentieren und die ästhetische Erfahrung richten. Das In-Bezug-Setzen der eigenen Persönlichkeit(sbilder) und die der Fremdwahrnehmungen durch die Gruppe als interaktionistisches Aushandlungsfeld ist *ein* Hauptaugenmerk. Dies wird im Folgenden deutlich:

- *„Ok. Sie arbeitet mit dem Thema Identität und es geht ihr darum, dass sie, wir ihr seht, auch schon ein bisschen, Schminke, ähm Frisur, Klamotten also Kleidung, bis zu verschiedenen Persönlichkeitstypen, Identitäten kreiert. Und dann ist Fotografie einfach quasi ihre äh Form, das Ganze zu präsentieren und auszustellen. Das ist sie immer selbst. Also sie arbeitet immer als Person und dann variiert sie."*
- *„Also, im Endeffekt geht´s eigentlich wirklich darum; Wir fangen an und machen unsere normalen Aufgaben und dann gucken wir einfach, wie´s sich entwickelt. Und was ich euch vorher auch schon geschrieben hab`, das kann sich wirklich für jeden Einzelnen, jede Einzelne unterschiedlich entwickeln. Ne, das heißt nicht wir machen erst normale Fotos, dann machen wir solche, dann machen wir solche, sondern wir gucken wirklich ob einzelne bei jedem (.) was bei jedem, bei jedem Einzelnen passiert. Ne, oder was dann vielleicht `ne Variante ist, aber wir haben viel Zeit. Das wird reichen."*

Berücksichtigt man die in Abb. 46 und Abb. 47 sichtbar gemachten Bewertungen der deutschen und dänischen Kunstvermittler*innen, so zeigt sich auf dieser Basis eine tendenzielle Übereinstimmung in der zentralen Bedeutung der drei herausgearbeiteten Bezugs-Dimensionen in KuK-Projekten; den (Selbst-)Erkenntnis-, den identitätsstiftenden und den kommunikativen Funktionen. Insofern sind die Ergebnisse der Feldbeobachtungen dieser kunstpädagogischen Projekte überraschend.

Es wird offensichtlich, dass die drei wesentlichen, von den Informanten genannten Funktionskategorien in den dargestellten Projektbeobachtungen nicht oder kaum wahrnehmbar sind. Weder die reflexiven Möglichkeiten ästhetischer Erfahrungsprozesse noch die Förderung interkultureller Identitätsbefragungen – seien sie nun inter- oder intrasubjektiv – in den ästhetischen Vermittlungsszenarien können schwerpunktmäßig in ihrer Performanz beobachtet werden.

Eine Ausnahme zeigt sich für das Bezugsfeld der Identitätsbefragungen in der Feldobservation 2. Dieser Versuch, die Identitätsproblematik thematisch in den Mittelpunkt zu stellen, wird gleichzeitig durch die dominante Rolle der künstlerischen Vorbilder (Cindy Sherman, später Erwin Wurm) im Sinne einer mimetischen ästhetischen Fragestellung (Arbeiten wie Cindy Sherman) wieder abgeschwächt, indem mglw. von eigenen individuellen Fragestellungen abgelenkt wird. Betrachtet man die Feldobservationen unter der Fragestellung; Welche theoretischen und alltagstheoretischen Konzepte werden von diesen zur Konstruktion *dieser* Wirklichkeiten im kulturellen Bildungsfeld verwandt?, dann kann Folgendes festgehalten werden:

Für die Dimensionen der Kompetenzorientierungen scheint jeweils nur ein sehr begrenzter Teil der vielfältigen Dimensionen ästhetischen Handelns und Erfahrens von den Projektverantwortlichen in den Projekten angestrebt und verwirklicht zu werden. Die Kategorien der ‚Habits of Mind' zeigen solche Einschätzungen, Bedeutungen und Wirkungen der ästhetischen Prozesse in KuK-Projekten, wie sie von Kunstpädagogen im Feld angenommen werden. Die Gesamtheit der deutschen und dänischen Kunstvermittler*innen bewertet die Reihenfolge entsprechend. (vgl. Abb.41, S.169)

Priorisierung der Kategorien in absteigender Reihenfolge:

- *1.‚Reflect'*, darunter subsumiert: *‚Question and Explain'* und *‚Evaluate'* Hierzu gehört das Erlernen, mit Anderen über Aspekte der eigenen Arbeit oder die Arbeitsprozesse zu sprechen, ebenso, wie hierzu Beurteilungskriterien zu entwickeln, die in Relation zu den Standards der Anderen im Feld stehen.
- *2.‚Express'*

  Hierunter wird das Erlernen um ästhetische Ausdrucksformen zu kreieren, verstanden, welche Ideen, Gefühle und persönliche Haltungen vermitteln können.
- *und 3.* mit jeweils gleicher Gewichtung *‚Understand Artworld',* darunter subsumiert: *‚Domain'* und *‚Communities'*.Hier verstanden als das

Erlangen von Kenntnissen aus dem Bereich der Kunstgeschichte, Strömungen in der Kunst, über Künstler*innen und lokale Kontexte; und *'Stretch and Explore'*
Damit ist gemeint: Das Erlernen, über seine eigenen bekannten Grenzen hinauszugehen, spielerisch zu erweitern – ohne vorgefassten fixen Plan – etwas ästhetisch zu erforschen und dabei positiv und geduldig mit den eigenen Fehlern und dem Misslingen umzugehen. Das Erlernen des Beobachtens von Dingen und Umwelten, dies aus neuen mglw. Überraschenden Perspektiven zu betrachten, sowie das Erüben imaginativer Fähigkeiten, etwa dem mentalen bildhaften Vorstellen und Vorwegnehmen von bspw. Arbeitsschritten, wird von allen Kunstvermittlern*innen taxonomisch geringer gewertet (Einschätzungen der Kategorien *'Envasion' und 'Observe'.)*

11.6 Zwischenfazit IV

Berücksichtigt man die mögliche Variationsbreite (vgl. Kompetenzkategorien & „Habits of Mind") dieser kunstpädagogischen *Möglichkeiten*, insbesondere im Hinblick auf *inter-kulturelles 'Bildungswollen'*, etwa die Grenzüberschreitung des Vertrauten, die Bedeutung des Verstehens und Verstandenwerdens, die Konfrontation mit dem fremden Kunst- und Kulturobjekt usw., so muss für die Feldbeobachtungen bemerkt werden, dass hier nur sehr eingeschränkte Aspekte einer *inter-kulturell* wirksamen künstlerischen Bildung sichtbar wurden.
Zusammenfassend sei darauf hingewiesen, dass die Vielschichtigkeit der möglichen Kompetenzbereiche Hinweise geben für den Grad der Differenziertheit ästhetischer Vermittlungsszenarien. Die Orientierungen können wesentliche Anknüpfungspunkte für kunstpädagogische KuK-Projekt-Formate mit interkulturellen Intentionen bieten. Solche, am Möglichkeitsspektrum der *realisierbaren* Kompetenzbereiche orientierten KuK-Projekte, bieten durch die Vielzahl von perspektivischen Zugängen, zahlreiche Wege und Umwege kunstpädagogischen Handelns. Gleichzeitig ist zu erwarten, dass durch eine didaktische Blaupause mit Vorab-Einschränkungen der

Kompetenzbereiche innerhalb der KuK-Projekte nur eine vermeintliche Sicherheit im Handeln der Kunstvermittler*innen erzeugen wird, dies wahrscheinlich auf Kosten dynamischer und ausdifferenzierterer Formen „ästhetischen Lernens" und „kunstpädagogischer Erfahrungen". (vgl. KÄMPF-JANSEN, 2012, S.127-165)
Eventualitäten und Überraschungen im Feld können aber wohl nur durch die Gesamtheit kunstpädagogischer Mittel *in Relation* zu den möglichen Kompetenzfeldern begegnet und nutzbar gemacht werden. Hierzu ist sowohl die Verantwortlichkeit der Lehrenden in Bezug auf eine Bereitstellung von (ästhetischen) Erfahrungsräumen in der Breite der möglichen Kompetenzfelder bedeutsam, als auch die Aufmerksamkeit und Offenheit für die (noch unbekannten sozialen und ästhetischen) Da-Zwischen-Räume der Kinder und Jugendlichen.

„Eine empirische Wissenschaft vermag
niemanden zu lehren, was er soll,
sondern nur, was er kann und
– unter Umständen –
was er will."[141]
Max WEBER

[141] WEBER zitiert in: KEUTH, (1989): Wissenschaft und Werturteil, Tübingen, S.16.

12. Schlussfolgerungen

12.1 Unterschiedliche Qualitäten durch diffuse Annahmen

Das *zentrale* Anliegen der deutsch-dänischen KuK-Projekte, den interkulturellen Dialog durch kommunikative und interaktionistische Funktionen ästhetisch-künstlerischer Aushandlungen zu entwickeln, kann durch die Feldbeobachtungen nicht als empirisch evident angesehen werden. Vielmehr bestätigen die Beobachtungen tendenziell, die in der Interviewanalyse zitierte Aussage einer an einem KuK-Projekt teilnehmenden Jugendlichen:

> I: Aber von den dänischen Teilnehmern kanntest du aber niemanden?
> B: Ich weiß nicht mal, wer die sind.
> I: Ne. Okay. (4) Also in so `nem Projekt kann man ja Leute kennen lernen und so aus anderen Ländern. Das ist ja auch ein bisschen vielleicht möglich jetzt hier. Ist das für dich wichtig oder ist das zweitrangig oder/
> B: Zweitrangig. Als erstes, dass man Spaß hat.
> (Interview mit jugendlichem/r Teilnehmer*in, K., 03.08.2013)

Damit zeigen die Feldbeobachtungen eine ‚Wirklichkeit' (vgl. BERGER, S.16ff.), die deutliche Differenzen zu den Projektbeschreibungen und Interview-Reflexionen aufweist. Basierend auf den Observationen und Analysen ist zu vermuten, dass *Anything goes* im Umfeld ästhetischer Vermittlungspraxen im hier untersuchten deutsch-dänischen Grenzland in KuK-Projekten keine Ausnahme bildet. Möglicherweise geschieht dies, indem a priori alle Betätigungen und Begegnungen, die im deutsch-dänischen Austausch stattfinden, als ‚irgendwie kreativ' und damit als interkulturelle und *sinnvolle* Aktivität angenommen werden. „Das *‚Anything Goes'* des amerikanischen Wissenschaftstheoretikers Paul Feyerabend ist allerdings keineswegs als Freibrief gemeint, nun methodisch alles machen zu dürfen, was einem so einfiele, sondern als Aufforderung zum kreativen Einsatz von Methoden." (KUCKARTZ, 2012, S.20f.)

Dieser Appell könnte versuchsweise auch für die strukturellen und methodischen Umsetzungen kunstpädagogischer Verfahren mit interkulturellem Impetus gedacht werden. Mit Sicherheit kann auf die Problematik der fehlenden Kommunikation der verschiedenen Akteurs*ebenen* hingewiesen werden. Auf die unterschiedlichen, zum Teil divergierenden Annahmen und Lernzielorientierungen der Akteure der Meso- und Mikroebenen wurde schon verwiesen. Es scheint offensichtlich, dass Alignement nicht entwickelt werden kann, wenn schon die alltagstheoretischen Annahmen dessen, was wie in den KuK-Projekten an Kompetenzen vermittelt werden soll, in den Akteursgruppen so unterschiedlich wahrgenommen und formuliert wird. Wie können Denkgewohnheiten (Habits of Mind) im Hinblick auf das ‚Leistungsvermögen' künstlerischer Bildung im KuK-Projekt von idealistisch überhöhten Bildungszielen mit realistischen, methodisch gelingenden Praxen gekoppelt werden? Welche zeitlichen und organisatorischen Projektstrukturen sind für entwicklungs-fähige ästhetisch-künstlerische Möglichkeitsräume notwendig? Bestünde durch das Entwickeln eines Kanons, wie *die Kunstpädagogik* im KuK-Projekt verfasst sein müsste, eine verbesserte Ausgangslage? Kann es als ausreichend betrachtet werden, allgemeine Merkmale des ‚guten Unterrichtens' heranzuziehen und ein wenig zu modifizieren? Genügt es, ein angenehmes kulturelllernförderliches Klima zu schaffen, einen spannenden Einstieg, inhaltlich klare Ziele vorzugeben, darauf zu warten, dass man sinnstiftend interkulturell kommuniziert, dass man eine Vielfalt der ästhetisch-künstlerischen Methoden zum Einsatz bringt, dabei auf die individuellen ästhetischen Forschungsfragen der Kinder und Jugendlichen eingeht, intelligente und altersangemessene Übungen anbietet, transparente Leistungserwartungen formuliert und die Lernumgebung gut vorbereitet hat? (vgl. MEYER, 2004, S.23-120) Oder kann vielmehr das dem ästhetisch-künstlerischen Prozess Innewohnende, das Nicht-Lineare, das Fluide ein beschreitbarer Weg sein? Damit wären unsichere und unbekannte Terrains in scheinbar bekannten kunstpädagogischen ‚Spielfeldern' gemeint. Terrains, welche eventuell zu neuen dritten, inter-kulturellen Zwischen-Räumen transformiert werden könnten.

Um diesen Gedankengang zu explorieren, ist es hilfreich, sich die Funktionszuordnungen des ästhetisch-künstlerischen Handelns in den Strukturdimensionen eines KuK-Projektes zu veranschaulichen. Es ist anzunehmen, dass die Kenntnisse der Rahmung es eher ermöglichen, angemessene Frei-Räume und ästhetisch, resp. künstlerisch verfasste *in-between*[142] - Räume auszuloten.

12.2 Differenzierung von Qualitätsperspektiven durch fünf Bezugsfelder rekursiver ästhetisch-künstlerischer Prozesse

Das Modell (Abb. 77) zeigt wesentliche *Dimensionen* ästhetisch-künstlerischer Aushandlungsprozesse und deren Interdependenzen sowie Funktionsbezüge für Kompetenzbereiche für (inter-)bi-kulturelle KuK-Projekte. Hierbei ist über die Begegnung hinaus an Dialogisches gedacht, welches zum einen über den bloßen Austausch des jeweilig eigenen Kulturwissens hinausgeht, zum anderen das Erfahren und *Gestalten* einen neuen ‚in-between-space' erschließt, welches im konstruktivistischen Verständnis eine dialogische Plattform und ‚Kontaktzone' erst generiert und gestaltet. (vgl. BHABHA, 2000/FINKE, 2008)

[142] Die Begriffe *in-between, the third space* oder in der deutschen Übersetzung *Raum des Dazwischen* werden von BHABHA (2000) für kulturelle Existenzen in Zwischenbereichen eingeführt, welche er als Substrat für kreative Selbstfindungen und subversive Kräfte betrachtet. (vgl. ebd., Die Verortung der Kultur, S.218ff.)

Abbildung 73: Bezugsfelder ästhetisch-künstlerischer Aushandlung im Feld inter-kultureller KuK-Projekte

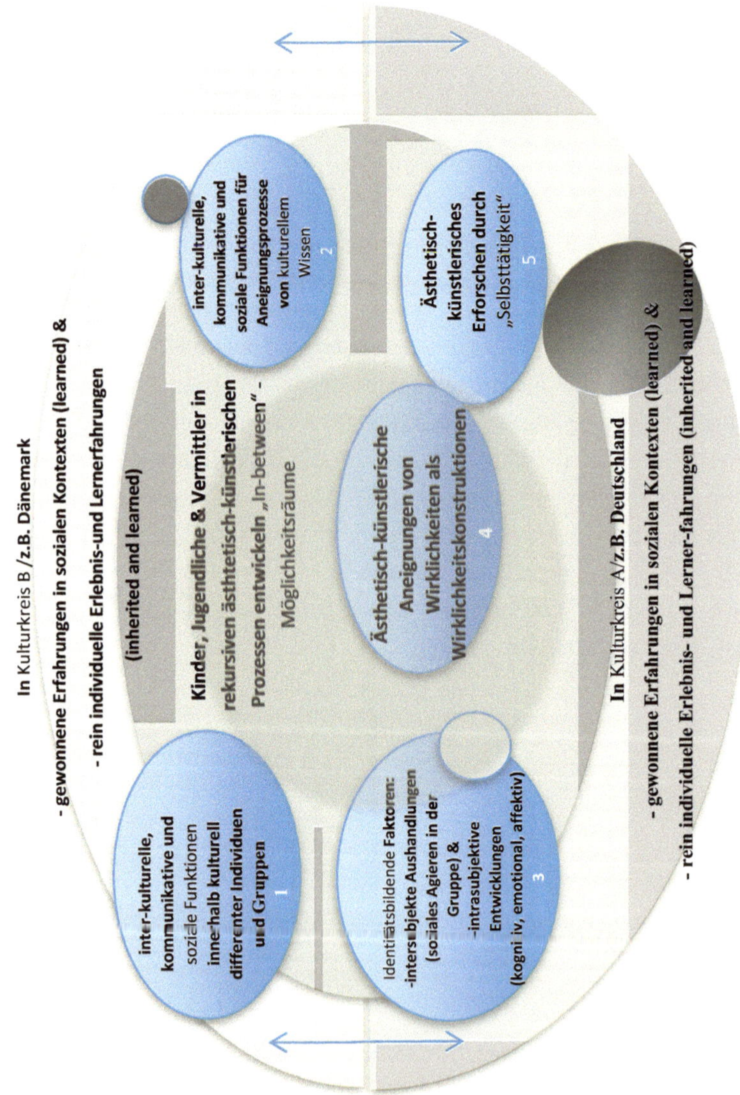

Quelle: Eigene Darstellung

Legende:

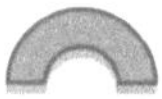

: Kulturelle Einflußzonen (vgl. HOFSTEDE, 2011, S.5)

: Transkulturelle Übergänge

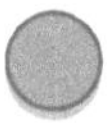

: Multi-kulturelle Inseln

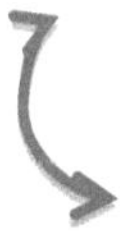

: Interaktionen als Austausch kulturellen ‚Wissens' im Sinne des je kulturell Eigenen (vgl. WITTE, 2009, S.61f.) unter *Umgehung* von Aushandlungen im ‚third space'

Der gesamte ästhetisch-künstlerische Prozess in einer solchen Zone kann auch im Sinne BUBERs als ein Möglichkeitsraum des „Zwischen" verstanden werden. Es sind die Prozesse der Selbstreflexionen (Selbsterkenntnisse) in den Begegnungs- und den ästhetischen Aushandlungsprozessen, die das Da-Zwischen gestalten. Damit ist das „Dialogische (...) nicht auf den Verkehr der Menschen miteinander beschränkt" (ebd., 2014, S.149), sondern diese Vorgänge beziehen sich ebenso auf das „Beobachten, Betrachten, Innewerden". (ebd., S.150f.)

„Kunst ist Werk und Zeugnis der Beziehung der substantia humana und substanti rerum, das gestaltgewordene Zwischen" (ebd., 1994, S.38) Es kann bezweifelt werden, dass dieses *‚Zwischen'* sich durch die bloße Rezeption von künstlerischen Artefakten einstellt. Vielmehr ist anzunehmen, dass das Potential der interkulturellen Begegnung erst durch das ästhetisch-künstlerische *Tätigsein* den inter-kulturellen Dialog transformiert. Daher befindet sich in dem vom Autor vorgeschlagenen KuK-Projektmodells der rekursive ästhetische Prozess im Zentrum. Dieser bietet durch seine Erkenntnis-, Tätigkeits- *und* Produktionsdimension eine Perspektive zur Erschaffung eines Möglichkeitsraums. Das Tätigkeitsfeld selbst wird zum *‚Zwischen'* und schafft das Potential für das Generieren

des eigentlichen ‚in-between-space' als möglichen inter-kulturellen Begegnungsraum.
In der Grafik (Abb. 73) folgt die Rahmung (Halbkreise) dieses kunstpädagogischen Aushandlungsfeldes den Annahmen HOFSTEDES. Dargestellt sind die beiden Kulturkreise, aus welchen die Akteure jeweils ihre Erfahrungen und ihr Erlerntes (software of minds) aus ihrem (Kultur)Wissen mit in das KuK-Projekt einbringen. Hierbei ist anzunehmen, dass an den Rändern und in Teilbereichen (Ellipsen) auch unterschiedliche transkulturelle Durchmischungen vorhanden sind. Ebenso sind multikulturelle, inselartige Verfasstheiten innerhalb des Projektraumes zu erwarten, die sich den Durchmischungen erst einmal entziehen, bzw. welche sich durch die jeweiligen sprachlichen Abgrenzungen konstituieren.

12.3 Perspektiven I für ein ‚better practice' mit Hilfe von Dimensionen der fünf Bezugsfelder

Jedes der genannten Bezugsfelder weist wiederum auf unterschiedliche Dimensionen hin. Es ist zu erwarten, dass diese fünf Dimensionen mit den im Zentrum stehenden, ästhetisch-künstlerischen Aushandlungen korrespondieren. Diese Aushandlungsprozesse wiederum beherbergen in ihrer Gesamtheit das Potential für das Hervorbringen eines dialogischen Raumes, dem ‚in-between-space'. Mit der bewussten Einbeziehungen dieser fünf Dimensionen in KuK-Projekt-Praxen ist auch eine ‚better practice'-Perspektive zu erwarten.

Bezugsfeld 1: inter-kulturelle Aushandlungen durch kommunikative und soziale Kompetenzen

Die inter-kulturellen, kommunikativen und *sozialen Kompetenzen* innerhalb kulturell differenter Individuen und Gruppen werden von den unterschiedlichen Akteursgruppen in den Teilanalysen 1-3 als bedeutsam beurteilt. Die Feldbeobachtungen hingegen zeigen ein deutliches Defizit in der Bereitstellung von solchen Begegnungs- und Zeiträumen. Es ist davon auszugehen, dass das *Dialogische* neben einer wechselseitigen Bereitschaft

und Offenheit auch die Bereitstellung kunstpädagogischer Formate benötigt, welche eine ‚Auseinandersetzung mit dem Anderen' ermöglicht.
Der Aufbau von Beziehungen zu jeweils anderen Peergroups benötigt aber vor allem *Zeit*, um gegenseitiges Vertrauen zu entwickeln. Dies gilt auch für ein Vertrauensverhältnis zu den jeweiligen Kunstvermittler*innen. Es ist zu erahnen, dass der inter-kulturelle Dialog länger andauernde Zeit-Räume benötigt als dies die analysierten KuK-Projekt-Formate bieten. Die Gelegenheiten, wahrgenommene Differenzen behutsam als Bildungsimpulse für einen ersten vertrauensvollen Dialog zu nutzen, sind auf ausreichende, sensibel zu gestaltende Zeit-Räume angewiesen. Es ist zweifelhaft – dies belegen auch die Feldstudien – dass eintägige KuK-Projekte in der kurzen Taktung ästhetischer Erfahrungsmomente diesen Zeitrahmen bieten können. Die emotionalen, wie auch die sozial-kommunikativen Handlungsebenen erfordern daher strukturelle Vorgaben, welche solche gedehnten Zeit-Räume ermöglichen. Des Weiteren muss vermutet werden, dass methodisch angemessene kunstpädagogische Einstiegsszenarien hier eine wünschenswerte Option darstellen, Aspekte der sozialen Funktionen zu initiieren.
Ein solches Vorgehen berücksichtigt und vermeidet obendrein die weiter oben angesprochenen Risiken, bspw. die „Enkulturation durch die Kunstpädagogik zu festigen." (vgl.S.184)

Bezugsfeld 2: Kulturelles Wissen als kulturelles Kompetenzfeld
Die inter-kulturellen, kommunikativen und sozialen Funktionen können als Aneignungsprozesse von *kulturellem Wissen* dienen. Dies scheint im Kontext der KuK-Projekte dann sinnvoll, wenn diese Wissensaneignungen aus intrinsischen Motiven der jugendlichen Akteure hervorgehen. Effekte im Hinblick auf inter-kulturelles Verstehen sind insbesondere dann zu erwarten, wenn das ins Feld mitgebrachte kulturelle Wissen zu Reflexionen über das jeweils eigene Wertsysteme führen. Hier bietet die rezeptive und handlungsorientierte Auseinandersetzung mit anschaulichem, visuellem Material zahlreiche Varianten, komparative Betrachtungs- und Wahrnehmungsprozesse methodisch zu initiieren. Das soziale Moment, die vorgenommenen Interaktionen und Befragungen, können auch im Fokus auf die

Objekte Unterschiedlichkeiten und Ähnlichkeiten thematisieren. Solche, an den entstehenden ästhetisch-künstlerischen Objekten entwickelte Themen werden existentiell bedeutsam, wenn die Chance besteht, dass die Akteure etwas existentiell wahrnehmen, wie es noch nie vorher gesehen wurde, also „die Erfahrung der Differenz, des Überschreiten des Vertrauten" (OTTO, 1998, S.162) als besonderer rezeptiver Prozess. Damit kann *eine* Maxime kunstpädagogischen Wollens verwirklicht werden.

Bezugsfeld 3: Identitätsbildenden Faktoren

Die identitätsbildenden Faktoren: intersubjektive Aushandlungen (soziales Agieren in der Gruppe) und intrasubjektive Prozesse (kognitive, emotionale, affirmative Ich-Erfahrungen) deuten auf *Veränderungs*-Aspekte hin. Gemeint sind hier in einem *ersten* Schritt Bewusstseinsveränderungen, angeregt durch die sozialen und ästhetischen Erfahrungen, Erlebnisse und den damit wohlmöglich verbundenen emotionalen Veränderungen.

Es ist davon auszugehen, dass in weitgehend selbstbestimmten und verfassten ästhetischen Aushandlungsfeldern unausweichlich ‚Selbstversuche' entstehen, welche durch Irritationen, entstehende Fremdheiten und eines immer wieder neuen ‚Sich-Verortens`, solche Identitäten bildende Prozesse motiviert werden.[143] So entwickeln MANN/SCHRÖTER/WAGNER (1995) einen Gedanken, der für die hier verhandelten inter-kulturellen kunstpädagogischen Aushandlungsprozesse leitend sein kann. (Man ersetze hierzu das Adjektiv *„gesellschaftlichen"* mit *‚gesellschaftlichen Mikro-Strukturen im KuK-Projekt'*): „Wenn das Individuum in der Lage sein soll, hinreichend jene Ich-Identität zu entwickeln, muss eine Reihe von gesellschaftlichen und individuellen Bedingungen erfüllt sein. (...) Vorrausetzungen (...) sind flexible Normensysteme, die Raum zu subjektiver Interpretation und individueller Ausgestaltung des Verhaltens, zu ‚role making',

[143] Für die Verschränkungen von Rezeptionen, Reflexionen und Produktionen geben MANN/SCHRÖTER./ WANGERIN (1995) nutzbare (methodische) Hinweise für die „Entdeckung von Erfahrungsräumen" (ebd., S.33-38). Hierbei werden im Konzept der „kreativen Rezeption" (ebd. S.14ff.) sowohl die Bedeutung der interaktionellen Gruppenprozesse als auch die der individuellen Symbolisierungsleistungen als bedeutsam für Identitätsbildungsprozesse ausgeführt.

offenlassen. (...) Vom Individuum wird auf der anderen Seite gefordert, dass es sowohl aktive Fähigkeiten, Antizipation von Erwartungen anderer, Interpretationen von Normen und Präsentationen eigener Erwartungen als auch passive, wie Toleranz für Erwartungsdiskrepanzen und für unvollständige Bedürfnisbefriedigung, besitzt." (ebd. S.132)

Im Hinweis auf diese interaktionistisch-soziale Perspektive kann, konstruktivistisch betrachtet, angenommen werden, dass nicht nur das menschliche Erkenntnisvermögen autopoietisch ist, sondern auch – wie schon mehrfach dargestellt – dass unsere eigentlichen Identitäten durch die kognitiven und emotionalen Strukturen (strukturdeterminierend) selbstorganisierend verfasst sind. Im Kapitel 4.2 zum Realitätsbegriff, der später durch den *Wirklichkeits*begriff von BERGER/LUCKMANN ersetzt wurde, wurden diese konstruktivistischen Grundannahmen in Bezug auf die Gehirnforschung schon skizziert (vgl. SINGER, 2003):

a) Unsere Bewusstseinsinhalte sind an neurophysiologische Substanzen gebunden.
b) Neben der Verarbeitung von äußeren Reizen und Impulsen interagiert das Gehirn weitgehend mit sich selbst.

Diese neurobiologisch begründeten Annahmen sind anschlussfähig an den Theorien HOFSTEDES bzgl. der ‚software of minds'. Das menschliche Bewusstsein programmiert und wird programmiert (inheritid and learned) durch individuelle Denk- und Erkenntnisprozesse und bildet so seine *individuelle* Identität. Gleichzeitig *handelt* ein Mensch, im hier zu besprechenden Fall ist dieser ästhetisch-künstlerisch in einer Gemeinschaft tätig. Dieser Akt der individuellen intrasubjektiven Identitätsbildungsprozesse ist somit mit den Handlungen sozial-kulturellen Kontexten unauflöslich verbunden. Eine Kernthese konstruktivistischer Betrachtung ist, dass die Konstruktion von Wirklichkeiten beobachtungsabhängig ist. Die sich unterscheidenden als auch die ‚homogenisierten Wirklichkeiten' sind aufgrund kultureller Erfahrungen sowie durch die intra- *und* intersubjektive ‚Programmierungen' von Identitäten als Konstruktionen denkbar, d.h. diese werden aus einer bestimmten individuellen Perspektive als Wirklichkeiten selektiert.

Offensichtlich stellt das ästhetisch-künstlerische (Er)Forschen und Handeln im KuK-Projekt, im besten Sinne ein Tätigsein an Konstruktionen von Wirklichkeiten dar. Es kann angenommen werden, dass der Pluralität ästhetisch-künstlerischer Konstruktionen (Artefakte) die Vielfalt der individuellen Wirklichkeitsannahmen entspricht. Durch die *Verkörperungen* in den Artefakten können solche pluralen Aspekte anschaulich und ‚stabil' gemacht werden. Damit können sie als Grundlage für interaktionistische und kommunikative Aushandlungsprozesse fungieren, an denen sich Identitäten von Jugendlichen jeweils neu entwickeln. Hierbei sind solche, auf ästhetisch-künstlerischen Erfahrungsprozessen aufbauende, Strategien für Identitätsbildungen, eben nicht nur kognitiver Natur, sondern sie bieten neben emotionalen auch affektive Wirklichkeitserfahrungen für ‚neue inter-kulturelle Lernkulturen. Insofern wird deutlich, dass KuK-Projekte, welche sich bewusst durch diese Art und Weise strukturell organisieren und positionieren, für inter-kulturelle Dialoge prädestiniert sind.

Bezugsfeld 4: Die ästhetisch-künstlerischen Gegenstände als heuristisches Mittel – Die Auseinandersetzung mit (ästhetisch-künstlerischen) Gegenständen als Wirklichkeitsaneignungen und Wirklichkeitskonstruktionen

In ästhetisch-künstlerischen Aushandlungshandlungsprozessen besteht die Möglichkeit, dass die Objekte (Artefakte) als ‚Produktionsziel' ein zentrale Stellung einnehmen. Mittels der handwerklichen Umsetzung werden die ästhetisch-künstlerischen Strategien operationalisiert und in der Verkörperung des Artefaktes anschaulich. In diesem Prozess können *zwei* ‚Zwischenraum-Zonen' identifiziert werden, welche für Vermittlungsszenarien von Bedeutung sein können. Eine ist die, welche der Ökonom PFEIFFER[144] als „knowing-doing gap" bezeichnet. Der Begriff verweist auf Lücken, zum einen auf den Moment des Ausharrens, der Reflexion, welche eine

144 „We found no simple answers to the knowing-doing dilemma." (...) „But one of the most important insights from our research is that knowledge that is actually implemented is much more likely to be acquired from learning by doing than from learning by reading, listening, or even thinking." (PFEIFFER, 2000, Chapter One)

noch ungerichtete Motivation in eine konkrete (hier: eine ästhetisch-forschende) Handlung überführen möchte. Die zweite ‚Lücke' kann aus der Ausgangssituation ästhetischen Forschens und Handelns abgeleitet werden, sie betrifft die Gegenstände.

Die Ausgangs- und Kontaktzone ist erst einmal durch eine Gegenstandsgebundenheit definiert. KÄMPF-JANSEN (2012) spricht insofern davon, dass Anlass und Gegenstand ästhetischer Erkundungen „Alles" sein kann. Hiermit wird die gesamte Bandbreite der gedanklichen (Ideen), emotionalen (Befindlichkeiten) sowie der materiellen Gegenständlichkeiten (Dingliches, literarische Texte, Begriffe, Pflanzen, Tiere, Menschen, etc.) in Betracht gezogen. (vgl. ebd., S.274) Der Gegenstand wird aber auch als Teil der Dinge-Welt[145] verhandelt. Durch Finden, Bearbeiten, Neu-Kontextualisieren und andere Strategien entsteht ein Produkt, ein Objekt. Dieses Objekt kann als ein ‚zu Ende kommen' eines ursprünglichen Impulses und der darauffolgenden Prozesse verstanden werden. Die Grenzen zwischen Prozess und Produkt können dabei, je nach gestalterischer Strategie, unterschiedlich stark ausgeprägt sein; deutlicher bspw. in der Malerei, fließender in erforschenden und experimentellen Erprobungen von unterschiedlichen Materialien oder gar nicht mehr vorhanden, bspw. in aktionsorientierten ‚ästhetischen' Ausformungen.

Im Kontext ästhetisch-künstlerischen Handelns kann dem Produkt *Objekt* jedoch eine weitere wesentliche Funktion zugeschrieben werden. Sie können aus Sicht einer epistemologischen Bildungstheorie, wie WALGENBACH sie beschreibt, als „Selbstthematisierungen" verstanden werden. Ausgehend von einem ursprünglichen Impuls werden die hervorgebrachten ‚Bilder/Objekte' sowohl als Mittel für weitere Produktionen wie auch als Ziele/Resultate von Bildung gefasst. Durch das Anschauliche, durch die von den Akteuren selbst hervorgebrachten ästhetisch-künstlerischen Artefakte, (er)schaffen die Kinder und Jugendlichen sich selbst ihr „heuristisches Mittel" (ebd., 2000, S.21). Diese vergegenständlichten Artefakte ermöglichen dann einen Entwicklungsprozess beim Sub-

[145] Zu den Dingen, ihren Wahrnehmungskontexten, ihrem Nutzen, ihren Kontexten und Möglichkeiten durch ästhetisch-forschende Annäherungen (KÄMPF-JANSEN, 2012; S.25-109)

jekt in der Aushandlung zwischen erwünschten Gestaltungen und der materiellen Objektivierung des Objekts. Die Wechselwirkungen dieser reflexiven Prozesse können so als ein sich Selbst-Neu-Organisieren des Subjekts in der ästhetisch-künstlerischen Betätigung am Objekt begründet werden. (vgl. ebd., S.21-33, S.47ff.).
Das Subjekt eignet sich also in der ästhetisch-künstlerischen Erforschung der Dinge Welt an und konstruiert ‚Welt en Detail' als Anschauungs-Objekte. Für die Einbindung dieser ästhetisch-künstlerischen heuristischen Mittel, als *ein* essentielles Ausgangs-Element kunstpädagogischer Anstrengungen in KuK-Projekten, kann daher angenommen werden, dass die Aktionen an und mit Objektbezügen reflexiv identitätsbildend sind (s.o.). Weiterhin ist davon auszugehen, dass sie auch, indem sie anderen zugänglich gemacht wird, den erwünschten Kompetenzorientierungen und –erwartungen des Kommunikativen, der (Selbst) Erkenntnis- und des Interkulturellen entspricht. (vgl. Abb. 46 und Abb. 47)

Bezugsfeld 5: Selbsttätigkeit - Ästhetisch-künstlerisches Erforschen durch „SelbstTätigkeit" [146]

Der Begriff *Tätigkeit* erscheint, den Ausführungen WALGENBACHs folgend, historisch erst in der Renaissance als *zentraler* Begriff einer neuzeitlichen Auffassung des Menschen, als Schöpfer und Gestalter von Welt. (vgl. ebd., 2000, S.35) Diese Schöpfung kann durchaus auch im konstruktivistischen Sinne aufgefasst werden. Bildungstheoretisch wird die Auffassung zur Kategorie der Selbsttätigkeiten als das vermittelnde Element der dialektischen Beziehung zwischen Subjekt und Objekt eingeführt. Damit wird weder das Subjekt noch das Objekt als ein Gegebenes angesehen, noch wird die eine oder andere Seite als determinierend und dominant gesehen. Vielmehr, so wird argumentiert, ist der dynamische Tätigkeitsprozess wechselwirksam durch das menschliche Handeln und ‚konstruiert' so immer neue fluide Subjekt- und Objekt-Beziehungen.

[146] WALGENBACH, 2000, S.35.

Abbildung 74: „Tätigkeit“ als vermittelndes Moment im Subjekt-Objekt-Verhältnis

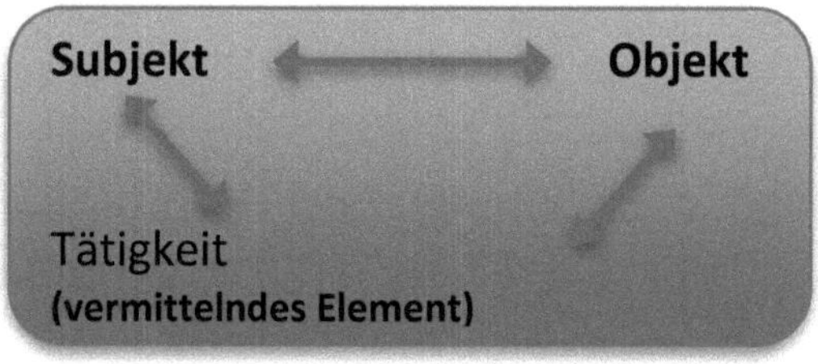

Quelle: Eigene Darstellung nach WALGENBACH, 2000, S.35.

Damit wird den Auffassungen einer „Pädagogik vom Kinde aus“ insofern widersprochen, als diese nur von den (scheinbaren) Bedürfnissen und Interessen der Kinder und Jugendlichen ausgeht und – so eingeschränkt – nur den *subjektivistischen* Anteil der „Selbsttätigkeit“ erfasst. Objekt- und inhaltsbezogene Aspekte werden demnach marginalisiert.

Eine weitere Abgrenzung zeigt sich auch zum „handlungsorientierten Lernen“, indem Tätigkeit, also das praktische Handeln, zwar im Zentrum didaktischer Überlegungen steht, dieses Tun jedoch pragmatisiert und funktionalisiert wird, im Sinne eines planvollen Handelns. (vgl. ebd., S.34-158) Solch ein planvolles Handeln ist im ästhetisch-künstlerischen Kontext zumindest, wenn nicht ausgeschlossen, so doch in Teilen kritisch zu betrachten. Das hier von WALGENBACH verhandelte Tätigkeits-Verständnis sieht eine Transformation in Richtung der „Selbsttätigkeit“ vor. Selbsttätigkeit als eine „Wechselwirkung mit sich selbst“ (SAUER zit. n. WALGENBACH, 2000. S.39). Damit ist, durch diesen fluiden, dynamischen Prozess, ein Konstituieren von Wirklichkeiten von *Ich* und *mein Selbst(bild)* veranlagt, also eine metakognitive Selbstreflexivität, die das Ich (Subjekt) und das erst werdende Selbst(bild) (Objekt) einschließt. Dieses Subjekt-Neue und das aus dem ästhetisch-künstlerischen Tätigsein hervorgehende Objektiv-Neue kann dann in den sozial geschützten Räumen mit den (Subjekt-) und dem (Objekt-)Anderen ausgehandelt werden. Aus individuellen Identitätskonstruktionen können sich demzufolge kulturelle Identitäten in einem sich immer wieder neu konstituierenden Sozialraum entwickeln.

Selbsttätigkeit ist somit als konstitutiver Prozess in kulturellen Kontexten zu verstehen, indem sich das Subjekt selbst zum Gegenstand seiner Tätigkeit macht durch die (Er)Schaffung von objektiven Artefakten. Hierzu kann auch der soziale Raum, im BEUYSchen Sinne die Soziale Plastik, gerechnet werden, als neu verfasster und mglw. unkonventioneller „in-between-space". Somit ist anzunehmen, dass Selbsttätigkeiten in diesem Wechselspiel auch inter-kulturell Dialogisches evozieren.
Mit diesem unbekannten *„Raum des Dazwischen"* und seinen Möglichkeiten und Begrenzungen im Feld kunstpädagogischer Praxen von KuK-Projekten ist das abschließende Kapitel befasst.

In theory, there is no difference between theory and practice, in practice there is.
Jan L. A. VAN DE SNEPSCHEUT

12.4 Perspektiven 2 und Empfehlungen für ein ‚better practice' mittels des „third space"

„Ens personlighed og ens evne og sådan nogle ting. Altså ligesom. Man kan faktisk godt sige, at det er en kunst at spille fodbold, men så skal måske også være god til det og sådan nogle ting. Og der syntes jeg altså, at jeg er bedre til at udtrykke mig bedre igennem kunst eller igennem at tegne eller sådan nogle ting, fordi at jeg udtrykke ikke MIG igennem at spille fodbold."

„Die Persönlichkeit und die Fähigkeit eines Menschen und solche Sachen. Also, so halt. Man kann tatsächlich sagen, dass es eine Kunst ist, Fußball zu spielen, aber dann sollte man auch gut darin sein und solche Sachen. Und ich dachte dann, dass ich mich besser durch Kunst oder durch Zeichnen oder ähnliche Dinge äußern kann, weil ich durch Fußball spielen nicht MICH zum Ausdruck bringen kann. (jugendlicher, dänischer Teilnehmer V., Übersetzung MJH)

M.J.H.: (...) Do you think Art can improve the intercultural dialog?

McGowann: No, I think football can. I think, mmh, one of the problems with Art is, they think they're really special and that they can

> cross bounderies. And I think that is not true. Art is still quit elite and only posh people do it. And maybe a couple of (mmh) track working class people along with it. But what really cross boundaries, what´s really intercultural in the world, is foot-ball and (mmmh) pop-music and this kind of shit, which is really sad (...) Art is a kind of, yeah mh, it´s just for the rich people. (Transkription des Interview-Auschnitts mit dem Londoner Aktions-Künstler Marc McGowan[147], welches im August 2012 während der Aabenraa ArtWeek in Dänemark aufgezeichnet wurde)

Im Verlauf der Abhandlung konnte anhand zahlreicher Beispiele aus dem Feld, als auch in den Zwischenfaziten, deutlich gemacht werden, welche strukturellen und didaktischen Überlegungen für eine inter-kulturelle kunstpädagogische Orientierung in KuK-Projekten zielführend sind. Durch die Operationalisierung der Analysen mit dem Fokus auf die Funktionen und Kompetenzorientierungen der unterschiedlichen Akteure konnten die ‚hidden curicula' kunst- und kulturpädagogischer Alltagskonstruktionen sichtbar gemacht werden. Der Umkehrung dieses Verfahrens in dem Sinne, dass nun eine breite Kompetenzorientung ein alleiniges hilfreich didaktisches Werkzeug für die hier untersuchten KuK-Projekte sein könnte, ist zu aus mehreren Gründen zu widersprechen.

Für den Teilbereich struktureller Qualitäten scheint naheliegend, dass die unterschiedlichen Akteursebenen, wenn schon a priori nicht einheitliche Kompetenz-Orientierungen vorliegen, diese doch im Vorfeld kommunikative Plattformen entwickeln müssten. Hierbei sollten alle drei Akteursebenen miteinander kommunizieren und Antworten auf folgende Leitfragen entwickeln:

- Was sind die eigentlichen, vielleicht noch ungenannten Ziele („hidden curricula")?
- Wozu möchte ich ästhetisch-künstlerische Verfahren in solchen Projekten nutzen?

[147] zu Mark McGowan vgl. URL: http://en.wikipedia.org/wiki/Mark_McGowan_(performance_artist)), Audiodatei im Appendix Band/ CD/DVD unter: Mark McGowan Football.WMA

- Was erwarte ich als Teilnehmer*in von einem solchen Projekt?
- Welche kunstpädagogischen Überlegungen können didaktisch und strukturell im Feld umgesetzt werden?
- Wie sieht folglich ein methodisches Setting in den ästhetisch-künstlerischen Bezugsfeldern aus?

Im Vorweg sollten die Blickrichtungen auf die Dimensionen der organisatorischen, pädagogischen, sozial-inter-kulturellen Qualitäten und Zielsetzungen gerichtet sein. Die fachliche Umsetzung der ästhetisch-künstlerischen Möglichkeitsräume und Settings kann dann folgerichtig von den Kunstpädagog*innen entwickelt werden.

Dieses sind erste zu klärende Grundvoraussetzungen für das Erreichen von Alignement. Die Aussage aus Sicht einer sozial-organisatorischen These: „If you don't know where you are going, you will probably end up somewhere else." (KADHUSIN/HARKNES, 2002, S.xiii/Preface) kann zwar für die Konzeptionierung von KuK-Projekten eine pragmatisch leitende sein, allerdings liegt in dieser Vereinfachung auch eine Metafunktionalisierung vor, welche eine unausgesprochene Standardisierung von Bildungsprozessen schon vorweg nimmt.

Wie schon dargelegt wurde, sind darüber hinaus die Kompetenzausrichtungen im politischen Kontext (vgl. OECD, 2005) auf Optimierung von Leistungen verfasst und nicht auf Erweiterung von Frei-Räumen und Freiheiten. (vgl. REETZ, 1990) Wie können welche Kompetenz-Lehr-Ziele erreicht werden? Wird die Kompetenzorientierung normativ angewandt, dann ist zu erwarten, dass sich entsprechend nur standardisierte KuK-Projektkonzeptionen entwickeln. Man kann annehmen, dass sich der kunstpädagogisch zu initiierende pädagogische Gestaltungsraum durch solche ‚hidden'- oder ‚public'-Curricula unnötig formal begrenzt. In der zielgerichteten Umsetzung müssten alle anderen, die nicht vorhersehbaren, die noch entstehenden, die noch unbekannten und unbenannten Kompetenzen unerkannt bleiben, da sie weder der Ziel- noch der Wahrnehmungs-‚Blaupause' zugeordnet werden können.

Denkt man andererseits „To end up somewhere else" als *die* zentrale Erfahrung ästhetisch-künstlerischer Aushandlungs- und Vermittlungsprozesse, dann kann dieser noch nicht (intra- und intersubjektiv) determinierte Raum zu einem „third space" transformiert werden. Das vielschichtige kunstpädagogische ‚Spielfeld' kann dann zu Beginn auf vorgegebene kulturelle Regeln (nahezu) verzichten.

Neben einem anfänglichen Austauschen der Akteure des „je kulturell Eigenen" (vgl. WITTE, 2009, S.61f.) soll auf eine wesentliche kunstpädagogische und dem ästhetisch-künstlerischen Erforschen von Gestaltungsfeldern innewohnende Perspektive aufmerksam gemacht werden. Das hervorbringen, schaffen, schöpfen, herstellen, entwickeln, in die Welt setzen, ins Leben rufen, kreieren, anfertigen, formen, modellieren, produzieren von *Neuem* und neuen Kontextualisierungen beinhaltet das Potential, um einen dritten Raum zu erzeugen. Dabei wird der Raum durch die Tätigkeit hervorgerufen und organisiert so gleichzeitig neuartige Formen sozialer Kulturen. Denk- und Erfahrungsgewohnheiten werden in der ästhetisch-künstlerischen Selbsttätigkeit neu kontextualisiert und erlauben so auch eine differenzierte Sicht auf die Denkmuster der eigenen Kultur und die der ‚Anderen'. Auf diese Weise unterscheidet sich dieser für *alle* Akteure, in den Praxen der KuK-Projekte, *neu verfasste* Raum von vorgegebenen Regelwerken, wie etwa bei interkulturellen Begegnungen durch sportliche Veranstaltungen.

Zugegebenermaßen hat die Infragestellung der KuK-Projekte als interkulturelle Kontaktzone im Vergleich mit anderen Begegnungsformen seine Begrenzungen. Für einen Praxisbezug kann dieser Gedankengang jedoch hilfreich sein.

Während der Untersuchungen im Feld traten Aussagen (s.o.) zutage, die das Fußballspielen als den interkulturellen Dialog befördernde Alternative zu KuK-Projekten thematisierten. Die Unterschiede sind jedoch vielfältig. Auf die weitreichenden Wirkungs-Dimensionen ästhetisch-künstlerischer Prozesse wurde schon hingewiesen. Weitere wesentliche Unterschiede sind auch in der Rahmung des Spieles zu finden; Die Regeln des Raumes sind im – ideal gedachten – KuK-Projekt immer wieder neu auszuhandeln, es existieren kaum leitende Kulturannahmen in diesem ‚Kunst Raum'. Alle Beteiligten sind in Unkenntnis des noch *Neuen* und somit gleichen oder zumindest ähnlichen Machtverhältnisses ausgesetzt. Die bedeutungsvollste Dimension, die für inter-kulturelle Begegnungsformate angenommen werden. Kann – und dies ist eine maximale Differenz etwa zu sportlichen Begegnungsformen – ist, dass der „third space" erst durch die Tätigkeiten im Feld entsteht. Dies stellt sich in Begegnungsformaten mit *vorgefertigter* Rahmung anders dar. Kurz: Fußball ist ein Spiel mit klaren Regeln, die allenfalls vom Schiedsrichter auszulegen sind. Zuschauer halten zu einer Mannschaft und wollen, dass diese gewinnt. Regelverstöße als zu große Variationen derselben, wie etwa die des vorgetäuschten Stolperns im Strafraum, werden mit einer Strafe belegt.

Aus der Sicht einer regelgeleiteten Verfasstheit (hier als vergleichende Metapher das Fußballspiel) sollen abschließend Impulse für die didaktischen Rahmungen und abschließende Thesen für *besser gelingende* KuK-Projekte entwickelt werden. Solch eine Forderung lässt sich auch aus den Thesen von BLOHM und HARNOW KLAUSEN ableiten; wenn BLOHM konstatiert: „Dabei bezieht sich die kritische Haltung vor allem auf die Formen der Betrachtung, Einschätzung und Vermittlung solcher Projekte durch unterschiedliche Akteur*innen. Aber: Kritisch bedeutet nicht prinzipiell ablehnend! Und: Ich nehme in diesem Text nicht so sehr die beteiligten Kinder und Jugendlichen in das Blickfeld sondern mehr diejenigen, die die Prozesse initiieren und inszenieren und die, die sie bewerten." (2015, in Druck) oder HARNOW KLAUSEN: „Bloß weil man wünscht, dass Kunstprojekte zu anderem beitragen sollen als dazu, Beschäftigung zu fördern, bedeutet dies nicht, dass man gar keine Vorstellung davon hat oder haben sollte, wofür sie (dann) gut sein sollen." (2015, in Druck)

Die Sichtweisen, an denen sich diese Argumentationslinie entwickelt, basieren zum einen auf den oben dargestellten empirischen Forschungsergebnissen. An dieser Stelle wird auf die im Anhang erstellten Summary-Grid Tabellen[148] verwiesen, welche eine strukturierte Zusammenfassung sämtlicher von den Expert*innen benannten Argumente des Gelingens und Aspekte der Behinderung aufzeigen. 139 Nennungen für Aspekte

[148] Die *Summary-Grid Tabellen* sind das Ergebnis der systematischen Analyse der Interviewtexte und fokussieren auf die beiden Kategorien von Motiven und Aspekten des Gelingens und des Scheiterns. Die Original-Töne sind in eigenen Worten komprimiert und zusammengefasst. Sie geben somit einen raschen und verständlichen Überblick über die Aussagen im Untersuchungsfeld.

eines Gelingens stehen 89 Variablen für Problematiken der Praxen im Feld der KuK-Projekte gegenüber. Hieraus lassen sich für die qualitativ bedeutsamen Dimensionen von KuK-Projekten (pädagogische, soziale, künstlerische, organisatorische und ökonomische Aspekte) methodische und strukturelle Maßnahmen für ein ‚better practice' ableiten. Diese Abhandlung fokussiert jedoch auf die der praktischen Umsetzung vorausgehenden didaktischen Überlegungen, während die Ergebnisse der Summary-Grid Tabellen als Ausgangspunkt für eine an der *Methodik* orientierten Folgeforschung herangezogen werden könnten.

Zum anderen basieren die folgenden theoretischen Überlegungen auf einigen von Helga KÄMPF-JANSEN (2012) vertretenen Thesen der ästhetischen Forschung. Die erweiternden Ausführungen dieses Ansatzes von Manfred BLOHM (2015) zum ästhetischen Projekt bestärken die Annahmen für die hier untersuchten Fälle.

Ein Blick auf das Feld der kulturellen Kinder- und Jugendprojekte im deutsch-dänischen Grenzland: Im Laufe der Analyse von Projektbeschreibungen, Interviews mit den unterschiedlichsten Akteur*innen und Beobachtungen von Projektverläufen traten immer wieder *korrelierende* Fragestellungen auf, welche die Durchführung solcher Projekte problematisierten:

- Wessen Motivation ist bei den Projekten eigentlich die tonangebende?
- Wie könnten die sozialen und interkulturellen Aspekte in den deutsch-dänischen Begegnungen gefördert werden?
- Wie könnten interkulturelle Kompetenzen stärker in die ästhetischen Prozesse eingebunden und sinnvoll unterstützt werden?
- Welche ‚Regelwerke', welche Strukturen wären hier förderlich?

Selbst-Identifikation und Fremdwahrnehmungen, Empathie, Teamfähigkeit, Ambiguitätstoleranzen, Respekt und Offenheit, um nur einige Anforderungen kultureller Dialogbereitschaft in Erinnerung zu rufen, entstehen eben, wie die Abhandlung in den Teilanalysen aufgedeckt hat, nicht schon indem zwei Jugendliche jeweils aus Deutschland und Dänemark stammend an einem Bild malen. Insofern sollen hier einige Implikationen für die Praxis vorgeschlagen werden, im Sinne des vom Autor eingeführten

Begriffes des *„better practice"*. Diese Anschauung unterscheidet sich von einem vermeintlichen Wissen eines *best practice*, welches als Regelwerk fungieren möchte und durch bloße Repetition und Anwendung zu *besten* Ergebnissen führen soll. Die angeführten Erfordernisse für ein „better practice" werden als Substrate für die Gestaltung eines „third space" verstanden.

Better practice versteht sich als eine bewegliche Denkform, welche versucht, Modalitäten, gewonnen aus empirischen Daten *und* theoretischen Überlegungen, für einen „third space" zu formulieren und nutzbar zu machen, wobei eben angenommen wird, dass es nicht *das* KuK-Projekt gibt, sondern diese fluiden Räume immer wieder variieren. Dennoch können grundlegende Muster und Rahmungen beschrieben werden, welche problematisch oder eben hilfreich sein können. Es geht also um Bedingungen, die erörtert werden, welche weniger das fixierte und später zu visualisierende Projektergebnis betreffen, sondern *einige entscheidende* Phasen sowie die bestimmten Modi der Erfahrungs-strukturierung. Im Entstehungsprozess dieses ‚third space' können Wirklichkeiten neuartig wahrgenommen werden und kohärent in neue soziale Interaktionen transformiert werden. Diese denkbaren ‚Modi für ein ‚better practice' werden in den folgenden Empfehlungen dargelegt.

12.5 Didaktische Überlegungen und Einschätzungen für inter-kulturelle Kunst- und Kultur-Projekte

Desillusionierungen
Alles, was heute gilt, gilt ~~auch weiterhin~~ nur heute
Alles, was hier gilt, gilt ~~überall~~ hier.
Alles, was Bedeutung hat, bedeutet
für ~~alle das gleiche~~ jeden
etwas anderes.
Rosa LISA (2013)

Anregung 1 – Eigenständiges Sinnbildungslernen

Es existieren übereinstimmende empirische Forschungsergebnisse, welche die Wirksamkeit interkultureller Begegnungen anerkennen. Die Frage, die man jedoch stellen kann, ist weniger mit dem *Wozu* verknüpft, hierüber geben uns zahlreiche Transferforschungen Auskünfte. Zu den Fragen des *Wozu* und *Wie* scheinen die Kompetenzorientierungen, wenn nicht Lösungen, so doch als kategoriales System *einige* Wegorientierungen aufzuzeigen. Die zentrale Frage beginnt jedoch mit einem *Warum.* Diese Fragerichtung kann anknüpfen am Begriff des „Sinnbildungslernens" von Lisa ROSA (2013, S.10 ff.). *Warum* lernen Kinder und Jugendliche in KuK-Projekten?

ROSA macht m.E. zu Recht darauf aufmerksam, dass das *Lernen*, insbesondere in schulischen (formalen) Kontexten auf das Zukünftige gerichtet sei; „Damit man später einmal..." ist das implizite pädagogische Axiom. Diese Forderung ist aus der Perspektive von Gesellschaft nachvollziehbar. Sie ist aber ein Indiz für standardisierte Anforderungen eines Bildungssystems, denn nur wenn gilt: „Alle machen gleichzeitig das Gleiche" (ebd., S.11), bestehen Möglichkeiten, unter zeitökonomischen Gesichtspunkten allen Lernenden in etwa das Gleiche beizubringen. Inwieweit diese Lehr- und Lernziele dann mit dem persönlichen Sinn und Interesse *der Lernenden* in Einklang zu bringen sind, bleibt zweifelhaft. Aus der Perspektive der Lernenden und unter der Berücksichtigung non-formaler und informeller Lernstrukturen, wie sie in KuK-Projekten möglich wären, bedeutet Lernen, sich selbst ‚ein Bild zu machen' und individuelle Perspektiven auf Welt, Kultur und ‚Ich' zu entwickeln. Diese schon mehrfach genannte Offenheit in Richtung Selbstbestimmtheit und Kollaboration in KuK-Projekten kann als Möglichkeit für ein tendenziell autonomes Lernen in der künstlerischen Bildung verstanden werden. Das kann für ästhetische Praxen bedeuten, dass nicht alle das Gleiche lernen, sondern dass gemeinsam verschiedene Lernerfahrungen ermöglicht werden. Genau dies ist nach ROSA mit Sinnbildungslernen gemeint; „Lernen heißt nicht mehr Vorbereitung auf die Zukunft, sondern Realisierung persönlichen Sinns in der Gegen-wart als Modell zukünftiger Sinnbildungen." (2013, S.13)

In der Vielzahl der zugrunde gelegten Annahmen für gelingende Konzipierungen von KuK-Projekten wird u.a. die Motivation und Initiative der Akteure eine entscheidende sein. (vgl. THOMAS, 2009, S.14ff.) Sind die Akteure durch tendenziell fremdmotivierte Anlässe (Top-Down) an der Teilnahme verpflichtet, so kann kaum erwartet werden, dass die gemachten Erfahrungen in den KuK-Projekten zu persönlich *bedeutsamen Beziehungen* zu Gleichaltrigen transformiert werden. Aus der Expert*innenbefragung (s.o. Teil-Analyse I) wird ersichtlich, dass 83,4% der Befragten die Einbeziehung der Alltags- und Lebenswelten der beteiligten Kinder und Jugendlichen als *wichtig* bis *sehr wichtig* einstufen. Vergleicht man jedoch die Projektanträge, wie weiter oben im Analyse Teil II schon dargestellt, so finden sich für den Bereich der *künstlerischen Bildungsprojekte* von 28 Projekten gerade einmal zwei Projektbeschreibungen, die *einige Aspekte* der Lebenswelten der Kinder und Jugendlichen als Basis berücksichtigen und die den Akteuren partizipative Räume in den Verläufen und den Inhalten der Projekte einräumen. Wie aber kann inter-kultureller *Dialog* – und jenes ist qua Definition das eigentliche Ziel dieser Begegnungen – stattfinden, wenn sich solche Projekte nicht aus der Alltags- und Lebenswelt der Kinder und Jugendlichen *sinnhaft* entwickeln?

Statt eines „verordneten" (KÄMPF-JANSEN, 2012, S.23-53) KuK-Projektes bestünde die Möglichkeit, die unterschiedlichen Motivationen für einen Dialog mit den ‚Anderen', sowie dem Interesse am Projekt und seinem ästhetischen Vorhaben mit den Teilnehmenden kollaborativ zu entwickeln. So könnten gemeinsame Anknüpfungspunkte in Vorweg-Projekten gefunden werden – in schulischen oder außerschulischen Kontexten. Die dort beteiligten Kinder und Jugendlichen könnten gemeinsam mit den (kunst)pädagogischen Vermittler*innen individuelle interessengeleitete Motive für die Begegnung mit den ‚Anderen' erkunden. Die Sinnhaftigkeit des KuK-Begegnungs-Projektes, mit ästhetisch-künstlerischen Erforschungen und Handlungen ein ‚Spiel' mit allen Sinnen tätigen zu *wollen,* setzt so Impulse und erlaubt den Kindern und Jugendlichen schon im Vorfeld intrinsische Motivationen zu entfalten. Ein darüberhinausgehender Weg wird in der von Jutta ZAREMBA (2015) beschrieben: Autonome Jugendszenen, welche selbsttätig Thema und Plattform ihres inter-kulturellen ästhetisch geführten Dialoges wählen. Für diesen Fall bestände die Aussicht für Kunstpädagog*innen, sich als Coaches anzubieten mit dem vornehmsten Ziel, solche bottom-up-Motivationen in kollaborative ästhetische Projekte oder gar künstlerische Bildungsprojekte (vgl. BLOHM, 2015a) sensibel zu überführen und zu begleiten. Auch wenn dies erst einmal dem Impetus *selbstorganisierter* Jugendszenen widersprechen mag, stellt ein solches Vorgehen eine Perspektive dar, welche intensivere motivationale Grundlagen schaffen kann. Die Bildungsträger der außerschulischen Kinder- und Jugendarbeit in Deutschland und Dänemark könnten hier als Schnittstellen fungieren. Entscheidende Bedeutung haben eigenständige Partizipationen der Kinder und Jugendlichen an der Konzeptionierung und kollaboratives, eigen-motivational generiertes Tätigsein. So verfasste KuK-Projekte sind somit eher 'sinnbildend' (vgl. ROSA) oder es wird, wie KÄMPF-JANSEN formuliert: „Sinnhaftes gegen unsinnig Verordnetes" (2012, S.23-53) priorisiert.

Anregung 2 – Die Regeln des *‚third-space'* werden im ästhetisch-künstlerischen Erforschen und sinnbildenden Selbsttätigkeiten erst ausgehandelt

Die Rahmungen der KuK-Projekte sind durch die zur Verfügung stehenden Mittel begrenzt – räumlich, zeitlich und nicht zuletzt finanziell. Dies betrifft etwa die Verwendung der Gelder für die grenzüberschreitenden Fahrten und die Honorierung der Kunstvermittler*innen. Aus den Analyseergebnissen kann für die zeitliche Rahmung eine grundlegende Empfehlung formuliert werden:

Inter-kultureller Dialog im KuK-Projekt benötigt *Zeit*, mehrtägige Projekte sind deutlich Tagesprojekten vorzuziehen. Es kann angezweifelt werden, ob Projekte, die nur wenige Stunden inter-kulturelle Kontaktzonen anbieten, eine Wirksamkeit entfalten können oder über hedonistische Aspekte hinausgehen. *Finanzielle* Überlegungen könnten dahingehend entwickelt werden, dass grenzüberschreitende Förderrichtlinien so angepasst werden, dass evtl. eher weniger, aber dafür längerdauernde (mehrtägig-)konzipierte KuK-Projekte in die Förderung einbezogen werden. Unter *strukturellen* Aspekten kann auch das Einbeziehen außerschulischer Kin-

der- und Jugendinstitutionen zweckmäßig sein, da diese Institutionen größere Spielräume in der Gestaltung von Zeiträumen (z.B. Schulferien) haben.
Umso bedeutsamer scheint m.E. auf *ein zentrales* Qualitätsmerkmal ästhetisch-künstlerischen Handelns im kunstpädagogischen Kontext hinzudeuten. Die substanziellen *Möglichkeiten* ästhetischer Handlungsweisen sind gekennzeichnet durch das Wechselspiel von Subjekt und den sinnhaften Objekten. Alltägliches, Alltagsgegenstände, Farben(reste), edle und unedle Materialien, Riechendes und Duftendes, Weggeworfenes, Verstecktes und Unbeachtetes können Komponenten im ästhetischen Handeln erlangen und die Akteure sind ihrerseits in ihrer tätigen Körperlichkeit, performatives ‚Element' eines sinnlich-ästhetischen konstruktiven Prozesses. Statt vorgefertigter und eher sinnreduzierter Beschäftigungsobjekte (der Fußball) kann für KuK-Projekte das *individuelle Interesse* der Spieler*innen an den Objektveränderungen und den damit in kommunikativen Akten verbundenen Begegnungen mit den Peer-Groups der ‚Anderen' als noch zu gestaltende in-between-spaces betrachtet werden. Aus dem Erleben von Selbstwirksamkeiten durch sinnenreiches Tätigsein entstehen so variantenreiche Perspektivwechsel – von Selbstwahrnehmungen zu Fremdwahrnehmungen. „Sinnenreich gegen unsinnlich Reduziertes. Diese Forderung ist so alt wie die ästhetische Erziehung." (KÄMPF-JANSEN, 2012, S.274)

Anregung 3 – Befragungen im noch gestaltlosen „third-space"
Die folgenden Gedanken stehen in einem unmittelbaren Zusammenhang mit den Anregungen 1, dem Sinnhaften. Fokussiert wird jedoch auf die Rolle der Kunstvermittler*innen im Feld.
Die jugendlichen Akteure bringen in der Regel schon aus ihrem Alltag Fragen mit ins Feld. Diese können als allgemeine 'Forschungsfragen' im Sinne der *ästhetischen Forschung* KÄMPF-JANSENs bezeichnet werden. Für die künstlerische Bildung ist es wünschenswert, dass die allgemeinen Kompetenz-Erweiterungs-Wünsche (vgl. Abb. 28, Gesamtheit der Kompetenzorientierungen) der dänischen *und* deutschen jugendlichen Teilnehmer*innen eine Ergänzung erfahren. Durch deren *neu* gewonnenen Per-

spektiven sowie den aufkeimenden Fragen, entstehen Erweiterungen individueller, sinnbildender Lern-Motive, welche sich zu – mit den Sinnen erfahrbaren – ästhetischen Ausdrucksformen verdichten. Auf die *eigenen* Fragen in Richtung eines ausdifferenzierten Wollens: „Jenes möchte *ich* erfahren und erforschen", folgt dementsprechend der Wunsch, ‚Jenes' ästhetisch zu bearbeiten und sichtbar zu machen für Andere, um *es* zu kommunizieren. Stellen sich keine Fragen ein, dann wäre auch das eine Frage, die in der Verantwortung der Kunstpädagog*innen sensibel aufzugreifen sind. Nicht im Sinne eines *Warum* sondern *Wozu?* Wo führt *uns* das hin?

Solche offenen Fragestellungen erfordern im Verhältnis der Beteiligten geringe Machtdistanzen und vertrauensvolle Beziehungen. Die strukturellen Rahmungen non-formaler und angenommener informeller Lehr- und Lernstrukturen in KuK-Projekten können hierfür prädestiniert sein, da diese sich außerhalb von erzwungenen Standardisierungen und Leistungsbewertungen bewegen. (vgl. Exkurs: ‚Formal-, Non-formal- and Informal Education' als Bezugsfelder für affektive und kognitive Lehr- und Lernzielorientierungen im KuK-Projekt, S.148)

Das *Eigene-Fragen-haben* ist vielleicht die unentbehrlichste „Kontaktzone"[149] (FINKE, 2008) in KuK-Projekten, hier entstehen immer wieder neu verfasste intrinsische Motivationsmomente der Akteure und ästhetische Selbst-Thematisierungen. Nur solcherart relevante Fragen, Fragen die *wirklich bewegen,* ermöglichen Prozesse und Ergebnisse in einer Kontaktzone, in welcher ästhetisch geforscht und kommuniziert werden kann. (vgl. OTTO, 1998, S.162) Das ‚Spiel vom Fragen' (vgl. HERSCHBACH, 1990) entfaltet infolgedessen das eines existentiellen Interesses.

> *Der Spieler/Die Spielerin, das Sichtbarmachen seiner Wünsche und Ideen ist der Teil der Kontaktzone, die für den (inter-kulturellen) Dialog relevant erscheint, da so kommunikative Prozesse mit den anderen Akteuren am ästhetischen Objekt entwickelt wer-den können. Ei-*

[149] FINKE benutzt den aus der Ökologie stammenden Begriff der „Kontaktzonen" und sieht hier herrausragende Räume kreativer Vielfalt in (inter)kulturellen Begegnungen.

ne allgemeine Kommunikation kann schließlich zum persönlichen Dialog werden.

Insofern zeigt sich hier überraschend eine gemeinsame Kontaktzone des künstlerischen Projekts mit dem ästhetischen Projekt. Die Differenzierungen bewegen sich in den gerichteten Bewegungen zwischen Ziel- und Prozessorientierung. (vgl. BLOHM, 2015b). Entscheidend für ein Gelingen des Dialogischen wird jedoch der achtsame Umgang mit diesem möglichen Spannungsfeld sein. Die Verantwortung der Lehrenden ist dann geprägt von einem sensiblen Umgang mit Machtdistanzen als ein Primus inter Pares, selbst als Lernende in einem Prozess, dessen Ziel im noch utopischen „third-space" Gestalt annimmt. Die Lehrenden bieten Impulse und Materialien an, teilen Gedanken mit und begleiten.

So verfasst, könnten KuK-Projekte nicht zum Selbstzweck als rein künstlerisches Projekt – zielorientiert, an dem die Kinder und Jugendliche *irgendwie* partizipieren – vollzogen werden, sondern die Akteure werden zur Kollaborateuren. Damit wären die KuK-Projekte auch „intersubjektive Bildungsarbeit", indem die Konstrukte (Ideen, Ideologien und Alltagstheorien) und deren Ergebnisse *gemeinsam* befragt und visualisiert werden könnten.

KuK-Projekte als „intersubjektive Bildungsarbeit anerkennt die Gleichheit der Menschen, aber die Ungleichheit (Differenz) ihrer Konstrukte und Ideologien" (GRIESE, 2005, S.23f.) – ein metakognitiver Prozess, der als grundlegend für einen nachhaltigen interkulturellen Dialog gedacht werden kann.

Anregung 4 – Wider den Lernzielverordnungen – Für ein nicht-lineares Bildungsverstehen

Es ist denkbar, und das belegen auch einige empirische Beispiele dieser Untersuchung, dass das Projekt künstlerischer und ästhetischer Bildung folgendermaßen konzipierbar ist:

Projektideen entwickeln (meistens die Idee der Lehrenden, Kunstvermittler*innen, Institutionen) Rahmung klären, (Lern)Ziel festlegen, implementieren, Material bereitlegen, durch-führen, fertig – Lernkontrolle. Dieses lineare System ist ein funktionierendes, es ist in anderen Rahmungen

vielleicht auch angebrachter und entspricht Alltagserfahrungen von formalen Bildungskontexten (Schule) mit ihren Lernzielverordnungen, die wir als gegeben hinzunehmen bereit sind.
Im Falle der deutsch-dänischen künstlerischen Bildungsprojekte erhält man so, je nach Disziplinierungsgrad, wunderschöne bunte Ausstellungen. Eltern, Zuschauer und Presse werden beglückt sein. Inwieweit sich die Akteure über die (evtl. gemeinsamen) ästhetischen Erfahrungen jedoch angenähert haben, kann angezweifelt werden. Im Konzept eines bikulturellen Projektes wird angeraten, die didaktische Perspektive zu verändern. Deren Komplexität ist ein unsicheres Terrain. Alles, was in solchen Projekten an ästhetischen Prozessen und Objekt- und Subjektbezügen, an sozialen Prozessen und interaktiven Performanzen entsteht und geschieht, können Quellen sein, die aus Alltagserfahrungen und Alltagsannahmen, Stereotypen, künstlerischen und vor-künstlerischen Strategien, Versuch und Irrtum, Selbst- und Fremdwahrnehmungen gespeist werden.
Das ästhetische Handeln ist aber genau auf diese Unsicherheiten *angewiesen,* um in den Prozessen ständig neue Erfahrungsräume zu öffnen, gewonnene Erfahrungen miteinander neu in Beziehung zu setzen und so im Quer-denken und -handeln noch ungewohnte Kontaktzonen *gestaltend zu bespielen.* Solche Prozesse können sich in andere unvorhergesehene Richtungen entwickeln. Das so wunderbar ausgedachte Thema wird ‚verfehlt', andere ästhetische Befragungen werden überraschend aktuell.
Damit sind eine zentrale pädagogische Grundfrage und ein pädagogisches Paradoxon benannt. „Er [der jugendliche Akteur im KuK-Projekt; M.J.H.] soll das Spiel nicht lernen, sondern erfinden." (ROUSSEAU, 1995, S.159) Hierzu benötigt es die *in-between-spaces.* Es ist genau dieses Paradoxon des unbekannten Ziels, welches sich maßgeblich in offenen Räumen entfalten kann. BLOHM spricht hier von Leerstellen. „Leerstellen bezeichnen das Offene, Mögliche, nicht Vorhersehbare innerhalb einer Situation. (...) als bedeutsame Momente der Einbindung des bis dahin Fremden (...)." (2000, S.20f.)
Das Ins-Zentrum-Stellen ästhetisch-künstlerischer Erforschungen beinhaltet Möglichkeiten, das ‚bis dahin Fremde' zum Vertrauteren heranwach-

sen zu lassen. Der performative Prozess des ästhetischen Forschens *und* Handelns ist *die* Kontaktzone des Fremden im Eigenen, welche dem Eigenen neue, dritte, inter-kulturelle Dimension hinzuführen kann.

Anregung 5 – Ästhetisch-künstlerisches Denken und Handeln geschieht in unbestimmten Räumen

„Wer nicht denken will fliegt raus" (BEUYS, 1977) hatte der Künstler Joseph BEUYS Ende der 1970er Jahre auf einer Schiefertafel proklamiert und in der Postkarten Reihe „sich selbst" veröffentlicht. Das ästhetische Erkunden mit seinen komplexen Wahrnehmungs- und emotional begleiteten Prozessen ist ein anspruchsvolles Vorgehen und ein Gestaltungsprozess an *sich-selbst*. Ein intensiv durchgeführter ästhetischer Befragungsprozess kann in der Auseinandersetzung mit dem gestalteten Objekt und dem Subjekt zu Grenzerfahrungen führen. Das Subjekt muss Unsicherheiten im Leer-Raum aushalten und individuelle Fähigkeiten ausbilden, welche immer wieder zu neuen vergegenständlichten (ästhetischen) Lösungen führen. Hierbei werden persönliche Grenzen zwangsläufig erweitert und in den Kontext der anderen Akteure gestellt. Werden keine ‚offenen und leeren' Räume angeboten, ist zu erwarten, dass der Flow nicht zustande kommt. Dann gilt die These BEUYS', der ästhetisch-künstlerische Tätige „fliegt raus".

Anders gesagt: Das Selbst des jugendlichen Spielers, in den Räumen des ästhetischen Erforschens und Handelns, benötigt diese Freiräume, um im ‚Flow' ungewohnte neue Wege zu erkunden und seine Identität im Wechselspiel von ‚ich' und ‚die Anderen' zu verhandeln und immer wieder neu zu entfalten. So können Kinder und Jugendliche den noch unbestimmten Raum bedeuten und werden zu Bestimmern.[150]

[150] Die Idee des Bedeutens und Bestimmens wird in dem EU-Projekt „Das Langstrumpf-System" u.a. vom Autor und von Rland OESKER in Beziehung zur „interdisziplinären System-Bildung" WALGENSBACHs vertieft.
URL: http://www.langstrumpf-system.de/?page_id=324

Anregung 6 – Kulturen können aktiv verändert werden
In den deutsch-dänischen künstlerischen Bildungsprojekten könnte ein solcher *Raum der „hybriden“*[151] *kulturellen Mitspieler* unter der Berücksichtigung des oben Gesagten angeboten werden – als dritter Raum.
Die kultur- und identitätstheoretischen Überlegungen und Theorien von Homi K. BHABHA (2000) beschreiben den „third space“ (ebd., 2004, S.326), in welchem Identitäten und Kulturen nicht mehr als quasi fixe Gebilde gedacht werden, sondern dieser *space* etabliert sich – in unserem Fall – im bi-kulturellen Dialog der Individuen. Dies vollzieht sich in deutsch-dänischen Projekt-Kontexten mittels künstlerischer und ästhetischer Bildung – mit „Grenz-Existenzen“ im „in-between“. In solchen Zwischenräumen bestehen Chancen für individuelle Erforschungs- und Handlungsverfahren im Aushandeln mit den ‚Anderen'. Mittels tätigkeitsbezogener kunstpädagogischer Methoden können sich auch die Selbst-Reflexionen im Wechselspiel mit den Andersartigkeiten der Anderen und ein Verständnis für ‚otherness' insofern befördern, als dass kreative Selbstfindungen und subversive Kräfte für neue Identitäts- und Kulturkonzeptionen entstehen. BHABHA spricht von einem befreienden und kritischen Potential solcher „GrenzExistenzen“.
Dies wäre eine zukunftsorientierte bi-kulturelle Option!

[151] vgl. zur Genese des Begriffes: EICKELPASCH, 2004, S.104ff.

Fazit

Angesichts der oben skizzierten offeneren Projektformen, mit den im Mittelpunkt stehenden ästhetisch initiierten *subjektiven* Aushandlungsprozessen, könnten dann wohlmöglich neue Erlebnisse und Erkenntnisse entstehen, die den Kindern und Jugendlichen solche Selbst-, Sozial- und interkulturellen Kompetenzen als Aneignungsräume verschaffen, welche nachhaltige deutsch-dänische Dialoge generieren.

Das erst einmal für *alle* Teilnehmer*innen gleichermaßen befremdliche ‚ästhetische Spiel' wird motiviert aus dem Vertrauten, Lebensweltnahen der Kinder und Jugendlichen. Hier findet sich ein Anschluss an den kulturtheoretischen Gedankengängen BHABHAs. Das vom Individuum ambivalente Erleben von Differenzen findet eben nicht nur im Aushandlungsprozess einer kulturellen Verortung ihren Ausdruck, sondern diese Divergenzen sind immer auch Teil von Auseinandersetzungen in interaktiven Rollenanpassungen, sowie inner-psychischen Differenzen oder wie BHABHA es ausdrückt – bezogen auf eine Theorie des Unbewussten der Psychoanalyse – die Denkfigur des *Unheimlichen* der Selbst-Wahrnehmung. Im Spannungsfeld eigener Identitätskonstruktionen und deren unbekannten (unheimlichen) Anteilen, als auch den Rekonstruktionen kollektiver Identitäten kann die Verortung eines solchen Kulturraums folgendermaßen beschrieben werden:

Das an sich schon hybridisierte Subjekt, schließt einerseits seine Identitätsentwürfe an tradierten Vorstellungen an, entwickelt gleichzeitig noch unbekannte Zwischenräume im Zusammenspiel und initiiert von mglw. ‚fremden' Erfahrungen im ästhetischen-künstlerischen Tätigsein. Dieses *aktive* Herstellen von ‚Räumen' mit deren unterschiedlichsten Differenzbereichen kann als intrasubjektiver und intersubjektiver Prozess verstanden werden. Ein *selbsttätig* initiierter Vorgang, welcher auch innovative kollektive Erfahrungen prägt. Damit ist ein Geschehen beschrieben, dass als eine bewusst herbeigeführte *‚minimale kulturelle Entortung der Subjekte'* bezeichnet werden kann. Diese minimale kulturelle Erschütterung kann als produktives Moment den inter-kulturellen und den inter-personalen Dialog jenseits von vorgegebenen Kultur- und Identitäts-mustern, befördern.

Damit schließen die hier vorgeschlagenen offeneren Konzeptionen von ästhetisch initiierten *subjektiven* Aushandlungsprozessen auch an einem Gedankengang von Martin BUBER an. Für die Gestaltung und Aushandlung eines *inter*-kulturellen, Zwischen-Kultur-Raumes ist es unerlässlich, dass sich die Individuen in neuen eigensinnigen Formen begegnen und diese ‚Räume' *für sich* neu erfinden. Wie BUBER feststellt „(...) denn die Partizipation beider Partner ist prinzipiell unerlässlich. Die Sphäre des Zwischenmenschlichen ist die des Einander-gegenüber; ihre Entfaltung nennen wir das Dialogische." Und weiter „(...) dessen Sinn weder in einem der beiden Partner noch in beiden zusammen sich findet, sondern nur in diesem ihrem leibhaften Zusammenspiel, diesem ihrem Zwischen." (2006, S.276)
So ist denkbar, dass aus *‚nur'* interkulturellen Begegnungen interkulturelle Dialoge entstehen, im eigen*willigen*, selbsttätig konstruierten und mittels ästhetisch-künstlerischer Prozesse neu verfassten Trans-Kultur-raum. Dem Raum des Dazwischen.

Literaturverzeichnis

ADEN, M. (2011): *Risiken und Nebenwirkungen eines Kompetenzorientierten Unterrichts, Ein kritischer Forschungsbericht.* Universität Bremen, Institut für Kunstwissenschaft und Kunstpädagogik. Reg. bei Deutsche Bibliothek Frankfurt.

ADORNO, T. W. (1973): *Ästhetische Theorie.* (ADORNO, G./ TIEDEMANN R., Hrsg.) Frankfurt a. M.: suhrkamp taschenbuch wissenschaft

AHRENKILDE HANSEN, P. P. (1990): *Kultur/Retur - om anvendelse af interkulturel teori.* Frederiksberg C: Samfundslitteratur.

AMANN, K. H. (1997): *Die Befremdung der eigenen Kultur, Zur ethnographischen Herausforderung soziologischer Empirie.* In: AMANN, K./ HIRSCHAUER, S., (Hrsg.) Frankfurt a. M.: suhrkamp taschenbuch wissenschaft.

ASCHEMANN-PILSHOFER, B. (3. Januar 2001): *Wie erstelle ich einen Fragebogen? Ein Leitfaden für die Praxis.* In: PILSHOFER, B. (Hrsg.), Institut für wissens- und Forschungsvermittlung, Abgerufen am [1. Februar 2013] von Wie erstelle ich einen Fragebogen? Ein Leitfaden für die Praxis: URL: http://www.aschemann.at/Downloads/Fragebogen.pdf

AUERNHEIMER, G. (Hrsg.) (2010): *Interkulturelle Kompetenz und pädagogische Professionalität* (3.Auflage Ausg., Bd. Band 13). Wiesbaden: VS Verlag für Sozialwissenschaften.

AUSTRING, B. D. (2006): *Æstetik og læering, Grundbog om æstetiske læreprocesser* (Bd. 4. oplag). København K: Hans Reitzels Forlag.

BHABHA, H. K. (2000): *Die Verortung der Kultur,.* Tübingen: Stauffenberg Verlag.

BHABHA, H. K. (2004): *The location of culture.* London/NY: Routledge.

BACHMANN-MEDICK, D. (2008): Einführung in die Kulturwissenschaften. In: NÜNNING, A./ NÜNNING, V. (Hrsg.). Stuttgart: J.B. Metzler.

BALDWIN, E. L. (2004): *Introducing Cultural Studies* (Revisted First Edition Ausg.). Harlow, England: Prentice Hall Europe.

BAMFORD, A. (April 2006): *A Review of Danish Arts Education in the Folkeskole.* (Kunstrådet, Hrsg.) Abgerufen am [2. Februar 2015] von URL: http://www.kunst.dk/db/files/the_ildsjael_in_the_class_room.pdf

BAMFORD, A. (2010): *Der Wow-Faktor. Eine weltweite Analyse der Qualität künstlerischer Bildung.* (LIEBAU, A., Übers.) Münster: Waxmann Verlag.

BENDER-SZYMANSKI, D. (2010): Interkulturelle Kompetenz bei Lehrerinnen und Lehrern aus der Sicht der empirischen Bildungsforschung. In: AUERNHEIMER, G. (Hrsg.): *Interkulturelle Kompetenz und pädagogische Professionalität* (3. Auflage Ausg.). Wiesbaden: VS Verlag für Sozialforschung.

BERGER, P./ LUCKMANN, T. (2013): *Die gesellschaftliche Konstruktion der Wirklichkeit, Eine Theorie der Wissenssoziologie* (25.Auflage Ausg.). Verlag Fischer Taschenbuch.

BEUYS, J. (1977): Wer nicht denken will fliegt raus. Sich selbst. *Wer nicht denken will fliegt raus. Sich selbst.* Heidelberg, Germany: Edition Staeck.

BIGGS, J. T. (2011): *Teaching For Quality Learning At University* (Fourth Edition Ausg.). New York, England: Open University Press, Maidenhead, Berkshire.

BJERREGAARD, R. (2000): *Das dänische Schulgesetz für Schulen in freier Trägerschaft 1999.* Abgerufen am [7. November 2014] von Institut für soziale Dreigliederung: URL: http://www.dreigliederung.de/schulfreiheit/dkfreischulgesetz.html

BLOHM, M. (1996): Gegen das Ähnliche und Fertige - Ansätze zu einer Neubestimmung von Kunstunterricht in der Primarstufe. In: *Kunst + Unterricht* (Heft 165), S.10-11.

BLOHM, M. (2000): *Leerstellen, Unvollständige Gedanken über das was war, ist und sein könnte.* (BLOHM, M., Hrsg.) Köln: Salon-Verlag.

BLOHM, M. (2009): Wozu kann die Kunstpädagogik auch gut sein. In: BILLMAYER, F. R., et al. (Hrsg.): *Nachgefragt, Was die Kunstpädagogik leisten soll.* Kontext Kunstpädagogik Band 20, KIRSCHENMANN, J./ PETERS,M./ SCHULZ, F., (Hrsg.), Ausg., Bd. 20). München: Kopaed Verlag.

BLOHM, M. (2015a, in Druck): Es war einmal... – Erzählungen in Kontexten ästhetischer Projekte. BLOHM/ BRÜMMER/ HERSCHBACH, (Hrsg.): *Grenzüberschreitende Projekte, Impulse aus Kunst & Pädagogik.* Hannover: fabrico Verlag/ kunst - medien -pädagogik.

BLOHM, M. (2015b, in Druck): Künstlerische und ästhetische Projektarbeit mit Kindern und Jugendlichen oder Warum das Eine nicht viel mit dem Anderen zu tun hat. In: BLOHM, M. BRÜMMER/ HERSCHBACH, (Hrsg.): *Grenzüberschreitende Projekte, Impulse aus Kunst & Pädagogik.* Hannover: fabrico verlag.

BLOM, H. M. (2004): *Interkulturelles Management : interkulturelle Kommunikation, internationales Personalmanagement, Diversity-Ansätze im Unternehmen* (2. Auflage Ausg.). Herne: nwb Verlag, Neue Wirtschafts-Briefe.

BOCKHORST, H./ REINWAND, V-I./ ZACHARIAS, W. (2012): *Handbuch Kulturelle Bildung.* kopead-Verlag.

BOHNSACK, R. (04 2005): Standarts nicht-standartisierter Forschung in den Erziehungs-und Sozialwissenschaften. *Zeitschrift für Erziehungswissenschaft* (8.Jg.), S.63-81.

BOLSCHO, D. (2005): Transkulturalität – ein neues Leitbild für Bildungsprozesse. In: DATTA, A., (Hrsg.): *Transkulturalität und Identität, Bildungsprozesse zwischen Exklusion und Inklusion.* Frankfurt a. M.: Verlag für interkulturelle Kommunikation.

BOURDIEU, P. (1987): *Die feinen Unterschiede.* Suhrkamp.

BREUNING, F. E. (2002): *Schlüsselkompetenzen durch kulturelle Bildung, Grundlagen, Sachstand, Positionen.* (Bundesverband kulturelle Jugendbildung, Hrsg.) Remscheid.

BUBER, M. (1994): *Das dialogische Prinzip.* Heidelberg.

BUBER, M. (2014): *Das dialogische Prinzip, Ich und Du* (13. Auflage Ausg.). Gerlingen: Gütersloher Verlagshaus.

Bundeszentrale für politische Bildung/ KÜHL, J., (12. 11 2004): *Ein nachhaltiges Minderheitenmodell, Deutsche und Dänische Minderheiten beiderseits der Grenze.* Abgerufen am [3. November 2014] von AUS POLITIK UND ZEITGESCHICHTE (B 47/2004) Nordeuropa:
URL: http://www.bpb.de/apuz/27965/ein-nachhaltiges-minderheiten modell

BURKSCHAT, M. C. (2012): *Beschreibende Statistik: Grundlegende Methoden der Datenanalyse* (2. Aufl. Ausg.). Heidelberg: Springer Verlag.

BYRAM, M. (2009): Evaluation and/ or Assesment of Intercultural Competence. In: HU, A.B. (Hrsg.): *Interkulturelle Kompetenz und fremdsprachliches Lernen, Modelle, Empirie, Evaluation.* Tübingen: Gunter Narr Verlag.

CRESWELL, J. W. (2009): *Research Design, Qualitative, Quantitative, and Mixed Methods Approaches* (Third Edition Ausg.). Thousend Oaks, California, USA: SAGE Publications, Inc.

DANTO, A. C. (1991): *Die Verklärung des Gewöhnlichen, Eine Philosphie der Kunst.* (M. Looser, Übers.) Frankfurt am Main: Suhrkamp Verlag.

DELLWING, M./PRUS, R. (2012): *Einführung in die interaktionstische Ethnografie, Soziologie im Außendienst.* Wiesbaden: Verlag für Sozialwissenschaften.

DIEKMANN, A. (2006): *Empirische Sozialforschung, Grundlagen, Methoden, Anwendungen* (16. Auflage Ausg.). KÖNIG, B., (Hrsg.) Reinbek, Hamburg: Rowohlt Taschenbuch.

DRESING, T./PEHL, T. (2013): *Praxisbuch Interview, Transkription & Analyse. Anleitungen und Regelsysteme für qualitativ Forschende.* (DRESING/PEHL, Hrsg.) Abgerufen am [06. 01 2013] von
URL: www.audiotranskription.de/praxisbuch

EAGLETON, T. (2009): *Was ist Kultur? Eine Einführung* (1.Auflage Ausg.). (H. Fliessbach, Übers.) München: C.H.Beck.

EICKELPASCH, R./RADEMACHER, C. (2004): *Identität.* Bielefeld: Transcipt Verlag.

ENGELHARDT, M. von /LIEBMANN-WURMER, S./BUTZ, C. (2014): Die Bedeutung des Schreibens und kreativen Gestaltens für die Entwicklung des Menschen. In: LIEBMANN-WURMER, S., et al. (Hrsg.) *FAU Kunst und Bildung.*

EUROPEAN COMMISSION LOUXEMBOURG: Office for Official Publication for the European Communities. (2005). *Task Force Report on Adult Education Survey, Luxemburg.* Abgerufen am [26. November 2014] von URL: http://epp.eurostat.ec.europa.eu/cache/ITY_OFFPUB/KS-CC-05-005/EN/KS-CC-05-005-EN.PDF

FINK, H. (1993): Et hyperkomplekst begreb . In H. K. NIELSEN, *Kultur og Modernitet.*

FINK, T./TEGTMEIER, I. (2014): Wenn sich offene Räume der kulturellen Bildung schließen, Kulturelle Bildungsprojekte als Pflichtveranstaltung. In: WESTPHAL, K./STADLER-ALTMANN, U./SCHITTLER, S./LOHFELD, W. (Hrsg.): *Räume kultureler Bildung, Nationale und transnationale Perspektiven* (S.329-334). Weinheim und Basel: Beltz Juventa.

FINKE, P. (2008): Kulturelle Grenzen. In A. N. NÜNNING, *Einführung in die Kulturwissenschaften, Theoretische Grundlagen - Ansätze - Perspektiven.* Stuttgart: Verlag J.B. Metzler.

FUCHS, M. (2007): *Kulturpolitik* (1.Auflage Ausg.). EHRHART, H-G. et al. (Hrsg.) VS Verlag für Sozialwissenschaften.

FUCHS, M. (2012): Kulturbegriffe, Kultur der Moderne, Kultureller Wandel. In: BOCKHORST, H./REINWAND,V-I./ZACHARIAS, W. (Hrsg.): *Handbuch Kulturelle Bildung.* München: kopaed Verlag.

GEIGER, A. (Mai 2010): *COOLNESS, Zur Ästhetik einer kulturellen Strategie und Attitüde.* (GEIGER, A./SCHRÖDER, G./SÖLL, Ä. Hrsg.) Abgerufen am

[1. August 2014] von
URL: http://www.transcript-verlag.de/media/pdf/1caca3880511536e5a815688068e08b8.pdf

GENKOVA, P./RINGEISEN, T. (2013): *Handbuch Stress und Kultur, Interkulturelle und kulturvergleichende Perspektiven.* Wiesbaden: Verlag: Springer Fachmedien.

GLÄSER, J./LAUDEL, G. (2012): *Experteninterviews und qualitative Inhaltsanalyse als Instrumente rekonstruierender Untersuchungen* (4. Auflage Ausg.). Wiesbaden: VS Verlag für Sozialwissenschaften.

GNAHS, D. (2010): *Momentane und zukünftige Themenfelder und Herausforderungen für die Erwachsenenbildung in Europa.* Abgerufen am [9. Dezember 2014] von
URL:https://www.nabibb.de/fileadmin/user_upload/Veranstaltungen_Material/2010_grundtvig_konferenz_gnahs_artikel.pdf

GRIESE, H. M. (1981): *Ausländer – Zwischen Politik und Pädagogik* (Sonderheft 6 Ausg.). (Herausgeber VIA e.V.) Bonn: Bundesgeschäftsstelle d. VIA.

GRIESE, H. M. (2004): *Kritik der „interkulturellen Pädagogik", Essays gegen Kulturalismus, Ethnisierung, Entpolitisierung und einen latenten Rassismus* (2.Auflage Ausg., Bd. 1). Lit Verlag.

GRIESE, H. M. (2005): Was kommt nach der interkulturellen Pädagogik? In DATTA, A. (Hrsg.), *Transkulturalität und Identität, Bildungsprozesse zwischen Exklusion und Inklosion.* Frankfurt a.M.: IKO.Verlag für interkulturelle Kommunikation.

GRUENEWALD, D. A. (Hrsg.) (2007): *Place-Based Education in the Global Age: Local Diversity.* New York, USA: Routledge.

GULLESTRUP, H. (1989): *Kultur, kulturanalyse og kulturetik - eller hvad adskiller og hvad forener os?* Aalborg: AUC.

HÖRISCH, J. (2010): *Theorie Apotheke, Eine Handreichung zu den humanwissenschaftlichen Theorien der letzen fünfzig Jahre, einschließlich ihrer Risiken und Nebenwirkungen* (1.Auflage), Frankfurt am Main: suhrkamp taschenbuch.

HAFENEGER, B. (2003): *Jugendkulturelle Modernisierung, Subjektbezug in Lernen und Bildung* (1.Auflage). Schwalbach: Wochen Schau Verlag.

HAMER, G. (Hrsg.) (2014): *Wechselwirkungen, Kulturvermittlungen und ihre Effekte.* München: kopaed Verlag.

HARLAN, V./RAPPMANN, R./SCHATA, P. (1984): *Soziale Plastik: Materialien zu Joseph Beuys.* Krefeld: Achberger Verlag.

HARNOW KLAUSEN, S. (2014): Interdisciplinarity and Scientific Creativity. In: SHIU, E. (Hrsg.), *Creativity Research: An Inter-Disciplinary and Multi-Disciplinary Research Handbook* (S.31-50). London: Routledge.

HARNOW KLAUSEN, S. (2015, in Druck): Hvorfor interkulturelle ungdoms-kunstprojekter? Om målsætninger og mulige effekter. In: BLOM/ BRÜMMER/HERSCHBACH (Hrsg.): *Grenzüberschreitende Projekte, Impulse aus Kunst & Pädagogik.* Hannover: fabrico verlag, Kunst - medien - pädagogik.

HAUE, H. (2008): *Allgemeinbildung, Ein deutscher Begriff im dänischen Gymnasium, 1750-2007.* Odense: University Press of Southern Denmark.

HEIL, C. (2007): *Kartierende Auseinandersetzung mit aktueller Kunst, Erfinden und Erforschen von Vermittlungssituationen.* München: kopaed Verlag.

HERSCHBACH, M. J. (1990): *Liebe, Lust und Sinnichkeit und ihre Bedeutung für die Kunst,* Ottersberg (Diplomarbeit).

HERSCHBACH, M. J. (1996): Prozessorientiertes Gestalten. In *Handbuch für ErzieherInnen.* München: mvg Verlag.

HETLAND, L. /WINNER, E./VEENEMA, S./SHERERIDAN, K. (2013): *Studio Thinking 2, The real benefits of visual arts education* (Second Edition Ausg.). New York, United States: Teachers College Press.

HETLAND, L./WINNER, E: (2014): *The Studio Thinking Project*. (t. A. The J. Paul Getty Trust, Herausgeber, P. Z. Principal Investigators: Lois Hetland, Produzent, & Harvard Graduate School of Education) Abgerufen am [2. Oktober 2014] von URL: http://www.pz.gse.harvard.edu/studio_thinking.php

HITZLER, R. (1994). Wissen und Wesen des Experten: ein Annäherungsversuch - zur Einleitung. In HITZLER, R. H. *Expertenwissen: die institutionalisierte Kompetenz zur Konstruktion von Wirklichkeit.* Opladen: Westdt. Verlag.

HJALAGER, A. -M. (November 2009): *Evaluation 2009 der Region Sønderjylland- Schleswig*. (I. S. Sønderjylland-Schleswig, Produzent, & www.advance1.dk) Abgerufen am [15. 03. 2014] von URL:http://www.region.de/fileadmin/Downloads/Region/evaluation2009.pdf

HOFFMAN, E. (2010): Das Topoi-Modell – eine Heuristik zur Analyse interkultureller Gesprächssituationen und ihre Implikation für die pädagogische Arbeit. In: AUERNHEIMER, G. (Hrsg.): *Interkulturelle Kompetenz und pädagogische Professionalität* (Jaksche-Hoffman, Übers., 3.Auflage Ausg.). Wiesbaden: VS Verlag für Sozialwissenschaften.

HOFSTEDE CENTRE. (2014): *The Hofstede Centre*. (item international, Produzent) Abgerufen am [6. Februar 2014] von URL: http://geert-hofstede.com/germany.html

HOFSTEDE, G. (2001): *Culture's Consequences. Comparing Values, Behaviors, Institutions and Organisations across Nations*. Thousand Oaks: Sage.

HOFSTEDE, G. (2011): *Dimensionalizing Cultures: The Hofstede Model in Context.* Abgerufen am [5. Juli 2014] von URL:http://scholarworks.gvsu.edu/cgi/viewcontent.cgi?article=1014&context=orpc

HOFSTEDE, G. H. (2011): *Lokales Denken, globales Handeln, Interkuturelle Zusammenarbeit und globales Management* (5., durchgesehene Auflage Ausg.). München: Deutscher Taschenbuch Verlag.

HU, A. (Hrsg.). (2009): *Interkulturelle Kompetenz und fremdsprachliches Lernen. Modelle; Empirie, Evaluation.* Tübingen: Narr Francke Attempo Verlag.

HUMBOLDT, W. S. (1994): Über die Verschiedenheit des menschlichen Sprachbaues und ihren Einfluss auf die geistige Entwicklung des Menschengeschlechts. In: FLITNER, A. G.: *Wilhelm von Humboldt, Werke, Band 3, Schriften zur Sprachphilosophie* (7. Auflage., S.144-165.). Stuttgart: Wissenschaftliche Buchgesellschaft.

HUMMRICH, M./RADEMACHER, S. (2013): *Kulturvergleich in der qualitativen Forschung, Erziehungswissenschaftliche Perspektiven und Analysen.* Wiesbaden: Springer Verlag.

JÖRISSEN, B./ZIRFAS, J. (Hrsg.). (2010): *Schlüsselwerke der Identitätsforschung.* Wiesbaden: VS Verlag für Sozialwissenschaften.

JOAS, H. (2003): George Herbert Mead (1863-1931). In: KAESLER, D. (Hrsg.): *Klassiker der Soziologie Band 1. Von Auguste Comte bis Norbert Elias* (4. Auflage. Ausg.). München: Verlag C. H. Beck.

JUNG, C. G. (1980):*Der Mensch und seine Symbole.* (C. G.-L. JUNG, Hrsg.) Olten/Freiburg: Walter-Verlag.

KEA European Affairs: IGLESIAS, M. K. (2012): *Nutzung der Strukturfonds für Kulturprojekte.* Abgerufen am [14. Oktober 2014] von URL: http://www.europarl.europa.eu/studies

KELLE, U. (2008): *Die Integration qualitativer und quantitativer Methoden in der empirischen Sozialforschung* (2. Auflage Ausg.). Wiesbaden: VS Verlag für Sozialwisenschaften.

KÄMPF-JANSEN, H. (2008): Zum ‚missing link' in der Kunstpädagogik. In BLOHM, M. *Kurze Texte zur Kunstpädagogik* (Bd. Band 2, S. 101-106). Flensburg.

KÄMPF-JANSEN, H. (2012): *Ästhetische Forschung, Wege durch Alltag, Kunst und Wissenschaft, Zu einem neuen innovativen Konzept ästhetischer*

Bildung, KONTEXT Kunst - Vermittlung - Kulturelle Bildung (3. geringfügig korrigierte Auflage Ausg., Bd. Band 9). Marburg: Tectum Verlag.

KIRCHNER, C. S. (2006): *Ästhetische Bildung und Identität, Fächerverbindende Vorschläge für die Sekundarstufe I und II.* (C. S. KIRCHNER, Hrsg.) München: kopaed-Verlag.

KLAUSEN, S. H. (2014): Transfer and Cohesion in Interdisciplinary Education. 1-20. *Nordidactica*, S.1-20.

KLAUSEN, S. H. (2014): Am Anfang war die Tat, Authentizität und Aktivismus in deutscher Philosophie und dänischer Literatur um 1900. In: FAUTH, S./MAGNÚSSON, G.: *Influx: Der deutsch-skandinavische Kulturaustausch um 1900* (S.347-379). Würzburg: Verlag Königshausen&Neumann.

KOCH, W./ROSSENBECK, K. (1997): Sprachliche und soziokulturelle Probleme deutsch-schwedischer und schwedisch-deutscher Kommunikation. In: OPITZ, S. (Hrsg.): *Interkulturelle Kompetenz, Skandinavien-Deutschland* (S.57-90). Düsseldorf: Dr. Josef Raabe Verlag.

KOLLAND, D. (2007): Kulturelle Differenz: Diversität und Differenz. In I. f. Gesellschaft, *Euro-päische Kulturpolitik* (Bd. 7). Essen.

KRATHWOHL, D. B. (1975) in: BLOOM (Hrsg.): *Taxonomie von Lernzielen im affektiven Bereich.* (DREESMANN,mH. Übers.) Weinheim, Basel: BELTZ Verlag.

KUCKARTZ, U. (2010): *Einführung in die computergestützte Analyse qualitativer Daten* (3. Auflage Ausg.). Wiesbaden: VS Verlag für Sozialwissenchaften.

KUCKARTZ, U. (2012): *Qualitative Inhaltsanalyse. Methoden, Praxis, Computerunterstützung.* Weinheim/Basel: Beltz Juventa.

LEENEN, W. R./GROß, A./GROSCH, H. (2010): Interkulturelle Kompetenz in der Sozialen Arbeit. In: AUERNHEIMER, G. (Hrsg.): *Interkulturelle Kompetenz und pädagogische Professionalität* (3. Auflage Ausg.). Wiesbaden: VS Verlag für Sozialwissenschaften.

LENNON, M. (2013): *ENGAGE, Theory in Practice.* In: LENNON, M./TAYLOR, S. (Hrsg.). Limerick, Irland: Limerick School of Art & Design, LIT, Clare Street Campus.

LIEBAU, E./BENJAMIN, J./KLEPACKI, L. (Hrsg.). (2014). *Forschungen zur kulturellen Bildung, Grundlagenreflexionen und empirische Befunde.* München: kopaed Verlag.

LIEBAU, E., et al. (2013). Rat für kulturelle Bildung e. V. (Hrsg.). Abgerufen am [9. Oktober 2014] von
URL: http://www.rat-kulturelle-bildung.de/fileadmin/user_upload/pdf/RKB_ALLES_IMMER_GUT_Doppelseiten.pdf

LIEBE, M. (2008): Die Lernkultur von informellen und non-formalen Settings. In: HILL, B. W. (Hrsg.): *Lernkultur und kulturelle Bildung: Veränderte Lernkulturen als Kooperationsauftrag an Schule, Jugendhilfe, Kunst und Kultur* (S.103-112). München: kopaed Verlag.

LIPP, V./MÖLLERS, C./PFORDTEN, D. von der (Hrsg.) (2007): *HEINE, HEINRICH. Dichter und Jurist in Göttingen* (Göttinger juristische Schriften Ausg.). Göttingen: Universiätsverlag Göttingen.

LUTZ-STERZENBACH, B./SCHNURR, A./WAGNER, E. et al.. (2013): *NÜRNBERG-PAPER 2013.* Abgerufen am [25. Februar 2015] von NÜRNEBERG-PAPER, Interkultur-Globalität -Diversity: Leitlinien und Handlungsempfehlungen für eine transkulturelle Kunstpädagogik:
URL: http://www.buko12.de/wp-content/uploads/2012/08/Part08_Nuernberg-Paper.pdf

MÜHLICH, F. (2008): *Übergewicht als Politikum? Normative Überlegungen zur Ernährungspolitik Renate Künasts.* Wiesbaden, Deutschland: VS Verlag für Sozialwissenschaften.

MÜLLER, K.-D./DIENSBERG, C. (2011): *Methoden und Qualität in Gründungslehre, Gründungscoaching und Gründungsberatung.* BIEM, Brandenburgisches Institut für Existenzgründung (Hrsg.) Lohmar, Germany: Josef Eul Verlag.

MÜLLER, S./GELBRICH, K. (2004): *Interkulturelles Marketing.* München: Verlag Vahlen.

MÖRSCH, C./PINKERT, U. (2008): Transformative Wirkung künstlerischer Strategien in sozialen Feldern, Ein historischer Rückblick und die Ankündigung eines Forschungsprojektes. In: KIRCHENMANN, J./SCHULZ, F. / SOWA, H. (Hrsg.): *Kunstpädagogik im Projekt der allgemeinen Bildung* (2.Auflage Ausg., Bd. 7). München: Kopaed Verlag.

MANN, C./SCHRÖTER, E./WANGERIN, W. (1995): *Selbsterfahrung durch Kunst, Methodik für die kreative Gruppenarbet mit Literatur, Malerei und Musik.* Weinheim/Basel: Beltz Verlag.

MARIAHAZY, J. (1990): Multicultarism and Art Education. In YOUNG, B./ Asscociation, National Art Education (Hrsg.), *Art, Culture, and Ethnicity* (S. 193 ff.). Reston, Virginia, USA: 1916 Ascociation Drive.

MAYRING, P. (1995): *Qualitative Inhaltsanalyse. Grundlagen und Techniken* (5. Auflage Ausg.). Weinheim: Beltz.

MEAD, G. H. (1973): *Geist, Identität und Gesellschaft. Aus der Sicht des Sozialbehaviorismus.* (1. Auflage Ausg.). Frankfurt am Main: Suhrkamp Verlag.

MENDLSOHN, M. (1784): Ueber die Frage: Was heißt aufklären? *Berlinische Monatsschrift , Band 4,* S. 193-200. Abgerufen am [12. Oktober 2014] von
URL: http://www.deutschestextarchiv.de/book/show/mendelssohn_ aufklaeren_1784

MERTENS, D. (1977): Schlüsselqualifikationen. Thesen zur Schulung für eine moderne Gesellschaft. In SIEBERT, H./Volkshochschulverband. (Hrsg.), *Begründungen gegenwertiger Erwachsen-enbildung.* Braunschweig: W. Bertelsmann Verlag.

MEYER, H. (2004): *Was ist guter Unterricht?* Berlin: Cornelsen Verlag.

MITSCHERLICH, A. (1970): *Die Unwirtlichkeit unserer Städte, Anstiftung zum Unfrieden* (9.Auflage Ausg.). Frankfurt a. Main: Suhrkamp Verlag.

MOORE, J., et al. (1997): *Poverty, Access and Participation in the Arts.* Ealaion, The Arts Council / An Chomhairle, (Hrsg.) Dublin, Ireland.

MORRIS, D. (1968): *Der malende Affe - Zur Biologie der Kunst* (1. Auflage Ausg.). München: DTV Verlag.

MOUFFE, C. (2007): Pluralismus, Dissens und demokratische Staatsbürgerschaft. In NONNHOFF, M. (Hrsg.), *Diskurs radikale Demokratie – Hegemonie, zum politischen Denken von Ernesto Laclau und Chantal Mouffe.* Bielefeld: trans-script Verlag

MOUFFE, C. (2010). *Über das Politische. Wider die kosmopolitische Illusion* (Bd. 1039). Bonn: suhrkamp Verlag.

OECD. (27. 05 2005): *THE DEFINITION AND SELECTION OF KEY COMPETENCIES, Executive Summary.* (OECD, Herausgeber) Abgerufen am [31. März 2014] von
URL: http://www.oecd.org/pisa/35070367.pdf

Österreichischer Kultur-Service (Hrsg.) (2001) *: Kunst und Bildung: Personale Kunstvermittlung in Bildungsprozessen.*

OPITZ, S. (Hrsg.) (1997a): *Interkulturelle Kompetenz. Skandinavien – Deutschland. Ein Handbuch für Fach- und Führungskräfte.* Düsseldorf: Raabe.

OPITZ, S. (1997b): Probleme der interkulturellen Kommunikation zwischen Skandinaviern und Deutschen. In: OPITZ, S. (Hrsg.): *Interkulturelle Kompetenz, Skandinavien - Deutschland* (S.13-25). Düsseldorf: Dr. Josef Raabe Verlag.

OTTO, G. (1998a): *Lehren und Lernen zwischen Didaktik und Ästhetik, Schule und Museum* (1.Auflage Ausg., Bd. Band 2). Seelze-Velber: Kallmeyerche Verlagsbuchhandlung.

OTTO, G. (1998b): *Lehren und Lernen zwischen Didaktik und Ästhetik* (Bd. Band 3). Seelze-Velber: Kallmeyersche Verlagsbuchhandlung.

PAZZINI, K.-J. (2000): Kunst existiert nicht, es sei denn als angewandte. *Tatort Kunsterziehung. Thesis.* In: WISCHNACK, B. (Hrsg.): *Wissenschaftliche Zeitschrift der Bauhaus-Universität Weimar.* 2. Heft, 46. Jg., S.8-17

PEEZ, G. (2001): *Qualitative empirische Forschung in der Kunstpädagogik, Methodologische Analysen und praxisbezogene Konzepte zu Fallstudien über ästhetische Prozesse, biografische Aspekte und soziale Interaktion in unterschiedlichen Bereichen der Kunstpädagogik* (2. unveränderete Auflage Ausg.). Norderstedt: Books on Demand.

PEEZ, G. (2005): *Evaluation ästhetischer Erfahrungs- und Bildungsprozesse.Beispiele zu ihrer empirischen Erforschung.* München: kopaed.

PFEIFFER, J. S. (2000): *The Knowing-Doing Gap, How Smart Comapanies Turn Knowledge into Action.* Cambridge, USA: Harvard Business School Press.

RAAB-STEINER, E./BENESCH, M. (2010): *Der Fragebogen. Von der Forschungsidee zur SPSS/PASW-Auswertung* (2.aktualsierte Auflage Ausg.). Wien: facultas wuv.

Rat für kulturelle Bildung (11/2013): *ALLES IMMER GUT. MYTHEN KULTURELLER BILDUNG.* Rat für kulturelle Bildung e.V. (Hrsg.), Abgerufen am [20. Februar 2015] von URL: http://www.rat-kulturelle-bildung.de/fileadmin/user_upload/pdf/RFKB_Schoen_Einzelseiten.pdf

REETZ, L. R. (1990): *Schlüsselqualifikationen in der Berufsbildung.* Dokumentation des Symposiums in Hamburg, Materialien zur Berufskunde Band 3, Hamburg.

Regionskontor, Region Sønderjylland-Schleswig (Hrsg.) (2009). *Jahresbericht 2009* abgerufen am [10.März 2014] von: URL: http://www.region.de/fileadmin/Downloads/Publikationen/DE/Jahresbericht%202

Region Sønderjylland - Schleswig/Regionskontor (Hrsg.) (2013). *Region Sønderjylland - Schleswig: Downloads.* Abgerufen am [18. 03 2014] von KulturDialog Publikation 2013: URL:http://www.onsitecatalog.com/catalogs/1460/5465/#/0

REUTER, J. (2002a): *Ordnungen des Anderen. Zum Problem des Eigenen in der Soziologie des Fremden.* Bielefeld.

REUTER, J. (2002b): Wenn Fremde Fremden begegnen, Zur Darstellung von Indifferenz im modernen Alltag. In: Deutsche Gesellschaft für Soziologie (Hrsg.): *Soziale Probleme, Zeitschrift für soziale Probleme und für soziale Kontrolle , 13. Jahrgang*, S.109-125.

RILKE, R. M. (2013): *Schriften und Bekenntnisse* (Erweiterte Ausgabe). Altenmünster: Jazzbee Verlag Jürgen Beck.

RITTELMEYER, C. (2010): *Warum und Wozu ästhetische Bildung? Über Transferwirkungen künstlerischer Tätigkeiten.* Oberhausen: Athena Verlag.

ROSA, L. (2013): Die Zukunft des Lernens, Von den Visionen des „Lernens für später“ zum Sinnbildungslernen der Gegenwart. In : BDK, Fachverband für Kunstpädagogik (Hrsg.) : *BDK Mitteilungen , 49.Jahrgang* (Heft 1).

ROUSSEAU, J. J. (1995): *Emil oder über die Erziehung.* Paderborn: Verlag Ferdinand Schöningh.

RYCHEN, D. (2003): A holistic model of competence and well-functioning society. In RYCHEN, D.S. (Hrsg.), *Key Competencies for a successfull life.* Cambridge, USA: Hofgrefe & Huber.

SCHÜLEIN, J. A./REITZE, S. (2005): *Wissenschaftstheorie für Einsteiger* (2. Auflage). Wien: UTB.

SCHAFER, D. (2014): *The Age of Culture* (First Edition Canada: Rock Mills Press.

SCHÄFERS, B. S. (2005): *Jugendsoziologie. Einführung in Grundlagen und Theorien* (8. umfassend aktualisierte und überarbeitete Auflage Ausg.). Wiesbaden: VS Verlag für Sozialwissenschaften.

SCHILLER, F. (2000): Über die ästhetische Erziehung des Menschen: In einer Reihe von Briefen. In BERGHAHN, K.L. Leipzig: Reclam.

SCHLESWIG, REGION SØNDERJYLLAND-SCHLESWIG. (2014). *Vereinbarung zur deutsch-dänischen Zusammenarbeit in der Region Sønderjylland-Schleswig*. Von Vereinbarung zur deutsch-dänischen Zusammenarbeit abgerufen [5. Februar 2015]: URL: http://www.region.de/fileadmin/Downloads/Publikationen/Aftaletekst_03.11.2011.pdf

SCHLESWIG-HOLSTEIN/Ministerium für Justiz, Kultur und Europa. (Januar 2015). *Rahmenplan - Deutsch-Dänische Zusammenarbeit des Landes.* Abgerufen am [2. Februar 2015] von URL:http://www.schleswigholstein.de/MJKE/DE/EuropaOstseepolitik/KooperationDaenemark/Zusammenarbeit_Rahmenplan/Rahmenplan_Zusammenarbeit__blob=publicationFile.pdf

SCHMÜCKER, R. (2001). Wozu Kunst? Die Frage nach ihrer Funktion. KLEIMANN, B./SCHMÜCKER, R. (Hrsg.). Darmstadt: (WBG)Wissenschaftliche Buchgesellschaft.

SCHNELL, R. H. (2005). *Methoden der empirischen Sozialforschung* (7.Auflage Ausg.). München: Oldenbourg.

SCHULTE, R. (2005). „Transkulturalität" - auch jenseits des Bosporus? In: DATTA, A.: *Transkulturalität und Identität. Bildungsprozesse zwischen Exlusion und Inklusion* (S. 153-159). Frankfurt a.M./London: IKO-Verlag für interkulturelle Kommuikation.

SELLE, G. (2003): *Kunstpädagogik und ihr Subjekt, Entwurf einer Praxis-theorie* (2. Auflage Ausg.). Oldenburg: Oldenburg: Isensee.

SIEBERT, H. (2005): Interkulturelle Pädagogik - konstruktivistisch betrachtet. In DATTA, A.: *Transkulturalität und Identität, Bildungsprozesse zwischen Exklusion und Inklusion.* Frankfurt a.M.: IKO- Verlag für interkulturelle Kommunikation.

SINGER, W. (2003): *Ein neues Menschenbild? Gespräche über Hirnforschung* (1. Auflage Ausg.). Frankfurt a.M.: Suhrkamp taschenbuch Wissenschaft.

SØNDERJYLLAND-SCHLESWIG *Region Sønderjylland-Schleswig: Home*. Abgerufen am [03. März 2014] von URL:http://www.region.de/index.php?id=2&L=A%3D01%2Ftrainers.php %3Fid%3D%27

SØNDERJYLLAND-SCHLESWIG, R. (kein Datum): *Das Schulsystem im Grenzland.* Abgerufen am [7. November 2014] von Region Sønderjylland - Schleswig:
URL: http://www.region.de/index.php?id=180

SØNDERJYLLAND-SCHLESWIG, REGION (29.04. 2009): *Vereinbarung zur deutsch-dänischen Zusammenarbeit in der Region Sønderjylland–Schleswig*. (R. S. Schleswig, Herausgeber) Abgerufen am [März 2014] von Vereinbarung zur deutsch-dänischen Zusammenarbeit:
URL:http://www.region.de/fileadmin/Downloads/Publikationen/Aftaletekst_03.11.2011.pdf

STRAUSS, A. L. /CORBIN, J.M. (1996): *Grounded Theory. Grundlagen qualitativer Sozialforschung.* Weinheim : Beltz.

The National Council for curriculum and Assessment. (2005). *INTERCULTURAL EDUCATION IN THE PRIMARY SCHOOL.* (T. N. Research, Hrsg.) DUBLIN: NCCA.

THOMAS, A. U. (2009): *Realität und Innovation in der europäischen Begegnung.* Göttingen: Verlag Vandenhoeck & Ruprecht.

TRUNK, W. (2011): *Voneinander lernen - Kunstvermittlung im Kontext kultureller Diversität.* Stuttgart: ifa, Institut für Auslandsbeziehungen e.V. (Hrsg.).

UC Syddanmark Center for Undervisningsmidlers kulturkontor i Aabenraa. (2013). *Kulturboost*. Abgerufen am [10. Dezember 2013] von URL: www.kulturboost.com

ULRICH, W. (2003): *Tiefer hängen: Über den Umgang mit der Kunst.* Berlin: Klaus Walgenbach Verlag.

Universität Flensburg, Institut für Ästhetisch-Kulturelle Bildung/ Abteilung Kunst und visuelle Medien. (Juli 2012): *NEXUS PRO2017*, BLOHM, M./ BRÜMMER, T./ HERSCHBACH, M. (Hrsg.) Abgerufen am [22.03.2013.] von URL: http://www.kunst-textil-medien.de/kunst.html: http://nexuspro2017.wordpress.com

WALGENBACH, W. (2000). *Interdiziplinäre System-Bildung, Eine Aktualisierung bildungstheoretischer Ansätze mit Musterbeispielen, empirischen Studien und Implementationsstrategien.* Frankfurt/Main: Verlag Peter Lang, Europäischer Verlag der Wissenschaften.

WELSCH, W. (1995): Transkulturalität. *Zeitschrift für Kulturaustausch* , S.39-44

WELSCH, W. (2004): Auf dem Weg zur transkulturellen Gesellschaft. In: NÄCKE, A./KALSCHEUER, L./MANZESCHKE, B./MANZESCKE, A. (Hrsg.): *Differenzen anders denken, Bausteine zu einer Theorie der Transdifferenz* (S. 314-341). Frankfurt a.M./New York: Campus Verlag.

WELSCH, W. (2010): Was ist eigentlich Transkulturalität? In: DAROWSKA, L./ LÜTTENBERG, T./MACHOLD C. (Hrsg.): *Hochschule als transkultureller Raum? Kultur, Bildung und Differenz in der Universität.* transcript-Verlag.

WINNER, E. (1982): *Invented Worlds.* Cambridge, Massachusetts, London, USA: Harvard University Press.

WINNER, E./HETLAND L. (2000): The arts and academic achievment: What the evidence shows. *34*. Abgerufen am [20.12 .2013] URL:http://www.tandfonline.com/doi/pdf/10.1080/1063291010960000 8#.VSu-lym1PKU

WINNER, E. (2006): Studio Thinking. How Visual Arts Teaching Can Promote Disciplined Habits of Mind. In WINNER, E./LOCHER, P./MARTINDALE, C. et al. *New Directions in Aesthetics, Creativity, and the Arts* (S. 6 ff.). Amityville, New York, USA: Baywood Publishing Company.

WINNER, E./GOLDSTEIN,T./VINCENT-LANCRIN, S. (2013): *Art for Art´s sake?: the Impact of Arts Education,*. (Centre for Educational research and Innovation, Hrsg.) OECD Publishing.

WITTE, A. (2009): Reflexionen zu einer (inter)kulturellen Progression bei der Entwicklung interkultureller Kompetenz im Fremdsprachenprozess. In : HU, A. B. (Hrsg.): *Interkulturelle Kompetenz und fremdsprachliches Lernen, Modelle, Empirie, Evaluation.* Tübingen: Gunter Narr Verlag.

YILDIZ, S. (2009): *Interkulturelle Erziehung und Pädagogik, Subjektivierung und Macht in den Ordnungen des nationalen Diskurses* (1.Auflage Ausg.). VS Verlag für Sozialwissenschaften.

ZAREMBA, J. (Mai 2011): *FanArt - Jugendästhetik online für den Kunstunterricht.* abgerufen am [3. Mai 2015] von Kunst Portal:
URL: http://www.schroedel.de/kunstportal/didaktik_archiv/2011-05-zaremba.pdf

ZAREMBA, J. (2015, in Druck): Schnittstellenkulturen: Zum fiktiven „Dänemark" in der deutschen FanArt-Netzszene. In: BLOHM, M./BRÜMMER, T./ HERSCHBACH, M.J. (Hrsg.): *Grenzüberschreitende Projekte, Impulse aus Kunst & Pädagogik.* Hannover: fabrico verlag kunst - medien - pädagogik.

ZELLER, C. (2010): *Ästhetik des Authentischen. Literatur und Kunst um 1970.* Berlin: De Gruyer Verlag.

Abbildungsverzeichnis

Tabellenverzeichnis

ABKÜRZUNGSVERZEICHNIS

███████	Klarnamen von Personen, Institutionen, Orten und Projekttiteln wurden aus Gründen der Anonymisierung geschwärzt
Δ	Differenz zwischen Zahlenwerten
Abb.	Abbildung
Anm. d. A.	Anmerkung des Autors
bspw.	beispielsweise
bzgl.	bezüglich
d.A.	der/s Autor/s
d.h.	das heißt
dt.-dän.	deutsch-dänisch
ebd.	eben da
evtl.	eventuell
f.	folgende Seite
ff.	folgende Seiten
FAU	Friedrich-Alexander-Universität Erlangen-Nürnberg
Hrsg.	Herausgeber
i.H.	im Hinblick
i.d.R.	in der Regel
Interreg	INTERREG ist ein Instrument der europäischen Kohäsions- und Regionalpolitik zur Minderung von Entwicklungsdiffe- renzen und zur Stärkung des wirtschaftlich-sozialen Zusammenhalts in der Europäischen Union
KuK-Projekte	Kunst- und Kulturprojekte (hier: Kinder- und Jugend-Kunst- und Kulturprojekte)
KP	Kultur Projekte
MAXQDA	Software für die qualitative Analyse von unstrukturierten Daten wie Interviews, Feldnotizen, Umfragen, Tabellen,Bildern, Video- und Audioaufnahmen, bibliographischen

	Datenbanken, etc.
m.E.	meines Erachtens
mögl.	mögliche
mglw.	möglicherweise
MJH	Markus Johannes Herschbach
NEXUSPro2017	ist ein Interreg-A4 Forschungs-Projekt (2012-2015) zu grenzüberschreitenden Kinder- und Jugend-Kunstprojekten
P 1,2, 3	Person 1, 2, usw.
resp.	Respektive
S.	Seite
SPSS	SPSS ist ein modular aufgebautes Programm zur statistischen Analyse von Daten
SuS	Schülerinnen und Schüler
T 1, 2, 3	Teilnehmer*in 1, 2, usw.
teilw.	teilweise
UC Syddanmark	University College South Danmark
urspr.	Ursprünglich
u. U.	unter Umständen
Ü.v.	Übersetzung von
vgl.	vergleiche

Anhangsverzeichnis APPENDIX

https://www.zhb-flensburg.de/fileadmin/content/spezial-einrichtungen/zhb/dokumente/dissertationen/herschbach/dissertation-herschbach-appendix.pdf

Zum Autor:
Markus Johannes Herschbach
Künstler und Kunstpädagoge
www.herschbach.dk

•

Studium der Kunst im Sozialen –
Kunsttherapie und Kunstpädagogik an der Hochschule für Künste im Sozialen, Ottersberg
Studienschwerpunkt Plastik/Bildhauerei

Staatsstipendiat am Institut für Kulturwissenschaft der Syd Dansk Universitet/ University of Southern Danmark – Campus Odense
Promotion zum Dr. phil. an der Europa-Universität Flensburg bei Prof. Dr. M. Blohm (EUF) und Prof. Dr. S. Harnow Klausen (SDU)

Künstlerische und wissenschaftliche Schwerpunkte in den Bereichen: Künstlerische Bildungsprozesse, Transformations-prozesse in div. Kontexten, Inter- und Transkulturen, hybride Identitäten und einer „Socially and Politically Engaged Art".

Wissenschaftliche und künstlerische Lehre an der Abteilung Kunst & visuelle Medien am Institut für Ästhetisch-Kulturelle Bildung der Europa-Universität Flensburg

•

Mitglied im dänischen Künstlerverband - BkF/ International Association of Art | Professional Artists
http://www.bkf.dk/bkf-in-english
2. Vorsitzender des „Aabenraa kommunens kunstråd", (council for fine arts) http://kunstiaabenraa.dk
Mitglied im Kuratorenteam der ARTweek-Aabenraa
http://www.artweek.dk; http://www.artweek.dk/curators

Vorstandsmitglied im BDK Schleswig-Holstein | Fachverband für Kunstpädagogik